SV

Paul Federn
Ichpsychologie und die Psychosen

Übersetzt von
Walter und Ernst Federn

Suhrkamp Verlag

CIP-Kurztitelaufnahme der Deutschen Bibliothek
Federn, Paul
Ichpsychologie und die Psychosen. – 1. Aufl. –
Frankfurt am Main: Suhrkamp, 1978.
(Literatur der Psychoanalyse)
ISBN 3–518–07286–2

Diese Ausgabe ist text- und seitenidentisch mit der
1956 im Hans Huber Verlag erschienenen Ausgabe.
Erste Auflage 1978
© Ernst Federn
© dieser Ausgabe: Suhrkamp Verlag Frankfurt am Main 1978
Alle Rechte vorbehalten
Druck: Nomos, Baden-Baden
Printed in Germany

ZUR EINFÜHRUNG
ERNST FEDERN

Die vorliegenden Aufsätze von Paul Federn sind zweifellos gewichtige Beiträge zur psychoanalytischen Literatur, weshalb ihr Wiederabdruck in der Reihe «Literatur der Psychoanalyse» gerechtfertigt erscheint. Sie wurden noch vom Autor selbst für eine Buchpublikation vorbereitet. Aber der amerikanische Verlag, Basic Books, kam einen Tag zu spät, um Federn noch die Annahme des Manuskripts mitteilen zu können. Paul Federn war am 4. Mai 1950 gestorben.

Sein Freund und Schüler Edoardo Weiss und der Verfasser dieser Zeilen übernahmen die Aufgabe, das Buch herauszugeben. Die englischsprachige Ausgabe erschien 1952 und wurde zu einem großen Erfolg. Die deutsche Ausgabe, den Originaltexten präzise folgend, kam 1956 im Verlag Hans Huber unter der Herausgeberschaft von Heinrich Meng auf den Markt. Eine italienische Übersetzung folgte 1976 (Boringhieri). Eine neue englische Ausgabe des auch in den Vereinigten Staaten vergriffenen Buches erschien schließlich 1977 bei H. Karnac, London.

Im deutschsprachigen Raum fand Paul Federns neues Paradigma einer psychoanalytischen Ichpsychologie eine nur zögernde, freilich auch sehr interessierte Aufnahme. Die hier vorgelegte Ausgabe ist die getreue Wiedergabe der Erstauflage; lediglich einige Druckfehler und wenige offensichtliche Sinnfehler wurden stillschweigend korrigiert. Ein unveränderter Neudruck erscheint schon deshalb berechtigt, weil die zwanzig Jahre, die seitdem vergangen sind, gemessen am Verstehen menschlicher Existenz eine vergleichsweise kurze Zeit sind. Solches Verstehen aber ist das Ziel Paul Federns in seinem geistigen Bemühen um das psychoanalytische Begreifen des Ichs und seiner Erkrankungen.

Federn geht insofern über Freud hinaus, als er Geisteskrankheiten nicht mehr als Folgen von Konflikten zwischen Ich und Realität versteht, sondern als Erkrankungen des Ichs selbst. Daraus erwächst die Notwendigkeit, dieses Ich sowohl phänomenologisch als auch triebökonomisch zu beschreiben.

Obwohl Federns Ichpsychologie zu seinen Lebzeiten nur bei einigen wenigen Psychoanalytikern Anerkennung fand – nach seinem Tod vermochte sein Buch einen allmählichen Durchbruch in Richtung auf eine sich zwar von Freud absetzende, wenn auch ihm nicht widersprechende Auffassung des Ichs zu bewirken. Psychiater wie Donald Rinsley, Thomas Freeman und Béla Grunberger berufen sich auf das von Federn entwickelte Paradigma in der psychoanalytischen Ichpsychologie.

Um so bemerkenswerter ist, daß wir Federns Ideen bis zum Jahr 1906, einer Phase enger Zusammenarbeit mit Freud, zurückverfolgen können, wie eine Lektüre der Protokolle der Wiener Psychoanalytischen Vereinigung *(Ffm. 1976ff.)*

zeigt. Wir haben damit einen neuerlichen Beweis für Weite und Vielfalt des wissenschaftlichen Spektrums von Freuds Werk.

Aus historischer Sicht betrachtet erweist sich Paul Federn nicht als Weg-Führer, sondern als Weiter-Führer dessen, was die Freudsche Psychoanalyse geleistet hat. Wenn auch die vorliegenden Aufsätze psychiatrische Begriffe aus der Nosologie Bleulers benutzen und die neuere Terminologie wie auch die soziale Betrachtung von Geisteskrankheiten von Federn nicht mehr berücksichtigt werden konnten: Der Leser, der originelle Inhalte aus einer veralteten Terminologie zu entschlüsseln versteht, wird in diesem Buch ganz frische oder jetzt erst wieder entdeckte Einsichten in Natur und Bedingungen von Geisteskrankheiten finden.

Wien, März 1978

VORWORT ZUR DEUTSCHEN AUSGABE

I.

Die Entwicklung in der europäischen und aussereuropäischen Psychiatrie, einschliesslich der Psychoanalyse, seit 1925 war mitentscheidend, Paul Federns «Ego Psychology and the Psychoses» dem deutschsprachigen Leser zugänglich zu machen, dies vor allem deshalb, weil die Erforschung der Ichpsychologie und der Schizophrenie zu einem Zentralproblem der Medizin – und damit auch der Psychotherapie – wurde. Hier hat unser Autor äusserst wertvolle Beobachtungen und Funde gemacht.

Dazu kommt, dass es mir vergönnt war, den Anfang der Ichforschung Paul Federns in Wien mitzuerleben und in den folgenden Jahrzehnten deren Weiterentwicklung in Gespräch und Brief zu verfolgen. Der enge wissenschaftliche Kontakt der Übersetzer mit dem Werk ihres Vaters sowie die langjährige Zusammenarbeit Paul Federns mit Dr. Edoardo Weiss und mit mir ermöglichten die deutsche Übersetzung und die ausgezeichnete Interpretation des Werkes durch Dr. E. Weiss. Ihnen sei mein herzlicher Dank abgestattet. Er gilt auch Hans Huber, Bern, dem Verleger der «Neuen (II.) Reihe der Bücher des Werdenden». In einem Schlusskapitel «Paul Federn» versuche ich, der Persönlichkeit und dem Werk meines Freundes gerecht zu werden.

Heinrich Meng

II.

Für die Übersetzung der ursprünglich in englischer Sprache verfassten Kapitel (5–14) sind – soweit sie noch vorhanden waren – die Manuskripte aus dem Nachlass zu Rate gezogen worden. Da Dr. Federn das Englische eben doch nicht wie die Muttersprache beherrschte, wurden seine Aufsätze stets von mehreren Editoren den rigorosen Anforderungen der amerikanischen Stilgesetze angepasst; Verbesserungen, die im Deutschen keine wären, sind nun wieder rückgängig gemacht worden. Dadurch, und weil der Übersetzung manchmal eine spätere Fassung des unablässig an seinem Text feilenden Autors zugrunde gelegt worden ist, haben sich Abweichungen von der englischen Ausgabe ergeben. Für den 1. Teil von Kapitel 6 und für Kapitel 8 lagen stellenweise deutsche Fassungen des Autors selbst vor und sind berücksichtigt worden.

In den original deutschen Kapiteln (1–4 und 15–16) sind Druckfehler berichtigt und kleine sprachliche Retouchen vorgenommen worden, in Kapitel 3 ausserdem im Anschluss an die «autorisierte» englische Übersetzung einige offenbar vom Autor gewünschte Änderungen.

Die Einleitung des Herausgebers, Dr. Edoardo Weiss, ist von diesem selbst übersetzt worden. Ihm sei hier auch für die Unterstützung unserer Arbeit herzlichst Dank gesagt, ebenso dem Verleger der englischen Ausgabe, Arthur Rosenthal, und ganz besonders Prof. Dr. Heinrich Meng in Basel, der die deutsche Ausgabe ermöglicht und tatkräftig gefördert hat.

Die Übersetzer: Walter Federn und Ernst Federn

INHALTSVERZEICHNIS

I. TEIL

ZUR ICHPSYCHOLOGIE

II. TEIL

ZUR BEHANDLUNG DER PSYCHOSE

III. TEIL

NARZISSMUS

EINLEITUNG

VON DR. MED. EDOARDO WEISS

Das Erscheinen von PAUL FEDERNS originellen Beiträgen zur Ichpsychologie schliesst eine wichtige Lücke im Studium der psychischen Gesundheit. Es wird Psychologen, Psychiater und andere Arbeiter auf diesem Gebiet in den Stand setzen, mit den Funden und Gesichtspunkten eines hervorragenden Forschers besser bekannt zu werden, der neues Licht auf die psychodynamischen Erscheinungen, auf welchen nicht nur die Ichfunktionen, sondern auch das Icherlebnis selbst beruhen, geworfen hat. In seinem Testamente hat mir PAUL FEDERN die Herausgabe dieses Buches anvertraut. Für mich ist diese seine Erwartung eine heilige Pflicht meinem ersten Lehrer in Psychoanalyse gegenüber, mit dem ich über vierzig Jahre lang eine enge Freundschaftsbeziehung und einen regen Meinungsaustausch unterhalten hatte. Ich werde nie seine Worte bei unserer letzten Zusammenkunft, Weihnachten 1949, vergessen. Er war sich wohl bewusst, dass seine Tage gezählt waren, und sagte mir: «Trauern Sie nicht, wenn ich im Jenseits sein werde, denn was ich auf dem Gebiete der Ichpsychologie zu sagen hatte, habe ich bereits niedergeschrieben.»

Er fühlte, dass sein Anteil an dieser Arbeit getan war; aber die weitere Aufgabe, seine originellen Beiträge zu sammeln und sie in einem Bande zu ordnen, blieb noch zu tun übrig. In meiner Arbeit an diesem Buche bin ich seiner «Hoffnung» und seinem «Wunsche» ..., wie sie in seinem Testamente ausgedrückt waren, von ganzem Herzen nachgekommen.

Der vorliegende Band enthält, ausser Aufsätzen, die schon früher in verschiedenen deutschen und amerikanischen Zeitschriften erschienen sind, auch mehrere bisher unveröffentlichte Schriften.

Es dauerte viele Jahre, bis PAUL FEDERNS Erkenntnisse unter den Psychoanalytikern das Interesse erweckten, das sie verdienten. In einem seiner Seminare schilderte er diese Jahre als eine Arbeitsperiode, die er in «splendid isolation» verbracht hatte.

Allmählich wurden jedoch seine neuen und anregenden Begriffe von einer stetig wachsenden Zahl von Wissbegierigen assimiliert. PAUL FEDERNS unumschränkte Loyalität FREUD gegenüber war jedem, der ihn persönlich kannte, offensichtlich. In all seinen Vorträgen und Schriften drückte er seine grosse Bewunderung für FREUD als Mensch und Wissenschaftler aus und verglich ihn mit den hervorragendsten Genies der Geschichte. Er war von allem, was FREUD zu sagen hatte, fasziniert und gab sich grosse Mühe, jeden Satz seiner Schriften richtig zu verstehen. Wann immer neue Erfahrung und gereiftere wissenschaftliche Untersuchung FREUD veranlassten, frühere Auffassungen und Formulierungen zu ändern, bahnte sich FEDERN den Weg zu ihnen; das trifft namentlich in bezug auf FREUDS frühere und spätere Auffassung des Triebdualismus zu. Als FREUD seine Ansichten in bezug auf die Ich- und sexuellen Triebe durch die von Lebens- und Todestrieb ersetzte, stimmte FEDERN dieser geänderten Auffassung mit Begeisterung zu.

FEDERNS Bewunderung für FREUD hielt ihn jedoch keineswegs davon ab, den Weg eigener Forschungen zu gehen und seine eigenen Probleme zu formulieren, worin er hervorragende geistige Originalität bewies. Er legte nichtsdestoweniger Gewicht darauf, seine Forschungsergebnisse als Bestätigungen und Verarbeitungen derer FREUDS zu betrachten.

Nur zögernd und nach langen Auseinandersetzungen gab FEDERN das Bestehen einiger Widersprüche zwischen seinen und FREUDS Theorien in bezug auf die dynamische Ichstruktur zu. Jedoch wies er auf solche Widersprüche in seinen Schriften nur gelegentlich hin und betrachtete sie als die wenigen Fehler FREUDS. Andererseits leitete er oft eigene Einsichten und Formulierungen von FREUDS dynamischen Grundbegriffen ab.

Obwohl FEDERN seinen festen Glauben an den Todestrieb beibehielt (worin ich ihm jedoch nicht beistimmte), anerkannte er in Diskussionen mit mir, dass diese Triebtheorie nicht allen zu beobachtenden seelischen und physiologischen Erscheinungen gerecht wurde. Es reifte in ihm die Auffassung, das ausser Libido und Mortido (wie er den dynamischen Ausdruck des Todestriebes nannte) eine dritte Art von Besetzungsenergie existiere, nämlich eine neutrale, die sich in jeder biologischen Funktion äussere. Er gab zu, dass es auch noch andere Möglichkeiten geben mag; er fühlte sich jedoch nicht bereit, auf sie weiter einzugehen. So kam es, dass sein «Triebtrialismus» in seinen Schriften unerwähnt geblieben ist. Wie dem auch immer sei, seine feste Überzeugung, dass aufbauende (Lebens-) und abbauende (Todes-) Tendenzen in jedem Lebewesen wirksam sind, blieb unerschüttert.

FEDERNS Erkenntnisse und Formulierungen in bezug auf Ichpsychologie sind in theoretischer sowie auch in praktischer Hinsicht für jeden Psychiater von grösster Wichtigkeit. Sie repräsentieren einen Schatz von Kenntnissen, der nicht nur für das Verständnis pathologischer Erscheinungen wie der Depersonalisation, der Entfremdungsgefühle und der Psychosen mit ihren mannigfaltigen Äusserungen unentbehrlich ist, sondern auch für eine für die Behandlung von Neurosen und Psychosen zweckentsprechende Einstellung von grösster Wichtigkeit ist.

Betrachten wir nun die Folgerungen, die sich aus der Behauptung ergeben, dass die Schwächung des Ichs und seiner Funktionen, wie sie in den Psychosen aufscheint, nicht durch eine Bereicherung an Ichbesetzung auf Kosten der Objektlibido, sondern im Gegenteil durch eine Verarmung an Ichbesetzung bedingt ist und dass Halluzinationen und Wahnbildungen nicht misslungene Versuche darstellen, eine Affektbeziehung zur Aussenwelt wiederherzustellen, sondern dynamische Defekte des Ichs selbst kundtun (den Zusammenbruch des Wirklichkeitssinnes), die sich schon vor dem Interesseverlust des Ichs an der Aussenwelt und unabhängig davon einstellen.

Die Vertrautheit mit der der Ichpsychologie zugrunde liegenden Theorie ist für die erfolgreiche Behandlung Geisteskranker unerlässlich, da jede praktisch-therapeutische Einstellung sich auf diese Theorie gründet.

FEDERN hat so nachgewiesen, dass bei Psychotikern eine starke Übertragung auf den Analytiker zustande kommen kann, und hat gezeigt, durch welche Mittel sie herbeigeführt werden kann. Der Psychiater sollte daher in jedem konkreten Falle Sorge tragen, die «Ichstärke» und «Ichschwäche» des Patienten abzuschätzen. Wir müssen jedoch in Betracht ziehen, dass im Lichte der FEDERNschen Ichpsychologie Stärke und Schwäche des Ichs eine verschiedene Bedeutung haben können, insofern als in ein und demselben Patienten einige Ichfunktionen schwach sein mögen, während andere stark bleiben, oder aber das ganze Ich schwach sein kann. Die Behandlung muss sich der spezifischen Situation anpassen.

Die volle Bedeutung der FEDERNschen Ichpsychologie wird klar, wenn man zwei Momente näher ins Auge fasst; erstens seine individuelle Einstellung zum Studium der Icherscheinungen in allen ihren Verwicklungen, und zweitens die Tatsache, dass FREUD selbst niemals seine revidierte Libidotheorie mit all ihren Konsequenzen auf den Begriff des (früher formulierten) Narzissmus ausgedehnt hat. Es ist bekannt, dass FREUD in seinem früheren Triebdualismus den Selbsterhaltungstrieb des Ichs, seine synthetische Funktion, seine Entwicklung und Abwehrmassnahmen als nicht libidinös betrachtete. Die «Ichtriebe» wurden seiner damaligen Auffassung gemäss nicht von Libido gespeist, sondern von einer biologisch verschiedenen Art von Besetzungsenergie, der «Ichtriebbesetzung». Diese konnte ebenso nicht in Libido umgewandelt werden, wie Libido niemals zu Ichtriebbesetzung werden konnte. FREUD verteidigte in seiner Polemik gegen JUNGS monistische Auffassung (in seinem grundlegenden Aufsatze «Zur Einführung des Narzissmus») energisch den Begriff dieses Triebdualismus, dessen ökonomische Folgen augenscheinlich sind. Zu dieser Zeit machte FREUD eine strikte kompromisslose Unterscheidung zwischen «Libido», die gegen das Ich gerichtet ist – ein Zustand, den er Narzissmus nannte –, und der nichtlibidinösen Besetzungsenergie, die der Selbsterhaltung dient, und auf deren Funktion die Existenz aller Ichfunktionen beruht. In seinen früheren Schriften formulierte er auch den neurotischen Konflikt als eine Unvereinbarkeit der Forderungen der Libido (Sexualtriebe) und derer des Ichs (Selbsterhaltungstriebe). Erst später beschrieb er den neurotischen Konflikt in strukturellen Ausdrucksformen, nämlich als eine Diskrepanz zwischen der Ichorganisation (Über-Ich) und gewissen Ansprüchen des Es.

Späterhin gab Freud seine ursprüngliche Unterscheidung zwischen libidinösen und nicht libidinösen Selbsterhaltungstrieben des Ichs auf. Bei dieser, wie bei vielen früheren Gelegenheiten, wurde FREUDS ausserordentlich anpassungsfähige wissenschaftliche Einstellung offenkundig. Er war sich der Tatsache wohl bewusst, dass wissenschaftliche Begriffe mit Vorbehalt zu betrachten sind und dass sie auf Grund neuer Erfahrungen und gereifteren Denkens fortschreitende Abänderungen erfahren müssen. FREUDS Wahrheitsliebe überwog bei weitem jeden wissenschaftlichen Ehrgeiz, so dass sich kein starkes affektives Haften an früheren Formulierungen in ihm bilden konnte. Mit der Annahme des neuen Gesichtspunktes musste der Begriff des Narzissmus zur Gänze revidiert werden, und die Ichpsychologie im allgemeinen fand neue Möglichkeiten für weitere Entwicklung.

Es blieb schliesslich PAUL FEDERNS Aufgabe, zu demonstrieren, dass die Ichlibido sich an der strukturellen Gestaltung des Ichs beteilige. Seine Theorie gründet sich auf die genaue Beschreibung subjektiver Erlebnisse gesunder wie auch kranker Menschen. Er selbst war mit aussergewöhnlichen introspektiven Fähigkeiten ausgestattet. Er drückt die Tatsache aus, dass das Ich ein inneres Erleben ist, indem er das Ich mit dem Gefühle des eigenen Ichs, dem Ichgefühl, gleichsetzt. FREUD benützte diesen Ausdruck zwei- oder dreimal, ohne jedoch den Begriff, der diesem Worte untergelegt war, zu untersuchen. Das Phänomen des Selbst-Erlebnisses kann jedoch nicht weiter erklärt werden.

Vor der Psychoanalyse befassten sich die Psychologen nur mit dem Ich, und das subjektive Ichgefühl wurde «Ichbewusstsein» genannt. Mit dem Ausdruck Ichgefühl gibt FEDERN der Tatsache Ausdruck, dass das eigene Ich tatsächlich gefühlt wird. PAUL SCHILDER, der den Begriff des Körperschemas herausarbeitete und die Äusserungen der Depersonalisation und Entfremdung (aber nur in schweren pathologischen Fällen) beschrieb, sprach vom Bewusstsein der eigenen Persönlichkeit und ihrer somatischen Organisation. Jene Psychiater und Psychoanalytiker, die sich in zunehmendem Masse für die Erscheinungen der Depersonalisation und Entfremdung zu interessieren begannen, betrachteten sie als Ausdruck eines Verlustes des Objektinteresses oder einer Folge einer Enttäuschung bezüglich des Objektes. FEDERN studierte die Äusserungen dieser Erscheinungen nicht nur in schweren pathologischen Fällen, sondern auch bei gewissen Ichzuständen in den Grenzen der Normalität, wie er sie in sich selbst beobachten konnte und wie sie ihm von seinen Patienten mitgeteilt wurden. Er konnte sie deutlich als eigentliche Ichstörungen erkennen, obwohl sie mitunter durch Zurückziehung oder Vereitelung von Objektlibido provoziert werden können, wie NUNBERG, HARTMANN und andere Psychoanalytiker richtig beobachtet haben. Jedoch ist die Behauptung, dass nicht die Verminderung von Objektlibido, sondern die eines Teiles der Ichlibido für das Zustandekommen von Entfremdungsgefühlen Objekten der Aussenwelt gegenüber verantwortlich ist, durch die Tatsache bewiesen, dass ein Individuum noch reges Interesse Objekten gegenüber empfinden kann, die es als entfremdet fühlt.

Solange das Ich normal funktioniert, mag man seiner Funktion nicht gewahr werden. FEDERN sagte, dass man sich normalerweise des Ichs nicht mehr bewusst wird als der Luft, die man atmet; erst wenn das Atmen schwer wird, wird man des Luftmangels gewahr. Das Ichgefühl ist das Gefühl der Einheit der Erlebnisse des Individuums in bezug auf Zeit, Raum und Kausalität. Im Wachleben ist das Gefühl des eigenen Ichs allgegenwärtig, aber es ist fortwährend qualitativen und quantitativen Änderungen unterworfen. Leichte Störungen und Variationen des Ichgefühls sind nicht ungewöhnliche Erscheinungen und vergehen unbemerkt. Wenn wir müde oder schläfrig sind, fühlen wir uns wenig belebt; nach dem Erwachen von einem erquickenden Schlaf oder nach Erhalt erregender Nachrichten verspüren wir dagegen ein stark belebtes Ichgefühl.

Ichgefühl muss von Bewusstsein unterschieden werden, denn es gibt Objektvorstellungen, die sich auf Daten beziehen, die nicht zum Ich gehören, obwohl sie bewusst sind. Das Ichgefühl ist der unterscheidende Faktor zwischen Ich und Nicht-Ich. FEDERN erkannte, dass das Ich ein tatsächliches, dauerndes psychisches Erlebnis ist und nicht bloss eine gedankliche Abstraktion. Das Ich ist weder die Summe aller bewussten, aufeinander bezogenen Erscheinungen, noch ist es die integrierende Funktion der Psyche. Das Ich ist eine

Erlebniswirklichkeit, und die Wissenschaft ist bisher nicht imstande, zu erklären, wie diese Erscheinung zustande kommt.

Wenn man von einer Besetzung sich fortwährend ändernder Inhalte mit dem vereinheitlichenden zusammenhängenden Ichgefühl spricht, hat man eine genaue Beschreibung des tatsächlichen Icherlebnisses im Sinne und nicht bloss eine Theorie. Obwohl das Icherlebnis aus einem Zustand in den anderen übergeht, wird es doch als fortdauernd gefühlt und wird – wie während eines traumlosen Schlafes – nach vorübergehenden Unterbrechungen wieder hergestellt. Die Unterscheidung zwischen den Daten, die als zum Ich gehörig, und jenen, die als zum Nicht-Ich gehörig *gefühlt* werden, wird mittels einer eigenen *Empfindung,* dem *Wirklichkeitssinn,* getroffen und beruht nicht auf der Funktion der *Realitätsprüfung.* Halluzinationen und Wahnbildungen psychotischer Patienten, wie auch Träume gesunder Menschen, bestehen aus psychischen Erscheinungen, die, ganz unabhängig von jeder Realitätsprüfung, als äussere Wirklichkeit *empfunden* werden. Der Unterschied zwischen Bewusstsein und Ichgefühl wird einem klar, wenn man bedenkt, dass psychische Erscheinungen, die zum Bewusstsein des Individuums gelangen, ohne mit Ichgefühl besetzt zu sein, als wirklich, zur *Aussenwelt* gehörig, empfunden werden. Es ist auch klar, dass diese Erscheinung nicht mit Wirklichkeitserkennen mittels Realitätsprüfung identisch ist.

FEDERN stimmt JASPERS zu, wenn er «Wirklichkeitssinn» von «Realitätsprüfung» unterscheidet. In seinen Diskussionen mit mir klärte er den Gebrauch der Worte *Besetztheit* – oder *Nichtbesetztheit* – seelischer Inhalte *mit Ichgefühl,* indem er den Ausdruck *Ver-Ichung* oder *Ent-Ichung* gebrauchte.

FEDERN wendete den Ausdruck Ichgefühl nur für jene Inhalte an, die als an der zusammenhängenden Icheinheit teilnehmend gefühlt werden; diese zusammenhängende Icheinheit ist eine deutlich unterschiedene Ganzheit, die der Aussenwelt entgegengestellt ist. Es ist das Gefühl des seelischen und körperlichen Zusammenhanges in Hinsicht auf Zeit und Inhalt, wobei der Zusammenhang als ununterbrochene oder als wiederhergestellte Einheit zu verstehen ist. Genaues Studium des träumenden Ichs macht es offensichtlich, dass das seelische und körperliche Ich gesondert gefühlt werden, während im wachen Zustand das seelische Ich immer innerhalb des körperlichen Ichs erlebt wird.

Dieses Ich ist nicht mit dem von SCHILDER beschriebenen Körperschema identisch. Nur wenn das Körperschema vollkommen mit Ichgefühl besetzt ist, entspricht das tatsächliche körperliche Ichgefühl dem ganzen Körperschema. Andererseits kann das Körperich verschwinden, ohne dabei die somatische Organisation zu beeinträchtigen, so dass der Körper mit der Einheit der korrekt geordneten Wahrnehmungen richtig funktionieren kann.

Das Ichphänomen präsentiert das Problem seiner spezifischen Eigenart und kann auch in seinen dynamischen, ökonomischen und topischen Aspekten – mit anderen Worten, vom metapsychologischen Gesichtspunkt aus studiert werden. Um der fluktuierenden Intensität des Ichgefühls gerecht zu werden, nahm FEDERN das Vorhandensein einer spezifischen Ichbesetzung an und ging so von reiner Beschreibung zur Theorie der Icherscheinung über. Es sei aber darauf aufmerksam gemacht, dass er niemals behauptete, dass seine Theorien das tatsächliche Icherlebnis erklären könnten. Er hat bloss dynamische und ökonomische Orientierungen geschaffen, die nicht nur für die Forschung auf diesem Gebiete wertvoll waren, sondern sich auch für den therapeutischen Zugang zu den Psychosen als äusserst wichtig erwiesen haben.

Eine wechselnde Menge von Besetzungsenergie wird im Individuum für die Herstellung von Ichgefühl und die verschiedenen Funktionen der Instanz des Ichs, die als solche empfunden wird, verwendet. FEDERN nimmt an, dass es eine eigene Besetzungsenergie gibt, die – niemand weiss wie – als Ichgefühl erlebt wird. FEDERNS Einführung metapsychologischer Betrachtungsweisen zur Erforschung des Ichs ist ebenso gerechtfertigt wie FREUDS metapsychologische Formulierungen auf dem Gebiete der Psychoanalyse im allgemeinen. In seiner Beschreibung der Abwehrmassnahmen des Ichs und aller Arten von Ichleistungen betrachtete FREUD diese auch als Äusserungen von Ichbesetzung, obwohl er sie in seiner früheren Auffassung des Triebdualismus als nicht libidinös betrachtete.

FEDERN stellt sich eine strikte Wechselbeziehung zwischen Ichbesetzung und Icherlebnis vor und nimmt eine zusammenhängende Besetzungseinheit als metapsychologische Grundlage des Ichs an. Um ferner verschiedenen spezifischen Eigenschaften und Äusserungen des Ichs Rechnung zu tragen, nimmt er an, dass die Ichbesetzung eine Mischung von Libido und jener Besetzung sein müsse, die dynamisch FREUDS «Todestrieb» zum Ausdruck bringt. Natürlich ist nicht jede dynamische Äusserung im Individuum ein Ausdruck der Ichbesetzung; die Triebe, die durch Ichbesetzung bewältigt werden müssen, stellen eine Aufgabe an das Ich dar. Nur eine veränderliche Menge der gesamten, im Organismus erzeugten Besetzungsenergie, die dem Ich für seine dynamischen Leistungen zur Verfügung steht, stellt die Ichbesetzung dar. Diese Menge von Besetzungsenergie kann erschöpft und wieder hergestellt werden und dabei das Ich verschieden stark belichten.

FEDERNS Definitionen des Ichs wurden oft missverstanden. Der Klarheit wegen sei wiederholt, dass FEDERN das Ich als ein Erlebnis beschreibt, als die Empfindung und das Wissen des Individuums von der dauernden oder wiederhergestellten Kontinuität in Zeit, Raum und Kausalität, seines körperlichen und seelischen Daseins. Diese Kontinuität wird als Einheit gefühlt und gewusst. *Metapsychologisch* «beruht das Ich auf einer gleichzeitigen zusammenhängenden psychischen Besetztheit von körperlichen und seelischen voneinander abhängigen Funktionen und Inhalten, die kontinuierlich ist. – Die Art und Zentrierung dieser Funktionen ist bekannt.»

FEDERNS Analyse der verschiedenen Formen, in welchen die Ichlibido, das heisst die libidinöse Komponente der Ichbesetzung, sich kundgibt, und der ökonomischen Bedingungen, welche Ichstärke und Ichschwäche ausmachen, wie auch seine Auffassung des Narzissmus, führte ihn zu gewissen Anschauungen, die etlichen Ansichten FREUDS zuwiderlaufen.

FEDERN macht uns darauf aufmerksam, dass das Ich gleichzeitig Subjekt und Objekt ist. Als Subjekt wird es am Fürworte «Ich» erkannt, als Objekt heisst es das «Selbst». Das Ich ist der Träger des Bewusstseins; nichtsdestoweniger ist sich das Individuum seines eigenen Ichs bewusst. FEDERN charakterisiert diesen Umstand als ein «einzigartiges Paradoxon», wodurch sich das Ich von allen übrigen Phänomenen unterscheidet.

Das Ich als Subjekt wird in verschiedenen Formen, die durch die grammatikalischen Modi aktiv, passiv, reflexiv angegeben werden können, erlebt. Die *aktive* Ichbesetzung wird in Planen, Denken, Handeln und in ihrer elementarsten Form in der Aufmerksamkeitsfähigkeit des Ichs erlebt. Die *passive* Ichbesetzung bestimmt das Bedürfnis nach Reizen. Die *reflexive* Besetzung gibt sich in Selbstliebe und Selbsthass kund. Jedoch kann die Ichbesetzung, respektive das ihr entsprechende Ichgefühl, in ihrer originellen und primitiven Form nicht nach diesen drei Modi klassifiziert werden, sondern nach dem Modus «Medium», wie er im klassischen Griechisch gebraucht wird. FEDERN nannte diese *objektlose* Form von Ichbesetzung *mediale* Besetzung. Im Deutschen wird sie durch intransitive Verba ausgedrückt, wie «Ich wachse», «Ich gedeihe», «Ich lebe», und im Falle einer vorherrschenden destruktiven Komponente durch «Ich komme um», «Ich altere», «Ich sterbe».

FEDERN betrachtet nur die ursprüngliche Äusserung der Ichlibido, nämlich die mediale, als primären Narzissmus. Er hält sie für die wahre Quelle des Gefühls der Befriedigung, das das Ich in seinem faktischen Dasein findet, für den Grund, dessentwegen Gedeihen, Wachsen und Leben in sich selbst als lustvoll empfunden werden. FEDERN ist in dieser Auffassung des «primären Narzissmus» genauer als FREUD, der diesen Ausdruck sowohl für die reflexive als auch für die mediale Libido verwendet.

Nach FEDERNS Auffassung ist es die «mediale» Libidokomponente der Ichbesetzung, die dafür verantwortlich ist, dass das Alltagsleben mit seinen

Empfindungen und motorischen und intellektuellen Funktionen nicht als ein leeres, langweiliges oder unangenehmes Erlebnis, sondern als ein angenehm *vertrautes* gefühlt wird. Körper und Geist vereinigen sich, um dem Ich diese rätselhafte Lebensfreude zu verschaffen. Jede Ichfunktion, körperlich oder psychisch, trägt etwas von dem selbstgeniessenden primären Narzissmus an sich. Zu dieser ursprünglichen narzisstischen Besetzung werden durch die Lebenserfahrung äussere libidinöse Interessen fortlaufend hinzugefügt.

Wenn die libidinöse Komponente der «medialen» Ichbesetzung zurückgezogen wird oder in unzureichender Menge im Organismus erzeugt wird, dann fühlt das Individuum eine unangenehme Veränderung in seiner Lebenskraft und Selbst-Einheit. Solange nur die libidinöse Komponente mangelhaft ist, bleibt die integrative Funktion des Ichs erhalten, aber das *vertraute Gefühl* eines integrativen Gleichgewichts ist beeinträchtigt. FEDERN betrachtet das krankhafte Ichgefühl, das depressive Zustände charakterisiert, als den überzeugendsten Beweis für die Existenz eines Todestriebs. Wo die destruktive Komponente der Ichbesetzung vorherrscht, ist der Patient weder fähig, irgend etwas zu geniessen, noch kann er lustbetonte Erfahrungen der Vergangenheit erinnern. Sein Ich befindet sich in einem Zustand völliger Hoffnungslosigkeit. Alles in seinem Leben erfüllt ihn mit Widerwillen, und es treibt ihn, damit Schluss zu machen. Wie jeder Psychiater weiss, fliesst diese zerstörende Komponente auch auf die Objektbeziehungen über. Nach FEDERN äussert sich die zerstörende Komponente der Ichbesetzung, wenn sie mit einer entsprechenden Menge von Libido gemischt ist, in Willenskraft und Entschlossenheit.

FEDERN erklärt den Wirklichkeitssinn und seine Störungen, wie Entfremdungsgefühl für äussere Objekte und Wirklichkeitsverlust, so wie auch die Erscheinungen der Halluzination und Wahnbildung, auf der Basis eines seiner wichtigsten Begriffe, nämlich der *Ichgrenze*. Leider wurde dieser Begriff von vielen seiner Leser nicht richtig verstanden.

Gesunde Menschen sind sich ihrer potentiellen körperlichen und seelischen Ichgrenzen nicht bewusst. Die diesbezügliche Selbstbeobachtung erfordert anfängliche Übung unter geeigneter Leitung. FEDERNS Begriffe des Ichs als eines dynamischen Gebildes und der Ichgrenze als seines peripheren Sinnesorganes sind neu und in der FREUDschen Theorie nicht enthalten.

Ver-ichte Daten sind der Introspektion zugänglich, während die Wahrnehmung von Daten, die zum Gebiete des Nicht-Ich gehören – das heisst der Aussenwelt – Extraspektion genannt wird. Der Unterschied zwischen Introspektion und Extraspektion beruht auf der Scheidungsebene zwischen dem, was FEDERN in passender Weise «innere Geistigkeit» und «äussere Wirklichkeit» nennt. Wenn ein gesunder Mensch im Wachleben seine Aufmerksamkeit gleichzeitig innerhalb und ausserhalb seiner Psyche lenkt, *fühlt* er ganz klar, was nur sein Gedanke, Erinnerung oder Vorstellung, und was ein *wirkliches* Objekt oder Begebenheit der Aussenwelt ist. Das ganze Gebiet dessen, was als «innere Geistigkeit» gefühlt wird, nimmt an der zusammenhängenden Icherlebniseinheit teil. Alle wahrgenommenen Daten, die ausserhalb der Grenze dieser Erlebniseinheit liegen, werden als äussere Wirklichkeit, als *Nicht-Ich gefühlt* und sind der Extraspektion zugänglich. Überdies gehören, wie wir wissen, nicht nur die äussere Welt, sondern auch alle psychischen Erscheinungen, die vom vorbewussten Ich ausgeschlossen bleiben – wie zum Beispiel alles Verdrängte –, zum Nicht-Ich und werden als solches gefühlt. *Deshalb sind auch diese dem zugänglich, was wir Extraspektion nennen.* FREUDS Einführung des Wortes *Es*, das Nicht-Ich ist, für dieses Gebiet psychischer Dynamik, drückt ganz klar diesen Umstand aus. Tatsächlich spricht FREUD von einem *inneren* und einem *äusseren* Ausland in bezug auf das Ich.

Welche Reize auch immer die Ichgrenze von aussen betreten (alle Daten, die ent-icht sind, sowohl die Reize der Aussenwelt als auch die des verdrängten Unbewussten), werden durch das, was wir Extraspektion nennen, wahrgenommen und als äussere Wirklichkeit gefühlt. Dementsprechend übernimmt die dynamisch besetzte Ichgrenze, die Peripherie des Ichs, die Funktion eines Sinnesorganes des Ichs, das wirklich von unwirklich unterscheidet.

Die Behauptung, dass die Inhalte des Verdrängten der Extraspektion zugänglich sind, bedarf einer Klärung. Die richtige Formulierung dieser Behauptung lautet: *Wenn* solche Inhalte im allgemeinen wahrgenommen werden, dann werden sie durch Extraspektion wahrgenommen; im Wachleben des gesunden Ichs jedoch gelangt das Verdrängte nicht zum Ich. Die Grenze des Ichs gegenüber dem verdrängten Unbewussten ist dynamisch stark genug, um den Eintritt des Verdrängten zu verhindern; was wir Gegenbesetzung nennen, nimmt an der inneren Ichgrenze teil und verstärkt sie.

Die Ichgrenzen sind sehr flexibel. Verschiedene ver-ichte Daten verlieren zu verschiedenen Zeiten ihre Ichbesetzung. FEDERNS «geographische» Beschreibung der Ichgrenze gab vielen Lesern den Eindruck, dass er das Ich und seine Grenzen als statisch auffasste. Nichts könnte weiter entfernt von den Lehren FEDERNS sein. Die geographische Assoziation des Wortes «Grenze» ist unglückselig. Man muss sich vor Augen halten, dass der mit diesem Worte bezeichnete Begriff ein ausgesprochen *dynamischer* ist und dass FEDERN die Flexibilität der Ichgrenze stets betont hat.

Jedermann kann ihre Dynamik im Vorgang des Einschlafens erleben. Sowie der Schlaf heranrückt, verlieren das Ich und seine Grenzen ihre Besetzung, sodass ent-ichte psychische Erscheinungen das schlaftrunkene Ich erreichen können, indem sie seine geschwächte Grenze überschreiten. So entstehen hypnagoge Bilder; man beginnt zu halluzinieren oder zu träumen. Wenn man jedoch eine Anstrengung macht, ganz aufzuwachen, werden die Ichgrenzen zu ihrer vollen Stärke wieder hergestellt, und die hypnagogen Bilder verschwinden. Manche dieser Inhalte, die im Schlafvorgang ent-icht und nach dem Erwachen wieder ver-icht wurden, mögen vom Individuum als seine früheren Gedanken wieder erkannt werden. Andere Inhalte mögen dem verdrängten Unbewussten (Es) entstammen und sind nach erfolgter Schwächung seiner inneren Grenze (Gegenbesetzungen) von aussen ins Ich durchgebrochen.

Die dynamische Ichgrenze den Reizen der Aussenwelt gegenüber ist verschieden. Sie schliesst die physischen Sinnesorgane ein, die von FEDERN, wie auch von den Neurologen, sozusagen als Öffnungen oder Fenster aufgefasst werden, die in der äusseren Wand des Organismus eingebettet sind. Auf diese Weise stellen sie Verbindungswege zwischen der Aussenwelt und dem Zentralnervensystem her. Jedoch ist das *Wirklichkeitsgefühl* in bezug auf die wahrgenommene Aussenwelt nicht dem Umstand zu verdanken, dass die äusseren Reize in die physischen Sinnesorgane eintreten, sondern dem, dass sie die äussere dynamische Ichgrenze passieren, die die Sinnesorgane miteinschliesst. Die letzteren sind für äussere Reize durchlässig und stellen im Wachleben des Ichs die normalen Organe für die Extraspektion (Wahrnehmung) dar. Wenn die äussere Ichgrenze ihre Besetzung verliert, werden die äusseren Objekte, wie deutlich sie auch wahrgenommen werden mögen, als fremd, unvertraut oder auch als unwirklich gefühlt. In manchen Ichstörungen kann das Entfremdungsgefühl die erste Phase eines Wirklichkeitsverlustes darstellen. Die Umgebung wird als leblos, wie wechselnde Bilder auf einer Leinwand, gefühlt. Im Genesungsvorgang ist die leichteste Libidozunahme im Bereiche der Ichgrenze erkennbar; die Wahrnehmung der Objekte gewinnt an Wärme, und man fühlt, dass die Objekte selbst einen als angenehm empfundenen Zuwachs von Lebhaftigkeit gewonnen haben. Ein Objekt wird, *ohne Hilfe jeglicher Realitätsprüfung*, als *wirklich* empfunden, wenn es nicht nur vom Ich ausgeschlossen ist, sondern auch, wenn seine Eindrücke eine gut besetzte Ichgrenze von aussen treffen. Solange eine normal besetzte Ichgrenze nicht gereizt wird, wird man ihrer nicht gewahr.

Im psychologischen Kapitel seiner «*Traumdeutung*» gründete FREUD auch die ursprüngliche «Realitätsprüfung» des Neugeborenen auf die Fähigkeit, «aussen» von «innen» zu unterscheiden. Diese Prüfung wird mittels körperlicher Bewegungen durchgeführt. Wenn ein Kind ein Objekt wahrnimmt, nachdem es den Kopf gewendet oder die Augen geschlossen hat, lernt es allmählich erkennen, dass das, was es wahrnimmt, durch innere Reizung zustande kommt, oder, richtiger gesagt, dass es unwirklich ist; wenn hingegen als Folge gegebener Bewegungen die wahrgenommenen Elemente ihre Richtung ändern oder verschwinden und wieder erscheinen, werden sie schliesslich von ihm als wirklich, das heisst als in der Aussenwelt existierend, erkannt.

Wenn man eine Parallele zwischen FEDERNS Erklärung des «Wirklichkeitssinnes» und dieser primitiven Form der «Realitätsprüfung», wie FREUD sie angegeben hat, zieht, muss man zwei Momente ins Auge fassen. Erstens ist der «Prüfungsakt», der «Innen» von «Aussen» unterscheidet, auf das ganze Individuum bezogen, während der «Wirklichkeitssinn» «Innen» von «Aussen» nur in Beziehung zum Ich und nicht einmal zur ganzen Psyche unterscheidet, da das Es davon ausgeschlossen ist und ausserhalb des Ichs liegt. FEDERNS Erklärung der Wahnbildungen und Halluzinationen stimmt mit FREUDS Charakterisierung des Es als das *innere Ausland* in bezug auf das Ich weitgehend überein. Die Schwächung der inneren Ich-Grenze ist für das Zustandekommen von Wahnbildungen und Halluzinationen verantwortlich. Zweitens ist diese primitive Prüfung durch Bewegungen ein Mittel, eine erste Orientierung zur Herstellung von Ichgrenzen zu gewinnen. Gegenbesetzungen, die zur inneren Ichgrenze gehören, werden in stetig zunehmendem Masse mobilisiert, um innere Reize vom Ich fernzuhalten. Dabei werden die ichgerechten Reize in das Ich selbst aufgenommen und – im Gegensatz zu den durch Extraspektion wahrgenommenen Objekten – nicht mehr als aussenstehend *gefühlt;* die verdrängten psychischen Reize werden vom Ich ausgeschlossen.

Wenn einmal die dynamisch leistungsfähigen Ichgrenzen hergestellt sind, verliert diese primitive Form der Realitätsprüfung ihre Orientierungsfunktion. Was als wirklich gefühlt wird, kann mittels keiner Realitätsprüfung oder Überlegung mehr rückgängig gemacht werden. Das gilt auch für den Fall von Wahnbildungen und Halluzinationen. Das Individuum hat sehr frühzeitig den Gebrauch von Bewegungen als Unterscheidungsmittel zwischen «wirklich» und «eingebildet» aufzugeben. In der weiteren Entwicklung wird die Realitätsprüfung viel komplizierter und dient dem Zweck, *Kenntnis* der Wirklichkeiten zu *gewinnen*. Erinnern und Lernen sind Grundfunktionen im Dienste der Realitätsprüfung. Das Individuum erlangt verschiedene Grade von Gewissheit und Zweifel bezüglich des Wirklichkeitswertes bestimmter Daten.

Psychotiker empfinden die Inhalte ihrer Wahnbildungen und Halluzinationen als wirklich, weil sie von psychischen Reizen stammen, die tatsächlich ins Bewusstsein eingetreten sind, ohne vorher Ichbesetzung erhalten zu haben, und nicht infolge mangelhaft funktionierender Realitätsprüfung. Um seine «falschen Wirklichkeiten» mit den richtig erkannten Daten der Aussenwelt in Einklang zu bringen, mag der psychotische Mensch geeignete Rationalisationen konstruieren und zu sekundären Bearbeitungen der ursprünglichen unbewussten Inhalte, die von ausserhalb seiner inneren Grenze in das Ich eingedrungen sind, Zuflucht nehmen. Diese Massnahmen repräsentieren eine kompensatorische Leistung für die unterlassene Realitätsprüfung; unterlassen, weil der Patient kein Bedürfnis nach ihr empfand.

FEDERN betont die Flexibilität der Ichgrenzen, die von Geburt an fortschreitende Veränderungen erfahren und in verschiedenen Perioden verschiedene Inhalte umfassen. Gewisse Änderungen der dynamischen Ichgrenzen treten auch während des Alltagslebens in verschiedenen Lebenslagen des Individuums auf. Während all dieser Änderungen stellt das Ich jedoch durchwegs eine Kontinuität dar und bemüht sich, in jedem Zustand seine Kohärenz und Integration herzustellen und zu bewahren. Die jeweils von der Ichgrenze eingeschlossenen spezifischen Inhalte bestimmen den spezifischen Ichzustand. Verschiedene Ichgrenzen stehen mit verschiedenen Ichzuständen in Wechselbeziehung.

Die Verdrängung von Ichzuständen ist einer der wichtigsten Funde FEDERNS. Es kann experimentell bewiesen werden, dass Ichzustände früherer Altersstufen nicht verschwinden, sondern bloss verdrängt werden. In Hypnose kann ein die entsprechenden Affektlagen, Erinnerungen und Triebregungen einschliessender früherer Ichzustand im Individuum wiedererweckt werden. Nach FEDERN besteht der unbewusste Anteil des Ichs in der Schichtung der verdrängten Ichzustände. Doppelte und multiple Personalitäten, wie auch Somnambulismus, entstehen, wenn verschiedene Ichzustände alternierend wiedergeweckt werden.

Die Erscheinung der Identifizierung besteht in der Einschliessung eines Objektes oder seines autoplastischen Duplikats in das Ich, so dass das Ich dieses Objekt als ein Teil seines Selbst zu fühlen bekommt; das Objekt wird ver-icht. Blosse Nachahmung kommt nicht der Verinnerlichung des entsprechenden Objektes gleich. Nur wenn die Ichbesetzung sich auf das Produkt der Nachahmung erstreckt, kann man von Identifizierung des Ichs mit dem Objekte sprechen. Im Falle psychischer Konflikte sind deutliche Ichgefühle mit dem Ich, respektive Über-Ich verbunden.

Die Erscheinung der Identifikation hat ökonomische Voraussetzungen. Je mehr Identifizierungen ein Ich unterhält, desto mehr Ichbesetzung wird verbraucht. Deshalb können zu zahlreiche und zu starke Identifizierungen eine relative Ichschwäche herbeiführen. Wenn andererseits der Zufluss von Ichbesetzung verringert ist, können weniger Identifizierungen beibehalten werden. Während des Einschlafens verliert das Über-Ich seine Besetzung früher als der Ichkern, und wenn der Schlaf weicht, wacht das Über-Ich nach dem Ich auf.

Die Ichkernbesetzung wurde von FREUD in seinen Arbeiten über das Vorbewusste, über den sekundären psychischen Vorgang, wie auch über die verschiedenen Abwehrmassnahmen des Ichs, einschliesslich seines dynamischen Reizschutzes, besprochen. FREUD stellte sich diese Besetzung (seinem früheren Triebdualismus gemäss) als nichtlibidinös – als Ichtriebbesetzung – vor. FEDERN, wie schon gesagt, betrachtete diese Ichbesetzung als eine Mischung von Libido und Mortido; er charakterisierte sie als eine unentbehrliche Stütze der Persönlichkeit. Er beschreibt das Gefühl der Depersonalisation als «Ichatonie» oder als «Verlust der Ichfestigkeit». Libidomangel an der Ichgrenze verursacht Entfremdungsgefühle Objekten der Aussenwelt gegenüber, Besetzungsmangel am Ichkern ruft Depersonalisationsgefühle hervor.

Ursprünglich fasste FREUD die Struktur des «psychischen Apparates» in die Ausdrücke *Ubw*, *Vbw* und *Bw*. Später gab er diese Formulierungen auf, da das Unbewusste nicht nur Triebe, sondern auch Anteile des Ichs und Überichs umfasste, und ersetzte seinen Strukturbegriff durch den des Es, Ichs und Überichs. Nach FEDERN fällt die Einschliessung eines psychischen Elementes in die zusammenhängende Icheinheit mit seiner Teilnahme an dem, was FREUD gemäss seiner früheren strukturellen Auffassung der Psyche das Vorbewusste nannte, zusammen. Das Vorbewusste ist das Gebiet, über das sich das Ich erstreckt. FEDERN behauptet tatsächlich, dass das Ichgefühl selbst sich ständig über das Vorbewusste erstreckt, obwohl nur wenige Elemente in jedem gegebenen Momente bewusst werden. Gerade auf dieser Grundlage, nämlich darauf, dass sich das integrierende Ich über das Vorbewusste erstreckt, beruht jedes gesunden Menschen Vertrauen in die Fähigkeit, sich in geordneter Weise zu benehmen und auszudrücken. Wir haben die subjektive Empfindung, über unsere vorbewussten Daten in zusammenhängender Form zu verfügen. Wenn wir uns zu einem vertrauten Platze begeben wollen, haben wir das zuversichtliche Gefühl, an jeder Strassenwendung zu wissen, welchen Weg wir einzuschlagen haben, obwohl die einzelnen Stellen entlang unseres Weges uns nicht gleichzeitig bewusst sein werden. Wir *fühlen*, ob das Benehmen oder die Äusserungen anderer Menschen konsequent sind oder nicht, obwohl die wahrgenommenen Eindrücke in fortwährendem Flusse von unserem Bewusstsein verschwinden und neue Eindrücke fortlaufend in unser Bewusstsein eintreten. Es ist nicht das Bewusstsein, sondern die als Ichgefühl erlebte Ichbesetzung, die sich dauernd über das Vorbewusste erstreckt und uns erlaubt, psychisch in zusammenhängender und zweckentsprechender Weise zu funktionieren. FEDERNS Ansicht über die bindende Funktion der Ichbesetzung bestätigt FREUDS Darstellungen über die dynamischen Arbeitsweisen des Vorbewussten. FEDERN beruft sich in seinen Schriften häufig auf die früheren Begriffe BREUERS und FREUDS bezüglich der frei flottierenden und der tonisch gebundenen Energien. Der Vorgang der *Bindung* der frei flottierenden Besetzung, den FREUD den psychischen Sekundärvorgang nannte und der für das Vorbewusste charakteristisch ist, wird von der Ichbesetzung geleistet. Es ist die Ichbesetzung von *Es*-Elementen, die dem psychischen Primärvorgang ein Ende setzt; die so entstandenen Produkte werden in Zeit, Raum und Kausalität integriert. Rationales Denken, das die Affekte bis zu einem gewissen Grade im Zaume hält, ist eine Folge des sekundären psychischen Vorganges. Je stärker die Bindungsfähigkeit der Ichbesetzung ist, um so besser kann das Ich Entsagungen ertragen und auf Befriedigungen verzichten. Die Gegenbesetzungen, aus welchen die innere Ichgrenze besteht und welche die Verdrängungen aufrechterhalten, gehören nach FREUD wie auch nach FEDERN zum Ich. Jedoch nach FEDERN enthalten diese Besetzungen Libido.

FEDERNS dynamische Beschreibung des Schlafzustandes und des schizophrenen Vorganges steht in gewisser Hinsicht in Widerspruch zu FREUDS diesbezüglichen Begriffen. Sein Standpunkt ist, dass Schlaf und Schizophrenie durch einen Mangel und nicht durch einen Überfluss an Ichlibido gekennzeichnet sind. Was die Erscheinung des Schlafes betrifft, mag solch Widerspruch als ein bloss formaler betrachtet werden. Im traumlosen Schlaf schwindet das Ich; seine Besetzung wird, vielleicht in das Es oder in den biologischen Organismus, zurückgezogen. Wenn man deshalb FREUDS Behauptung, dass das Ich im Schlafzustande zum primären Narzissmus regrediere, akzeptiert, erweitert man den Begriff des Narzissmus dahin, die in den ganzen Organismus investierte und nicht bloss in der Ichstruktur wirkende Libido miteinzuschliessen. Man würde ein sozusagen egomorphisches Konzept des Gesamtorganismus einschliesslich des physiologischen Systems und des Es akzeptieren, und der topische (strukturelle) Begriff der Psyche ginge verloren.

Psychische Inhalte, die den Traum bilden, bringen das Ich, das träumende Ich, nur teilweise zum Erwachen, und manchmal erwecken sie es nur zu einem seiner früheren Zustände. Viele alte und frische Erinnerungen, die rationale Fähigkeit des Ichs, mögen im Schlafzustand erhalten bleiben. FEDERNS Entdeckung, dass Ichzustände verdrängt werden können, ist auch durch die Tatsache bewiesen, dass sie in Träumen wiedergeweckt werden können. Dem träumenden Ich hat FEDERN viel Aufmerksamkeit gewidmet. Im Wachleben können seelisches und körperliches Ich nicht leicht auseinandergehalten werden, da sie dem Ich dauernd anhaften. Andererseits kann man retrospektiv erkennen, dass in den meisten Träumen der eigene Körper nicht gefühlt wurde. So wie viele Ichfunktionen im Traume nicht geweckt wurden, so wurde der eigene Körper nicht geweckt. Im Wachleben würde ein körperloses Ich eine unheimliche Empfindung sein. Nichtsdestoweniger können etliche Affekte und der Wille gewisse körperliche Empfindungen sogar im Traume erwecken, obzwar zu starke oder zu lang andauernde körperliche Gefühle dem Schlafzustande ein Ende setzen. Im allgemeinen wird jedoch das träumende Ich seiner Träume passiv gewahr, während der Wille nach FEDERN die Konzentration aktiver Ichbesetzung auf eine Handlung oder einen Gedanken und nicht ein blosses «Vorherwissen» der sich zu ereignenden Handlung oder des bevorstehenden Gedankens oder Planes ist.

Träume während der Narkose sind besonders geeignet, die Unterscheidung zwischen dem seelischen und körperlichen Ich aufzuzeigen, da dann der Körper nicht geweckt werden kann. Das Gefühl der eigenen Identität betrifft nur das seelische Ich, da man nach dem Erwachen fühlt, derselbe zu sein, der man während des Traumes war. In Träumen mit vollkommener Abwesenheit von körperlichen Ichgefühlen stellen gewisse Traumbilder stets Anteile oder Zustände des eigenen Ichs des Träumers dar. Diese Ichteile oder Ichzustände erscheinen als äussere Objekte, da sie vom träumenden Ich, das seine Grenzen zurückgezogen hat, ausgeschlossen sind; das heisst, sie erscheinen auf Traumfiguren projiziert. FREUD hat bereits in seiner Traumdeutung erkannt, dass manche Traumpersonen dahin gedeutet werden müssen, dass sie des Träumers Ich, oder einen Teil des Ichs, darstellen.

Unter den Funktionen des Ichs hat FEDERN mit Scharfsinn die des begrifflichen oder abstrakten Denkens analysiert; eine Funktion, die, wie KURT GOLDSTEIN und andere Psychiater beobachtet haben, in der Schizophrenie beeinträchtigt ist. FEDERN charakterisiert die Psychopathologie der Schizophrenie als eine narzisstische Störung, *nicht* infolge eines Zuwachses, sondern infolge einer *Abnahme an Ichbesetzung*. Ichschwäche ist die Folge ungenügenden Vorrats und ungenügenden Angebots von Ichbesetzung; hierin spielt Ichlibido die grösste Rolle. FEDERN behauptet, dass das träumende und das schizophrene Ich schwach sind. Es besteht da eine dynamische Unzulänglichkeit; deshalb führt die herabgesetzte Ichbesetzung in der Schizophrenie zu einer Verwüstung von allen Arten der psychischen Funktionen und zu der charakteristischen psychotischen Eigenart der psychischen Leistung.

FEDERN teilt nicht FREUDS Meinung, dass Wahnbildungen und Halluzinationen Restitutionserscheinungen für den affektiven Kontaktverlust mit der Aussenwelt darstellen. Er hat Halluzinationen und Wahnbildungen in seinen Patienten lange bevor die Objektbesetzung zurückgezogen wurde, beobachtet. Seiner Meinung nach sind diese Erscheinungen die Folge echter Ichverletzungen und stellen nicht Restitutionsversuche dar. Wie beim träumenden Ich sind sie die Folge eines Besetzungsmangels an der Ichgrenze und verursachen so eine Vermengung von unechter und echter Wirklichkeit. Diese Vermengung ist nur einer der Gründe für die Beeinträchtigung der Denkfunktion des Patienten. Ausserdem beraubt ihn der Mangel an Ichbesetzung auch der Fähigkeit, sich eines seiner wichtigsten Werkzeuge zu bedienen, nämlich des kontrollierten, begrifflichen Denkens.

Abstrakte Begriffe werden von Elementen, die verschiedenen Erfahrungslagen, das heisst verschiedenen Ichzuständen, gemeinsam sind, gebildet. Diese Elemente müssen als solche isoliert, gefühlt und erkannt werden und von allen anderen zusätzlichen Inhalten der konkreten Ichzustände, von denen sie stammen, abgesondert werden. Für diesen Vorgang der Isolierung und Reinigung wird eine gewisse Menge von Energie – spezifisch, Ichbesetzung – verwendet. Deshalb beraubt ein Mangel an Ichbesetzung das Individuum seiner Fähigkeit, sich *ein* Haus, *einen* Baum oder *einen* Tisch vorstellen zu können; es wird nur fähig sein, in seiner Erinnerung konkrete, tatsächlich gesehene Häuser, Bäume und Tische zu reproduzieren.

Wo Mangel an Ichbesetzung besteht, kann ein hochentwickeltes und organisiertes Ich eine hinreichende Besetzung an allen seinen Grenzen nicht erhalten und ist daher der Invasion von seiten des ent-ichten Unbewussten ausgesetzt. In einem solchen Falle kann eine Regression zu einem früheren Ichzustande, die einen geringeren Aufwand von Ichbesetzung erfordert, zur Abwehr falscher Wirklichkeiten dienen. Nach erfolgter Rückkehr zu einem früheren Ichzustande werden die Grenzen, der Ausdehnung dieses Zustandes entsprechend, eingeschränkt, bleiben aber als solche intakt. Invasion falscher Wirklichkeiten, Regression zu früheren Ichzuständen und Verlust der Fähigkeit, abstrakt zu denken, sind die wichtigsten Merkmale der Schizophrenie.

Nicht nur der «psychische Apparat» als Ganzes stellt eine psychische Struktur dar, sondern auch das Ich selbst, das Freud und andere Analytiker als ein «Organ» der Gesamtpersönlichkeit betrachteten. Deshalb sollte man, wenn man von Ichstärke und Ichschwäche spricht, angeben, welche spezifischen Ichfunktionen beeinträchtigt sind. Es kommen allerdings Fälle von allgemeiner Ichschwäche vor, die zu einem vollkommenen Zerfall des Ichs in all seinen Funktionen führt. Aber in den meisten Fällen sind manche Ichfunktionen stark, während andere schwach sind. Der Identifizierungsvorgang ist eine Ichfunktion; alle Arten der Abwehr, die Fähigkeit Triebe zu meistern, Befriedigungen aufzuschieben oder auf sie zu verzichten, die Ichgrenzen in hinreichender Stärke zu erhalten, erfordern spezifisch dynamische Leistungen von seiten des Ichs. Das gleiche gilt für den Denkakt und namentlich für das begriffliche oder abstrakte Denken. Ein Beispiel einer spezifischen strukturellen Ichschwäche wird von manchen paranoischen Patienten geboten, die infolge einer schwach besetzten inneren Ichgrenze einen mangelhaften Wirklichkeitssinn besitzen, jedoch gleichzeitig ausgezeichnete Denker sein mögen. Die Realitätsprüfung würde sehr wirksam sein, wenn solche Patienten sie anwenden würden, um wirklich von unwirklich zu unterscheiden.

FEDERNS aufklärende Studien auf dem Gebiete der funktionellen Leistungen des Ichs führten infolge ihrer dynamischen und ökonomischen Konsequenzen zu einer Neuorientierung in der Behandlung psychotischer Patienten. Während die Neurose zum grössten Teil die Abwehrmassnahmen des Ichs gegenüber ichfremden Triebregungen zum Ausdruck bringt, wobei die Ichintegration als solche erhalten bleibt, stellt die Psychose ein Erliegen des Ichs dar.

Ist einmal die Stichhaltigkeit dieses Begriffes erkannt, dann wird das leitende Prinzip in der Behandlung psychotischer Patienten sein, ihnen zu helfen, psychische Energie zu sparen und nicht zu verschwenden. Der Mangel an Ichbesetzung kann die Folge entweder einer unzureichenden Zufuhr von Ichbesetzung oder ihrer unökonomischen Verteilung sein. Die positive Übertragung des Patienten auf den Therapeuten, der sich den Problemen des Patienten wohlwollend widmen muss, ist noch wichtiger als in der klassischen Psychoanalyse der Neurotiker. In der Behandlung der Psychotiker ist nur die positive Übertragung, die dem Patienten nicht gedeutet werden darf, von Nutzen, und jede Art negativer Übertragung muss vermieden werden. Vollkommene Aufrichtigkeit dem Patienten gegenüber ist unerlässlich; unter keiner Bedingung darf er getäuscht werden. Man muss ihm ausserdem helfen, seine dringenden laufenden Probleme zu lösen, und zwar nicht nur mit der Hilfe des Therapeuten, sondern auch namentlich mit der seiner Familienangehörigen und einer disziplinierten Umgebung. Keine Behandlung eines psychotischen Menschen kann ohne die Hilfe einer verständigen Frau, einer Mutter- oder Schwesterfigur, gelingen. Eine Mutterübertragung von seiten eines psychotischen Patienten auf einen männlichen Therapeuten verwirrt ihn, weil er nicht imstande ist, dieses Gefühl von einem homosexuellen zu unterscheiden.

In der Handhabung des Unbewussten und der Widerstände des Patienten muss man in entgegengesetzter Weise vorgehen als in der Analyse neurotischer Patienten. Die zerfallenen Gegenbesetzungen des psychotischen Patienten müssen wieder hergestellt werden; die Bildung von Widerständen muss angeregt werden; Verdrängungen müssen nicht aufgehoben, sondern im Gegenteil geschaffen werden. Zu viel unbewusstes Material ist bereits in das psychotische Ich gelangt, mehr als es imstande ist zu handhaben. Jede Art von Anspruch muss verringert werden, bedrückende Affekte müssen beschwichtigt werden, und der Patient muss so weitgehend als möglich von Verantwortung befreit werden.

Unter keinen Umständen darf man mit dem Patienten seine Krankengeschichte aufnehmen, da die Erinnerungen früherer psychotischer Episoden eine Rezidive hervorrufen können.

Psychotische Patienten sind oft Erklärungen ihrer psychotischen Mechanismen sehr zugänglich. Im Falle frisch entstandener Wahnbildungen kann der Therapeut oft erfolgreich die geschwächten, zwischen dem Psychischen und der Wirklichkeit liegenden Ichgrenzen des Patienten stärken und ihn so befähigen, seine «falsche Wirklichkeit» zu korrigieren. Diese Methode besteht darin, den Patienten zu veranlassen, von der bishin ausgefallenen Realitätsprüfung richtigen Gebrauch zu machen. Man hilft ihm, die Daten zu erkennen, die er tatsächlich wahrgenommen hat, und sie von denen zu unterscheiden, die entstellt oder hinzugefügt wurden, um den fälschlich als wirklich gefühlten Umständen Rechnung zu tragen.

Ich hoffe, dass diese kurze aufklärende Zusammenfassung PAUL FEDERNS origineller Beiträge zur Ichpsychologie und deren therapeutischer Anwendung den Leser besser vorbereiten wird, seinen inhaltsreichen, aber oft komplizierten und bei der ersten Annäherung nicht immer leicht verständlichen Darstellungen zu folgen. Es braucht Zeit und oftmalige Wiederholung, bevor man seine Ichgrenze auf neue Begriffe erstreckt und sie mit bereits integrierten Positionen in dem vorhandenen Vorrat an Kenntnissen assimiliert.

Der Leser wird, in der Lektüre dieses Bandes fortschreitend, bemerken, dass vieles wiederholt ist. Solche Wiederholung kann in einem einzelnen, vereinheitlichten Manuskript vermieden werden; sie ist jedoch in einem Bande gesammelter Schriften unvermeidlich. Immerhin ist die Wiederholung, wie ich eben ausgeführt habe, und wie FEDERN selbst bemerkt hat, eine Voraussetzung für die vollkommene Ver-ichung neuer Begriffe. Ausserdem hat jeder einzelne Aufsatz seinen eigenen Reichtum an Inhalt und Eigenart, so dass sogar die mit FEDERNS Grundbegriffen Vertrauten sich für ihr aufmerksames Lesen hinreichend belohnt finden werden. FEDERN zu lesen ist tatsächlich ein Abenteuer in Verstehen.

I. TEIL

ZUR ICHPSYCHOLOGIE

I. KAPITEL

EINIGE VARIATIONEN DES ICHGEFÜHLS[1]

Über die Steigerung und Herabsetzung des Ichgefühls wird in der nicht-psycho-analytischen Psychologie mit anderer Benennung unter den Gemeingefühlen gesprochen. Seitdem die Depersonalisation die Psychiater beschäftigt, werden die Störungen des Ichgefühls vielfach untersucht. Namentlich Schilder hat sie in seinen Arbeiten über Selbstbewusstsein und Persönlichkeitsbewusstsein und über das Körperschema gründlich dargestellt, sich aber vorzugsweise mit den schwerpathologischen Zuständen beschäftigt. Meine Mitteilungen gehen von Zuständen aus, welche an der Grenze der Norm liegen, und stützen sich auf eigene Selbstbeobachtung und auf Mitteilung von Selbstbeobachtungen von Patienten.

Jede Definition des Ichs scheitert daran, dass in derselben das «Ich», als Sonderwesen der Aussenwelt gegenübergestellt, wiederkehrt. Beschreiben lässt sich das «Ichgefühl» als Gefühl des seelischen und körperlichen Zusammenhanges in Hinsicht auf Zeit und Inhalt, wobei der Zusammenhang als ununterbrochene oder als wiederhergestellte Einheit zu verstehen ist.

Was den *zeit*lichen Zusammenhang betrifft, so wissen wir durch Freud, dass im *Ubw* die Zeit nicht vertreten ist. So weit die Selbstbeobachtung das Traumerlebnis sich zurückrufen kann, fehlt dem «Ich im Traume» das Gefühl von seiner Einheit in der Zeit häufig, aber nicht immer. Die Geschehnisse des Traumes werden aber als zeitlich ablaufend erfasst. Das widerspricht nicht der Auffassung Freuds, weil ja im Traum das *Bw* partiell erwacht. Wenn im Wachen das Gefühl der Einheit des Ichs in zeitlicher Hinsicht fehlt, so entstehen den Autoren wohlbekannte Formen der Depersonalisation (auch das *déjà vu*). Während in der Norm die Gegenwart als zwischen Zukunft und Vergangenheit stehend erfasst wird, ist sie bei solchen Kranken stets neubegin-

---

[1] Zuerst veröffentlicht 1926 im 12. Band der «Internationalen Zeitschrift für Psychoanalyse».

nend. Das liegt am Ichgefühl, nicht etwa an der Auffassungsfähigkeit für den zeitlichen Ablauf, da die Orientierung in der Zeit erhalten bleibt.

Im *inhalt*lichen Zusammenhang kann man das *seel*ische und das *körper*liche Ichgefühl im Ich unterscheiden. Der Satz *cogito ergo sum* hebt das erstere in rationeller Formulierung hervor. Seitdem FREUD das Über-Ich abgetrennt und seinen unbewussten Anteil schärfer als früher formuliert hat, halten viele Psychoanalytiker diese Abtrennung bloss für eine Formulierung oder für eine Konstruktion, welche einige bereits früher bekannte zensurierende Ichinstanzen zusammenfassen soll. Die Selbstbeobachtung in jedem psychischen Konflikte belehrt, dass dem Ich und Über-Ich auch ein anderes Ichgefühl entspricht, dass sie als gesondert sich von jedem durch Selbstbeobachtung feststellen lassen. Die genaue Beschreibung dieser Ichgefühle fehlt noch. Bei einigen Personen ist das zum Über-Ich gehörige Ichgefühl ein rein seelisches, ihm fehlt jeder körperliche Inhalt. Dem entspricht, dass das Über-Ich in der Norm keinen direkten Zugang zur Motilität hat. Bei der Melancholie scheint es anders zu sein, wodurch sich die Nähe des Selbstmordes bei dieser Krankheit im Gegensatz zu gleich grossen andersartigen Verstimmungen erklärt. Nach der Selbstbeobachtung hat das Über-Ich auch keinen direkten Zugang zu den Willensintentionen, wohl aber zur Hemmung derselben und zur intentionellen Richtung der Aufmerksamkeit. All dies mag bei anderen Personen anders sein und individuelle Unterschiede dieses Ichgefühls erkennen lassen. Soweit zwangsneurotische Impulse, Gedanken oder Vorstellungen vom Über-Ich ausgehen, enthalten sie, wie alle Zwänge, entsprechend der aus dem *Ubw* verstärkten Besetzung ein Gefühl, dass sie sich sehr stark dem Zugang zum Motorischen nähern, ohne ihn aber zu erreichen; der verstärkte motorische, bei Gedanken intentionelle Charakter bedingt die Verstärkung der entgegengesetzten Hemmungen und Regungen und auch die nicht zu beruhigende Angst, dass sie wirklich zur Tat führen müssen.

Hingegen hat das zum Ich, im Gegensatz zum Über-Ich, gehörige seelische Ichgefühl den Zugang zur Motilität und zum Körper-Ich. Mit Rücksicht darauf, dass seelische Vorgänge in der Neurose aus dem seelischen Ich in den Körper projiziert (in erweiterter Verwendung des Terminus), d.h. konvertiert werden, und in der Psychose, über den Körper hinaus, in die Aussenwelt verlegt, «projiziert» (das Wort in gewohnter Weise gebraucht) werden, kann man das seelische Ich auch als «Innen-Ich» bezeichnen und damit eine topische Betrachtungsweise versuchen, die aber zunächst nichts mit der Topik der Bewusstseinsstufen zu tun hat.

Das körperliche Ichgefühl ist ein Gesamtgefühl aller motorischen und sensorischen Erinnerungen, die den eigenen Körper betreffen; es ist aber nicht mit diesen Erinnerungen identisch; es enthält vielmehr das einheitliche Gefühl von der Libidobesetzung der sensorischen und motorischen Apparate. Das körperliche Ichgefühl ist nicht identisch mit dem Körperschema, der Gesamtheit der richtig geordneten Wahrnehmungen vom eigenen Körper. Das eine kann schwinden ohne das andere. Das körperliche Gefühl vom Ich könnte als Teil des seelischen Ichs aufgefasst werden, das nur zur leichteren Darstellung gesondert bezeichnet wird. Dem widerspricht aber die Beobachtung von Zuständen, in denen sich die beiden Ichgefühle deutlich voneinander sondern. Das kann beim «Ich im Traume» geschehen und bei dem Schwinden des Bewusstseins, beim Einschlafen und Erwachen. SCHERNER, der bedeutendste Kenner des Traumlebens vor FREUD, hat diese Zustände mit heute fremdartig erscheinender Terminologie schon beschrieben.

Der einfachste Vorgang ist das rasche Verfallen eines schläfrigen Menschen in traumlosen Schlaf, die Dormition ohne hypnagoge Symptome. Dabei wird die Intensität aller Ichgefühle fast plötzlich gleich Null. Man muss das hervorheben, weil FREUDS Bezeichnung des Schlafes als narzisstischen Zustands dahin missverstanden werden kann, als ob das Ich im Schlaf besonders mit narzisstischer Libido besetzt wäre. Die Bemerkung sagt aber nur aus, dass im *Ubw* die Libido mehr narzisstisch verwendet wird, doch nicht ausschliesslich. Verschiebungen, Zurückziehungen und Neubesetzungen im *Ubw* betreffen auch die Objektvorstellungen; das zeigt die mitunter völlige Änderung derselben nach einem kurzen traumlosen Schlaf. Der Beweis wäre ein sicherer, wenn wir die Traumlosigkeit eines Schlafzustandes feststellen könnten.

Bei der Zurückziehung der Besetzungen im raschen Einschlafen lässt sich aber dennoch in der Regel noch beobachten, dass das körperliche Ichgefühl früher schwindet als das seelische Gefühl des Ichs und Über-Ichs. Das «Körper-Ich» (ich setze, um die Darstellung zu kürzen, fernerhin öfters «Ich» statt «Ichgefühl») kann beim Einschlafen völlig geschwunden sein und vom noch wachen «seelischen» Ich neu besetzt und wieder erweckt werden. Auf diese Art erfolgt das willkürliche Hinausschieben des Einschlafens. Bei – vermutlich – den meisten Menschen verliert das Über-Ich des rasch Einschlafenden früher die Besetzung als das Ich. Nachdem das Über-Ich schon geschwunden ist, kann das Ich noch infolge einer auftauchenden Erinnerung oder eines äusseren Reizes das Körper-Ich mit dem deutlichen Gefühl der Willensanstrengung neuerlich besetzen lassen. Erst darnach erfolgen körperliche Innervationen; nur bei schreckhaftem Wiedererwachen kann die Bewegung der Wiederkehr des Körper-Ichs vorausgehen.

Analog dem normalen Einschlafen ist ein Erwachen als völlig normal zu bezeichnen, welches unter den in gewohnter Weise eintretenden äusseren und körperlichen Reizen, entsprechend dem inneren Rhythmus, anscheinend spontan und ohne Wecktraum erfolgt. Körperliches und seelisches Ich erwachen fast gleichzeitig. Immerhin kann man oft das Vorausgehen des seelischen Ichgefühls bemerken, ohne dass ein Gefühl von Befremdung damit verbunden wäre. Man findet sich am anderen Morgen wieder. Das Über-Ich erwacht in der Regel erst nach dem Ich.

Erwacht man hingegen aus einem Traume, so kann die Sonderung von Körper-Ich und seelischem Ich schon sehr deutlich werden; wir werden später ein besonderes Beispiel davon berichten. Weckträume entstehen zum Teil durch Reize aus dem Körper oder von aussen, zum Teil gehen sie vom Über-Ich aus. Wenn man träumt, dass man eine unerwünschte Arbeit bereits ausgeführt hat oder dass man auf die Uhr schaut und die Zeit so vorgeschritten ist, dass man auf keinen Fall noch zurecht kommen kann, so hat das Ich sich erfolgreich durch gleichzeitiges Erwachen vor dem Über-Ich geschützt. Wenn hingegen eine Person, welche schon durch ihre Individualität die Provenienz vom Über-Ich verrät, weckend an das Lager tritt oder die gesollte Tätigkeit selbst den Träumenden an seine Aufgabe erinnert, so hat das Über-Ich rechtzeitig und zuerst seine Besetzung wiedererlangt.

Noch deutlicher als beim Einschlafen erfolgt die Sonderung von seelischem und körperlichem Ich bei der Anwandlung einer Ohnmacht mit ihrem verlangsamten Eintritt der Bewusstlosigkeit. Dabei fühlt man das Körper-Ich mit dem stärksten Gefühl von Entfremdung von sich abfallen, nach abwärts gleiten, mitunter geradezu die distalen Teile früher als die proximalen. Eine kurze Spanne Zeit ist, wie sonst niemals, das seelische Ich deutlich rein vorhanden. Dasselbe dürfte bei Ausnahmezuständen und Ekstasen erfolgen und die erfahrungsgemässe Grundlage der selbstverständlichen dualistischen Überzeugung von der getrennten Existenz von Körper und Seele geben. Der Mythus der Himmelfahrt ist eine Darstellung solcher Erlebnisse in Projektion nach aussen.

In vollem Gegensatz dazu gibt es Zustände hochgradiger geistiger Erschöpfung, bei denen das Körper-Ich allein gefühlt wird, was hier nicht näher ausgeführt werden soll.

Beim *langsamen* Einschlafen bleiben die Ichgefühle gleichzeitig bestehen. Hypnagoge Erscheinungen führen in den Traumzustand hinüber. Das seelische und das körperliche Ich unterliegen dabei wechselnden Veränderungen, die auch auf wache Zustände analoger Art die Aufmerksamkeit lenken. Im seelischen Ich überwiegt beim Schläfrigwerden das Lust-Unlust-Prinzip über das Realitätsprinzip. Sehr viele Menschen schlafen stets unter Wunschphantasien ein. Diese werden noch lebhafter, weil die Regression zur zentrifugalen Besetzung der Sinnesfunktionen zu den bekannten hypnagogen Visionen führt, die Aufmerksamkeit wird auch mehr vegetativen Vorgängen zugewandt, die Motilität und das Wollen treten zurück. Gestört wird deshalb das Einschlafen durch Gedanken jeder Art, welche das Realitätsprinzip festhalten, durch äussere Sinnesreize, welche den Sinnesfunktionen eine zentripetal wirkende Besetzung geben, schliesslich durch Vorgänge der vegetativen Organe, auch von so geringer Intensität, dass sie im Wachen unbeachtet bleiben würden. Diesen Veränderungen entspricht auch ein anderes seelisches Ichgefühl des Einschlafenden. Es ist wieder das des Kindes geworden. Dass viele Menschen mit den Jahren schwerer einschlafen, liegt zum grossen Teile daran, dass es ihnen schwerer wird, vom Realitätsprinzip zu lassen, dass die Phantasien, die sie früher einschlafen liessen, später, völlig von der Wirklichkeit überholt, ihren Lustcharakter eingebüsst haben, dass sie nicht mehr kindisch oder kindlich wünschen können.

Weniger bekannt ist die Regression zur kindlichen Stufe im körperlichen Ichgefühl. Wir nehmen an, dass das ursprüngliche Ichgefühl des Kindes sich nur auf Sensationen erstreckte, die von wenigen vegetativen, erogenen Zonen ausgingen, während das körperliche Ichgefühl, wie es der Erwachsene besitzt, später allmählich erworben wurde. Dieses Ichgefühl des Erwachsenen entspricht seinem Körperschema (SCHILDER). Jedes normale Ichgefühl erstreckt sich auf den ganzen Körper. Beim verlangsamten Einschlafen aber regrediert auch das Körper-Ich auf infantile Stufen, auf denen die einzelnen Körperteile allmählich für das Ich erworben wurden.

Diese Regression geht sehr wechselnd vor sich. Das Körper-Ich verliert oft ganz seine Tiefendimension; es wird nach allen Richtungen verzogen und verzerrt. Alle absonderlichen Menschendarstellungen der modernsten Malkunst kann man beim Einschlafen an sich selbst wahrnehmen. Die Distanz der symmetrisch gelegenen Teile kann vielmals grösser erscheinen als die Länge des Körpers; die räumlichen Dimensionen geraten aus jeder tatsächlichen Proportion. Wenn zwei oder drei Körperteile richtig empfunden werden, so scheint sich der übrige Körper als mehr oder weniger vage Masse, vergrössert oder verkleinert nach einer Seite von ihnen oder um sie zu lagern. Die Ebenen des Körpers scheinen in jeder Richtung verschoben. Mitunter ist die Veränderung nur eine Verkürzung des Körpers, das Körpergefühl reicht nur bis zum Rumpf oder bis zu den Knien; aber auch Teile aus der Mitte des Körpers können dem Körpergefühl entschwinden. Oft verliert sich die Begrenzung des Körpers nach einer Richtung, statt der Grenze fühlt man eine Bewegung dieser Teile nach dieser Richtung, ohne dass der ganze Körper als bewegt gefühlt würde. Hier besteht also tatsächlich ein Verlust der Ichgrenze.

Von dieser Hinfälligkeit bleibt das körperliche Gefühl von Gesicht und Kopf am ehesten frei; ferner bleiben die beim Liegen als Stützpunkte empfundenen Körperteile mehr stabil; aber auch für diese Teile kann das Körpergefühl schwinden. Es ist kein Zufall, dass ein Patient, bei dem der Schädel während eines solchen Einschlafens sich nach einer Richtung zu vergrössern schien, am nächsten Tage ein Depersonalisationsgefühl gerade für seine Stimme, also eine akustische Entfremdung empfand.

Die beschriebenen Veränderungen des körperlichen Ichgefühls selbst sind von keinem Befremdungsgefühl begleitet; man merkt sie nicht, wenn man nicht die Aufmerksamkeit auf sie richtet; merkt man sie, so hat man die Sicherheit, dass durch eine stärkere Richtung der Aufmerksamkeit auf sein Körperschema, mitunter durch die geringste Bewegung des Körpers, der Spuk schwindet. Die Willensintention entfernt zwar vom Einschlafen, stellt aber beim Normalen das volle Körper-Ich wieder her. Ob beim Kinde derartige Verzerrungen des Körper-Ichs zur Zeit, da es gebildet wird, vorkommen, ist noch nicht eruiert.

Wenn das Körper-Ich in dieser Weise beim erschwerten Einschlafen labil zu werden pflegt, lässt sich nun eine merkwürdige Determinierung dahin bemerken, dass erotisch betonte Zonen oder Teile mehr resistent sind als andere, und mehr als bei anderen Individuen. Ein Individuum mit ausgeprägter oraler Libido verliert nicht das Körpergefühl des Mundes; ein Patient, bei dem die Exhibition des Gesässes in der Jugend eine grosse Rolle gespielt hatte, mehrere Masochisten, bei denen der Rücken erogen betont ist, behalten die Besetzung des erotisch betonten Teiles bei; dass das Gesicht sich bei allen Menschen am wenigsten im subjektiven Körpergefühl verändert, ist analog durch die stärkere Libidobesetzung zu erklären.

Ob das verzögerte Einschlafen mit seinen hypnagogen Visionen und der hypnagogen Veränderung des Ichgefühls, wenn schliesslich der Schlaf erreicht wird, immer in einen Traum übergeht, wissen wir nicht, weil die Erinnerung für den Einschlaftraum am ehesten bis zum nächsten Morgen verlorengeht. In den Träumen selbst werden von normalen Menschen *Verzerrungen* des körperlichen Ichgefühls nur selten berichtet. Sie werden ihre besondere Bedeutung haben.

Hingegen ist das Ich im Traume, wenn es überhaupt körperliche Konturen hat, viel häufiger unvollständig als dem ganzen Körper-Ich entsprechend. Lässt man die Traumszenen – ohne jede Beeinflussung des Zeichners – zeichnen, so wird selten die ganze Gestalt eingezeichnet, oft wird sie nur vage angedeutet, oft nur der Kopf oder das Bruststück, oft gibt der Träumer nur an, wo er stand, oft weiss er auch das nicht. Geübte Zeichner pflegen im Dienst der sekundären Bearbeitung gerne ihre Person in der Zeichnung zu ergänzen; man muss ihnen erklären, worauf es ankommt. Jedenfalls erfahren wir, dass das «Ich im Traume» sehr oft ein unvollständiges Körpergefühl hat. In anderen Fällen ist aber das Körpergefühl vollständig und sogar sehr betont. Das Wohlgefühl in solchen Träumen ist oft lebhaft.

Bei den Träumen mit typischen Sensationen, sowohl bei den peinlichen als den lustvollen, ist das Körpergefühl im Traume stets verstärkt, aber oft nicht vollständig. Sehr lebhaft und vollständig ist es bei Flugträumen und Schwimmträumen, die von dem besonderen Wohlgefühl dieser Träume begleitet sind. Es gibt aber auch Träume gleichen Inhalts ohne Wohlgefühl und mit undeutlichem Körper-Ich. Fehlt dieses ganz, so haben diese Träume nicht die typische Bedeutung. Bei den Angst- und Hemmungsträumen ist das körperliche Ichgefühl stets lebhaft, oft aber auf einen Körperteil stärker konzentriert. Da diese Träume typische sind und beim gleichen Individuum in typischer Form wiederkehren, sind die Abweichungen im Ichgefühl leicht bemerkbar.

Dass die erotische Konstitution auch das Ausmass des körperlichen Ichgefühls im Traume bestimmt, zeigt der typische Traum eines masochistischen Individuums, das die Beine mit besonderer Betonung exhibitionierte. Er hatte typisch die Modifikation des Flugtraumes, welche in einem berührungslosen Hinabschreiten über die Stiege besteht. Dabei waren nur die unteren Extremitäten im Körper-Ich vertreten.

Im Gegensatz zu solchen Träumen, bei denen das körperliche Ichgefühl stärker ist als im Wachen, zeichnet sich wohl die Mehrzahl aller erinnerten Träume durch den völligen Mangel jedes Körpergefühles aus. Das «Ich im Traume» ist dann nur das seelische Ich. Es ist dann die beim Einschlafen vom Körper abgezogene oder besser in das Es zurücksinkende Libido auch im Traume nicht wieder an das Körper-Ich herangetreten. Die zum Traume führende Regression trifft Objektvorstellungen, macht sie bis zur vollen Wirklichkeit und oft noch über deren Intensität hinaus lebhaft, und doch fühlt der Träumer trotz des lebhaftesten Träumens nichts von seinem Körper. Dass seine Identität ihm erhalten bleibt, dass er fühlt, wer er ist, liegt am seelischen Ichgefühl. Gerade in dem Mangel des körperlichen Ichgefühls liegt das Traumhafte dieser Träume. Dass die Depersonalisation oft als traumhaft vom Kranken selbst bezeichnet wird, bezieht sich auf den Defekt des körperlichen Ichgefühls bei diesen Zuständen.

Der Charakter der Lebhaftigkeit des einzelnen Traumelementes hängt von der durch Verdichtung konzentrierten Libidobesetzung ab (FREUD). Nun gibt es Träume, die im ganzen als besonders lebhaft erinnert werden. Man kann sie in zwei Gruppen teilen. Bei den einen ist starke persönliche Beteiligtheit, intensiver Affekt, Stärke des Körper-Ichs, oft auch eine intensive typische Sensation vorhanden. Gerade bei diesen Träumen fällt aber auf, dass Staffage und Szenerie oft nur angedeutet, farblos und vorübergehend, oft nur huschend, kaum erfassbar sind. Die Lebhaftigkeit der zweiten Art von Träumen besteht hingegen darin, dass das als geschehend Erschaute übernormal lebhaft ist, Landschafts- und Städtebilder in satten Farben und stark beleuchtet erscheinen, Gesichtsfelder in der Grösse eines Panoramas und sehr lebendige menschliche Gestalten. Gerade bei diesen Träumen fehlt das körperliche Ichgefühl oft ganz oder beschränkt sich auf die schreitenden Beine oder den Kopf. Es ist, als ob die libidinöse Besetzung nicht für die Objektvorstellungen *und* den Körper ausreiche und im Traum das seelische oder das körperliche Ichgefühl mehr oder weniger fehlen muss; werden beide besetzt, so tritt eben Erwachen ein.

Einen merkwürdigen Fall von Trennung von Körper-Ich und seelischem Ich berichtete mir ein Patient, der im Wachen nicht an Depersonalisation litt. Er hatte einen ungewöhnlich vollständigen und lebhaften sexuellen Traum mit lebhaftester Objektvorstellung und mit lustvollem, sexuellem Ichgefühl. Der Traum spielte in seinem Zimmer, aber nicht in seinem Bette. Er wurde plötzlich aus dem Traume geweckt. Beim Erwachen fand er sich mit dem Zustand völliger Depersonalisation in seinem Bette und hatte das Gefühl, dass sein Körper als nicht zu ihm gehörig neben ihm liege. Es war also zunächst *nur* das seelische Ich erwacht. Dass das körperliche Ichgefühl nicht mit dem seelischen Ich erwachen konnte, lag daran, dass im vorausgegangenen Traume alle Libido das sehr lebhaft geträumte Sexualobjekt besetzt hatte und keine narzisstische Besetzung des körperlichen Ichs, die zum Erwachen desselben nötig gewesen wäre, im Momente des plötzlichen Erwachens dafür übrig gewesen war. Dieser ungewöhnliche Vorgang zeigt in ungewöhnlicher Deutlichkeit, dass die Besetzung des Ichs und die eines sexuellen Objektes zueinander in dem Verhältnis der Korrelation stehen, dass also die narzisstische und die Objektbesetzung mit gefühlsmässigem Interesse dieselbe psychische Energie brauchen – der ungewöhnliche Vorgang bestätigt also durch die Selbstbeobachtung des Träumers die Richtigkeit der Libidotheorie.

Es ist völlig verständlich, dass in solchen Träumen, in denen das körperliche Ichgefühl vorhanden ist, die träumende Person durch sich selbst dargestellt wird und nur Abspaltungen oder Objektauffassungen von ihr durch andere Gestalten des Traumes dargestellt werden *können*. In den Träumen, in welchen das körperliche Ichgefühl ganz fehlt, vertritt immer eine Gestalt des Traumes das Ich des Träumers. Das zeigt, dass stets für das seelische Ich das Körper-Ich einen Gegenstand des Traumes abgibt, auch wenn es nicht als die eigene körperliche Person erlebt wird.

Das Bisherige gab so viele Beispiele für die Verschiedenheit und die Einschränkung der Ichgefühle bei *gesunden* Individuen, dass wir uns nicht wundern, sie auch im *Wach*zustand bei ihnen zu finden. Bei jeder stärkeren Ermüdung, namentlich, wenn die Schläfrigkeit nur durch die Anregung von aussen und die interessierte Beschäftigung gehindert ist, verliert das körperliche Ichgefühl an Intensität und Umfang. Es konzentriert sich dabei oft auf die ermüdeten Teile. Bei jeder Verstimmung infolge von Müdigkeit ist das körperliche Ich nicht mehr vollständig, bei aller vollen Lebensfreude, bei allem «Übermut» ist es hingegen verstärkt.

Sehr herabgesetzt ist es aber bei jeder endogenen oder exogenen Verstimmung, auch bei der melancholischen; Angstneurotiker haben gestörtes körperliches Ichgefühl in den angstfreien Intervallen. Oft reicht das körperliche Ichgefühl nicht über Gesicht und Kopf. Durch Willensintention lässt sich das vollständige Körper-Ich bei diesen Zuständen stets wieder herstellen. Dazu genügt oft der Beginn einer Tätigkeit oder das Sprechen mit einer anderen Person, oder nur die Begegnung mit ihr, namentlich, wenn sie nicht zur dauernden Umgebung gehört. Wirkliche Depersonalisation tritt, im Gegensatz dazu, gerade auf, wenn der daran Leidende allein ist oder sich allein fühlt, weil er fremden Personen begegnet oder in eine Gesellschaft tritt, die seiner Eitelkeit nicht schmeichelt. Die beschriebenen leichten Störungen des Ichgefühls unterscheiden sich also dadurch von den Depersonalisationszuständen, dass erstens bei diesen das eingeschränkte Körper-Ich nicht mehr voll mit Libido besetzt werden *kann*, und zweitens, dass bei dem Versuch, das zu tun, der automatisch unternommen wird, sobald der Kranke ein Objekt wahrnehmen will oder soll, ein Gefühl von Entfremdung eintritt. Die von uns beschriebenen geringen, aber doch wichtigen – weil die Daseinsfreude ausmachenden – Variationen werden kaum je spontan bemerkt; bei ihnen besteht Verstimmung verschiedenen, oft ganz leichten Grades, aber keine Entfremdung, und das gesamte Körper-Ich ist stets wieder herstellbar. In den Vorstadien der Schizophrenie finden sich aber Zustände, in denen die beschriebenen Grade von Einschränkung des Körper-Ichs spontan gefühlt werden. Es wird darüber geklagt, dass das Körper-Ich trotz Willensanstrengung nicht ergänzt werden kann und doch keine Entfremdung besteht.

Die Individuen, bei welchen beim Einschlafen besondere Körperteile, und zwar solche, die durch libidinöse Partialtriebe erogen betont sind, der

Einschränkung des Körper-Ichs widerstehen, zeigen die gleiche Eigentümlichkeit bei der analogen Variation ihres Ichgefühls im Wachen. Veranlasst man ausgesprochen Perverse, auch wenn die Perversion nicht sexuell betätigt wird, zur Selbstbeobachtung ihres Körper-Ichs, so erfährt man, dass bei ihnen ihre überstarken erogenen Zonen im Ichgefühl ständig stark betont sind. Auffallend ist ein Gegensatz zwischen dem körperlichen Ichgefühl des Sadisten und Masochisten, beim ersten ist das Kohabitationsorgan in das Körper-Ich einbezogen, bei letzterem aus ihm ausgeschlossen. Bei ausgesprochenen Sadomasochisten wechselt das Ichgefühl mit den entgegengesetzten Einstellungen. Auch in das seelische Ichgefühl des Sadisten ist das genitale Sexualgefühl aufgenommen, vom Masochisten wird es ausserhalb des Ichs nur körperlich gefühlt.

Alle besprochenen Erscheinungen finden ihre Erklärung in der Entwicklung des Ichgefühls. Das seelische, den inneren Wahrnehmungen entsprechende Ichgefühl ist das dem Kinde ursprüngliche. Das dem Körper und den durch ihn vermittelten Wahrnehmungen entsprechende Ichgefühl ist schrittweise dazu gekommen; dann wurde allmählich das Gefühl der Besetzung der Objektvorstellungen von dem der Besetzung des körperlichen Ichs geschieden, während gleichzeitig die Aussenwelt vom Körper als Wahrnehmungsinhalte gesondert wurden. Das Dazukommen jedes neuen Teiles des späteren Gesamt-Ichgefühls bedeutet eine Fixierungsstelle. Die wichtigste ist die Scheidung von Körper-Ich und seelischem Ich. Bei gewaltsamer Abkehr vom Körper, wie sie beim Bewusstseinsverlust vorübergehend erfolgt, regrediert das Ichgefühl auf diese Fixierungsstelle. Partielle Regressionen finden auch im wachen Zustande infolge Libidoversagung, welche gleichzeitig Verstimmung hervorruft, statt. Bei totaler Depersonalisation regrediert das Ichgefühl dauernd auf diese Fixierungsstelle.

Bei den meisten Fällen regrediert das Ichgefühl auf solche Entwicklungsstufen, auf welchen einzelne Apparate der körperlichen Wahrnehmung allmählich in das Ich einbezogen wurden und mit der Konsolidierung des körperlichen das Ichgefühl mehr und mehr zu einem vollständigen wurde. Viele Arten von Depersonalisation bedeuten demnach folgendes: Wenn Objekte der Aussenwelt wahrgenommen werden, ohne dass im Körper-Ich jene Apparate oder Teile, welche das Objekt wahrnehmen, im Ichgefühl enthalten sind, so erscheinen diese Objekte als fremd, nicht deshalb, weil sie schwerer erkannt werden, sondern weil der Teil der Ichgrenze, an welcher das betreffende Objekt an das Ich herantritt, nicht mit Libido, narzisstisch verwendeter Libido, besetzt ist. Jeder Depersonalisierte klagt darüber, dass er nicht an das Objekt, das Objekt nicht an ihn herankönne.

So erklärt sich auch die Tatsache, welche NUNBERG zuerst gefunden hat, und die sich mir in jedem Falle bestätigte, dass bei jeder Übertragungsneurose Depersonalisationssymptome auftreten, dadurch, dass regelmässig bei plötzlicher Objektversagung die Objektlibido von dem betreffenden Objekte, und gleichzeitig die narzisstische Libido von der betreffenden Ichgrenze – wenigstens vorübergehend – abgezogen wird.

Bei den Übertragungsneurosen wird diese Besetzung mit narzisstischer Libido gewöhnlich bald wieder hergestellt; die Entfremdung hört dann auf. Zur Feststellung der Störung der Ichgrenze bei der Zwangsneurose bedarf es noch genauer Kenntnis der Fixierungsstellen im seelischen Ichgefühl. Bei der Konversionshysterie liegt sie zwischen seelischem und Körper-Ich.

Die Sonderung des seelischen und des körperlichen Ichgefühls und die Beobachtung, dass im Traume entweder das seelische oder das körperliche Ich mit Libido besetzt bleibt und dass bei den Träumen mit typischen Sensationen das körperliche Ichgefühl präinvaliert, lässt die Konversion als Mechanismus verstehen, bei welchem ein libidobesetzter Vorgang im Unbewussten unter Regression auf die Fixierungsstelle zwischen seelischem und körperlichem Ich aus diesem in das körperliche Ich projiziert wird, während bei der Projektion von körperlichen Vorgängen nach aussen, die gleichfalls im Traume regelmässig und bei manchen Psychosen als waches Dauersymptom geschieht, durch Regression die Grenze zwischen Gefühl des Körper-Ichs und Gefühl der Wahrnehmung des Objekts durchbrochen wird.

Man kann sagen, dass mancher anscheinend Gesunde in seinen Träumen mit typischen Körpersensationen schlafend seine Konversionsneurose erledigt, so wie sich bei manchem in den Angstträumen seine Angstneurose erschöpft.

Viele Fälle von Depersonalisation werden dadurch verständlich, dass man die Variationen des Körper-Ichs beachtet. Wahrscheinlich wird jede der mannigfaltigen Depersonalisationsstadien auf eine besondere Fixierungsstelle in der Entwicklung des Ichgefühls aufmerksam machen.

Die mitgeteilten Variationen des Ichgefühls bilden ein Gebiet, auf welchem die dynamische Auffassung des Psychischen fast durch Selbstbeobachtung der Zuwendung und Ablösung von *libidinöser* Besetzung bestätigt wird; besonders deutlich wird die Identität der narzisstischen Besetzung des Ichs und der sexuellen Energie. Die Variationen sind endopsychische Symptome, welche der psychoanalytischen Untersuchung und auch der Behandlung zugänglich sind.

II. KAPITEL

NARZISSMUS IM ICHGEFÜGE[1]

Obzwar ich von Störungen ausgehe, deren leichte Grade auch der Gesunde zeitweise vorübergehend erlebt, von Störungen, die Sie alle selbst mitgemacht haben, glaube ich nicht, dass Sie sich mit diesen beschäftigt haben. Denn sie fallen wenig auf, und mich brachte erst ein besonderer Anlass auf den Weg der Untersuchung, den ich Sie bitte, mit mir zu gehen. Wahrscheinlich werden Sie einen inneren Widerstand dagegen spüren, denn das eigene gesunde und ungestörte Ichgefühl, diese Vorbedingung aller Frohheit, lassen wir alle lieber unbetastet. Aus diesem Widerstande heraus wurde die Beobachtung der *Komponenten* des Ichs von jenen Autoren ignoriert, welche im Ich nur eine Abstraktion der Unterscheidung von Subjekt und Objekt sehen wollten, und auch von jenen, welche dem Ich eine «homogene Ganzheit» zuschreiben, so dass für sie die Bezeichnung «Ich» fast gleichbedeutend die alte Bezeichnung «die Seele» ersetzte.

Folgerichtig muss die Psychoanalyse diese beiden Auffassungen ablehnen. Die Struktur des Ichs, d. h. die Zerlegung in Instanzen, die Dynamik derselben, ihr Verhältnis zum Triebhaften, zum Unbewussten, auch zum Körperlichen, beschäftigt uns alle. Hier liegt die Probe auf FREUDS Theorie vom *Narzissmus:* Hat die Libido nur das Ich zu bewegen oder baut sie es auf?

I

Man hätte erwarten können, dass die psychoanalytische Erforschung des Ichs wenn auch nicht von der Selbstbeobachtung der leichten Störungen, so doch von jenen schweren Erkrankungsfällen hätte ausgehen sollen, welche als Depersonalisation und Entfremdung das Interesse der Psychiater lange

[1] Vortrag, gehalten in Innsbruck am 1. September 1927. – Zuerst veröffentlicht 1927 im 13. Band der «Internationalen Zeitschrift für Psychoanalyse».

schon geweckt haben. Bei JANET [1] und SCHILDER [2] finden Sie eine über-
reiche Literatur. Die genannten hervorragenden Werke sind noch ohne Anerkennung und ohne Verwendung der Libidotheorie geschrieben. Erst später
haben Psychoanalytiker diese Lehre zur Erklärung der Depersonalisation anzuwenden versucht. Meine Arbeit bezweckt, die Libidolehre an dieser Aufgabe zu prüfen und durch diese Prüfung ihre Richtigkeit neuerdings zu beweisen.

Dabei stütze ich mich auf die Arbeit NUNBERGS [3]. Er hat aus seinen psychoanalytischen Beobachtungen einwandfrei nachgewiesen, dass Depersonalisation und Entfremdung durch den Verlust eines wichtigen Libidoobjektes,
durch die traumatische Wirkung der Zurückziehung der Libido entstehen.
NUNBERG hat auch auf die Ubiquität dieser Störungen beim Beginn der
Neurosen aufmerksam gemacht. Ich selbst gehe noch weiter und meine, dass
allen Psychosen und Neurosen eine Ichstörung im Sinne der Entfremdung
vorausgeht, dass sie aber meistens bei der Etablierung der Neurose oder Psychose schon wieder vergangen ist, denn sie geschah oft in der frühen Kindheit und wurde vergessen. Sie wird dann in der Psychoanalyse nicht immer
erinnert, zumal da sie die Psychoanalytiker bis jetzt nicht genug beachteten.
Daher darf uns die Erfahrung, dass die anfängliche Ichstörung nicht jedesmal nachgewiesen werden kann, nicht abhalten, ihre Ubiquität anzunehmen.
Ich hoffe, dass es unserer weiteren Forschung gelingen wird, ihr Auftreten
als vom Standpunkt der Libidotheorie unerlässlich zu erweisen.

Da aber ihre Häufigkeit feststeht, habe ich in einem Vortrage [4] über dieses
Thema die «Entfremdung» als die häufigste «passagère narzisstische Aktualpsychose» bezeichnet. Diesen Namen will ich heute begründen. Zunächst
will ich Sie darauf aufmerksam machen, dass dieser Name in einem gewissen
Gegensatz steht zu NUNBERGS Entdeckung, dass es sich um eine Kränkung
des Ichs durch die Zurückziehung der *Objekt*libido von einem *Objekte* handelt, denn ich spreche von einer direkten aktuellen Störung der *narzisstischen*
Libido. Diese Abweichung hebt die wichtigste Tatsache hervor, von deren
Beobachtung meine weiteren Schlüsse ausgehen. Es handelt sich darum, die
Ichlibido von der Objektlibido nicht nur theoretisch zu trennen, sondern sie
durch Beobachtung abzugrenzen.

Aus der Praxis und Literatur kennen wir alle die schweren, immer etwas
unheimlichen Klagen, mit welchen schwere Fälle von Depersonalisation ihren

[1] «Les obsessions et la psychasthénie», 1903.
[2] «Selbstbewusstsein und Persönlichkeitsbewusstsein», 1914.
[3] «Über Depersonalisationszustände im Lichte der Libidotheorie», Int. Ztschr. f. Psychoanalyse, X, 1924.
[4] In der Ungarischen PsA. Vereinigung am 19. Februar 1927.

Zustand, vielmehr ihre wechselnden Zustände schildern. Die Aussenwelt erscheint dinglich unverändert, aber doch anders, nicht von selbst so richtig nahe oder fern, hell, warm, vertraut und wohlbekannt, nicht richtig, wirklich bestehend und lebhaft, mehr wie traumhaft und doch anders als traumhaft. Im Innern kann es wie tot sein; so fühlt sich der Kranke, weil er sich *nicht fühlt*. Sein Fühlen, Wollen, Denken, Erinnern ist anders, fraglich, unerträglich anders geworden. Dabei weiss der Kranke alles richtig, keine Qualität der Wahrnehmung, der verstandes- und vernunftsgemässen Auffassung und Verarbeitung haben gelitten. Er weiss auch, was an Gefühl ihm abgeht. Es fehlt, wie Schilder im Anschluss an Husserl so richtig ausführt, die «Evidenz» oder, wie Janet es plastisch nennt, «*la fonction du réel*». In noch schwereren Fällen ist auch die «Einheit des Ichs» fraglich geworden, das Ich wird in seiner Kontinuität nur gewusst, nicht gefühlt. Die Zeit, der Ort, die Kausalität werden gekannt und richtig zur Orientierung angewendet, aber nicht in ihrer selbstverständlichen Spontaneität besessen. Nur in den schwersten Fällen geht auch der Kern des Ichs, der, wie Hermann[1] mit Recht betonte, mit dem Gleichgewichtssinne zusammenhängt, verloren.

Unter den durchschnittlich schweren Fällen gibt es mehr, welche nur über Entfremdung der Aussenwelt klagen, als solche, bei denen auch Affekte und sonstiges Innenleben die Evidenz verloren haben. Wir würden nun bei Anwendung der Libidotheorie annehmen, dass dort, wo die *Aussen*welt als selbstverständliches Erleben verlorengegangen ist, *Objekt*libido, hingegen dort, wo das Ichgefühl und das *Innen*leben verstört wurde, *narzisstische* Libido fehlt[2].

Diese Annahme hat sich mir als unrichtig erwiesen. Denn wir können von den Kranken erfahren, dass bei jeder Entfremdung, auch bei solchen, welche angeblich ausschliessliche Aussenentfremdung sind, stets das *Ich*gefühl gestört ist; die Kranken brauchen das allerdings nicht von selber zu bemerken. Und zwar ist jener Anteil des Ichgefühls gestört, den ich in meiner Mitteilung über Variationen des Ichgefühls als «Körperich-Gefühl» bezeichnet habe. Dieses verhält sich zu dem von Schilder[3] entdeckten «Körperschema» analog wie sonst «evidentes Erleben» zur Wahrnehmung. Das Körperich-Gefühl ist die evidente Sensation des gesamten Körpers, nicht nur nach Schwere (wie Schilder und Hartmann[4] fanden), sondern auch nach Grösse, Aus-

---

[1] «Das System Bw», Imago, XII, 1926.
[2] Was im Einzelfalle mit ihr geschehen ist, ob und wohin sie abgezogen wurde, ob sie geschwunden ist oder ob sie verwandelt worden ist, soll uns heute nicht beschäftigen, ebensowenig die pathologischen Voraussetzungen, unter denen die Entfremdung eintritt: also nicht die Vorgeschichte des entfremdeten Ichs. Meine Untersuchung betrifft nicht die Klinik der Entfremdung, nur die Diagnose, die Phänomenologie und die Theorie ihrer Dynamik.
[3] «Das Körperschema», 1923.
[4] Hartmann und Schilder: «Körperinneres und Körperschema», Ztschr. f. d. ges. Neurol. und Psychiatrie, CIX, 1927.

dehnung und Ausgefülltsein. Dieses uns ständig eigene, ja, eigenste Gefühl beachten wir gar nicht, auch dann nicht, wenn es gestört ist. Freilich, wenn man einmal auf die Verschiedenheit dieser Sensation, z. B. nach dem Ermüdungszustande, aufmerksam wurde, ist der Gesunde ebenso wie der Kranke leicht imstande, es zu unterscheiden und seine Variationen zu verfolgen. Ich selbst kam darauf, als ich vor mehreren Jahren beobachten wollte, wie sich die Ichbesetzungen beim Einschlafen von Körper und Seele zurückziehen. Wer das Glück der kindlich raschen Dormition verloren hat, oder wer darauf zeitweise zu verzichten bereit ist, wird bestätigen, dass das Körperich-Gefühl dabei einfachen oder abstrusen Veränderungen zu unterliegen pflegt.

Mit dieser Kenntnis wenden wir uns wieder unseren Fällen von Aussenwelt-Entfremdung zu. Da finden wir nun, dass bei ihnen das Körperich-Gefühl, diese psychische Repräsentanz der Körperich-Grenze, während der Entfremdung immer gestört ist. Es deckt sich dann nicht mehr mit dem richtigen Körperschema.

Nun kommen Verkleinerungen und Verzerrungen des Körperich-Gefühles auch im vollen Wachzustande oft bei Menschen vor, die nicht an Entfremdung leiden, die sich für ganz gesund halten, nur nicht ganz guter Stimmung sind. Bei sogenannter Neurasthenie sind sie sehr häufig. Die Störung schwindet aber, sobald die Aufmerksamkeit auf die Vorstellung der Gesamtgestalt gerichtet wird, was auch von selbst geschieht, wenn Bewegungen des Körpers intendiert oder ausgeführt werden. Sofort ergänzt sich das volle Körperich-Gefühl. Das ganze Symptom erscheint so harmlos, dass es Ihnen auch zu unbedeutend erscheinen mag, um daraus Schlüsse zu ziehen. Es ist aber trotz seiner Harmlosigkeit nicht vage, sondern überraschend präzis. Wenn ein Neurastheniker, weil er müde wurde, z. B. sein Ichgefühl nur mehr bis zur Achselhöhle hat, und dabei seine Arme an die Brust presst, so kommt ihm diese – ganz merkwürdig – zu schmal vor, obgleich er wahrnimmt und weiss, wie breit sein Thorax ist. Ein noch komischeres Gefühl konnte ich bei mir selbst hervorrufen, wenn ich durch Schlafdefizit und Arbeit das Körperich-Gefühl des Kopfes gestört empfunden habe. Wenn ich dabei den Schädel mit der Hand umklammere, so fühle ich ihn trotz der Wahrnehmung des harten Knochens zwischen den breit gespreizten Fingern wie ausdehnungslos [1].

Ich fand nun, dass bei Aussenwelt-Entfremdeten das Körperich-Gefühl nicht nur vorübergehend fehlt oder eingeschränkt und verringert ist, und nicht durch eine halbe Stunde Schlaf ausgleichbar ist, sondern dass es hartnäckig gestört bleibt. Es ist auch nicht durch Aufmerksamkeit oder Bewe-

---

[1] Solche Symptome sind auch von praktischer Bedeutung, weil sie als frühestes Versagen des Ichgefühls mahnen, nicht die Übermüdung fortzusetzen.

gung allein zu reparieren, solange die Entfremdung eben anhält. Diese Angaben sind von dem Entfremdeten ganz exakt zu erhalten, denn wie Sie wissen, ist die Selbstbeobachtung ein ständiges Bedürfnis dieser Kranken. Das hat ja mit Unrecht manche Autoren veranlasst, die Entfremdung selbst durch die gesteigerte Selbstbeobachtung oder, wie kürzlich HESNARD [1] es wieder tat, durch eine *Steigerung* des Narzissmus zu erklären. Im Gegensatz dazu betont *meine* Erklärung die *Herabsetzung* der narzisstischen Besetzung.

Wir haben somit die feste Überzeugung gewonnen, dass die Evidenz der Körperich-Grenze erhalten bleiben muss, damit die Aussenwelt evident bleibe. Wir besitzen also, ganz getrennt von der FREUDschen Realitätsprüfung, welche die Aussenwelt durch Absuchen und Vergleichen an ihrer Unabhängigkeit vom Ich erkennt, ein dauerndes Evidenz*gefühl* der Aussenwelt, welches dadurch entsteht, dass die Eindrücke aus der Aussenwelt eine mit einer besonderen Qualität an Sensation und Körperich-Gefühl besetzte Körperich-Grenze passieren. Die psychische Repräsentanz der Körperich-Grenze, ihr Evidenzgefühl, fehlt manchmal nur für Teile derselben, z. B. für die Beine beim Gehen oder für das Gehör, Gesicht oder den Geschmack. Leichte Grade, also blosse Abstumpfung einer Ichgrenze, kann durch Anstrengung noch kompensiert werden. Diese Anstrengung begleitet die uns wohl bekannte Realitätsprüfung. Mit ihr stellt sich dann eben gleichzeitig das Evidenzgefühl her. Hingegen hat der Normale, völlig Ichgesunde ununterbrochen sein volles Körpergrenzgefühl, welches dauernd und unauffällig die Aussenwelt abgrenzt.

Wir müssen aus all dem mit Sicherheit schliessen, dass die Entfremdung der Aussenwelt in einer Störung der Ichperipherie in bezug auf eine Gefühlsbesetzung besteht. Diese ist von der Besetzung der Objekte zu unterscheiden. Insbesondere ist dieses periphere Ichgefühl nicht etwa mit dem Tastsinn und sonstigen Sinnesfunktionen identisch. Durch viele Autoren wurde genauestens festgestellt, dass all diese Funktionen auch bei der schwersten Entfremdung intakt geblieben sind.

Dass nun diese Besetzung der Körperich-Grenzen libidinöser Natur ist, ergibt sich schon aus den Beobachtungen NUNBERGS. Auch ich habe, so wie NUNBERG früher berichtet hat, ohne von Ichbesetzung zu sprechen, den unmittelbaren Zusammenhang der Herstellung und des Schwindens der peripheren Ichbesetzung mit aktuellen sexuellen Vorgängen bestimmt feststellen können. Hiezu will ich einige Beispiele aus meiner Erfahrung geben:

Ich habe einen Fall von zeitweise ganz schwerer Aussenweltentfremdung durch zwei Jahre täglich beobachtet und analysiert. Dabei ergab sich, dass er

---

[1] «La signification psychoanalytique des sentiments dits ,de dépersonnalisation‹», *Revue française de Psychoanalyse*, I, 1927.

immer wieder auf sexuelle Inanspruchnahme mit Verlust des Körperich-Gefühls reagierte. Auch hatte der Dauerzustand von Entfremdung nach einer exzessiven sexuellen Inanspruchnahme begonnen. Solche Fälle finden sich übrigens zahlreich in der nicht psychoanalytischen Literatur, ohne dass die Autoren dem die gebührende Bedeutung zugeschrieben hätten.

Dieser Fall lieferte mir noch einen speziellen Beweis für die Provenienz der Körperich-Gefühlsbesetzung von der Sexualität. Ihm war das von früher wohl erinnerte Evidenzgefühl der Körperperipherie im Bade ganz verloren. Während der gelegentlichen Masturbation im Bade stellte sich aber das volle Körperich-Gefühl wieder ein, um mit der sexuellen Abspannung einer gesteigerten Entfremdung zu weichen.

Ein andersartiger überzeugender Beweis war ein Traum, über den ich bereits berichtet habe. Er ist ganz singulär, weil er mit dem höchsten Grad vorübergehender Körperich-Entfremdung endete. Der Mann träumte besonders lebhaft und ungewöhnlich intensiv sexuell von einem stark begehrten Sexualobjekte, welches er ausserhalb seines Bettes koitierte. Der ganze Vorgang wurde vom Träumer als der lebendigste Traum bezeichnet, den er je erinnerte. Man kann sagen, alle im Schlaf erwachte Libido war zur Objektlibido geworden; diese Libidoverwendung hielt noch eine kurze Zeit beim Erwachen an, denn er erwachte durch den Traum (das Problem des Traumerwachens erhält dabei erneutes Interesse), und nun fühlte er nur mit dem wachgewordenen *psychischen* Ichgefühl sich selbst, während das *Körperich*-Gefühl für Peripherie und Tiefe zunächst völlig fehlte. Es war ihm unheimlich, *neben* ihm lag sein Körper im Bette, er selbst fühlte sich noch bei dem geliebten Sexualobjekte, das er mit überraschtem Bedauern vermisste. Stellen wir uns solche Zustände andauernd vor, so haben wir eine Vorstellung vom Grad einer Entfremdung, bei der *alle* narzisstische Besetzung des Körperichs fehlt. Ähnliche Zustände werden von Narkotisierten berichtet. Solche Entfremdungsgrade sind in der Literatur zahlreich beschrieben.

Ich könnte noch andere Beispiele dafür bringen, wie unmittelbar das Körperich-Gefühl von dem Sexualtriebe abhängt. Das Berichtete lässt aber bereits den Schluss ziehen: Das *Evidenzgefühl* beruht auf dem Ich zugewendeter, besser auf *für das Ichgefühl verwendeter Libido*. Die Libido stellt erst unser Ich her. Der Narzissmus ist hier nicht eine theoretische Konzeption, sondern gleichsam *in statu nascendi* beobachtet. Die Tatsächlichkeit des Narzissmus ist damit bewiesen [1].

[1] Es ist nicht Autoritätsglaube und Vorliebe für eine Theorie, sondern die Empirie, die uns hindert, der Psychologie RANKS zu folgen und die Libidolehre über Bord zu werfen; oder mit ADLER die Sexualität als Akzedens und blosses Betätigungsfeld der ganzen Individualpsyche aufzufassen.

Mit den bisherigen Ausführungen habe ich meine Bezeichnung der Entfremdung als «narzisstische Aktualpsychose» gerechtfertigt. Ich habe der aktuellen sexuellen Ursache nur der Beweisführung wegen so breiten Raum gegeben, dabei aber nicht sie als einzige Ursache der Entfremdungszustände bezeichnen wollen. Entfremdung tritt nicht nur wegen aktueller Störungen in der Ökonomie der *aktuellen* Sexualvorgänge, d. h. wegen Erschöpfung der Libidoreserven, auf. Viel häufiger schwindet die narzisstische Besetzung der Körperich-Grenzen aus all den komplizierten *psychoneurotischen* Mechanismen, durch welche Libido verdrängt oder verschoben wird. Besonders wichtig und gleichfalls empirisch nachweisbar ist die narzisstische Besetzung vermöge der Identifizierung des Ichs mit dem männlichen Genitale und ebenso ihre Störung bei deren Störung, z. B. bei Pathoneurosen nach der Darstellung FERENCZIS [1]. Die narzisstische Besetzung kann also vom Ich aus oder von den Libidoquellen des Es aus gehindert sein.

Wiederholen will ich bereits in Budapest Gesagtes, weil es seither von REIK [2] in Wien vorgebracht wurde: dass nämlich die erste Entfremdung in der Kindheit meist aus einem Schreckerlebnis resultiert. (Weshalb das Ich mancher Personen dauernd geschwächt bleibt, so dass später Depersonalisationsvorgänge im Vordergrund der Erscheinungen stehen, gehört nicht zur Frage nach dem Wesen, sondern zur Ätiologie und Klinik der Depersonalisation. Diese heute zu besprechen, fehlt die Zeit.) Dieser Zusammenhang von Schrecken und Depersonalisation macht uns weiter auf einen wesentlichen Unterschied in der Dynamik der Angst und des Schreckens aufmerksam. Bei der *Angst behält* die Körperich-Grenze ihre narzisstische Besetzung, wahrscheinlich ist sie durch die gespannte Erwartung und die mit ihr verbundene libidinöse Betonung des Ichs, das bewusst oder unbewusst von Gefahr bedroht ist, sogar stärker narzisstisch besetzt. Diese narzisstisch libidinöse Besetzung erklärt zum Teil das Bestehen von Angst*lust*. Beim *Schrecken verliert* das Ich seine narzisstische Grenzbesetzung; jeder Schrecken ist mit Entfremdungsgefühl verbunden. Damit bringe ich die Erklärung der traumatischen Neurose durch FREUD in diesem neuen Zusammenhange wieder.

Eigentlich darf es uns nicht wundern, dass die Aussenwelt bei Entblössung der Ichgrenze von ihrer *narzisstischen* Besetzung, die wir ständig als gesundes Körperich-Gefühl empfinden, entfremdet ist. Die Erscheinungen, welche dem Fehlen der *Objekt*libido entsprechen, kennen wir ja schon lange als Gleichgültigkeit und Kälte gegenüber den Objekten. Diese Verarmung an Libidobesetzung der Objekte und Objektvorstellungen geht oft lange der

---

[1] «Von Krankheits- oder Pathoneurosen», Int. Ztschr. f. ärztl. Psychoanalyse, IV, 1916.
[2] «Psychologie und Depersonalisation», in: «Wie man Psychologe wird», 1927.

Entfremdung voraus. Wir bezeichnen die ungeliebt gewordene Welt oder Person ja auch, aber in einem ganz anderen Wortsinne, als fremd, nämlich im Sinne von «so gleichgültig wie ein Unbekannter». Aber der völlig gleichgültige, keines Interesses und keiner Übertragung würdige Unbekannte wirkt nicht eine Spur «entfremdet». Und wenn wir von der Fixierung der gesamten Objektlibido an eine Person, von der *Liebe* sprechen, so fällt uns auf, dass bei plötzlicher Erkaltung derselben unser Ich erkaltet und geändert ist, während das Objekt uns gleichgültig wurde, aber keines von beiden, weder das Ich noch das Objekt, im Sinne der Depersonalisation «entfremdet» sind.

Ich glaube, wir wundern uns viel zu wenig, dass überhaupt, wie wir abermals gefunden haben, das Ich und die Welt anders, ja, völlig anders werden können, wenn die Sexualität gehindert oder verdrängt wird. Vor FREUD gehörte die Sexualität kaum zur Seele, nur zum Körper. Vor der Psychoanalyse haben wir auch die Liebe nur als Erlebnis des Ichs, als freudiges oder trauriges, aufgefasst. Sie ist es aber – wie wir heute wissen – die erst *das Ich schafft* und die es *erhält*. Die Frage, die der fromme, grosse Dichter an seinen Gott gerichtet hat: «Hast du die Liebe ins Weltgewebe verknüpft, Ist sie dir nicht als Rechenfehler entschlüpft?» [1] – diese Frage hat erst die Psychoanalyse beantwortet. Sobald wir uns aber besinnen und das Wunderbare im Ichaufbau durch die Libido bedenken, dann müssen wir die Grösse der Konzeption FREUDS bewundern, die aus der Weltabkehr eines Schizophrenen den Narzissmus zuerst erschlossen hat.

II

Vom Narzissmus wird die psychische Repräsentanz der Wahrnehmungspforten, das ist die Körperich-Grenze, mit Körper-Ichgefühl besetzt. Wir hörten schon, dass diese narzisstische Hülle normaler- und pathologischerweise – nach Stärke, Ausdehnung und Widerstandskraft – variiert und mit ihr das Körper-Ichgefühl.

Von den Erscheinungen der *krankhaften Variation* des Körper-Ichgefühls, also von der Pathologie des peripher sich zeigenden Narzissmus, wollen wir nun sprechen. Die *Stärke* der Besetzung ist individuell verschieden und stellt eine wichtige Komponente der *Laune* und *Stimmung* dar. Pathologisch gesteigert finden wir den Unterschied zwischen manischen und melancholischen Zuständen. Der Manische fühlt sich an Brust und Gliedern wohler und erfüllter, der Melancholiker unwohl und wie ausgeleert. Bei Melancholie sind Entfremdungszustände besonders häufig.

[1] MICKIEWICZ, Totenfeier *(Dziady)*. Übers. v. S. LIPINER.

Die pathologischen Unterschiede in der *Ausdehnung* des Körper-Ichgefühls wollen wir ohne theoretische Einleitung an ein paar Beispielen vorführen. Bei einem Hysteriker fand ich in den symptomfreien Zeiten das Körper-Ichgefühl normal; bei Verschlechterung der Stimmung war es speziell an den Stellen des Körpers, an welchen sich hysterische Symptome zeigten, vermindert, unmittelbar vor dem Auftreten der Symptome aber verstärkt.

Sonst finden wir, dass sich in pathologischen Fällen entweder das Körper-Ichgefühl gegen den Kopf zu zurückzieht, oft nicht über die Stirne oder über den Mund oder nur bis zum Hals, zur halben Brust usw. herabreicht, oder aber dass es im ganzen verkleinert ist. Im ersten Fall haben mitunter die besetzt gebliebenen Teile ein verstärktes Körperich-Gefühl. Wenn nicht die optischen Eindrücke stark entfremdet sind, so bleiben die Augen besetzt. Noch resistenter ist die Mundzone.

Bei männlicher psychogener Impotenz sind die Genitalien meist ohne jedes Körperich-Gefühl. In Fällen, bei denen mit der Verdrängung der genitalen Libido die ganze libidinöse Persönlichkeit auf der prägenitalen Stufe verharrt zu sein scheint, während der Intellekt sich voll entwickelt hat, ist mit dieser Fixierung auch das Körper-Ichgefühl bereit, auf eine geringere Ausdehnung zu regredieren. So haben wir im Körperich-Gefühl ein eruierbares Symptom der Ichregression. Es ist, wie wenn die narzisstische Besetzung der Körperich-Grenze, d.h. ihre psychische Repräsentanz, auf einer früheren Stufe verblieben ist oder sich leicht auf sie zurückzieht. PIERCE CLARK [1] hat solche Befunde bei narzisstischen Neurosen und Psychosen durch seine Phantasiemethode erhoben und auch vom Körperich-Gefühl, wenn auch nicht speziell, gesprochen.

Als Beispiel bringe ich einen Fall mit wechselndem Körperich-Gefühl. Er stand wegen homosexueller Impotenz und depressiver Hemmung in meiner Behandlung. Er hatte nun in Perioden von aktiv homosexueller und von heterosexueller Einstellung ein volles Körperich-Gefühl und war in diesen Zeiten auch mit objektlibidinöser Befriedigung der Realität in Beruf und Geselligkeit angepasst. In Zeiten passiv homosexueller Einstellung, die seiner Pubertätszeit entsprach, reichte das Körperich-Gefühl nicht über die Leibesmitte; zu solchen Zeiten verspürte er auch einen Widerstand, sich von anderen Personen mehr als den Oberleib vorzustellen. Die Ablehnung der Genitalität war also mit einer Einziehung der narzisstischen Besetzung verbunden. Es gab aber auch Perioden schwerer Entfremdung, und in ihnen besetzte das Körperich-Gefühl nur Gesicht und Schlund. Diese Einschränkung, welche

---

[1] «Über die Phantasie-Methode bei der Analyse narzisstischer Psychosen», Int. Ztschr. f. Psychoanalyse, XII, 1926.

wohl der Säuglingszeit entspricht, war mit Depression und libidinöser Gleichgültigkeit verbunden. Schliesslich gab es Perioden von frühinfantiler Einstellung, die etwa dem dritten und vierten Lebensjahr entsprach, in welcher er sein Körperich-Gefühl in einer diesem Alter entsprechenden Gesamtgrösse spürte. Die Libido war dabei passiv gegen den Vater, aktiv auf die Mutter gerichtet. Man musste für diese Zeiten nicht nur Ablehnung und Verdrängung der reifen Genitalität, sondern Bejahung der genitalen infantilen Sexualität annehmen. Die reale Aussenwelt war entfremdet, die Stimmung war erregt, fast ekstatisch mit Angstbereitschaft. Alle diese Angaben kamen für mich überraschend und waren von mir unbeeinflusst.

Ein anderes Problem ist das, ob es *Qualitäts*unterschiede im Körper-Ichgefühl gibt, und ob diese von der *Qualität* der Partialtriebe abhängt, deren Libido die narzisstische Besetzung speist. Sie werden mich besser verstehen, wenn ich Sie an FREUDS Geschichte einer infantilen Neurose erinnere [1]. FREUD gibt an, dass sein Kranker die Welt ständig wie durch einen Schleier zu sehen vorgab. Ohne dass der Autor es sagt, ist aus dieser Klage die Entfremdung erkennbar. Nun hebt FREUD hervor, dass bis zur Behandlung dieser Zustand nur bei bestimmten Gelegenheiten zu weichen pflegte, nämlich, wenn der Patient ein Klysma erhielt. Sie erinnern sich, dass es sich um einen analen Charakter mit passiv homosexueller Fixierung handelte. So ist dieser Befund analog dem von mir oben erwähnten, in welchem der Kranke seine Entfremdung nur während der Onanie im Bade verlor. Der Unterschied ist, dass die Wiederherstellung der narzisstischen Besetzung in meinem Falle durch genitale, im Falle FREUDS durch anale passive Erregung provoziert wurde. Wir begreifen, dass zwei Menschen sich anders fühlen und verhalten müssen, wenn ihr Körper-Ichgefühl aus so verschiedenen Quellen stammt. Trotzdem halte ich noch für unsicher, eine verschiedene Qualität in der narzisstischen Besetzung selbst anzunehmen. Auch ohne eine solche kühne Annahme können wir den Unterschied im Körper-Ichgefühl je nach seiner Partialquelle auf folgende Weise erklären. Wenn wir nämlich bei Perversen die Verteilung und Ausdehnung des Körper-Ichgefühls und seine Intensität beachten, so finden wir die narzisstische Besetzung ungleich stark auf der Körperoberfläche verteilt, und zwar mit Bevorzugung der erogenen Zonen. So sind bei männlichen Sadisten die spezifisch erogenen Zonen, Mund mit Gebiss, Auge, Hand und Penis, nicht nur bei sexueller Erregung stärker *sexuell* beteiligt, sondern auch dauernd stärker *ich*betont. Der Masochist hat hingegen sein Genitale überhaupt nicht in sein Körperich-Gefühl einbezogen. Erröter haben je nach ihrer stärkeren exhibitionistischen Zone Gesicht, Ge-

[1] G. W., XII, 27 ff.

49

nitale, Nates, Frauen die Brüste mit ständig stärkerem Ichgefühl besetzt. So zeigt sich der Einfluss der Partialtriebe, die im Narzissmus zur Geltung kommen, in der *Verteilung* der Besetzung. Durch dieses perverse Ichgefühl ist auch – von den nur schlummernden Wünschen abgesehen – erklärt, dass solche Individuen ihre Perversität *ständig* fühlen und immer die Bereitschaft haben, als Perverse erkannt oder verfolgt zu werden.

Ein Qualitätsunterschied könnte aber in der narzisstischen Besetzung selbst fortbestehen, nämlich der zwischen den *aktiven* und *passiven*, respektive männlichen und weiblichen, vielleicht auch der Spannungslibido. Bisnun gibt es noch kaum Worte für diese Nuancen.

Es ist selbstverständlich, soll aber der Klarheit wegen nochmals ausdrücklich gesagt werden, dass mit all diesen Verschiedenheiten keine Verschiedenheit der Sinnesfunktionen verbunden ist; erst durch einen oder den anderen Konversionsmechanismus können physiologische Funktionsveränderungen hinzutreten.

III

Wir verlassen jetzt die Entfremdung der Aussenwelt und wenden uns den Entfremdungserscheinungen des psychischen *Innen*lebens, also der eigentlichen Depersonalisation, der *Ich*entfremdung, zu. Bei der Aussenweltentfremdung konnten wir die narzisstische Besetzung, respektive ihr Fehlen immer am vom Kranken beobachteten *Körper-Ich*-Gefühl erkennen. Zur Untersuchung der Entfremdung der Innenwelt fehlt uns dieser Index, und wir bedürfen für sie einer Arbeitshypothese, deren Richtigkeit, wie ich glaube, auch Sie anerkennen werden.

Alle Gefühle von Entfremdung haben etwas so *spezifisch Gleiches,* dass wir für alle eine und dieselbe spezifische Ursache annehmen müssen, mag die Entfremdung welche psychische Funktion immer befallen. Da nun für die äusseren Wahrnehmungen die Ursache im Verlust einer normalen narzisstischen Besetzung von uns festgestellt wurde, müssen wir überall einen Verlust von narzisstischer Besetzung annehmen, wo Entfremdung vorkommt, also auch bei Entfremdung des Fühlens, Denkens, Erinnerns, Wollens u.a. Die Evidenz einer Funktion geht regelmässig nur dann verloren, sie wird entfremdet, wenn die betreffende narzisstische Besetzung verlorenging. Wo sie aber verlorengehen konnte, muss sie in der Norm vorhanden gewesen sein. An den normalen Funktionen können wir den Anteil des Narzissmus nicht beobachten, bisnun wenigstens, an ihnen konnten wir ihn nur erschliessen. Durch den pathologischen Mangel erfahren wir jetzt, *wo* in der Norm eine narzisstisch besetzte Ichgrenze dauernd besteht. Durch diese Methode können wir jetzt den Narzissmus im Ichgefüge auch innerhalb der äusseren Ichperipherie, das ist der psychischen Repräsentanz der Wahrnehmungsperipherie, finden. Ganz kurz ausgedrückt: *Wo Entfremdung vorkommt, da besteht im normalen Ichgefüge eine narzisstische Besetzung.*

Wir werden an dieser Annahme um so eher festhalten, je mehr sie von den bisherigen psychoanalytischen Ergebnissen für die Theorie von der Ichlibido bestätigt wird. Wo sie zu anderen Ergebnissen führt, dort bedarf es neuer Untersuchung.

Wir können noch weiter gehen und sagen: Wo niemals Entfremdung vorkommt, dort dürfte es sich nicht um Beteiligung des Narzissmus an dieser Funktion handeln. Wir können nun den Narzissmus, aber auch nur ihn, wie durch ein Reagens nachweisen. Wir dürfen nicht aus unseren Ergebnissen schon schliessen, dass er allein das Ich aufbaut. Vielleicht werden wir durch das Fehlen jeder Entfremdung auch noch auf die anderen Faktoren im Ichaufbau aufmerksam gemacht werden.

Ich denke, unsere Arbeitshypothese verspricht uns ein weites Arbeitsprogramm, das bei den schweren Ichstörungen, bei Psychosen, tief in das Ichgefüge hineinführen wird. Freilich müssen wir bei den schweren narzisstischen Ichstörungen die grosse Schwierigkeit erwarten, dass schwer Geisteskranke uns nicht klar von ihren Entfremdungsgefühlen berichten dürften, so wie es die intellektuell intakten Depersonalisierten, welche ich bisher untersuchte, tun. Eine ähnliche Schwierigkeit besteht für den Traum, dessen Selbstbeobachtung während des Traumes schwer gelingt und noch schwerer in der Erinnerung richtig festgehalten wird.

Heute wollen wir nur die Entfremdung einiger psychischer Funktionen mit unserer Methode ganz allgemein prüfen. Wir wenden uns zunächst den *Affekten* zu. Die Entfremdung erstreckt sich selten auf das ganze Gefühlsleben im selben Ausmass. Dabei benimmt sich und handelt der Kranke wie einer, der Gefühle hat, und klagt doch über Gefühlsverarmung. Hierin liegt ein noch nicht hervorgehobenes Symptom der «pathologischen» Trauer. Bei ihr besteht immer auch eine Entfremdung für den Traueraffekt. Dabei haben aber die Selbstvorwürfe, Klagen und Schuldgefühle alle Macht über den Kranken, der aber auch von ihnen es oft beklagt, dass er sie nicht *fühlt*, der sich anklagt, dass er *stumpf* sei. Analog sind in allen anderen Fällen von Entfremdung der Affekte diese für den Kranken nicht «echt», nicht evident, er fühlt sie *anders*, analog wie er die Wahrnehmungen als *anders* aufnimmt. Die Affekte sind aber nicht etwa unbewusst, denn der Kranke merkt und klagt, welche Affekte – z. B. Scham, Ehrgeiz, Liebe – er unecht fühlt.

Wir schliessen also, dass das Ich die Affekte in der Norm mit einer narzisstisch besetzten Grenze aufnimmt, deren Besetzung bei dem Affektentfremdeten fehlt. Diese Folgerung stimmt aber gut mit den Lehren FREUDS überein, sowohl damit, dass die spezifische Qualität jedes Affektes von der Qualität seines Abströmens in das Physische erhält, als auch damit, dass sie Erinnerungen längst vergangener, wiederholter Erlebnisse sind. Wir können noch nicht sagen, ob die Entfremdung eines Affektes daran liegt, dass er – zentrifugal – beim Abströmen eine nicht mehr narzisstisch besetzte Ichgrenze verlässt, oder daran, dass die Sensation des Affektes – zentripetal – eine solche Grenze trifft. Jedenfalls ist jedes Gefühl, das unnarzisstisch vom Ich empfangen wird, ein kaltes Nichts an Gefühlserlebnis, so stark es auch objektiv sich ereignen würde, wenn es als «icheigen», d. h. an einer narzisstisch besetzten Grenze das *Bw* träfe. Diese Auffassung bestätigt auch die Meinungen und Erklärungen vieler nicht psychoanalytischer Autoren, die von Inaktivitätsgefühl beim entfremdeten, von Aktivitätsgefühl beim normalen Gefühl sprechen, denn auch die Libidolehre meint mit dem Worte «Besetzung» ein aktives Empfangen. «Aktives Empfangen» klingt wie eine Contradictio in adjecto; und doch entspricht es dem tatsächlichen Vorgange. Ebenso entspricht unsere Erklärung dem Fühlgefühl LÖWYS [1] und der Noesis HUSSERLS [2] und gibt beiden den spezifischen Inhalt, dass die narzisstische Besetzung beim Passieren der Ichgrenze dieses Evidenzgefühl verleiht. Es wird viel Einzelarbeit erfordern, um die einzelnen Grenzen für die Gefühlsarten zu unterscheiden oder die Einheitlichkeit der Ichgrenze für sie nachzuweisen. Auch besteht eine Schwierigkeit für das Verständnis und für die Verständigung über diese Verhältnisse darin, dass dieses Begegnen mit dem Narzissmus des Ichs selbst als Gefühlsqualität zusammen mit dem Gefühl einheitig erlebt wird, während es bei den Wahrnehmungen als grundverschiedene Erlebnisart sich leichter von ihr abtrennen lässt. Es ist so, wie wenn bei manchen Waren der Grenzzoll direkt und separat verrechnet wird, bei anderen im Gesamtpreis verschwindet.

Wir erwähnten früher, dass die Affekte auch deshalb, weil sie Erinnerungen an Erlebnisse sind, der Entfremdung unterliegen. Das *Erinnern* ist nämlich bei vielen Entfremdungskranken an der Störung beteiligt. Die Erinnerungen treten schnell und richtig, auch klar unterschieden, ins *Bw* und treten doch, man möchte sagen, merkwürdig «unichisch» ein. Unter den Psychoanalytikern hat REICH auf das Erinnerungsgefühl besonderen Wert gelegt. Nach unseren früheren Erörterungen müssen wir annehmen, dass das

[1] «Die Aktionsgefühle», Prager medizinische Wochenschrift, XXXIII, 1908.
[2] «Ideen zu einer reinen Phänomenologie und phänomenologischen Philosophie», I, 1913.

Erinnerungsgefühl fehlt, wenn eine zu schwache oder gar keine narzisstische Besetzung dort bereitet ist oder dort sich herstellt, wo die Erinnerungen in das *Bw* eintreten. Hier führen Verbindungen zu den Ausführungen FERENCZIS [1] über die Bejahung.

Eine bemerkenswerte Tatsache ist, dass wirklich Verdrängtes beim Eintreten in das *Bw*, soweit ich beobachtet habe, nie den Charakter des Entfremdetseins hat. Die narzisstische Besetzung der Ichgrenze ist dabei bereits vorhanden. Man darf aber nicht etwa meinen, dass eine entfremdete Erinnerung nicht bewusst sei, dass also die narzisstische Besetzung mit jener psychischen Besetzung, welche die Bewusstheit ausmacht, identisch sei.

Man kann im Gegenteil hier den wesentlichen Unterschied von der narzisstischen Besetzung, die getroffen wird, und der objektlibidinösen Besetzung, die an der erinnerten Vorstellung haftet, hervorheben. In der Verdrängung war die objektlibidinöse Besetzung der betreffenden Objektvorstellung entweder im *Ubw* vorhanden und von den Verbindungselementen abgezogen oder aber von der verdrängten Vorstellung selbst abgezogen. Die auftauchenden Assoziationen bringen die objektlibidinösen Besetzungen wieder. Die Ichgrenze selbst kann narzisstisch überbesetzt – bei der Zwangsneurose – oder minderbesetzt oder unbesetzt sein. Und nur von dieser *narzisstischen* Besetzung oder Wiederbesetzung hängt das Erinnerungs-Ichgefühl ab.

Das *Déjà vu*, für welches FREUD die ökonomische und inhaltliche Bedingung in dem Zusammenhang mit einer unbewussten Verschiebung aufstellte, wurde mit Recht von allen Autoren, ausser von FREUD selbst, der Depersonalisation zugerechnet. Bei diesem, immer als gewaltsame Störung der selbstverständlichen Stabilität des Daseinsgefühls empfundenen Vorgang wird bekanntlich ein Erlebnis als schon einmal dagewesen plötzlich erfasst, wobei das Zeitgefühl so verlorengeht, dass man nicht weiss, ob dieses «schon dagewesen» unmittelbar zuvor oder vor undenklichen Zeiten eintrat. Das Phänomen tritt bei manchen Depersonalisationskranken gehäuft auf, wird von ihnen als Entfremdungsgefühl agnosziert; da diese Kranken für die Agnoszierung Experte sind, besteht für mich kein Zweifel, dass das *Déjà-vu* in einer ganz kurzen Entfremdung besteht. Der Sachverhalt stellt sich nun dar wie folgt: Ganz vorübergehend passiert als auftauchendes Erlebnis eine Erinnerung die Vorstellungs-Ichgefühlsgrenze oder eine Wahrnehmung die Wahrnehmungs-Ichgefühlsgrenze zuerst in einem Momente, wenn die Grenze ohne narzisstische Besetzung ist, und gleich danach, wenn sie wieder narzisstisch besetzt wurde. Ich habe in den letzten zwei Jahren kein *Déjà vu* gehabt und kann daher nicht entscheiden, ob nicht bei manchem *Déjà vu* das Erlebnis

---

[1] «Das Problem der Unlustbejahung», Int. Ztschr. f. Psychoanalyse, XII, 1926.

gleichzeitig *zwei* Ichgefühlsgrenzen passiert, von denen die eine narzisstisch besetzt, die andere von der narzisstischen Besetzung entblösst ist, oder ob die gleiche Grenze rasch hintereinander getroffen wird. Es ist also gleichsam wie ein Doppeltsehen, das dadurch entsteht, dass vor das eine Auge ein Prisma tritt oder dass durch einen Doppelspat (mit zwei Brechungsindizes) geschaut wird. Die narzisstisch stumpf gewordene Grenze raubt das Gegenwarts- und Evidenzgefühl, die narzisstisch erregte Grenze erteilt es. So scheint das *Déjà vu* eine besonders schöne Illustration unserer Annahmen. Es bestätigt auch den Zusammenhang mit innerem Erschrecken, denn dieses geht in verschiedenem Ausmass oft dem *Déjà vu* voraus oder tritt mit dem *Déjà vu* ein.

Am *Déjà vu* sahen wir auch, dass das *Zeit*gefühl entfremdet sein kann. Über solche Entfremdung wird von vielen Depersonalisierten geklagt. Wir müssen also auch eine narzisstisch besetzte Ichgefühlsgrenze als gegen die Zeitwahrnehmungen existierend annehmen. Diese Annahme deckt sich mit dem von FREUD in seiner Arbeit über den Wunderblock [1] und von HOLLOS [2] gegebenen libidotheoretischen Erklärungen des doppelten Besetzungsverlaufs, der im *Vbw*, respektive im *Ubw* und *Bw* stattfindet, je nachdem es sich um bewusste oder unbewusste Zeitwahrnehmung handelt. Die wirkliche Orientierung in der Zeit, das Wissen vom Zeitablauf, ist analog wie bei allen anderen Depersonalisationsphänomenen nicht alteriert. Eine genaue Untersuchung der Zeitentfremdung dürfte uns noch Genaueres über das *Déjà vu* und über die narzisstische Besetzung zwischen *Vbw* und *Bw* erkennen lassen.

IV

Ein Problem der Psychose lässt sich durch unsere neuen Erfahrungen verständlicher machen. Wenn eine Vorstellung, die sonst nur gedankliche oder bildliche Stärke hat, als real in der Aussenwelt empfunden wird, so bezeichnen wir sie als *Halluzination;* eine völlige *Projektion* hat stattgefunden. Dieser Vorgang erklärt sich, wenn wir annehmen, dass, analog wie wir für das Körper-Ichgefühl fanden, dass es auf eine frühere Ichgrösse regredieren kann, auch sonst verlassene Ichgrenzen neuerdings narzisstisch besetzt werden können. Die Stimme, welche einstmals wirklich durch eine Ichgrenze hindurch gehört wurde, verlor den Wirklichkeitscharakter, als diese Ichgrenze erweitert, respektive durch eine von weiterem Umfang ersetzt wurde. Wird aber jetzt die alte kleinere Ichgrenze partiell wieder narzisstisch besetzt, so tritt damit für die

---

[1] G.W., XIV, 1 ff.
[2] «Über das Zeitgefühl», Int. Ztschr. f. Psychoanalyse, VIII, 1922.

Stimme das Realitätsgefühl wieder auf. Tatsächlich finden wir psychotische Halluzinationen gleichzeitig mit Ichregressionen. Es könnte aber auch eine Ichgrenze, z. B. in Delirien, ohne Regression vorübergehend neu besetzt werden. Ich kann hier nur erwähnen, dass auch solche Entfremdungsvorgänge auftreten, die auf eine narzisstisch besetzte Grenze zwischen Ich und Überich schliessen lassen: das *Sollen* kann entfremdet sein.

Im Zusammenhang mit der Ich-Überich-Grenze sei auf die narzisstischen Psychosen und Neurosen hingewiesen, deren Dynamik und Topik durch die Berücksichtigung der durch Entfremdungsgefühle offenbarten Ichgrenzen wahrscheinlich viel genauer untersucht werden kann. Die Depersonalisationszustände bilden nämlich nicht eine einheitliche Krankheit, sondern sie kommen klinisch vom fast Normalen beginnend, bei sogenannter Psychasthenie und anderen Aktualneurosen bis zu den leichten und schwersten Schizophrenien und Manisch-Melancholischen in wechselnder Stärke und Form vor. Ich glaube, dass das Wort «narzisstisch» dann weniger als jetzt als blosse Richtungsbezeichnung verwendet werden wird, sondern qualitativ verschiedene, typische Bindungsstellen in der Psyche bezeichnen wird.

Unsere weitere Aufgabe wird die genauere Untersuchung derjenigen Psychose sein, der nur der Gesündeste im Schlafe nicht anheimfällt, des *Traumes*. Heute kann ich nur mitteilen, dass das «Ich im Traume», sowohl was Körperich-Gefühl als was seelisches Ichgefühl betrifft, beim Einzelnen in verschiedenen Träumen, auch in einer Nacht, und bei verschiedenen Personen variiert. Diese Verschiedenheiten haben auch mit der Dynamik des Traumes und mit der habituellen narzisstischen Besetzung des Schläfers in seinem Wachzustande zu tun; auf diesem Gebiet sind Gesetzmässigkeiten zu finden.

Der Traum gibt uns für unser heutiges Thema Hinweise auf bisnun noch ungelöste Probleme. Ich ziehe ihn nur soweit in die Untersuchung ein, als ich es für das letzte Thema, das ich noch behandeln will, für das Thema der *Willen*sentfremdung benötige. Viele dieser Kranken klagen nämlich über den Automatismus ihrer Handlungen, als ob sie keinen Willen dabei verspürten. In diesem Zusammenhang sagen sie, dass sie wie im Traume handeln. Auch sonst nennen Depersonalisierte die entfremdete Welt traumhaft. Im Traume selbst gibt es aber kein Entfremdungsgefühl. Selbst wenn die Realitätsprüfung erwacht und der Träumer einen Vorgang als ganz überraschend und als seiner sonstigen Erfahrung widersprechend erkennt, so fügt er doch sich gegen sein besseres Wissen darein, dass z. B. der tote Vater lebt. Alle Traumbilder werden also mit einer narzisstisch besetzten Vorstellungsgefühlsgrenze wahrgenommen, wenn wir überhaupt für das Traum-Ich das gleiche Ichgefüge annehmen dürfen wie für den Wachzustand. Das sind Fragen, welche die Traumlehre FREUDS beantwortet, die aber durch neue Beobachtung bestätigt werden sollten.

Wie bei der Entfremdung, fehlt nun in der Mehrzahl der Fälle im Traume das Körper-Ichgefühl, oder es ist sehr eingeschränkt; wie bei manchen Entfremdungen, fehlt meist das Zeitgefühl; vor allem fehlt aber das *Wollen* – von kärglichen und selten auftretenden Resten [1] abgesehen – im gewöhnlichen Traume. Darauf hat FREUD in seiner Traumdeutung hingewiesen. Schon JANET nennt als erstes Gemeinsames von Traum und Entfremdung die Abulie. Der Entfremdete merkt diese eigentümliche Art von Abulie, die keine wirkliche ist. Der Träumer erlebt sie naiv, ohne sie zu merken, ohne sie mit dem Wollen des Wachens zu vergleichen.

Es widerspricht nicht unserer Erklärung der Entfremdung, dass im Traume so oft das Körperich-Gefühl fehlt, ohne dass eine Entfremdung vom Träumer empfunden wird. Der Träumer steht keiner Aussenwelt gegenüber; aber so weit er träumt, ist er erwacht und empfängt die auftauchenden Vorstellungen mit einer narzisstisch besetzten Grenze, welche eben die relative Evidenz der Traumbilder bedingt. Wir müssen freilich annehmen, dass es nicht die Wahrnehmungsgrenze ist, mit welcher er die Bilder empfängt. Dabei wissen wir nicht, ob das so oft bestehende Gefühl, zu träumen, dem Erwachen dieser Grenze und einem Entfremdungsgefühl entspricht. Ich weiss auch noch nicht, ob in solchen Träumen das Körperich-Gefühl sich einstellt. Wir Psychoanalytiker sind gewohnt, kleine Anzeichen im manifesten Traume als Repräsentanten wichtiger, vom Schlaf gelähmter Vorgänge zu erkennen. Wir finden nun solch ein Anzeichen im Traume, wenn eine Willensaktion eingetreten ist, ohne dass der Träumer das Willenserlebnis hat. Der Träumer hat statt des Willens eine ganz vorübergehende Betonung der Körperich-Grenze, d. h. eines Teiles des Körperich-Gefühles, die vorher fehlte. In einem Traume, der gar kein Körperich-Gefühl erinnern lässt, wird der Arm gespürt, wenn mit ihm etwas getragen wird. Diese Zuwendung von narzisstischer Besetzung ist das, was einer Willenshandlung im Traume entspricht. Analog stellt sich bei einer entfremdeten Person, der es gelingt, die Willkür ihrer Handlung zu fühlen, auch das Körperich-Gefühl für die betreffenden Körperteile wieder her.

Wir sehen also, dass zum Willensakte wie auch zur Aufmerksamkeit, ab-

---

[1] Auch in dem typischen Traume, in welchem der Träumer z.B. einen Zug erreichen *will*, scheint es sich nicht um ein ausnahmsweises Erwachen des Willens, sondern nur um Willenserinnerungen zu handeln. Auch diese Willensantriebe laufen unregulierbar im Traume ab.

Die Nachtwandlerträume bedürfen noch einer besonderen Untersuchung. Die obigen Ausführungen beziehen sich jedenfalls nicht auf solche abnorme Träume und nicht auf die seltenen Träume, in denen ein Wollen erlebt wird.

gesehen von der libidinösen Objektbesetzung, eine narzisstische Körperich-Grenzbesetzung nötig ist. Aber weder die objektlibidinöse Besetzung allein noch sie und die narzisstische Körperichbesetzung vereint, genügen für den Willensakt; die sind ja auch im Traume vorhanden, und doch kommt kein Wollen zustande. Auch sind sie – wie wir schon erfahren haben – nicht für das Wollen spezifisch. Die objektlibidinöse Besetzung finden wir ja bei jedem Wunsche oder bei passiver Vorliebe, die narzisstische Körperich-Gefühlsbesetzung gehört ja zum normalen Voll-Ich, auch wenn es nicht seinen Willen spürt.

Es ist selbstverständlich, dass zum Erlebnis des Wollens die psychische Repräsentanz der Muskelaktion hinzutritt. Es gibt aber auch ein Wollen mit aufgeschobener Innervation. Dazu, dass es zum Wollen komme, gehört aber ein bestimmter Vorgang, dessen Fehlen für den Traumzustand charakteristisch ist, und der auch bei den höheren Graden von Ichstörung, welche über das blosse Entfremdungsgefühl beim Wollen hinausgeht und sich zur Traumhaftigkeit des Handelns steigert, gestört ist. FREUD hat diesen Vorgang in seiner Bewusstseinslehre in der «Traumdeutung» aufgedeckt. Wir können ihn als Regulierung des Abströmens von Quantitäten von Objektlibido bezeichnen.

Überlegen wir uns, worin das eigentlich Traumhafte im Traume besteht: Die Traumbilder laufen ab, ohne dass der Träumer – im gewöhnlichen Traume – vom partiellen Erwachen einer sonst schlafenden Instanz abgesehen – imstande ist, so wie im Wachen ein Traumbild festzuhalten oder zurückzurufen. Das Ich ist im Traum völlig passiv den aus dem *Ubw* aufgetauchten Traumelementen ausgeliefert; es gibt kein Zurück, kein Verharren im Traume. Dieser Akt des Verharrenlassens, der dem Denken und Wollen gemeinsam ist, gehört also einer im Traum gelähmten Instanz zu. Da sie nicht der uns schon bekannten narzisstischen Besetzung zugehört, so muss das Festhalten der Objektlibido im Wachen von einer anderen Kraftquelle ausgehen. Nun gehört das Wollen unbedingt zum Ich. Diese Kraft geht daher vom nicht libidinösen Anteile des Ichs, von jenem Triebe aus, welchen FREUD nicht nur, weil er zuletzt zum Tode führt, sondern auch, weil er als Angriffs- und Verteidigungstrieb zuerst töten wollte, den Todestrieb genannt hat. So sind wir auf dem Wege des Ausschlusses dazu gekommen, im Wollen einen nicht libidinösen Teil des Ichs zu erkennen. Da sich die Psychoanalyse vor allem mit dem Unbewussten und der Libido beschäftigte, hat die Untersuchung des Willens bisnun nur wenig Raum in ihr eingenommen.

V

Nun, nachdem wir auf diesem Wege zuletzt auch die Zweiteilung in Liebes- und Todestriebe bestätigt fanden, wollen wir kurz zurückblickend noch hervorheben, worin der Fortschritt dieser Untersuchung uns zu liegen scheint. Wir haben jene Ichstörungen gefunden, durch welche die Psyche der traumatischen oder sonst krankmachenden Wirkung der Libido-Inanspruchnahme nicht widerstehen kann: es sind dies das Schreckerlebnis und die Zurückziehung der narzisstischen Ichgrenz-Besetzung. Wir haben dadurch JANETS «*fonction du réel*» ebenso wie der von MINKOWSKI [1] charakterisierten «*notion de perte de contact vital avec la réalité*» einen ganz spezifischen, metapsychologischen Inhalt gegeben. Wir haben die Libidofunktion für den Aufbau des Ichs durch Beobachtung der als Entfremdung auftretenden Aktualpsychose neuerdings bewiesen. Unsere Betrachtungen scheinen auch einen neuen Weg zur Erforschung der Ichstruktur zu eröffnen.

[1] «La notion de contact vital avec la réalité et ses applications en psychopathologie», 1926. – «La schizophrénie», 1927.

III. KAPITEL

DAS ICHGEFÜHL IM TRAUME[1]

Das Ichgefühl

Zur Einleitung will ich die wichtigsten Ergebnisse meiner bisherigen Untersuchungen des Ichgefühls und die aus ihnen sich ergebende Auffassung des Ichs hier wiederholen, weil ich nicht annehmen darf, dass jeder Leser, der sich für eine Untersuchung des Traumphänomens interessiert, auch bereit ist, meine früheren Arbeiten aufzuschlagen und neuerdings vorzunehmen.

Das Ichgefühl ist die Sensation, die man jederzeit von seiner eigenen Person hat, das Eigengefühl des Ichs von sich selbst. Ich begründe damit neuerdings die Auffassung, welche am stärksten ÖSTERREICH vertritt, dass das Ich keine blosse Abstraktion sei, um die Ichbezogenheit der Akte und Erlebnisse mit einem Worte mitzuteilen; das Ich ist auch nicht die Summe dieser Ichbezogenheiten allein, es ist auch nicht bloss die Summe der Ichfunktionen (NUNBERG), auch nicht bloss die «psychische Repräsentanz» dessen, was sich auf die eigene Person bezieht (STERBA). Das alles gehört zum Ich, es sind Leistungen, die im Ich oder vom Ich aus geschehen. Zum Ich gehört aber viel mehr, nämlich auch das subjektive seelische Selbsterlebnis dieser Funktionen; dieses Selbsterlebnis ist eine bleibende, wenn auch nie gleichbleibende Einheit, die nicht abstrakt, sondern wirklich ist. Diese Einheit bezieht sich auf die Kontinuität der Person in zeitlicher, räumlicher und kausaler Hinsicht, diese Einheit ist objektiv erkennbar und wird stets subjektiv wahrgenommen und gefühlt. Das heisst, wir fühlen und wissen ständig, dass die Kontinuität unseres Ichs auch über eine Unterbrechung durch Schlaf oder Bewusstlosigkeit hinweg fortdauert, dass die Vorgänge in uns, auch wenn sie durch Vergessen und Unbewusstheit unterbrochen werden, eine *dauernde* Ursache in uns haben, dass unser Körper und unsere Psyche *dauernd* zum Ich gehören.

[1] Vortrag, gehalten in der Wiener Psychoanalytischen Vereinigung am 2. Dezember 1931. – Zuerst veröffentlicht 1932 im 18. Band der «Internationalen Zeitschrift für Psychoanalyse».

All dies haben viele Autoren als «Ichbewusstsein» bezeichnet. Wenn ich das auch schon vorher gelegentlich von Psychologen und auch von FREUD gebrauchte, von Laien als selbstverständlich angewendete Wort *«Ichgefühl»* als integrierenden Teil des Ichs hervorhebe und mich nicht mit dem Worte Ich*bewusstsein* oder Ich*bewusstheit* begnüge, so ist das nicht eine willkürliche Bevorzugung dieser Bezeichnung, sondern Rücksicht auf folgende Beobachtung: Das Selbsterlebnis des Ichs erschöpft sich nicht im Wissen und in der Bewusstheit von den oben angeführten Einheitsqualitäten des Ichs, sondern enthält auch ein sinnliches Erleben, welchem das Wort «Gefühl» oder Sensation gerecht wird, während die Bezeichnung Ichbewusstheit das Gefühlsmässige begrifflich nicht enthält. Die Pathologie, sowohl die ärztliche als auch die Alltagspathologie des Schlafens, der Ermüdung, der Zerstreutheit und Träumerei lassen uns das Bestehen eines «Ich*gefühls*» vom «Ich*bewusstsein*» sehr gut, oft ganz exakt unterscheiden. Erst wenn das «Ich*gefühl*» mangelt, bleibt das blosse, leere Ichbewusstsein allein bestehen; dieses blosse, leere Wissen, dass man ein Ich hat oder dass man ein «Ich» ist, ist aber ein pathologischer Zustand, in dem wir schon die Entfremdung und Depersonalisation erkennen. Die Bezeichnung «Ichbewusstsein» würde daher nur dann dem Erlebnis des Ichs gerecht werden, wenn diese Art «Entfremdung» der normale Zustand aller Menschen wäre.

Es ist auch unrichtig, zu meinen, dass Bewusstsein und Ichgefühl dasselbe seien, weil von vielen Autoren, zuerst glaube ich von JANET, das Bewusstwerden als das «Dem Ich-Zugehörig-Werden» beschrieben und definiert wurde. Wir wissen heute, dass die Ichzugehörigkeit bewusst oder unbewusst werden, sein und bleiben kann; und auch vom Ichgefühl lehrt uns die Pathologie, dass es für bleibende bewusste Ichgebiete schwinden und wieder hergestellt werden kann. Für jeden seelischen Vorgang kann die Bewusstheit von einem «Ich*gefühl*» begleitet sein oder nicht. Im letzteren Falle *weiss* man nur, dass das Erlebnis – eine somatische oder äussere Wirklichkeit, eine Erinnerung, eine Reaktion auf Wirkliches oder Erinnerung, eine blosse Affekterregung – in einem vorgeht oder vorgegangen ist; aber für dieses Wissen besteht ein Fremdheitsgefühl oder, besser gesagt, es entsteht dafür ein Entfremdungsgefühl. Dass das Wesentliche am «Ich*erlebnis*» eine Sensation und nicht ein Denken oder Wissen ist, wurde zuerst bei den pathologischen Störungen des «Ichgefühls» bemerkt, und seitdem das Symptom der Entfremdung bekannt wurde, heisst es immer Entfremdungs*gefühl*, nie Entfremdungs*wissen* oder Entfremdungs*bewusstheit*.

Das «*Ichgefühl*» ist also das Gesamtgefühl der eigenen lebendigen Person; es bleibt übrig, wenn alle gedanklichen Inhalte fehlen, ein Zustand, der praktisch nur für kürzeste Zeitspannen eintritt. Dieses Gesamtgefühl des «Ichs» vereinigt stets teils wechselnde, teils gleichbleibende Bewusstseinsinhalte; dadurch bedingt das jeweilige «Ichgefühl» auch das subjektive volle Erlebnis der Ich-Bezogenheit auf den Akt. Ich halte es für richtiger, von der «Ich-Bezogenheit *auf* einen Akt», als von der «Ich-Bezogenheit eines Aktes» zu sprechen, wenigstens soweit es die Untersuchung des «Ichgefühls» betrifft. (Darin liegt aber keine Polemik gegen SCHILDER, der andere Ziele bei seiner Darstellung der «Ich-Bezogenheit» des Aktes verfolgte.) Wenn wir die stets wechselnde Erstreckung des «Ichgefühls» auf verschiedene Inhalte und seine trotzdem stets bestehende Vereinigung aller Ich-Bezogenheiten und Ich-Anteile zu einem Ganzen uns überlegen, so kommen wir zu dem Schlusse, dass das «Ich» stets Ganzheits- *und* Teil-Erlebnis enthält und dass es stets analytisch und synthetisch untersucht werden muss. Die Existenz des «Ichgefühls» lässt die so verführerische Scheidung in Ganzheits- und Teilbetrachtung als irreführend ablehnen. Auch die Psychoanalyse war stets sowohl Teilerfassung als auch Ganzerfassung, was meine Untersuchungen über das «Ichgefühl» neuerdings hervorheben.

Der Theoretiker könnte nochmals die Frage einwenden, ob nicht das hier als «Ichgefühl» Bezeichnete doch bloss ein intellektuelles Erleben dessen sei, was gleichbleibt, während stets wechselnde Erlebnisse, Bezogenheiten und Reaktionen das Bewusstsein passieren, also doch nur ein *Wissen* vom Ich, dessen Inhalt der Beachtung entgeht, weil es eben das unverändert Gleiche ist. Diese Frage wird ausschliesslich durch die Beobachtung erledigt, dass auch das reinste Wissen von dem eigenen «Ich» als etwas Mangelhaftes, Peinliches, Unerfülltes und Unerfüllendes, ja der Angst Nahes erlebt wird, dass also auch für das reinste «Ich-Erlebnis» zur Herstellung der Normalität etwas Gefühlsartiges hinzugehört [1].

So ist das «Ichgefühl» der einfachste und doch umfassendste Zustand, der vom eigenen Sein in der seienden Person ausgelöst wird, auch wenn kein äusserer oder innerer Reiz es trifft. Freilich würde, wie gesagt, ein dauernder Zustand von reinem «Ichgefühl» als Bewusstseinsinhalt nur ganz kurz bestehen können, denn der Reize sind zu viele stets bereit, in das Bewusstsein zu treten. So wollen wir wiederholend formulieren: Mit dem Eigenbewusstsein ist auch ein Eigengefühl des «Ichs» verbunden, welches wir kurz als «Ichgefühl» bezeichnen.

[1] Dieses Problem wird davon nicht tangiert, dass man etwa die Gefühle selbst als Wahrnehmung von vegetativen Vorgängen bezeichnet und solche Wahrnehmungen denen mit intellektuellem Inhalte gleichsetzt (Behaviourismus). Denn wir gehen bei unserer Untersuchung von der empirischen Tatsache aus, dass zwischen intellektuellen und Gefühlserlebnissen ein Unterschied besteht.

In meinen früheren Aufsätzen [1] habe ich das «Ichgefühl» näher untersucht und für pathologische und normale Fälle gezeigt, dass das somatische und das seelische «Ichgefühl» sich sondern können, dass wir einen Kern des «Ichgefühls», der dauernd bleibt, innerhalb der wechselnden Ausdehnung des Ichgefühls zu unterscheiden haben, und insbesondere, dass wir genau empfinden, ob, wie stark und wie weit die seelischen Vorgänge und unser Körper von «Ichgefühl» besetzt sind; wir fühlen bei ihrem Wechsel die «Grenzen» unseres Ichs. Wann immer ein Eindruck uns trifft, sei er somatisch oder psychisch, so trifft er in der Norm eine mit Ichgefühl besetzte Grenze unseres «Ichs». *Wird unser Ichgefühl an dieser Grenze nicht hergestellt, so fühlen wir den betreffenden Eindruck entfremdet.* Wo aber die Ichgefühlsgrenze nicht durch einen Eindruck in Anspruch genommen wird, ignorieren wir den Umfang des Ichs. Wir können am «Ichgefühl», und zwar sowohl beim seelischen als auch beim körperlichen, seine Aktivität oder seine Passivität angeben. Die Qualität des «Ichgefühls» ist bei den verschiedenen Menschen auch davon abhängig, welche speziellen Triebe (z. B. Zärtlichkeits-, sadistische, masochistische, exhibitionistische) ihre Person dauernd beherrschen oder jederzeit bereit sind, sich geltend zu machen. Wir haben ferner die Entdeckung NUNBERGS bestätigt, dass alle Neurosen und Psychosen mit einem kürzer oder länger dauernden Zustand von Entfremdung beginnen. Wir fanden auch, dass die Zurückziehung des Ichgefühls von einer «Ichgrenze» als Abwehr seitens des Ichs auftreten kann; dieser Abwehrmechanismus kann bestehen bleiben oder er kann den Verdrängungsvorgang einleiten und selber verschwinden. Die Entwicklung des «Ichgefühls» – qualitativ und quantitativ – begleitet die Entwicklung des Individuums, wobei sich die Stadien der Libidoentwicklung auch in der Art des Ichgefühls zeigen; es kann daher das Ichgefühl in Qualität und Ausdehnung an frühere Stadien fixiert bleiben oder auf frühere Stadien regredieren.

Die Hypothese nun, welche sich aus alldem für die psychoanalytische Auffassung des «Ichgefühls» ergibt, ist die, dass das «Ichgefühl» die ursprüngliche narzisstische Besetzung des «Ichs» ist; sie ist als solche anfangs objektlos und wurde von mir als *medialer Narzissmus* bezeichnet. Erst viel später, nachdem objektlibidinöse Besetzungen die Ichgrenze trafen, beziehungsweise von ihr erfasst und wieder verlassen wurden, entsteht der *reflexive* Narzissmus.

Diese Hypothese wird durch viele klinische Beobachtungen gestützt. Ist sie richtig, so hat uns die Untersuchung des «Ichgefühls» eine Arbeitsmethode gegeben, um Näheres über die Besetzungen mit narzisstischer Libido und mittelbar auch über das Verhalten der Objektbesetzungen zu ermitteln.

[1] Kap. 1, 2 und 15.

Der Traum nun ist ein Untersuchungsmaterial, das wohl bei gesunden Menschen so regelmässig auftritt, dass man schwer entscheiden kann, ob man es der normalen Psychologie oder der Psychopathologie zurechnen soll. In bezug auf das «Ich» im Traume handelt es sich aber jedenfalls um einen gestörten Zustand. Daher reiht sich die vorliegende Untersuchung des «Ichgefühls» im Traume folgerichtig an die klinische Untersuchung der Entfremdung an. Ich werde daher zuerst die Beziehungen von Entfremdung, Traum und Schlaf, hauptsächlich nach den Angaben von *entfremdeten* Personen, besprechen und daran anschliessend erst unser eigentliches Thema, die Qualität und Quantität des «Ichgefühls» während der Träume, darstellen.

Entfremdung und Traumzustand

Sehr viele Entfremdete sagen, dass sie die Wirklichkeit wie im Traume sehen, oder gar, dass sie sich selbst wie im Traume vorkommen. Diese Mitteilung ist überraschend und verlangt eine besondere Erklärung; sie wäre zu erwarten gewesen, wenn wir träumend unserem Traume gegenüber ein ähnliches Gefühl hätten wie der Entfremdete der Wirklichkeit gegenüber. Dem ist aber nicht so. Der Träumer erlebt seinen Traum als Wirklichkeit; das Überraschende, Abstruse, ja Unmögliche manches Geträumten hindert nicht, dass, in Widerspruch mit aller im Traume erhalten gebliebenen Erfahrung, an den Traum geglaubt wird, solange er abläuft. Der Entfremdete hingegen muss sich zur Annahme der Wirklichkeit seiner Eindrücke geradezu zwingen. Verstand und Vernunft, Erinnerung und das Schliessen aus den Erinnerungen zwingen ihn zur gedankenhaften Annahme dessen, wofür keine Evidenz vorhanden ist. Im Traume hingegen mag die verstandesmässige Erfahrung allem widersprechen, trotzdem ist die Wirklichkeit des Geträumten (von bekannten Ausnahmen abgesehen) immer evident.

Wir verstehen aber die Angabe des Entfremdeten, die Welt sei «traumhaft», sobald wir beachten, dass sie nur retrospektiv gemacht wird, soweit es sich nicht um schwer Depersonalisierte handelt. Denn in der Erinnerung nach dem Erwachen hat auch der Traum für jeden etwas Fremdartiges; dies bezieht sich auf seine Inkohärenz und Flüchtigkeit, auf das Unlogische des Inhalts und auch auf die Art, wie der Traum vorüberläuft; in der Erinnerung sind auch die Traumgestalten meist schattenhaft, gewichtslos, unwirklich. Die sekundäre Bearbeitung verbessert nicht nur die innere Logik des Traumes, sie verändert ihn meistens auch zu einem Vorgang, der einer wachen Erlebnisreihe eher gleicht. Träume ohne sekundäre Bearbeitung sind in der Erinnerung mehr fremdartig. Es kann wohl sein, dass gerade diese Fremdartigkeit die sekundäre Bearbeitung herbeiführt. So kommen wir zu dem merkwürdigen Ergebnis, dass während des Vor-sich-Gehens Traum und Entfremdung grundverschieden verlaufen und erst im zurückbleibenden Eindruck einander ähnlich werden. Die Träume waren, wenn wir von ihrer Bedeutung als Weg zum Unbewussten und als Forschungsgegenstand absehen und besondere persönlich bedeutsame Träume ausnehmen – ein Nichts, eine Serie unwirklicher Bilder, die nun ganz vergangen ist und von der auch die Erinnerung von selber leer wird und verblasst. Auch für den Entfremdeten ist aber infolge seiner Störung alles, was er entfremdet erlebt hat, gleichgültig; es ist eine Vergangenheit, die nicht vergegenwärtigt werden kann; vergegenwärtigt bleibt nur die Erinnerung, dass er seinen krankhaften Zustand gehabt hat. Schwer Entfremdete sagen sogar, dass ihre Wirklichkeit weniger lebendig sei als ihr Traum. Und das ist richtig, denn die Entfremdeten träumen nicht anders als normale Menschen.

Eine weitere Analogie des Traumes mit der Entfremdung besteht darin, dass der Träumer *passiv* vom Traume sozusagen überfallen wird und dass der Traum sodann an dem passiven Träumer oder mit ihm abrollt. Der Träumer fühlt sich auch insofern dem Traume gegenüber passiv, als er – in der Regel – keines der Traumelemente festhalten kann, um sie überlegend zu beurteilen, er kann selten auf sie reagieren oder auf etwas zurückkommen; denn der Traum bricht in fertigen Gebilden in das Bewusstsein, welches er jeweilig, und zwar nur in sehr eingeengtem Ausmass, erweckt, um es sofort wieder einschlafen zu lassen. Im Traume fehlt vor allem der Wille. SCHERNER hat diesen Mangel der Zentralität des «Ichs» und die Schwäche des Willens in besonders plastischen Worten in seinem Buche[1] an vielen Stellen geschildert.

Auch der Entfremdete fühlt sich passiver gegenüber dem Erlebten als der Gesunde. Er tut es aber aus ganz anderen Gründen als der Träumer. Er wird nämlich immer wieder auf das Beachten seines Zustandes abgelenkt, wird unaufmerksam und im Interesse gestört; er ist also infolge seines Leidens aller Wirklichkeit gegenüber apathisch und passiv.

Bis jetzt haben wir von bekannten Eigenheiten der zum Vergleiche stehenden Zustände gesprochen. Wenn wir nun unser Augenmerk auf das «Ichgefühl» richten, von dem freilich die befragten Personen nicht von selber sprechen, dann erfahren wir sofort etwas für beide Zustände Gemeinsames: in beiden ist das «Ichgefühl» mangelhaft. Das gilt besonders von dem schwer Depersonalisierten, dessen «Ich» weder an seinen Grenzen noch auch in seinem Kerne mit vollem «Ichgefühl» besetzt ist. Der Mensch fühlt dieses «Ich» nur partiell und mit verringerter Intensität und hat daher subjektiv an

[1] «Das Leben des Traums», 1861.

Gewicht, an Wohlgefühl, an Geschlossenheit der Persönlichkeit eingebüsst. Die Ich-Störungen sind im Traume und in der Entfremdung, wie wir sehen werden, prinzipiell nicht die gleichen. Wir haben ja schon darauf aufmerksam gemacht, dass der Traum als wirklich erlebt wird und das Entfremdete als unwirklich; im Traume ist daher die Ichgrenze für das Geträumte mit Ichgefühl besetzt, in dem Entfremdungssymptom die für das Erlebte nicht. Gemeinsam ist aber beiden, dass weder der wache Verstand den Entfremdeten die Unwirklichkeit des Erlebten noch der, allerdings nur partiell wache, Verstand den Träumer die Wirklichkeit des Geträumten als Täuschung erkennen lassen kann. Keiner von beiden kommt gegen die abnorme Schwäche, respektive gegen die abnorme Stärke der «Ichgrenze», das heisst ihrer Besetzung, auf. Auch die Ohnmacht infolge des Defektes der Ichbesetzungen ist für beide Zustände charakteristisch.

So haben wir Gründe gefunden, weshalb Entfremdete ihre Zustände als «wie im Traume» bezeichnen. Der wichtigste ist der letztbesprochene, die Erinnerung daran, dass das Ichgefühl mangelhaft war. Diese Ichstörung ist keine Bewusstseinsstörung, kein Schwindelgefühl, keine Unklarheit, Verdunklung oder Verschwommenheit, sondern eine Unvollständigkeit des «Ichgefühls». Bevor wir ihre Bedeutung suchen, wollen wir einige Beziehungen zwischen *Entfremdung und Schlaf* besprechen.

Entfremdung – Einschlafen und Erwachen

Die klinische Beobachtung lehrt, dass die Entfremdungen in ihrer Intensität und Ausdehnung bei den gleichen Kranken zu verschiedenen Zeiten wechseln. Es gibt selten Kranke, welche konstant über Entfremdung in gleichem Ausmasse klagen. Meistens bringt auch bereits die Tatsache, dass sie mit dem Arzt sprechen, eine Verbesserung ihres Zustandes mit sich; ihr Interesse, ihre Befriedigung daran, den Arzt zu interessieren und sein Interesse zu fühlen, bringen eine Steigerung der Besetzung der Ichgrenzen mit sich, welche bei leichteren Fällen die Entfremdung anscheinend aufhebt. Meistens berichten solche Kranke, wenn sie bereits ihr Entfremdungsgefühl als Symptom würdigen gelernt haben, wie seit der letzten Untersuchung die Kurve der Entfremdungsgefühle respektive der Ichfülle verlaufen sei. Patienten, die zum erstenmal kommen – nämlich solche leichteren Grades – spüren in der Aufregung des ersten Besuches überhaupt keine Entfremdung, erwähnen eine solche gar nicht spontan, sondern müssen erst durch eine direkte Frage darauf aufmerksam gemacht werden, dass auch diese Zustände den Arzt etwas angehen. Immer wieder bestätigt sich die Erfahrung, dass solche Kranke ge-

rade dadurch, dass der Arzt auch von diesen subtilen Zuständen ihres ständigen Befindens etwas wissen will, dass er solche Entfremdungszustände bei
ihnen spontan vermutet, sofort volles Vertrauen zu ihm gewinnen. Die
Kenntnis dieser Zustände ist schon deswegen von praktischer Bedeutung für
jeden Arzt, nicht nur für den Psychoanalytiker.

Obgleich aber solche leichtere Fälle über ihre Entfremdungszustände nur
im Imperfektum oder Perfektum berichten, besteht trotzdem eine Entfremdung auch während der günstigen Bedingungen der Unterredung mit dem
Arzte; der Patient hat nur bereits vergessen, dass er in lang vergangenen
gesunden Zeiten einen weit stärkeren Kontakt mit der Welt und mit sich
selbst gehabt hat, einen Kontakt, der mit vollem Wohlgefühl verbunden war,
welches ihm heute nicht einmal mehr zum Vergleiche einfällt.

Die Stärke der Entfremdung hängt von vielen Bedingungen ab, welche
nicht bei allen Graden und Stadien der Krankheitsfälle in derselben Richtung
wirken. Es gibt Fälle, die entfremdet werden, sobald sie allein gelassen werden, oder wenn sie sich verlassen fühlen, während die Gegenwart einer mit
Libido besetzten Person die Störung des Ichgefühls aufhebt oder wenigstens
so vermindert, dass der Patient sich praktisch nicht entfremdet fühlt. Diese
Bedingung war es, welche so lange glauben liess, dass die Entfremdung in
einer Zurückziehung der Objektlibido bestehe. In anderen Fällen tritt Entfremdung gerade dann ein, wenn der Kranke unter Menschen kommt, denen
er Objektlibido zuwendet, in anderen Fällen gerade dann, wenn er niemanden
hat, für den er sich in der Gesellschaft aktuell interessieren kann. Oft genügt
anfangs die Zuwendung von Objektlibido auf eine andere Person, um ihn
vor Entfremdung zu schützen, bald aber erschöpft sich die Fähigkeit, seine
Ichgrenze mit Ichgefühl zu besetzen, und mit einem Schlage überfällt ihn das
Gefühl der Fremdheit und Unwirklichkeit der äusseren resp. der inneren
Wahrnehmung. Der Grad der Entfremdung hängt in den meisten Fällen auch
wesentlich von somatischen Zuständen ab; insbesondere sind es Müdigkeit,
Erschöpfung, aber auch Anstrengung und Anspannung, welche langsam oder
schnell, allmählich oder plötzlich, dauernd oder wechselnd, zur Entfremdung
führen oder beitragen. Dass plötzliche affektiv betonte Erlebnisse, in welchen
aus nur zum Teil bewussten, hauptsächlich aber unbewussten Gründen eine
schwere Enttäuschung an einem Objekte und dadurch ein sogenannter Objektverlust erfolgte, traumatisch die Entfremdung einsetzen lassen, haben zuerst HARTMANN [1] und NUNBERG [2] nachgewiesen. Theoretisch lässt sich die

[1] «Ein Fall von Depersonalisation», Ztschr. f. d. ges. Neurologie und Psychiatrie, LXXIV,
1922.
[2] «Über Depersonalisationszustände im Lichte der Libidotheorie», Int. Ztschr. f. Psychoanalyse, X, 1924.

Wirkung aller dieser Bedingungen dadurch erklären, dass wir in ökonomischer Hinsicht zwei Umstände bei der libidinösen Besetzung zu unterscheiden haben, nämlich erstens, ob das Ichgefühl für die in Anspruch genommene Ichgrenze überhaupt genügend hergestellt werden kann, und zweitens, ob die Reserve an Libido für die Aufrechterhaltung der Besetzung der Ichgrenze genügend gross ist. Die Schwere der Entfremdung hängt daher nicht nur von der jeweilig dynamisch wirkenden Hemmung der Besetzung ab, sondern auch von der ökonomisch wirkenden Grösse des Libidovorrats. Wir können diese für die Pathologie überhaupt wichtige Unterscheidung so formulieren, dass wir von einem Versiegen der Libido, im Gegensatz zum Zurückziehen infolge von äusserer oder innerer Versagung, sprechen.

Die Beobachtung lehrt weiter, dass bei chronisch Entfremdeten die Besserung ihres Zustandes darin besteht, dass sich ihr Ichgefühl – *ceteris paribus* – wieder einstellt, dass aber die jedesmalige Herstellung einer genügenden Besetzung der Ichgrenze nur zögernd und langsam erfolgen kann. Das ist der Grund, weshalb oft ganz subtile Unterschiede der Ichstörung berichtet werden, je nachdem, ob die jeweilige Umgebung solche Kranke beobachtet oder sie unbeobachtet lässt, ob sie ihnen mehr oder weniger freundlich gesinnt ist. Gerade von Kranken, welche besser werden, werden solche Unterscheidungen berichtet.

Analog lehrt uns die klinische Beobachtung, dass Entfremdete, deren Zustand sich bereits gebessert hat, regelmässig des Morgens nach dem Erwachen nicht so wie der normale Mensch rasch ihr volles Ichgefühl wiedergewinnen und damit ihre normale Stellung zur Innen- und Aussenwelt, sondern sich gerade nach dem Schlafe noch entfremdet fühlen. Auch nicht Rekonvaleszente zeigen oft ihr Symptom des Morgens stärker als später am Tage, soweit nicht die obenerwähnten Ursachen, z. B. Ermüdung und Inanspruchnahme, eine Verschlechterung während des Tages bedingen. In ihrer Tageskurve und ebenso in der Reaktionskurve auf Ermüdung und Inanspruchnahme verhalten sich also die Entfremdeten gleich wie die Melancholiker. Diese morgendliche Verschlechterung hängt nun mit dem Verhalten des Ichgefühls im Schlafe direkt zusammen. Die morgendliche Exazerbation war nicht vorauszusehen. Nach unserer Erfahrung beim Gesunden war zu erwarten, dass das Ichgefühl des Morgens, nachdem im Schlafe die Libidoreserven wieder in Fülle erneuert wurden, wenigstens für einige Zeit Ichkern und Ichgrenzen voll besetzen werde; je nach der Schwere des Falles und der Inanspruchnahme würde dann im Laufe des Tages die Ichstörung wieder auftreten. Die Erkrankung in der Ökonomik der Libido sollte unserem Erwarten nach des Morgens nach dem Schlafe nur fakultativ bestehen und erst durch die Inanspruchnahme im Laufe des Tages früher oder später in Aktualität treten. Diese zu erwartende Kurve ist auch tatsächlich bei allen Entfremdeten, deren Störung überhaupt Schwankungen zulässt, vorhanden. Sie tritt nur des Morgens nicht *sogleich* in Geltung, weil der Übergang aus dem Schlafzustand in den wachen die einfache Abhängigkeit von der Grösse der Libidoreserven kompliziert. Beim Entfremdeten ist, wie wir oben gesagt haben, die Verschiebbarkeit oder, besser gesagt, die Verschiebung der Libido, insofern sie die Ichgrenzen zu besetzen hat, gestört.

Die Besetzungen der Objektvorstellungen mit Objektlibido können dabei fast störungslos vor sich gehen. Man ersieht das daraus, dass trotz der Entfremdung die Patienten mit Interesse und Genauigkeit arbeiten können, dass sie die Auswahl in ihren Objektbeziehungen nicht aufgeben, allerdings nur in gewissen Grenzen, soweit eben nicht auch eine Schwierigkeit besteht, die Objektbesetzungen aufrechtzuerhalten. Diese letztere Schwierigkeit kann sowohl sekundär auftreten als auch, wie Nunberg gefunden hat, den Anstoss zum Auftreten der Entfremdung gegeben haben. Auch in diesem Falle kann aber die Objektbesetzung fortbestehen; ja eben, weil sie fortdauert, während die dazugehörige Ichgrenze, das ist die vom Objekte angeregte besondere narzisstische Besetzung des sich dem Objekte zuwendenden Teiles des Ichs, fehlt, erweckt eben dieses Objekt ein besonderes Entfremdungsgefühl dem Ich gegenüber. Was man «Objektverlust» nannte, besteht eben in dem Verlust der Fähigkeit, ein vorhandenes Objekt, genauer die nicht aufgegebene Objektbesetzung, mit vollem Ichgefühl, und in diesem Falle die narzisstische Freude, wie zuvor zu empfinden. Dass es sich so verhält, davon habe ich die volle Überzeugung an einem Falle von *pathologischer Trauer* gewonnen: Nach dem Tode der Mutter waren alle Beziehungen, Gegenstände, Erinnerungen, die irgendwie mit der Mutter zusammenhingen, besonders stark mit Objektlibido besetzt. Immer neue, oft kleinste Vorkommnisse aus der Vergangenheit fielen der Patientin ein, alles zur Mutter Gehörige hatte höchste Bedeutung gewonnen. Die Patientin war bei Tag und Nacht schlaflos geworden infolge der einströmenden, zum Mutterkomplex gehörigen Gedankengänge und Einfälle. Alle diese Objektvorstellungen waren dem Inhalte nach lebhaft und dem Affekte nach tief traurig. Gleichzeitig aber bestand für dieses intensive Wiederholen aller vergangenen Objektbeziehungen zur Mutter eine völlige Entfremdung, die sich sowohl auf die gedanklichen Inhalte als auch auf den Affekt der Trauer selbst erstreckte. «Ich habe die Trauer und fühle sie nicht.» Die Trauer zeigte sich im Gesichtsausdruck und ihren somatischen Folgen, die Patientin aber klagte immer wieder darüber, dass sie doch ihre Trauer nicht «wirklich» fühle, eine Behauptung, die für den unkundigen Beobachter, der ich damals war, ihrem ganzen Sein und Erscheinen ständig widersprach. Erst Jahre später liess mich ein ähnlicher Fall den Sachverhalt verstehen, der darin besteht, dass von den Objektbesetzungen das Leid des Verlustes erweckt wurde, die dazugehörige Ichgrenze [1] aber gefühllos, gleichsam abgestorben war. Wir müssen deshalb die «*pathologische Trauer*» (FREUD) und ebenso die Melancholie nicht nur ihrer Genese nach, nicht nur ihrem Wesen als unbewusster Identifizierung nach, sondern auch nach ihrem libidinösen Mechanismus als *narzisstische Psychose* bezeichnen. Wenn ich alle Fälle von pathologischer Trauer und Melancholie aus der analytischen Erfahrung mir zurückrufe, hat bei keinem die paradoxe Klage gefehlt, dass der Kranke nur Leid und auch das nicht wirklich empfinde.

Ich habe dieses abseits liegende Gebiet hier genauer behandelt, weil es für die Überzeugung des Lesers wichtig ist, den Gegensatz zwischen den *Objekt*-besetzungen und der *narzisstischen* Besetzung der dazugehörigen Ichgrenzen als einen tatsächlichen zu erkennen. Zwischen dem gesunden und dem erkrankten Mechanismus der narzisstischen Besetzung der Ichgrenzen zeigt sich der Unterschied besonders des Morgens in der Wiederherstellung des Ichs nach dem Schlafe. An diesem Mechanismus liegt es, dass der Entfremdete und der Melancholische sich jeden Morgen neuerdings mehr gestört, mehr krank fühlt. Die Erschwerung der Besetzung der Ichgrenze ist sicher ein Grund, weshalb die Erholung durch den Schlaf nicht sofort eine Besserung des Ichgefühls eintreten lässt. Beim Melancholiker müssen noch andere Momente schädigend hinzutreten, denn bei ihm tritt erst am Abend die relative Erleichterung ein. Die Untersuchung dieser Momente bei der Melancholie gehört nicht hierher. Für die Entfremdung scheint mir vorläufig das physiologische Geschehen im Schlafe als Erklärung der Morgenexazerbation zu genügen. Allerdings habe ich noch nicht ein spezielles Interesse der Frage zugewendet, ob nicht der Schlafvorgang selber bei den narzisstischen Psychosen einer besonderen Störung unterliegt.

Eines ist fraglos richtig: Im traumlosen Schlafe erlischt das Ichgefühl; darüber habe ich in meiner ersten Arbeit: «Einige Variationen des Ichgefühls»[2] genauer berichtet. Zuerst habe ich die Existenz des Ichgefühls beim Einschlafen erkannt, also nicht in *statu nascendi*, sondern in *statu exeundi*. Beim raschen Einschlafen erlischt es plötzlich; auch die Narkolepsie geht mit solchem plötzlichen Erlöschen des Ichgefühls einher; beim gestörten Einschlafen erlischt es nur zum Teile und allmählich. Ja, es erleichtert sogar das

---

[1] Über das Versiegen der Libido bei Melancholie siehe FEDERN: «Die Wirklichkeit des Todestriebes», Almanach der Psychoanalyse 1931.
[2] Kap. I.

Einschlafen, wenn man lernt, das Ichgefühl möglichst vom Körper abzuziehen und es bei der Atmung allein zu belassen; den Jogis ist ein solches absichtliches Abziehen des Ichgefühls wohlbekannt. Es soll aber nur im Einklang mit der autonomen Periodizität von Schlaf und Wachen, welche an sich schon das Versiegen der Ichbesetzung vorbereitet, angewendet werden. Erzwingt man das Einschlafen entgegen der Periodizität, so wird der Schlaf selbst zu einer Anstrengung, und man wacht eher ermüdet und nicht neu gestärkt auf.

Solange ein Schläfer nicht träumt, fühlt er nicht sein Ich. Ob ein unbewusstes Ich fortbesteht, ob die «Tiefenperson» (FRIEDRICH KRAUS) einem solchen oder dem «Es» entspricht, sind derzeit noch müssige Fragen. Dass im Unbewussten auch während des traumlosen Schlafes viele seelische, ja geistige, vernünftige und verständige Ordnung und Gestaltung geschieht, ist anzunehmen. FREUD hat das Unbewusste mit den Heinzelmännchen verglichen, und diese schaffen, wenn der Mensch schläft. So viel wir aber wissen, sind all diese unbewussten Leistungen des Schlafes zwar biologisch durch die Körpereinheit zentriert, aber nicht psychologisch durch die Einheit des Ichs. Der Satz FREUDS, dass der Schlaf ein narzisstischer Zustand ist, zielt daher auf unbewusste Besetzungen narzisstischer Art, welche, wenn überhaupt einer Einheit, gewiss nicht dem im Wachen bestehenden Ich angehören. Aber vielleicht wollte FREUD nur in extremer Art ausdrücken, dass die Objektbesetzungen mit dem Verschluss der Sinnespforten unverhältnismässig mehr als je im Wachen zurückgezogen werden. Die Zurückziehung der Objektbesetzungen ermöglicht es, dass narzisstische Besetzungen zu Objektbesetzungen werden, wenn im Traume die eigene Person völlig in andere Traumpersonen projiziert wird. Hier, wo wir im Ichgefühl die manifeste Äusserung des Narzissmus besprechen, müssen wir vom traumlosen Schlaf feststellen, dass diese narzisstische Besetzung des Ichs fehlt.

Mit dem Verlust des Bewusstseins beim Einschlafen hören also die Ichlibido im Ich und alles Ichgefühl auf; es ist kaum mehr als Geschmackssache, ob man sagt, die Ichlibido versiege, schlafe, sei in das «Es» zurückgezogen oder sei auf die Einzelfunktionen verteilt. Aber diese narzisstische Besetzung ist stets bereit, wiederzukehren. Das zeigt sich darin, dass, von ganz pathologischen Zuständen abgesehen, jeder Weckreiz das Ichgefühl sofort wieder herstellt. Man begreift dies besser, wenn man sich erinnert, dass im Ichgefühl die ursprünglichste Sensation der lebenden Substanz phylogenetisch und ontogenetisch fortdauert[1] und sein Aufhören wohl als unmittelbarer Ausdruck des Zellschlafes aufzufassen ist. Soweit spricht die Naturwissenschaft.

[1] Siehe Kap. 15.

Die Mystik hingegen lässt im Schlafe die Seele den Körper verlassen und beim Erwachen in ihn zurückkehren; dabei nimmt die Seele alle ihre Erfahrungen mit sich und soll im Traume nicht im Körper weilen, sondern dort, wohin der Traum sie bringt; diese Theorie ist der Ausdruck dafür, dass das Ichgefühl im Traume zumeist ein rein seelisches Ichgefühl ist.

Beim Erwachen aus dem Schlafe tritt sofort das Ichgefühl auf, beim Erwachen aus einem Traume nur ausnahmsweise in Zusammenhang mit dem Ichgefühl im betreffenden Traume. Beim Gesunden ist das neuerwachte Ichgefühl lebhaft und vollständig und erfüllt Körper und Geist mit Behagen und Frische. Sofort ist auch die zum Ich gehörige Sicherheit des zeitlichen Zusammenhangs mit Vergangenheit und Zukunft des Ichs wiedergegeben. Anders bei vielen Neurotikern. Gerade sie fühlen sich morgens unzulänglich; das gilt von den meisten Phobikern, von den Prämelancholischen (so nenne ich die jahrelang der Melancholie vorausgehenden täglichen Verstimmungen) und, wie oben gesagt, von den Entfremdeten. Würde man bei allen jenen, die über den schlechten Beginn ihres Tages klagen, nach Entfremdungssymptomen fragen, so würde man sie vielleicht sogar regelmässig finden. Freilich gibt sie der Kranke nicht von selber an, weil Bett und Schlafzimmer ihm seine Festung sind, von der die Anforderungen des Tages und der Objektbeziehungen ferne bleiben. Die Entfremdung wird ja erst bei der Zuwendung zum Objekte voll bemerkbar. Aber allmählich stellt sich das gestörte Ichgefühl voll her; es wäre interessant, zu untersuchen, wie viele Störungen bei den tagtäglichen Gewohnheiten des Anziehens mit solchen Ichstörungen zusammenhängen.

Wie sehr ein schwerer Fall von Entfremdung des Morgens gestört sein kann, dafür will ich als Beispiel einen Fall anführen, der durch jahrelange Analyse wesentlich gebessert wurde. Seine Schwester ist zur schweren Katatonie vorgeschritten. Auch er hatte Symptome, die über die Entfremdung hinausgingen, und alle halben Jahre kamen vorübergehende Verschlechterungen vor, die nur wenige Tage dauerten, mit Unsicherheit der Orientierung, mit hypochondrischen Körpersensationen und schwerer Angst, die einer akuten, wenn auch leichten katatonen Störung entsprechen. Dieser sehr intelligente Patient versteht die Nuancen der Ichbesetzung und das Problem der Entfremdung aus eigenen Erfahrungen so gut, dass er die präzisesten Auskünfte über sein Befinden geben kann. Er unterscheidet genau die Entfremdung für Sinneswahrnehmung, für Affekt und Denken, und gibt an, dass er heute diese seine ihm und mir wohlbekannten Störungen nicht mehr hat, dass aber seine gesamte Ichintensität noch immer herabgesetzt sei, und zwar besonders nach dem Erwachen. Lange dauere es, bis sich das volle Ichgefühl herstelle – er fühle, dass das mit seiner sexuellen Potenz zusammenhänge –, manches Mal sei es besser, dann habe er wie in gesunden Jahren die morgendliche sexuelle Erregung und die gesamte Frische. Gewöhnlich aber sei dieses normale libidinöse Gefühl ersetzt durch eine Mischung von leichter Angst und lüsternem Schauder, das er im ganzen Körper spüre und das kein normales Körper-Ichgefühl aufkommen lasse. Es ist eine Regression des Ichgefühls auf eine frühere masochistische Stufe; erst allmählich beruhigt sich dieses sonderbare Gefühl und macht dem für ihn normalen Zustand eines mässig herabgesetzten Ichgefühls Platz. Alle schwer Entfremdeten geben sonderbare Schilderungen, wie sie des Morgens zu ihrem Ich kommen; sie sind und fühlen sich seltsam, bis sie soweit sie selber werden, als es ihnen eben die Störung der Ökonomie und Verschiebbarkeit ihrer Ichlibido gestattet. Wir wollen hier noch erwähnen, dass meistens eine solche morgendliche Störung des Ichgefühls auch die Wiederherstellung der Willensfunktion des Morgens langsamer erfolgen lässt.

So haben wir bis jetzt zum Teil besprochen, zum Teil nur angedeutet, welche Beziehungen zwischen Entfremdung, Traum und Schlaf in subjektiver und objektiver Hinsicht bestehen. Ich selbst habe mich aber aus einem anderen Grunde diesem Problem zugewandt und mehr aus didaktischen Gründen die Besprechung dieser Beziehungen vorausgesandt; sie sollten mir die Gelegenheit geben, den Leser für den Unterschied von narzisstischer und Objektbesetzung, für das Phänomen des Ichgefühls, für die Wandelbarkeit der Ichgrenze neuerdings zu interessieren, damit er dem eigentlichen Thema «Das Ichgefühl im Traume» freundlicheres Interesse zuwende. Mir wurde dieses Thema wichtig, weil es die Unterscheidung des seelischen und des körperlichen Ichgefühls auf einem anderen Wege der Selbstbeobachtung nachweisen lässt.

Das Ichgefühl im Traume

Wenn man Träume erzählen hört, sie liest oder seine eigenen sich zurückruft, so unterliegen sie der sekundären Bearbeitung nicht nur ihrem Inhalte nach, sondern auch in bezug auf die Art des Traumgeschehens. Es ist fast unmöglich, sich ihrer ganz exakt zu erinnern. Unwillkürlich neigt man dazu, dem Geschehen im Traume als eine wache, geeinte, volle Person gefolgt und es mit ganzem Sein erlebt zu haben. Wir glauben das um so mehr, je mehr wir im Traume selbst etwas getan oder gesehen haben.

Haben wir angefangen, dem Ichgefühl Beachtung zu schenken, und fragen wir uns selbst oder einen Träumer nach dem Erwachen, wie das Ichgefühl im

Traume war, so erfahren wir zunächst, dass immer ein Ichbewusstsein da war, und zwar das richtige Ichbewusstsein. Stets ist der Träumer mit der wachen Person identisch und hat auch das sichere Wissen davon. Das ermöglicht ja auch dem Traume, Teile des Ichs in andere Personen projiziert zur Darstellung zu bringen. Das Traum-Ich selbst bleibt stets das eigene Ich, auch mit dem Bewusstsein der Kontinuität, respektive der wiederherstellbaren Kontinuität der eigenen Seelenvorgänge.

Dieses Traum-Ich unterscheidet sich aber in der Mehrzahl der Träume und in dem grösseren Traumteil aller Träume von dem wachen Ich dadurch, dass nur von den seelischen Vorgängen ein Eigengefühl besteht, während der Körper im Traum-Ich gleichsam ignoriert wird. Im Wachen sind das seelische Ichgefühl und das körperliche Ichgefühl nicht leicht zu trennen, weil beide so selbstverständlich dauernd dem Ich zu eigen sind. Für den Traum zeigt sich aber der rückblickenden Erinnerung ganz deutlich, dass diese beiden Ichgefühle völlig unterscheidbar sind.

Wenngleich alles Geträumte als völlig wirklich erlebt wird, so fühlen wir uns trotzdem dabei – wie gesagt, in der grossen Mehrzahl aller Träume – nicht auch körperlich, wir fühlen nicht unseren Körper mit seinem Gewicht und seiner Gestaltetheit, wir haben nicht das Körpergefühl mit seinen Ichgrenzen, wie in der Norm des Wachseins. Es besteht aber auch kein Gefühl für den Mangel des Körper-Ichs, das im Wachen bei so minimaler Ichbesetzung eintreten würde. Das Körper-Ichgefühl wird nicht entbehrt. Ich erwähnte ja oben, dass selbst der an Entfremdung Kranke schon im Schutz seines Bettes von seiner Entfremdung nichts zu wissen braucht. Das Träumen aber ist nur ein sehr partielles Erwachen aus dem Zustand der Ichlosigkeit. Die unbewussten und vorbewussten seelischen Vorgänge, welche zum manifesten Trauminhalte werden, wecken das Ich dort, wo sie seine Ichgrenzen treffen; so kommt es immer zu einer Neubesetzung mit Ichgefühl, und es gibt keine verlassene Ichgrenze, solange ein Traumbild sie braucht. Dass der Traum vorübereilt und nicht zurückgeholt und nicht überdacht werden kann, kommt davon, dass die narzisstische Besetzung der seelischen Ichgrenzen jeweilig wieder aufhört, sobald ein Bild der Traumszene ablief und ein neues erscheint.

Davon gibt es Ausnahmen. Es kann eine Szene auch längere Dauer bekommen; der Träumer kann sich auf eine frühere Szene sogar besinnen. Es ist ein besonderes Problem, wann diese beiden Ausnahmen eintreten. Wenn der ganze Traum in gleichsam erstarrten Bildern und sehr langsam abläuft, so ist das ein pathologischer Schlafzustand schwerer Übermüdung, analog wie einer ermüdeten Retina die Aufnahmsfähigkeit für ein neues Bild langsamer sich herstellt und das frühere Bild länger bestehen bleibt. Beim normalen Träumer hat das Traumbewusstsein eine ebenso schnelle Wiederherstellungskraft zur Aufnahme eines neuen Bildes, wie sie die gesunde Retina hat.

Mit diesem wechselnd begrenzten seelischen Ich begnügt sich gewöhnlich der Traumzustand. Nur ausnahmsweise in bestimmten Fällen existiert auch ein Körper-Ichgefühl. Auf die seelische Ichgrenze trifft das Traumgebilde das Bewusstsein weckend. Weil es als Objektbesetzung von aussen die seelische Ichgrenze trifft, wird es als wirklich gefühlt, trotz eventuell widersprechender Realitätsprüfung. Wir wissen im Traume die Wirklichkeit des Geschehens, wir empfinden sie seelisch, wir sehen sie ausnahmsweise sogar lebhaft und selbst überlebhaft, wir sehen sie als wirklich, es muss daher auch die visuelle Ichgrenze mehr oder weniger geweckt sein, – aber wir fühlen uns selbst dabei nicht körperlich unter Körpern. Die Körperlosigkeit des Träumers ist das, worauf ich in diesem Aufsatze das spezielle Augenmerk lenken will.

Nach dem Erwachen kann die Erinnerung meist nicht angeben, wo und wie man in einer noch so interessanten Traumszene sich körperlich gefühlt hat, ob man gesessen oder gestanden hat, wohin der Blick gewendet war, oder gar welche Haltung man eingenommen hat. Dabei kann die Traumszene so gut geordnet sein, dass man sie aufzeichnen kann. Und wenn in einem Traume das Geschehen, z. B. das Aufsuchen eines Gegenstandes in einem Geschäftsladen, das Begegnen mit mehreren Personen, die Jagd nach einem Menschen direkt erfordert, dass der Träumer selbst jeweilig an einer bestimmten Stelle sein musste, ist er trotzdem nur als schauendes seelisches Ich, auch als bewegtes schauendes seelisches Ich da, – ohne körperliches Ichgefühl und ohne Körperbewusstheit. Dieses war nicht aus dem Schlafzustand der Unbesetztheit aufgewacht. Der Traum hat sich für den Körper des Träumenden nicht interessiert, der Traum weckt also nicht mehr als nötig, und hierin zeigt sich eine Präzision vielleicht der Traumfunktion, vielleicht der Traumarbeit. Jedenfalls muss eine Disgregation der Ichfunktionen im Schlaf eingetreten sein, die solches partielle Erwachen des Ichs gestattet. Dass die Traumarbeit auswählend und verdichtend mit dem Traummaterial arbeitet, wird also ergänzt dadurch, dass sie auch selektiv und konzentrierend auf die Ichgrenzen wirkt. Wir ruhen im Schlafe nicht nur von den Tagesreizen und von den Ichreaktionen aus, wir lassen auch das Ich selbst ausruhen. Und wenn unerledigte Reaktionen, Wünsche, Reize den Schlaf stören, so schützt ihn der Traum auch dadurch, dass er nur ein partielles Erwachen der Bewusstseinsfunktionen und der Ichbesetzungen gestattet.

Der Kern des Ichgefühls, der sich an die Labyrinthfunktionen und an die Orientiertheit im Raume knüpft, muss nur so weit geweckt sein, dass die

Traumszenen im Raume richtig (nach der Schwerkraft, d. h. nach oben und unten) orientiert erscheinen. Wahrscheinlich gibt es überhaupt kein seelisches Ichgefühl ohne diesen Kern; denn nie fühlt sich das gesunde Ich im Raume unorientiert. Um aber möglichst wenig vom Ichgefühl des Ichkernes zu brauchen, erwacht das Körper-Ichgefühl so wenig und selten als möglich. Auch für den Ichkern gibt es merkwürdige Ausnahmen im Traumerleben, z. B. eine plötzliche Umkehrung der gesamten Traumumwelt, Ausnahmen, die, wie wir wissen, als Darstellungsmittel für besondere typische Erlebnisse verwendet werden.

Diese Sparsamkeit der Ichbesetzung im Traume ist so sehr geregelt, dass es sogar Bewegungsträume gibt, in denen das Körper-Ichgefühl fehlt. Wir alle würden annehmen, dass ein so stark körperliches Traumerlebnis wie das Fliegen und Schweben mit einem starken, vollen Körper-Ichgefühl einhergehen muss. Aber auch dies stimmt nicht. Ich will an diesem so gut bekannten und wohlverstandenen typischen Traume [1] die Unterschiede in der Besetzung mit Ichgefühl deutlich zeigen.

Dass der Träumer im Fliegen sich selbst als ganzen Körper fühlt, kommt oft vor, besonders wenn ein Exhibitionswunsch, ein Sich-Zeigen-Wollen, damit verbunden ist. Aber selbst bei exhibitionistischen Flugträumen wie auch bei anderen Exhibitionsträumen ist das Körper-Ich nur selten ein vollständiges. Das Ichgefühl kann nur für den Oberleib oder für die Arme oder für die untere Körperhälfte deutlich sein, der Rest des Körpers ist ganz ohne Besetzung oder nur vage im Bewusstsein und im Gefühl. Gerade bei diesen Träumen ist aber mitunter das Ichgefühl sogar peinlich als mangelhaft bewusst. So bei den Schwebeträumen auf Stiegen, welchen das Gefühl für Brust und Arme geradezu unangenehm fehlen kann. Wenn aber, wie so oft, das Fliegen so geträumt wird, dass man sich in einer Flugmaschine befindet, so fehlt in der Regel jedes Körper-Ichgefühl. Der Träumer erinnert sich an die Flugrichtung und an die Flugstrecke, auch an den Apparat; aber von diesem Apparat hat er während des Fliegens keinen genauen Eindruck bekommen; seiner Situation und seines Körpers in dem Apparate war er sich nicht bewusst. Noch mehr überrascht, dass nicht nur bei dieser so stark verschobenen, symbolisierten Darstellung des sexuellen Vorganges, sondern sogar bei direkten sexuellen Träumen das Körpergefühl ganz mangelhaft sein kann; oft ist es nur auf die Geschlechtsorgane beschränkt, oft ist nur die spezifische Lustempfindung ohne jedes Körper-Ichgefühl vorhanden.

Das *seelische* Ichgefühl, welches also die im Traume regelmässig vorhandene Ichbesetzung ist, hat unverhältnismässig häufiger einen passiven

---

[1] P. Federn, «Über zwei typische Traumsensationen», Jahrbuch der Psychoanalyse, VI, 1914.

Charakter als einen aktiven. Bei aktivem seelischem Ichgefühl ist meist auch ein körperliches Ichgefühl vorhanden. Eine besondere Art von Träumen sind solche mit dem aktiven seelischen Ichgefühl des *Schauens*, welches ein körperliches Ichgefühl für die Augen einschliesst, während vom übrigen Körper kein Gefühl vorhanden ist.

In einer Minderzahl von Träumen ist aber auch ein körperliches Ichgefühl vorhanden, sei es während des ganzen Traumes, sei es nur in einzelnen Teilen des Traumes. Der Unterschied zwischen den Teilen, in welchen das Körper-Ichgefühl auftritt, und denen, in welchen es fehlt, ist ein ganz scharfer. Wer einmal darauf aufmerksam gemacht wurde, kann meist bestimmt angeben, bei welchen Traumszenen er ein Körper-Ichgefühl gehabt hat. – Das Körper-Ichgefühl kann sehr lebhaft und betont sein oder nur etwas Selbstverständliches oder aber es wird ausdrücklich als vage und undeutlich angegeben. Den extremsten Fall eines besonders lebhaften Körper-Ichgefühls eigenartiger Qualität berichtete mir ein Patient, der seit seiner Kindheit typische Träume mit Nachtwandeln hat.

Er erzählt, dass er sich mühsam aus dem Schlafe erhebt, um jemanden oder etwas zu retten. Er muss der Gefahr zuvorkommen. Sie besteht immer darin, dass etwas herunterfallen und die gefährdete Person oder den gefährdeten Gegenstand treffen wird. Der Schläfer steht unter der seelischen Verpflichtung auf, helfend der Gefahr vorbeugen zu sollen. Es ist also eine vom *Über-Ich* befohlene Traumhandlung. Das Aufstehen geschieht schwer, der Träumer hat ein Gefühl wie Angst oder Bedrückung darüber, dass er aufstehen muss; er fühlt diese Bedrücktheit wie bei einem Alptraum. Während aber im Alptraum das Schweregefühl aus der Brust auf den Alp, der auf der Brust lastet, projiziert wird, bleibt es bei unserem Somnambulen im Körper fühlbar als Schwierigkeit, ihn zu heben, als Gefühl des Gewichtes des Körpers, der erhoben werden soll. Also als Last und Erschwernis des Aufstehens und des sich anschliessenden Gehens; es bleibt dem Ich des Träumers zugehörig. Während des ganzen Gehens ist das körperliche Ichgefühl ungewöhnlich stark.

Dieser Art von Schlafwandelträumen – ich weiss nicht, wie weit sie typisch sind – sind die Hemmungsträume in einer bestimmten Beziehung entgegengesetzt. Beim Hemmungstraum wird eine Bewegung intendiert, aber im letzten Moment aufgehalten. In diesem letzten Momente vor dem Erwachen tritt ein starkes körperliches Ichgefühl in dem gehemmten Gliede bzw. in den gehemmten Gliedern ein. Aber dieses Körper-Ichgefühl im gehemmten Gliede unterscheidet sich von dem normalen Körper-Ichgefühl nicht nur durch seine Intensität, sondern auch dadurch, dass das so mit Ichgefühl besetzte Organ ausserhalb des Ichs gefühlt wird [1]. So wie im Wachen – beim Normalen, nicht beim Hypochonder – ein starker körperlicher Schmerz als von aussen das Ich treffend *gefühlt* wird, obgleich man *weiss,* dass das schmerzende Organ zum Körper gehört, so wird auch im Hemmungstraum die peinliche Unbewegbarkeit und Starre des gehemmten Gliedes als von aussen das Ich treffend gefühlt. Erst nach dem Erwachen kehrt das Gefühl der Herrschaft über das Organ und das Gefühl seines Besitzes dem Ich zurück.

Im Nachtwandeltraume hingegen gehört das Gefühl der Körperschwere dem Ich an. Beiden typischen Träumen gemeinsam ist, dass ein Gegensatz zwischen Über-Ich und Ich in ihnen zum Ausdruck kommt. Beim Hemmungstraum will das Ich etwas tun, der vom Es ausgehende Wunsch wird vom Willen des Ichs ausgeführt, und die körperliche Bewegung würde beginnen, wenn nicht auf Geheiss des erwachenden Über-Ichs das Ich die Ausführung des Wunsches und des eigenen Wollens hemmen müsste. Zuletzt hemmt der Gegenwille den vorausgegangenen Willensakt. Beim somnambulen Traum hingegen wird vom Über-Ich aus der Wille des Ichs zu einer positiven Handlung angeregt, die dem Ich schwer fällt. Der Hemmungstraum drückt also aus: «Ich *darf nicht*», der somnambule Traum drückt aus: «Ich *soll*» etwas tun.

Bei meinem somnambulen Patienten war noch eine andere merkwürdige Doppelrichtung im Ich während des ganzen Vorganges des Nachtwandelns dem Träumer deutlich bemerkbar und erinnerlich. Während der ganzen Handlung bestand ein Gegenwille, der dem Aufstehen widerstrebt und die Bewegung verlangsamt und erschwert. Dieser Gegenwille entstammt aber nicht wie beim Hemmungstraum dem Über-Ich, sondern einem Teile des Ichs. Die schon erwähnte Bedrücktheit durch die Aufgabe wurde während des Träumens auch dauernd rationalisiert durch den «vernünftigen» Gedanken: «Du schläfst und träumst, warte bis morgen früh, ob nicht die Gefahr morgen beseitigt werden kann oder am Ende gar nicht besteht.» Es ist wie eine Teilung des Ichs. Ein Teil des Ichs ist dem wachen Denken ganz nahe, während der andere Teil so tief schläft, dass es Bewegungen vornimmt, ohne zu erwachen. Dass dieser Schlaf sehr tief sein muss, damit eine solche Teilung entstehen könne, ergibt sich aus dem Gefühl beim Aufwachen, wenn dieses durch äusseren Anruf, mitunter auch infolge eigenen Entschlusses, das Nachtwandeln unterbricht; es erfolgt immer wie ein Emporreissen aus tiefster Schlaftiefe. Es ist eine unzureichende Erklärung, dass eine solche besondere Schlaftiefe, also das «Ein-guter-Schläfer-Sein», die Möglichkeit solcher kom-

[1] Ich weiss, dass diese Beschreibung paradox klingt, aber das liegt an der Sensation, nicht an der Beschreibung. Das Organ ist teilweise innerhalb der sensorischen Ichgrenze, aber ausserhalb der für die Motorik.

plizierter Muskeltätigkeit im Schlafe an und für sich schon begründet. Wir wissen auch, dass die Tiefe des Schlafes hergestellt werden kann, um eben die gegensätzlichen Wünsche und Willensrichtungen ausdrücken zu können. Jedes Schlafwandeln ist ein Gehen vom Bette und eine Rückkehr zum Bette. Der Kompromisscharakter dieses Traumes zeigt sich sogar in der Kurve des Gehens. Ich werde aber über den somnambulen Traum an anderer Stelle berichten, hierher gehört er nur insofern, als ich bisher in ihm den Traum mit stärkstem Körper-Ichgefühl, und zwar mit dem eines lastenden Körper-Ichs, eines Widerstandes, der vom Körper-Ich ausgeht, gefunden habe. Er zeigt uns auch eine Ausnahme von der Regel, dass bei aktivem seelischem Ichgefühl auch das Körper-Ichgefühl aktiv ist, denn hier war das seelische Ichgefühl aktiv, das Körper-Ichgefühl als Last passiv, während des Wandelns wurde es allerdings allmählich oder plötzlich aktiv.

In der Regel ist das Körper-Ichgefühl im Traume, wenn es auftritt, viel geringer als in den abnormen Träumen, von denen ich jetzt gesprochen habe. Wenn das Körper-Ichgefühl nicht den ganzen Körper, sondern nur Teile desselben erfasst, so sind es meistens jene Teile, die mit der geträumten Aussenweltbewegend oder erleidend zu tun haben, wie ich es früher für den Schwebetraum angemerkt habe. Man meine aber nicht, dass bei allen geträumten Bewegungen die bewegten Glieder mit Körper-Ichgefühl besetzt sind. Was ich oben über den Mangel des Körper-Ichgefühls bei dem geträumten Fliegen mittels des Flugapparats ausgeführt habe, gilt ebenso von vielen anderen Bewegungsträumen, denen jedes, auch ein partielles Körper-Ichgefühl abgeht. Wir werden bei der nun folgenden Untersuchung, welcher Deutungswert den verschiedenen Arten von Besetzung mit Körper-Ichgefühl zukommt, erfahren, dass dieser anscheinend so unbedeutende und nie beachtete Unterschied, ob der Träumer bei einer Bewegung das bewegte Glied fühlt oder nicht, bei der Deutung des Traumes von entscheidendem Gewicht ist, allerdings nicht für die Aufdeckung der latenten Traumgedanken, sondern dafür, welche Stellung das Ich zu den latenten Traumgedanken einnimmt.

Bedeutung der Differenzen des Ichgefühls im Traume

Wenn es mir gelungen ist, den Leser von der Weite der Variation und von der Exaktheit der Angaben in betreff des Auftretens eines Körper-Ichgefühls im Traume zu überzeugen, so hoffe ich, dass er mit mir die Erwartung teilt, ein so präzises Symptom könne nicht bedeutungslos sein. Seine Bedeutung kann nur im Lichte der Methoden der Psychoanalyse verstanden werden, die dieses Verständnis auch in der Praxis benutzen können wird. Schliesslich führt aber unsere neue Erkenntnis zu einem allgemeinen Problem der Psychologie, das so schwierig ist, dass jeder neue Zugang erwünscht sein muss, – nämlich zum Problem des Willens.

Als ich rein beobachtend erkannte, welche grosse Differenzen das Ichgefühl im Traume zeigt, versuchte ich verschiedene Erklärungen, die mir als möglich einfielen, dadurch zu prüfen, dass ich sie zunächst bei eigenen Träumen, für die ich das Auftreten des Körper-Ichgefühls mit Sicherheit angeben konnte, anwendete. Ich glaubte zuerst zu finden, dass ein reziprokes Verhältnis zwischen der Stärke der Ichbetonung und der Intensität der Traumbilder bestände, weil sich mir ein solches in einzelnen Träumen gezeigt hatte. Diese Annahme erwies sich aber als falsch, ebenso wie eine andere, dass das Körper-Ichgefühl dann aufträte, wenn der Traum sich mit Gesamtproblemen der eigenen Person, des eigenen Schicksals beschäftigte. Diese beiden irreführenden Beziehungen waren durch die Besonderheit einzelner Träume vorgetäuscht worden.

Ich kam dann darauf, dass in vielen Träumen ein partielles Ichgefühl eine einfache, theoretisch zunächst nicht interessierende Erklärung dadurch fand, dass sehr häufig ein besonders starker Affekt im Traume mit stärkerem Körper-Ichgefühl einhergeht. Das gilt besonders von Angstträumen, aber auch von Träumen, in denen der Träumer Mitleid oder Stolz empfindet.

Analog tritt ein stärkeres Ichgefühl dann auf, wenn eine Triebregung im Traume bewusst wird, so bei masochistischen oder exhibitionistischen Träumen. Die genaue Untersuchung solcher durch den Affekt oder den Trieb bedingter Körper-Ichgefühle im Traume wird sich gleichfalls lohnen. Meine sichere, auf anderen Gebieten gewonnene Erfahrung, dass wir ein aktives und ein passives Ichgefühl zu unterscheiden haben, wird hier von Nutzen sein. Wir haben nämlich ein Ichgefühl für die aktiven und ein anderes für die passiven Funktionen des Köpers. Bei den Träumen mit stärkerem Scham- oder Angstaffekt, bei masochistischen und exhibitionistischen Träumen ist nun das Körper-Ichgefühl ein passives. Ich vermute, dass bestimmten Affekten die Besetzung bestimmter Körperteile mit passivem Ichgefühl entspricht. Wenn sich eine solche Relation gesetzmässig nachweisen lässt, dann dürfen wir vermuten, dass auch bei Träumen ohne Affekt die Besetzung eines Körperteiles mit besonderem passivem Körper-Ichgefühl auf einen zum Traume gehörigen, aber nicht «erweckten» Affekt schliessen lassen dürfte. Denn Träume sind affektarm, das Schlafen verlangt ja, dass der Affekt nicht zustande komme.

In bezug auf das *aktive* Körper-Ichgefühl ergab die Beobachtung eigener und fremder Träume, dass es dann auftritt, wenn der Träumer nicht nur wünscht, was der Traum bedeutet, sondern dem Traumwunsche oder einem Teile desselben *mit seinem Willen* beitritt. Deshalb sind so selten Träume von aktivem Körper-Ichgefühl begleitet; denn es handelt sich ja meistens um verbotene Wünsche, die, den Schlaf störend, durch den Traum erfüllt werden. Selten nur wagt es das Ich, das Verbotene zu wollen. Aber zum Teile kann das geschehen, und einzelne Teile der Traumhandlung können dem Willen des Träumers entsprechen, obgleich sie im Wachen von den übrigen Teilen des Ichs oft widersprochen sein mögen. Denn nur in juristischen Werken lese ich von der «einheitlichen Gesinnung», die sogar die Frage nach der Schuld erledigen soll. Wir Psychoanalytiker, und heute können wir wohl schon sagen: wir Psychologen wissen, wie wenig einheitlich Gesinnung und Wollen der Menschen zu sein pflegen und wie oft im Laufe des Tages der wache Mensch etwas will und es nicht tut. Was er wollte, war auch sein Wunsch gewesen. Aber das Ich gehorchte trotz Wünschen und Wollen dem Über-Ich und unterliess nicht nur die Handlung, sondern verdrängte auch den Wunsch und das Wollen. Im Traume erweckt nun der Wunsch das seelische Ich durch die manifesten Traumbilder, und nun kann im Traume das ganze Ich dem Wunsche beitreten, weil das Ich im Wachen den Wunsch auch *wollte;* dann erhält nicht nur die entsprechende seelische Ichgrenze ihre Besetzung, es erwacht auch das ganze Körper-Ich. Solch ein Erwachen lässt aber das Schlafen überhaupt nicht lange aufrechterhalten. Und deshalb ist es möglich, bei dem Erwachen aus einem solchen Traume mit ungewöhnlich starkem und vollständigem aktivem Körper-Ichgefühl dieses an sich selber wahrzunehmen und die volle Überzeugung davon zu gewinnen, dass man im Erwachen ein starkes Erlebnis des Wollens hatte, welches sich aus dem abgelaufenen Traume fortsetzte. Ich konnte auf diese Art, ebenso wie vor Jahren die Bedeutung des Hemmungstraumes, in den letzten Jahren die Bedeutung des Traumes mit vollem Körper-Ichgefühl als typisch durch Selbstbeobachtung feststellen. Die Prüfung an den analysierten Träumen hat meine Deutung bestätigt. Solch ein Beitreten des Willens zum Traumwunsch ist eine erhöhte Erfüllung des Lustprinzips, und tatsächlich sind diese intensiven Willensträume besonders angenehm. Wir wissen aber, dass der Gegenwille des Über-Ichs sie leicht in Hemmungsträume umwandelt. Eigentlich war die Erklärung der Träume mit Körper-Ichgefühl als Willensträume schon in der Erklärung der Hemmungsträume mit enthalten, aber nicht erkannt. Die Erklärung, dass gegen Endes des Schlafes eben das Körper-Ich schon erwache, erledigt sich durch die Beobachtung, dass es häufig keineswegs vor dem Aufwachen erwacht.

Sehr gut passt zu unserer Erklärung, dass das aktive Körper-Ichgefühl das Wollen des Träumers verrät, die Beobachtung, dass ein partielles Körper-

Ichgefühl so häufig die geträumten Bewegungen begleitet. Denn diese entsprechen ja einem zur Handlung gesteigerten Willensimpuls. Merkwürdiger ist, dass überhaupt solche Bewegungen auch ohne Körper-Ichgefühl geschehen. Die Traumanalyse zeigt, dass solcher Mangel des Körper-Ichgefühls wohl determiniert ist. Wenn eine Bewegung ausgeführt wird, ohne dass das Körper-Ichgefühl das Wollen des Patienten verrät, so soll eben diese Bewegung oder Handlung nicht sein Wollen, sondern nur sein *Können* hervorheben. Der Traumwunsch bezieht sich dann auf das Können, deshalb ist bei dem Impotenten das Fliegen im Apparate die typische Abart des Flugtraumes. Wir erinnern uns, dass bei dieser Art zu fliegen das Körper-Ichgefühl meist fehlt. Tatsächlich haben viele Impotente nicht den sexuellen Wunsch nach dem Sexualakt oder nach Erektion, sondern ihr Wunsch geht nach dem Können, nach der Potenz. Das gilt besonders für solche Neurotiker, deren Impotenz einen unbewussten Wunsch, welcher der männlichen Sexualität zuwiderläuft, erfüllt, oder für solche Impotente, welche mit bestimmten Sexualobjekten nicht sexuell verkehren *wollen*. Andrerseits verstehen wir ebenso, dass andere Flugträume mit vollem Körper-Ichgefühl einhergehen; sie stellen nämlich die Erfüllung eines tatsächlichen Wollens dar, nicht bloss eines Wünschens, es tun zu können.

So haben wir durch die Beobachtung des Körper-Ichgefühls die Darstellung des *Wollens* und des *Könnens* im Traume feststellen können. Nachdem uns das gelungen ist, sehen wir, dass dieser Weg der Darstellung ganz dem Sinne des Wollens und des Könnens als *Modis* im Sinne der Grammatik entspricht. Denn die Modalität drückt aus, wie sich das Ich des Menschen zu der im Verbum mitgeteilten Handlung oder Erledigung einstellt. Beim *Wollen* tritt das Ich dem Geschehen der Handlung bejahend und herbeiführend bei. Beim *Können* wird ausgesagt, dass, soweit das Ich in Frage kommt, die Möglichkeit der Handlung besteht. Deshalb ist es sinnvoll und folgerichtig, dass im Traume das Wollen durch das Hinzutreten eines aktiven Körper-Ichgefühls dargestellt wird, das Können durch ein nur seelisches Ichgefühl und durch die Handlung ohne Hinzutreten eines Ichgefühls. Nach diesen Ergebnissen wollen wir uns weiter nach der Darstellung der Modalität im Traume umsehen.

Bei unserem Nachtwandler fanden wir eine besondere Steigerung des Körper-Ichgefühls, das er aber nicht aktiv, sondern zuerst als Last empfindet, und doch *will* er gleichzeitig das tun, was ihm so schwer fällt. Er hat demnach – soweit ich den Eindruck aus seinen Schilderungen gewonnen habe – ein körperliches passives Ichgefühl und ein seelisches aktives Ichgefühl. Sein Über-Ich hat ihm die Handlung befohlen. Diese merkwürdige Kombination stellt in charakteristischer Art das *Sollen* dar. Es ist ein Wollen im Dienste des Über-Ichs und ein Nichtwollen des Ichs. Ich füge hinzu, dass im Verlaufe des Nachtwandelns die Last des Körpers aufhörte und das Körper-Ichgefühl aktiv wurde. Das bedeutet, dass nach der Überwindung der Widerstände und auch unter dem Gefühl, es sei nur ein Traum, ein aktives Wollen die Traumhandlung begleitet. Tatsächlich ist auch beim wachen «Sollen» gleichzeitig eine Aktivität des wollenden Ichs und ein Widerstand seitens eines Teiles des Ichs vorhanden. Beides wird im Traume durch die Anteile des Ichgefühls dargestellt. Wenden wir uns nun dem schon in der «Traumdeutung» von FREUD erklärten Hemmungstraume zu, so weiss ich aus meinen eigenen Untersuchungen [1], dass er ein Wollen und *Nichtdürfen* darstellt. Dabei ist die Einwirkung des Über-Ichs unbewusst, bewusst ist nur, dass ein mit starkem Körper-Ichgefühl besetzter Körper oder Körperteile nicht bewegt werden können. Ein mit Körper-Ichgefühl besetzter Muskelapparat ist dem seelischen Ich entzogen.

Die Berücksichtigung des Ichgefühls im Traume verlangt eine neuerliche genaue Untersuchung dieser typischen Traumformen. Meine heutige Mitteilung ist daher nur eine vorläufige. Sie sagt aber mit Bestimmtheit aus, dass durch die verschiedene Art von Besetzung mit Ichgefühl, ob nur seelisch oder auch körperlich, ob aktiv oder passiv, ob total oder partiell, die verschiedene *Modalität des Geschehens im Traume* dargestellt wird. Umgekehrt werden wir auch dort, wo die Psychoanalyse des Traumes es noch nicht ergibt, aus dem Verhältnis des Ichgefühls auf die Modalität des Traumgeschehens schliessen können und dadurch die psychoanalytische Deutung fördern. Wir können sagen, die Beobachtung des Ichgefühls im Traume eröffnet uns einen neuen Weg, um bei der Traumdeutung die Hilfszeitworte für die Traumhandlung richtig zu verwenden, denn diese drücken, wie schon oben gezeigt, die Relation des Ichs und des Über-Ichs zum Geschehen aus, für welche das Zeitwort das Geschehen am Objekte durch ein Organ (Instrument) mitteilt. Dass die Ichbesetzung im Traume den Vorgang des Wollens, Könnens, Sollens, Nichtdürfens usw. (die des Müssens, Nichtkönnens und Dürfens stehen noch aus) anzeigt, entspricht völlig den Vorgängen im Wachen. Während aber im Wachen entsprechend diesen Hilfszeitwörtern das ganze Ich und Über-Ich in bestimmte Relation zur Handlung treten, z. B. beim Wollen das aktive seelische und körperliche Ichgefühl, Denken, Impuls und Motorik, fehlt meistens im Traume infolge des Entzuges der Besetzung sowohl die Motorik als auch die Denktätigkeit. Deshalb stehen dem Traume nur die Unterschiede im Ichgefühl als Ausdrucksmittel für die darzustellende Modalität zur Ver-

[1] «Über zwei typische Traumsensationen», Jahrbuch der Psychoanalyse, VI, 1914.

fügung. Die im Wachen so mächtigen Unterschiede zwischen Wollen, Sollen, Müssen, Dürfen und Können werden im Traume nur durch die subtilen und lange übersehenen Unterschiede im Ichgefühl ausgedrückt, also beinahe nur angedeutet. Die Geringfügigkeit dieser Darstellungsmittel nimmt uns aber nicht wunder, denn wir haben schon lange von FREUD gelernt, dass auch machtvollste Triebwünsche im Traume oft nur durch eine entfernte, an sich fast unkenntliche und lange übersehene Symbolik repräsentiert werden.

Im Wachen ist alle Macht dem Ich zurückgegeben, vor allem der Wille! *Der Wille ist die Zuwendung der gesamten aktiven Ichbesetzung zu bestimmten Handlungen*[1], *seien diese ein blosses Denken oder ein Tun.* Zu glauben, dass der Wille bloss das Vorauswissen eines in jedem Falle eintretenden Geschehens sei, ist eine intellektualistische Auffassung, die völlig falsch ist. KLAGES hat das schon *lange* nachgewiesen. Dem *Ich* als *Ganzem* steht eine bestimmte aktive Libidobesetzung zur Verfügung, die das Ich zuwenden und abziehen kann, und dieses ist der Wille. Das aktive Körper-Ichgefühl ist die wesentlich kleinere dauernde Besetzung des Ichs. Im Traume repräsentiert sie den Willen.

Im Traumbuche FREUDS kommt der Wille nicht vor[2]. Es lag dies daran, dass der Wille dem Bewusstsein und dem Ich zugehören; mein Beitrag soll die Traumlehre vor allem dahin ergänzen, dass auch das Wollen im Traume erkannt werden kann. Ich setze aber die Traumdeutung folgerichtig auch dahin fort, dass auch kleine Unterschiede in der Besetzung mit Ichgefühl im Traume nichts Gleichgültiges und Zufälliges sind, sondern dass auch sie determiniert sind, determiniert wie die Modalität oder die latenten Affekte, die sie andeuten. Die Traumdeutung wird auch diese Determinierungen mit der Zeit und auf Grund weiterer Forschung benutzen lernen.

[1] Meine frühere Angabe (in Kap. 2), dass im Willen der Todestrieb mitwirkt, ist wahrscheinlich richtig und widerspricht nicht dem oben Gesagten.
[2] Wenn gewollte Handlungen im manifesten Traume vorkommen, so stammen sie ebenso wie Denkaktionen aus dem Traummateriale.

IV. KAPITEL

DAS ERWACHEN DES ICHS IM TRAUME[1]

Die Orthriogenese

Im völlig ungestörten Schlafe ist – nach aller Wahrscheinlichkeit – das Ich ohne Besetzung, d. h. so besetzt wie im Embryo (vielleicht: wie im schlafenden Embryo). Das Ich des Vortags erwacht aus solchem Schlafe als aktuelles Ich; diese Wiederbesetzung geschieht um so mehr in einem Akte und um so schneller, je normaler Schlafen und Erwachen sind. Es muss dabei das Ich demnach in kürzester Zeit sein ganzes Werden wiederholen. Ich schlage vor, dieses Geschehen, weil es allmorgendlich vor sich geht, analog zu «Onto-» und «Phylogenese» «Orthriogenese»[2] zu nennen. Obgleich der Vorgang am normalen Erwachen erst durch Erfindung einer «Zeitlupe für psychische Erscheinungen» wahrnehmbar würde, ist es doch keine Gedankenspielerei, ihn vorauszusetzen. Diese Annahme ist vielmehr geeignet und notwendig, um viele Erscheinungen des Traumlebens genauer zu beschreiben und, wie ich meine, auch zu erklären.

Das Traum-Ich ist nämlich immer nur zum Teil erwacht, es hat nur einen Bruchteil des Umfangs und Inhalts des wachen Ichs, seine Ich-Grenze ist nur nach Bedarf der jeweiligen Traumszene besetzt, ganze Funktionen fehlen[3] ihm. In bezug auf die Lebensreife ist in den meisten Träumen das Ich ganz nahe an die aktuelle Zeit herangekommen, es ist das Ich zwischen gestern und heute. Es werden aber sehr viele Träume und insbesondere noch viel mehr Traumteile von einem Ich erlebt, das nur bis zu einem früheren Lebensstadium aufgewacht ist. Wahrscheinlich kann ein alternder Traumforscher das öfters erleben und deshalb eher darauf aufmerksam werden; denn auch

[1] Vortrag, gehalten in der Wiener psychoanalytischen Vereinigung am 22. November 1933. – Zuerst veröffentlicht 1934 im 20. Band der «Internationalen Zeitschrift für Psychoanalyse».

[2] Ὄρθριον heisst das Werden des Tages, das Morgengrauen im allgemeinen, während ἕως die morgendliche Himmelserscheinung bezeichnet.

[3] Manche verbleibende Funktion ist weiter in der Richtung der organischen Störung verändert, oft aus ökonomischen Gründen durch das andere Verhältnis von Reiz und Gegenbesetzung.

die wunscherfüllende Kraft des Traumes betätigt sich auf diese einfache Weise. («Ich träum' als Kind mich zurücke»... und andere Verse desselben Dichters.) Die Unreife des Traum-Ichs charakterisiert aber nicht nur solche, sehr häufige Träume, sie gehört zum Wesen des Werdens – wahrscheinlich – jedes Traumes, mit Ausnahme der besonderen Kategorie von Einschlafträumen.

Sobald die Traumarbeit aus Traumgedanken, Tagesresten und deren Assoziationen Gebilde mit einer durch Verdichtung stark genug gewordenen Besetzungsintensität geschaffen hat, wecken diese das völlig unbesetzte Ich auf, bis zu einer noch infantilen Stufe seiner Entwicklung. So, partiell erwacht, reagiert es auf die Weckreize seitens der Traumarbeit je nach Grad, Reife und Umfang der Funktionen auf der erreichten Ich-Höhe, und diese Reaktionen wirken wieder ihrerseits auf das weiter erwachende Ich als Anreger für dessen weitere gedankliche Reaktionen. Oder das zur infantilen Stufe und mit partiellem Umfang erwachte Ich träumt das, womit die Traumarbeit es erweckt hat, erlebt und erledigt es und schläft wieder ein, erwacht dann neuerdings, und zwar leichter bis zu dieser kurz vorher erreichten Stufe als bis zu einer anderen, wenn neuerliche Weckreize es treffen. Dies würde das Typische der Träume und besonders das Gleichbleibende des Träumens einer Nacht erklären.

Diese Annahme widerspricht weder der Traumlehre FREUDS noch seiner Metapsychologie. Sie verlangt eine konsequente Auffassung in bezug auf das Wesen des Ichs (s. den zweiten Teil dieser Mitteilung). Sie macht die Annahme vieler Autoren (z. B. DESANCTIS) hinfällig, dass es ein spezielles Traumbewusstsein gebe. Wir verstehen durch unsere Annahme besser, weshalb fast jede Traumdeutung eine wichtige Phase des vergangenen Schicksals des Träumers wiedererweckt und aufhellt. Ferner ist für viele tendenziöse Entstellungen des Traumes nicht der unbewusste Einfluss des Über-Ichs bei der Traumarbeit in Anspruch zu nehmen, vielmehr ist die Wirkung des Über-Ichs schon in dem während des Lebens unter seinem Einfluss gestandenen erwachten infantilen Ich gegeben. Auch kann mit dem Ich das seiner Stufe zugehörige Über-Ich, nicht das reife Über-Ich zur Geltung kommen.

Viele Entstellungen verlangen aber überhaupt keine Erklärung durch die Rücksicht auf das Über-Ich, sondern sind bloss Folgen des Missverstehens der Ergebnisse der Traumarbeit seitens des erwachten, noch infantilen Ichs, für welches die Traumarbeit das reife Material des aktuellen Lebens verarbeitet hat.

Vice versa können Missverständnisse seitens des reiferen Ichs zur Entstellung und Verdunkelung des endgültigen Traumes beitragen. Das Variieren der Aufwachstufe erklärt auch, weshalb dasselbe Material den primären Prozessen einmal unterliegt, das andere Mal nicht; ebenso erklärt es, weshalb ein Teil des Materials den Primärprozessen unterliegt, der andere nicht, unabhängig davon, aus wie tiefer Vergangenheit es stammen mag. Das eine Mal kann z. B. der Tod des Nächsten unverhüllt zur Traumszene werden, weil er für das infantile Ich nichts Unerträgliches ist, während er das andere Mal nur zur verhüllten Darstellung kommt, weil das erwachsene Ich ihm mit Widerstand begegnet. Ebenso erklärt sich dadurch, dass derselbe Affekt einmal in infantiler Art und Stärke erhalten bleibt, das andere Mal Künste der Entstellung und Aufteilung verwendet werden, um den Affekt überflüssig zu machen.

Es mag sein, dass die neue Annahme auch die Ubiquität des zur Traumbildung notwendigen Kinderwunsches insofern begründet, als das erweckte infantile Ich seiner Eigenart entsprechend mit seinem Wünschen auf die Weckreize reagiert und diese im Sinne seines Wunsches verarbeitet. Vor allem ist aber dadurch die Wirklichkeit des Traumes gut verstehbar und in nahe Analogie zu den wahnhaften Produkten der Psychose gebracht; denn die Schöpfungen der Traumarbeit treffen das infantile erwachende Ich als Weckreize von aussen und werden deshalb notwendig als Wirklichkeit erfasst. Das infantile Ich hat seinen Umfang innerhalb der Denkvorgänge der Traumarbeit, um dieselben mit den Grenzen seiner Besetzungen zu erreichen. Im Traume erfolgt nämlich die Orthriogenese nicht wie beim Erwachen in die reale Aussenwelt hinein, sondern in eine von der Traumarbeit hergestellte seelische Welt, welche eben als Aussenwelt erlebt wird. Wir wissen von anderen pathologischen Vorgängen, dass mehrere Ich-Stadien gleichzeitig im Individuum bestehen und aufeinander unbewusst wirken und gegenwirken. So mag der Traum zum Teil als gedankliches Zwiegespräch zwischen einem partiellen, erwachsenen und einem partiellen, infantilen Ich aufgefasst werden, dessen Stadien und Ergebnisse sich visuell darstellen. Auch die Trennung des Affektes von seiner Quelle erklärt sich durch solche reziproke Anregung und Reaktion. Die Regression infolge des Schlafzustandes gibt den Anstoss zum bildhaften Erleben. Während ein *vollendeter* Traum nur das «Ergebnis» darstellt, enthalten *unfertige* Träume mehr die «Stadien» des Zwiegesprächs.

Was wir sekundäre Bearbeitung nennen, verteilt sich nach dieser Annahme auf all diese Reaktionen des mehrmals oder stufenweise erwachenden Ichs; sie verdient den Namen «sekundär», weil sie nicht die primären Mechanismen der Traumarbeit verwendet; zum Teil ist sie aber zwischen die Phasen der Traumarbeit eingestreut.

Die hier vorgebrachte Hypothese wird seinerzeit ausführlich gestützt werden. Sie setzt das Verständnis einer Ich-Psychologie voraus, welche bis zu ihrer ausführlichen Begründung hier gleichfalls vorläufig präzisiert werden soll.

Thesen zur Ich-Psychologie

A. *Definitionen* [1].

1. *Deskriptive Definition:* Das «Ich» ist die dauernde oder sich wiederherstellende psychische *Kontinuität* von Körper *und* Seele in bezug auf Raum, Zeit und Kausalität.

2. *Phänomenologische* (subjektiv deskriptive) *Definition:* Das Ich ist die als Einheit vom Individuum gefühlte und gewusste, dauernde oder sich wiederherstellende Kontinuität des Lebens seines Körpers und seiner Seele in bezug auf Zeit, Raum und Kausalität.

3. *Metapsychologische Definition:* Das Ich beruht auf einer gleichzeitigen und zusammenhängenden psychischen Besetztheit von körperlichen und seelischen voneinander abhängigen Funktionen und Inhalten, die kontinuierlich ist. – Die Art und Zentrierung dieser Funktionen ist bekannt.

B. *Zur Topik des Ichs.*

1. *Verhältnis zum Bewusstsein:* Das Bewusstsein ist eine der im Ich vom Ich vereinten Funktionen. Das Ich ist demnach beides, Träger und Gegenstand des Bewusstseins. Als Träger des Bewusstseins heisst das Ich «ich selbst».

2. *Verhältnis zum Vorbewussten:* Die das Ich bildende, zusammenhängende Besetztheit erstreckt sich nicht nur auf das aktuell Bewusste, sondern auch auf Vorbewusstes. Das Ich ist daher zum Hauptteil eine fakultative Einheit, die soweit aktuell wird, als dazugehörige Funktionen und Inhalte vollbesetzt und bewusst werden. Mit dem Erwachen wird das jeweilig aktuelle Ich bewusst, das übrige Ich wird zum zusammenhängenden Funktionieren bereitgestellt, es wird *ichhaft* vorbesetzt.

Hiemit wird die Lehre BREUERS von der diffusen tonischen Besetzung des psychischen Apparates dahin geändert, dass innerhalb derselben viele Funktionen und Inhalte stärker, ichhaft, *vor*besetzt sind und durch diese Vorbesetztheit gleichzeitig und zusammenhängend eingeschaltet werden können. Diese Modifikation ist schon in der Komplexlehre JUNGS enthalten. Jedoch ist anzunehmen und wird bewiesen werden, dass die das Ich ausmachende kontinuierliche und zusammenhängende Vorbesetztheit qualitativ von allen sonstigen Komplexbesetzungen verschieden ist.

[1] Vgl. mein Buch: Principles of Psychodynamics (Grune & Stratton, New York 1950). – E.W.

Das Bewusstsein ist die oben postulierte «Zeitlupe für psychische Vorgänge»; als solche benützt das Ich es auch im Traume. Das erwachende Ich träumt daher die zeitlosen, d. h. simultanen unbewussten Weckreize als bewusst und zeitlich ablaufend.

3. *Verhältnis zur Aussenwelt:* Die Ausdehnung der das Ich ausmachenden Besetztheit wechselt; ihre jeweilige Grenze ist die Ich-Grenze und wird als solche bewusst. Wird eine Ich-Grenze stark libidinös gefühlt und nicht inhaltlich gewusst, so entsteht ein Gefühl von Ekstase, wird sie nur gewusst und nicht gefühlt, so werden die Eindrücke entfremdet.

Wir unterscheiden subjektiv ein körperliches und ein seelisches Ich-Gefühl und dementsprechend seelische und körperliche Ich-Grenzen. Was von aussen an eine seelische *und* körperliche Ich-Grenze herantritt, hat volle Realität. Diese Realität ist gefühlsmässig evident und unterliegt keiner weiteren Prüfung. Die «Realitätsprüfung» ist nur dadurch ermöglicht, dass sich neue Ich-Grenzen erfahrungsgemäss gebildet haben, welche von dem gleichen Eindruck nicht mehr von aussen getroffen werden. In der Psychose und im Traum haben aber die später erworbenen Ich-Grenzen ihre Besetzung verloren, respektive nicht wiedererhalten. Deshalb wird die Realitätsprüfung mangelhaft oder sie fehlt völlig. Was nur an eine seelische Ich-Grenze von aussen herantritt, hat psychische Realität (Offenbarung). Was nur an *eine* körperliche oder *eine* seelische Ich-Grenze herantritt, ist unheimlich,wenn erfahrungsgemäss das gleichzeitige Herantreten an mehrere Ich-Grenzen zu erwarten war.

4. Werden libidinös besetzte seelische Ich-Grenzen nicht von Objekten, sondern von andern libidinös besetzten Ich-Grenzen getroffen, so entstehen die Affekte, respektive werden solche ausgelöst; ihre Qualität wird von der Art der libidinösen Besetzung solcher Ich-Grenzen bestimmt.

V. KAPITEL

EIN TRAUM IN NARKOSE[1]

Untersuchungen über die Ichbesetzung

Wenngleich die Deutung der Träume nach dem Unbewussten, seinem Material und seinen Mechanismen sucht, so wird doch der Traum selbst bewusst erlebt; auch wird nicht im geringsten daran gezweifelt, dass der Träumende selbst, das heisst also sein Ich träumt. Im Schlafe ist zunächst kein Ich vorhanden, hingegen kehrt das nicht vorhanden gewesene Ich zurück, weil es vom manifesten Traume erweckt wird. Auf diese Weise wiederbesetzt, kann das träumende Ich auf den Traum reagieren, kann sich über ihn freuen, ihn fürchten, ihn ungern erleben und bezweifeln. Das Ich sieht dem Traume zu wie einem Film oder einem Theaterstück, oder aber es spielt selber auf der Traumbühne mit. Daher ist Traumdeutung *ein* Teil des vollständigen Traumverstehens, genaues Wissen um das Traum-Ich der andere. Die Deutung gewinnt an Sicherheit und Wert, wenn das vom Ich zum Traume Beigesteuerte von dem, was die Traumarbeit hervorbringt, getrennt werden kann.

Die erste Andeutung in dieser Richtung machte FREUD selbst, als er sagte, dass die Traumangst die Reaktion des Ichs auf einen unbewussten infantilen Wunsch sei, der dem erwachsenen Ich unerträglich wurde; diese Auffassung bringt die Erforschung der Ichreaktionen mit dem Problem der neurotischen Angst in Verbindung. In den psychoanalytischen Krankengeschichten werden meistens Träume dazu benützt, anschaulich zu machen, dass während der Psychoanalyse und durch sie das Ich des Patienten sich verändert hat. MARGUERITE COMBES, die sich für das Problem des Ichs im Traume interessierte, schrieb ein Buch über «Traum und Persönlichkeit»[2], das reich an Beobachtungen ist, aber vom Standpunkt der Psychoanalyse wenig Verständnis zeigt. FRENCH untersuchte aufeinanderfolgende Träume in bezug auf die Ichhaltung

---

[1] Nach einem Vortrag, gehalten in Detroit am 11. Mai 1943. – Zuerst veröffentlicht 1944 im 18. Band des «Psychiatric Quarterly».

[2] MARGUERITE COMBES, «Le rêve et la personnalité». Boivin et Cie, Paris 1932.

und kam damit dem, worauf es mir ankommt, am nächsten. Aber den phänomenologischen Daten hinsichtlich des Grades des Erwachens des Ichs und hinsichtlich der spezifischen Qualität und Quantität der Wiederbesetzung des träumenden Ichs wurde von der psychoanalytischen Forschung kein Augenmerk zugewendet.

Der Verlust der Ichbesetzung leitet den Schlaf ein; die Wiederbesetzung leitet den Traum ein, doch zu viel Wiederbesetzung lässt den Traum und den Schlaf schnell enden. Das seelische und das körperliche Ich sind in bezug auf ihre Wiederbesetzung sehr deutlich unterschieden; dass das Ich bewusst aus dem körperlichen und seelischen Ichgefühl besteht, ist einer der wichtigen phänomenologischen Aspekte des Seelisch-Körperlichen.

Jeden Morgen kann beim Erwachen FREUDS Lehre vom Ich, das aus dem Es auftaucht, verifiziert werden; ich habe darum ein zur neuen Erkenntnis passendes neues Wort eingeführt: Orthriogenese [1]. Die Orthriogenese ist die rapide Wiederholung der Ontogenese des Ichs und hat zur Voraussetzung, dass es für das Ich auch eine Ontogenese und eine Phylogenese gibt. Die Orthriogenese des Traum-Ichs ist oft eine unvollständige; das Traum-Ich erwacht in einem infantilen Zustand. Die unvollständige Orthriogenese erklärt ohne Schwierigkeit viele infantile und atavistische Züge des Traumes.

Gegenstand meiner heutigen Ausführungen ist ein persönliches Erlebnis, mein eigener Traum in Narkose, und meine eigene Analyse desselben. (Der Einfachheit halber werde ich, dem seinerzeit von FREUD in ähnlichen Analysen gegebenen Beispiel folgend, diesen Traum, anders als jetzt allgemein üblich ist, in der ersten Person berichten und besprechen.)

Auf die Phänomenologie des Traumes bezügliche Beobachtung und Theorie beschäftigten mich, als sich mir die Gelegenheit bot, nach den Vereinigten Staaten zu kommen und ich – als kleine Nebenfolge der Überquerung des Atlantischen Ozeans – mich von der europäischen Art der Zahnbehandlung auf die amerikanische umstellen musste. Auf diesem Gebiete liegt den Amerikanern der Radikalismus so sehr im Blute, dass ich mich zum ersten Male im Leben einer Narkose, und zwar mit Stickoxydul, unterziehen musste. Der Traum während dieser Narkose soll hier besprochen werden und den Ausgangspunkt für weitere Erforschung des Traum-Ichs bilden.

Als ich den Operationsraum betrat und mich im Sessel niederliess, dachte ich, dass es eine gute Sache war, es mit freundlichen und höflichen Krankenschwestern und Assistenten zu tun zu haben, die leise sprachen und nur leicht berührten und mich warnten, bevor sie meiner hilflosen Leiblichkeit etwas

[1] Ὄρθριον bedeutet «frühmorgens» als Zeitbestimmung, während ἕως «das Morgengrauen» als visuelle Erscheinung bezeichnet. Vgl. Kap. 4.

antaten; eine solche Behandlung unterstützt nämlich den Willen zur Folgsamkeit, welcher das Narkotisieren erleichtert. Es könnte von Nutzen sein, zu untersuchen, wie sehr die benötigte Menge des Anästhetikums, der Verlauf der Narkose und die Folgeerscheinungen durch Folgsamkeit und Vertrauen im voraus beeinflusst werden. Es wurde im Operationsraum gesprochen; es hatte eine Meinungsverschiedenheit gegeben, weil ich meinem eigenen Zahnarzt hatte sagen lassen, es werde nicht nötig sein, dass er der Operation beiwohne, und er nicht anwesend war; aber mein ruhiger Gemütszustand wurde nicht beeinträchtigt, und die Worte des Chirurgen gelangten nicht ins darauffolgende Delirium.

Es war mir unangenehm, das Stück Gummi in den Mund geschoben zu bekommen, aber ich fügte mich darein, als ich spürte, dass es nicht hart, sondern elastisch war. In diesem Augenblick kam mir der letzte Gedanke, bevor das Anästhetikum seine Wirkung tat: ohne jede Furcht dachte ich daran, dass ich sterben könnte und meine letzten Augenblicke dazu verwenden sollte, intensiv und philosophisch das Ende dieses Lebens zu bedenken und einen wichtigen Entschluss irgendwelcher Art in bezug darauf zu fassen, wie ich etwas erreichen könnte, falls ich weiterleben sollte. Dann spürte ich den seltsamen, eher süssen Geschmack des Gases, einen leichten Schwindel – und war als Persönlichkeit entschwunden. Kein unangenehmes Gefühl beim Inhalieren des Gases, keine Atembeschwerden, keinerlei optische Störungen waren festzustellen. Ich schlief plötzlich ein, so wie ich es vor vielen Jahren zu tun pflegte und ohne irgendwie mich matt zu fühlen oder zu erfassen, dass ich das Bewusstsein verlor. Der Bewusstseinsverlust ging so schnell vor sich, dass ich keine Einzelheiten beobachten konnte.

Der Traum begann nicht unmittelbar nach den letzten bewussten Gedanken. In der Zwischenzeit hatte mein Ich alle seine Besetzung verloren und war erloschen. Bald darauf kehrte das Seelenleben zurück. Ich wusste nicht, dass ich träumte; ich hatte mein vorhergegangenes Leben nicht vergessen; ich fühlte mich mit meinem eigenen Charakter und Namen. Ich lebte jedoch in einer vollständig veränderten Umgebung und besass eine Stärke der Willenskraft, eine Schnelligkeit und Sicherheit des Entschlusses, eine Intensität des Handelns, wie ich sie nie zuvor erlebt habe, weder wachend noch träumend.

Ich war der militärische Oberbefehlshaber und der leitende Staatsmann weiter Landstriche und brachte eine Provinz nach der andern in Ordnung. Im Traume wusste ich, um welches Land, weit im Osten, es sich handelte. Aber in der Erinnerung kann ich nicht entscheiden, ob es China oder Griechenland war. Diese Provinzen hatten geradlinige Grenzen, wie die Einzelstaaten der Vereinigten Staaten. Aber das Land war nicht Amerika.

Die Zeit, die ich zu durchleben schien, während ich mich eifrig bemühte, alle diese Länder zu reformieren, war sehr lang; es schien mir ein halbes Jahr zu dauern. Ich führte meine Aufgabe mit dauernder Anstrengung und Anspannung aus. Alles wurde eiligst entschieden und schnell durchgeführt. Ich war sehr streng gegen mich, zugleich aber vollkommen und dauernd zufrieden mit der Art und Weise, wie ich meinen Obliegenheiten nachkam. Nie im Leben habe ich solche Freude oder Befriedigung über meine Persönlichkeit und über meine Arbeit verspürt. Es war das stärkste «Selbst-Gefühl» und das grösste Vergnügen an sich selbst, das man sich vorstellen kann. Die singulären Ereignisse des Traumes folgten einander mit ungeheurer Schnelligkeit, alle Aktionen wurden meisterlich, eine nach der andern und vollkommen ordnungsmässig durchgeführt, und sehr schnell, da es während des ganzen Traumes notwendig schien, so schnell als möglich zu handeln. Das Leben war ein glorreicher und siegreicher Kampf ohne jeden Eigendünkel und ohne glänzen zu wollen; ich fühlte deutlich, dass ich niemals verabsäumte, dem Wahlspruch zu folgen: Tue, was du zu tun hast.

Plötzlich hörte die Herrlichkeit auf. Einer der Chirurgen sprach zu mir. Sogleich suchte ich mich an alle Einzelheiten zu erinnern, aber es war mir nur das Gerippe des Traumes gegenwärtig [1]. Bei ähnlichen Untersuchungen soll der Patient in Ruhe gelassen werden, um von selbst zu erwachen, und soll nicht um sich herum sprechen hören. Das Aufwecken kann einen Traum verändern, und das Sprechen hindert am Erinnern. Eine vollständige Deutung ist somit unmöglich, weil die Einzelheiten vergessen sind.

Das Prinzip der Wunscherfüllung ist offenkundig. Alles steht im vollsten Gegensatz zur Wirklichkeit. In der Wirklichkeit sass ich, unfähig mich zu rühren, und – wie schon erwähnt – war ganz besonders darauf eingestellt, folgsam zu sein und keinen Widerstand zu leisten. Im Traume handelte ich und eilte von Staat zu Staat, und nichts konnte mir widerstehen. Statt dass ich den Krankenschwestern gehorchte wie ein artiges Kind, machte mich der Traum zum sehr männlichen Übermenschen. So kompensierte ich das Gefesseltsein und den Verlust von Mannheit und Stärke, den ich symbolisch damit erlitt, dass mir eine Anzahl von Zähnen weggenommen wurde. Ich kann mir nichts vorstellen, was der Aktivität entgegengesetzter wäre als die Situation eines Patienten im Sessel des Zahnarztes. Ebenso augenfällig war der Gegensatz zwischen meiner Rolle im Traume und der Wirklichkeit meines aktuellen Lebens. Ein aus der Heimat Vertriebener kann die Zeitereignisse

[1] Hier möchte ich Herrn Dr. Harry M. Seldin, der beim Narkotisieren zugegen war und anregte, dass ich jeden Traum, den ich haben sollte, aufzeichne, meinen herzlichen Dank aussprechen.

nur verfolgen und das, was geschieht, kritisieren, er kann nicht sich, seine Familie, seine Interessen verteidigen. Ausserdem ist mein Interesse für Politik im wirklichen Leben zwar intensiv, aber es ist bloss wissenschaftlich und theoretisch. Eine hohe Stellung würde mir weder Vergnügen machen noch würde ich glauben, für sie geeignet zu sein. Das alles wurde in meinem Traume gänzlich ins Gegenteil verkehrt. Nicht nur kämpfte ich für meine Ideale, ich selbst war in mein eigenes Ideal verwandelt. Es war kein militärischer Kampf, wenngleich ich Armeen befehligte; meine Persönlichkeit siegte infolge ihrer eigenen Stärke und meiner Hochgestelltheit.

Der ganze Traum war ein wenig eine Parallele zu einem geträumten Monolog in MICKIEWICZS « *Dziady*» («Totenfeier»). Dort träumt der Held in einem postepileptischen Zustand von Bewusstlosigkeit, dass er mit Gott streitet, von Gott Allmacht durch die Stärke des Gedankens und durch keine anderen Waffen fordert, und da Gott sich seinen Wünschen nicht fügt, er ihn den «Zaren» der Welt nennt. Es ist psychologisch interessant, dass der Dichter seinen Helden nur im Zustande einer tiefen Bewusstlosigkeit seinen frevelhaften Traum entwickeln lässt. Mein eigener Traum ist hochfliegend, aber er verblieb im Bereich der Erde [1].

Ich muss in meine Kindheit zurückgehen, um Tagträume zu finden, die diesem Narkosetraum entsprechen. Ich erinnere mich, im Alter von 10 Jahren mit grosser Begeisterung ein Knabenbuch gelesen zu haben, dessen Titel, wie ich mich erinnere, «Lyu-Payo» war; es handelte von Chinesen, und ich begann mich sehr für das Schicksal der Chinesen zu interessieren und wollte selber in den Orient fahren und Kaiser von China werden. Ich wurde lange damit geneckt.

Die andere Möglichkeit, dass das Land, von dem ich träumte, Griechenland war, hat zwei Quellen: im Alter von 13 oder 14 Jahren ging mir die Niederlage des Demosthenes und der Sieg der Mazedonier über Griechenland sehr zu Herzen. Die zweite Quelle ist jüngeren Datums: In Diskussionen habe ich oftmals den Parallelismus zwischen der alten Geschichte und Ereignissen der jüngsten Vergangenheit aufgezeigt und die Voraussage gemacht, dass der militärisch fortschrittliche und politisch aggressive nördliche Stamm der Deutschen versuchen könnte, abermals ein europäisch-asiatisches Reich zu schaffen. Im Traume war ich selber der Helfer aller dieser Länder. Dadurch, dass ich meine Feldzüge nach Griechenland verlegte, erfüllte ich – ich selber und nicht die Deutschen – meine Prophezeiungen. (Der Traum trug sich

[1] Seit dieser Vortrag gehalten wurde, haben mir vier zuverlässige Personen über Träume in Narkose geschrieben, welche kosmische Erlebnisse des Ichs zum Inhalt hatten, verbunden mit religiöser, ekstatischer Berührung mit Gott, dem Schöpfer.

lange vor der Besetzung Griechenlands zu.) Die Wunscherfüllung durch Macht, Freiheit, Vollkommenheit und Prophetengabe gipfelte in der geträumten Genugtuung darüber, meine Fähigkeiten für das allgemeine Beste zu verwenden, ein Ideal, das mir einst vorgeschwebt hatte, das zu verwirklichen mir aber viele Jahre hindurch versagt war.

Voraussichtlich wird sich zeigen, dass die grundlegenden Mechanismen der Traumproduktion während der Narkose sich nicht von denen der Traumproduktion während des natürlichen Schlafes unterscheiden, dass aber einige psychologische Unterschiede als typische Folgen der physiologischen Unterschiede vorhanden sind.

Ein Mensch in Vollnarkose reagiert auf physische oder psychische Reizung nicht in der Art, dass er sogleich oder allmählich erwachen würde, wie aus dem natürlichen Schlaf. Infolge von aussergewöhnlicher Reizung treten reflektorische Störungen ein, man kann sterben, aber nicht erwachen.

Träume werden von der Reizung beeinflusst und können von ihr sogar ausgelöst werden; sie stammt von äusseren oder inneren physiologischen Reizen oder aus inneren seelischen Quellen. Ich erwähne die Möglichkeit, dass richtig ist, was viele Laien und parapsychologische Autoren meinen, und auch psychische Reize, die von anderen Menschen ausgehen, die Seele des Träumenden beeinflussen können. Das heisst, es könnte zwischen dem Patienten in Narkose und dem Chirurgen, selbst ohne dessen Absicht, bevor er den Patienten in Schlaf versetzt, ein hypnotischer Rapport zustande kommen.

Bei jedem Berichte über seelische Produktionen vor, während und nach der Narkose ist es wichtig, zu entscheiden, welche Tiefe der Bewusstlosigkeit hergestellt wurde. Während des Beginnens und während des Endens des gewöhnlichen Schlafs üben schon geringe Reize auf den Schlafenden eine Wirkung aus; während des Tiefschlafes haben äussere Reize stark zu sein oder längere Zeit hindurch anzuhalten, so dass sie durch Kumulation an Wirksamkeit gewinnen. Daher sind während tiefen natürlichen Schlafes die seelischen Quellen von Träumen die Hauptquellen. Mein Traum trug sich im tiefsten Schlaf zu, nicht beim Erwachen.

Die hauptsächlichsten manifesten Traumereignisse lassen sich auf Reize und auf Veränderungen des Gemütszustandes zurückführen, die durch die Narkose herbeigeführt wurden.

Ich habe Gewissheit über vier Reize und sehe einen möglichen fünften. Wie ich schon sagte, war mein letzter Gedanke, dass ich ernsthaft meine zukünftigen Pläne überlegen müsse. Dieser Gedanke erzeugte – wie eine Autosuggestion – meinen heldenhaften Kurs während des Traumes. In dieser Hinsicht e rinnert der Traum an die vielen Fälle von Individuen, die imstande gewesen sind, ihre Träume während des Tages oder Abends zu lenken. Ich hätte anders geträumt, wenn ich an irgendeinen Schüler oder an meinen Enkel gedacht hätte oder wenn ich der Narkose Widerstand geleistet oder mich vor ihr gefürchtet hätte; in keinem dieser Fälle hätte ich einen Traum produzieren können, der wie CAESARS *Veni, vidi, vici* gestaltet war.

Während der letzte bewusste Gedanke den ganzen Traum lenkte, bestimmte eine letzte Wahrnehmung die Wahl des Gebietes, auf dem der Traum spielte, und speziell die Form, die es annahm. Nach meinem Erwachen blieben die geradlinigen Grenzen als klare visuelle Erinnerung zurück. Man könnte meinen, dass sie durch die Grenzen zwischen den Einzelstaaten der United States hinreichend erklärt sind. Doch weiss ich, dass zwar die charakteristischen Kennzeichen der Landkarte von Nordamerika in meinem Traume hervorgerufen wurden, der Reiz jedoch auftrat, bevor ich das Bewusstsein verlor. Als ich nach rechts blickte, sah ich die beleuchteten und vergrösserten Röntgenaufnahmen meiner Zähne. Die Bilder waren viereckig, sie hingen nebeneinander, und ich dachte daran, dass sie vor Augen führten, welche Zähne operiert werden mussten. Ihnen wandte sich mein letztes visuelles Interesse zu. Sie stellten das dar, was geändert werden musste.

Eine weitere rezente Quelle des Traumes, die dritte, war meine Identifizierung mit dem Chirurgen. Was der Chirurg in der physischen Wirklichkeit tat, begleitete ich mit parallelem Tun in der Welt meines Traumes. Dieser Eigenwelt wurden weder vom Urteil noch von Realitätsprüfungen Schranken gesetzt; in Träumen fehlt es an beidem.

Diese Identifizierung kam im Gebrauch zum Ausdruck, den ich für meinen Traum von dem vierten Reiz machte, nämlich der Operation selbst. In meinem Traume wurde eine Provinz nach der andern in Ordnung gebracht, und ich erinnere mich daran, wie ich mich beeilte, zu der nächsten zu kommen. Die Viereckigkeit der Grenzen war durch die der Röntgenaufnahmen meiner Zähne bedingt. Die mehrmalige Wiederholung eines Elements ist eher ein seltenes Traumphänomen; meistens korrespondiert sie mit einer Wiederholung der vom Element repräsentierten Tatsache; es ist anzunehmen, dass jede der Extraktionen von der Traumarbeit (das ist der ganze unbewusste seelische Prozess, der den manifesten Traum aus seinen latenten Quellen aufbaut) in eine nach der anderen meiner separaten politischen und militärischen Betätigungen umgewandelt wurde; ich reparierte ebenfalls jedes der ruinierten Länder und brachte es in einen gesunden und guten Zustand. Der Hauptmechanismus der Traumarbeit ist die Verdichtung. Es wundert uns nicht, viele Einflüsse in die mehrmals wiederholte Szene verdichtet zu sehen.

Ich übergehe einige tiefer schürfende Assoziationen und Deutungen [1] und könnte als eine fünfte Quelle des Traumes nur hinzufügen, was ich mir gedacht hatte, als ich mich dazu entschloss, mir die Zähne nehmen zu lassen. Ich hatte dabei eine vollständige und durchgreifende endgültige Reparatur im Auge, und geradeso «reparierte» ich in meinem Traume meine Provinzen.

Wir haben uns vorgenommen, typische oder exzeptionelle Merkmale zu finden, die durch den Zustand der Anästhesie bedingt sind; bis zu einem gewissen Grade ist das gelungen. Wir haben Identifizierung mit dem Chirurgen, Beeinflussung durch die letzten bewussten Gedanken und die letzten Sinneswahrnehmungen, Beeinflussung durch die mehr allgemeine Gemütsbeschaffenheit der Woche vorher und Beeinflussung durch die Extraktionen feststellen können.

Stellt man diese Untersuchungsergebnisse dem Bericht über den Traum gegenüber, so ist wohl zuzugeben, dass dieser Erklärung einige Wahrscheinlichkeit zukommt. Ich selbst, der diesen Traum durchlebt hat, bin aber nicht von der Deutung befriedigt, weil diese Analyse den beschriebenen sensationellen Eigenheiten des Traumes: der ungeheuren Freude, die ich an ihm hatte, der grossen Schnelligkeit des Geschehens und der gewaltigen Stärke meines Ichgefühls, nicht gerecht wird. Meine Erklärung ist bisnun unvollständig gewesen, weil dabei nur die gewöhnlichen Mittel der psychoanalytischen Deutung Verwendung fanden. Es wurde nur auf den Trauminhalt und nicht auf den eigentümlichen Persönlichkeitszustand [2] während des Traumes eingegangen.

Zu allen Zeiten des Lebens spielt bei allen Krankheiten die Pathologie des Ichs eine wichtige Rolle. Es gibt viele pathologische Störungen des Ichgefühls, von Mangel an «Geistesgegenwart» bis zu Entfremdung und Depersonalisation, von hysterischer Schwäche des Ichs bis zu echter «Doppelter Persönlichkeit» und von schizoider Übersteigerung des Ichgefühls bis zu schizophrener Verringerung und Regression auf infantile Zustände.

Normalerweise bleibt unser Körperich im grossen und ganzen das gleiche, unseren ganzen Körper mit seinen sensorischen und motorischen Organen enthaltend; unser seelisches Ich aber verändert sich dauernd, je nachdem, welche Funktionen, Gedanken und Wahrnehmungen gleichzeitig bewusst sind. Das seelische Ich fühlt sich innerhalb des Körperichs befindlich.

Wenn durch Schlaf oder Ohnmacht oder ähnliche bewusstlose Zustände das Ichgefühl unterbrochen wird und verschwindet, so wird, nachdem man

---

[1] Mein Militärdienst vor 50 Jahren zum Beispiel nahm zweimal je ein halbes Jahr in Anspruch; «Caesar» hat spezifisch auf eine eigentümliche Situation meines älteren Bruders vor 60 Jahren Bezug.
[2] Vgl. Kap. 3.

wieder zu sich gekommen ist, die Kontiguität mit dem Ichgefühl vor der Unterbrechung wiederhergestellt. Daher kann das «Ich» als die «dauernde oder (nachdem sie unterbrochen worden ist) wiederhergestellte Kontinuität der Einheit des Individuums in bezug auf Raum, Zeit und Kausalität» definiert werden [1]. Das «Ich», als Subjekt definiert, fühlt dieses «Ich» als Objekt.

Diese grundsätzlichen Bemerkungen über das Ich betreffen auch das Ich während des Schlafes und beim Träumen. Der Ichzustand während dieses Traumes in Narkose war jedoch von dem des gewöhnlichen Träumens sehr verschieden.

Im Augenblick, da das Bewusstsein verlorenging, verschwand das Ich gänzlich; es gab weder ein körperliches noch ein seelisches Ichgefühl. Als der Traum anfing, trat das Ich plötzlich wieder auf und bestand mit der erwähnten einzigartigen Intensität den ganzen Traum hindurch. Aber es war nur ein seelisches Ich, ohne eine Spur des Körperichs. Beide Tatsachen, das plötzliche Verschwinden des Ichs und die Intensität des wiedererwachten seelischen Ichs, werden von der Narkose hervorgebracht, gehören nicht dem normalen Einschlafen und dem gewöhnlichen Träumen an.

Im normalen Schlaf erwacht das seelische Ich so wenig als möglich und das Körperich überhaupt nicht. Wenn das Körperich erwacht oder wenn das seelische Ich – mit einigen seiner urteilenden und vernünftig überlegenden Funktionen – erstarkt, wird bald ein Weiterschlaf unmöglich.

Erinnert man sich, wo und wie man stand, sass, lag, sich bewegte, so kann man angeben, in welchem Umfang das Körperich in manchen Traumszenen vorhanden war. Meistens gelingt es der Traumarbeit, das Fühlen und das Wollen zum Schweigen zu bringen. Wenn Teile des Körpers deutlich wahrgenommen werden, beruht das immer darauf, dass in den betreffenden Teil des Traumes ein Affekt oder eine Willensintention eingedrungen ist. Daher hätte im normalen Schlaf ein Traum wie der berichtete nicht geträumt werden können; der Träumende wäre erwacht, bevor das Ich eine derartige Stärke erlangen konnte. Aus epileptischen Zuständen und aus Experimenten mit Meskalin werden Ichsensationen von einer analogen Intensität berichtet.

FREUD lehrte, dass das Träumen damit, dass es die Vollständigkeit des Schlafes preisgibt, dessen Fortdauer beschützt. Den Schlaf zu bewahren gelingt nicht, wenn Weckendes so stark wird, dass zu viel Ich wiederhergestellt wird. Die Beschützung des Schlafes erfolgt durch äussere Hilfsmittel, nämlich Dunkelheit, Stille, Zudecken des Körpers, durch das (physiologische) Hilfsmittel des Schliessens der Augen und durch zwei psychosomatische Mittel, nämlich eine Erhöhung des «Schutzes gegen Reizung», des «Reizschutzes»,

[1] Vgl. Kap. 4.

und eine vollständige Entblössung des Ichs von seiner Besetzung. Es besteht ein enger Zusammenhang zwischen Ermüdung und Reizschutz, zwischen Schläfrigkeit und Ichbesetzung. Man kann sehr schläfrig sein, ohne ermüdet zu sein, ausser schon durch die Bemühung, die Schläfrigkeit zu überwinden. Der erhöhte Reizschutz bei efferenter und bei afferenter Reizung erklärt die Haupteigenschaft der Ermüdung, nämlich das Gefühl, dass es Mühe kostet, irgendeine Tätigkeit fortzusetzen oder irgendwelche aktive oder passive Aufmerksamkeit aufrechtzuerhalten.

Hochgradige seelische Ermüdung vor dem Schlafengehen zeigt sich im Tempo des manifesten Traumes. Die Traumbilder verändern sich langsam; manchmal bleibt während eines ganzen Traumes, welcher im Gegensatz zu diesem Traume in Narkose sehr langsam verläuft, die Szenerie dieselbe. Das Träumen in langsamem Tempo ist demnach ein Symptom psychosomatischer Ermüdung, die nicht vom Schlafe repariert worden ist. Die Schläfrigkeit lässt sich als ein Gefühl von Schwierigkeit beim Aufrechterhalten der Ichbesetzung beschreiben.

Es erfordert starke äussere Reize oder erregende Ideen, einem die mühevolle Aufrechterhaltung seines Ichs zu erleichtern. Man kann deutlich einen Augenblick der Abgrenzung zwischen Ermüdungszuständen und reiner Schläfrigkeit fühlen. Als ich mich der hier beschriebenen Narkose unterzog, waren keine Ermüdung und keinerlei Schläfrigkeit zu verspüren.

Das Verschwinden des Ichs im Schlafe ist ein so imposantes Phänomen, dass unter den Analytikern JEKELS den Schlaf den Kundgebungen des Todestriebes zuschreibt. Zweifellos ist der Schlaf ein Akt der Regression; wenngleich aber der Todestrieb der Regression zustrebt, so erweist sich doch nicht jede Regression als eine Auswirkung des Todestriebes. Der Schlaf lässt bioanalytisch das Individuum in den Mutterleib zurückkehren; dies ist ein Symbol des Todes, tatsächlich aber ist es eine Erneuerung des Lebens; wenn ein Traum den Schlaf unterbricht, so wiederbesetzt er ein Ich, das sich in einem Frühzustand seiner Entwicklung befindet. JEKELS zitiert in seiner Arbeit [1] KANTS Meinung, dass nur das Träumen den Schlafenden vor dem Tode bewahre.

Doch ist der Schlaf seelisch und körperlich von grosser triebökonomischer Bedeutung. Während der Wachzustand alle Besetzungen erschöpft, stellt der Schlaf auf allen psychosomatischen Gebieten alle potentiell und tatsächlich vorhandenen Energien wieder her. Der Schlaf ist eine allnächtliche Verjüngung und ist es ohne Träume noch mehr. Bei einer Diskussion einigten sich JEKELS und ich auf die Auffassung, dass im Schlafe Symptome und Lähmungen, die durch den Todestrieb bedingt sind, stärker zur Geltung kommen

---

[1] JEKELS und BERGLER, «Triebdualismus im Traum», Imago, XX, 1934.

können als während des wachen Zustands, weil auch das Leben zu einem infantilen oder sogar pränatalen Frühzustand zurückkehrt und dadurch an Triebintensität gewinnt. Es unterliegt keinem Zweifel, dass Aggression und Sexualität triebmässig während des Schlafes wieder zu Kräften kommen; beide erzeugen Träume, damit den Schlaf störend und beschützend. Es könnte sogar sein, dass das schlafende Leben vom intensivierten Todestrieb nicht geschädigt werden kann, weil die vom Tode drohende Schädigung sich gegen das aktive, energische Leben des Wachens, nicht gegen das rekonstruktive, ruhige Leben des Schlafes richtet. Dies wäre eine Parallele zur Beschützung des Schlafes durch den Verlust der Besetzung des Ichs.

Viele Konflikte, Wünsche, Reuegefühle und Befürchtungen, viele interessante Eindrücke behalten etwas Besetzung, wenn der Schlaf kommt. Sie reizen weiter – aber das Ich hat keine Grenze hinreichend besetzt, um zu reagieren. Paradoxerweise kann dem Ich infolge seiner Abwesenheit nichts geschehen, ausser dass Reize Traumarbeit hervorbringen und diese das Ich wiedererweckt. In der Tat wäre das Ich unter solchen Umständen sehr verwundbar, weil ihm Vernunft, Erfahrung, Voraussicht und Erinnerung fehlen würden. Wir kennen ein Ich dieser Art; es ist das des Hypnotisierten; natürlich lässt sich ihm alles suggerieren.

Die Träume entstehen aus dem Bedürfnis oder der Gewohnheit des psychischen Apparats – sogar in einem Zustande, wo er nahezu aller Besetzung ermangelt – sich mit den vielen psychischen und wenigen physischen Störern des Schlafes zu befassen; aus dem unbesetzten Zustande wird durch das Träumen ein partiell besetzter. Dieser ist das Traum-Ich, bloss dazu erwacht, dem Traume zuzusehen und ihn zu durchleben.

Es verlohnt sich der Mühe, exakt zu ermitteln, bis zu welchem Grade das träumende Ich wird wiederhergestellt werden müssen. Die Antwort ist, dass das Traum-Ich imstande sein muss, die Objekte und Szenen des manifesten Traumes – unbestimmt oder klar – zu erkennen. Dieses Minimum wird vom vollkommen gelungenen Träumen, bei welchem aller Affekt in Traumszenen umwandelt wird, erreicht, aber nicht überschritten.

Objekte und Vorgänge werden im manifesten Traume nicht nur erkannt, sie werden gesehen, werden in der Wirklichkeit durchlebt. Diese Wirklichkeit wird dem träumenden Ich aufgedrungen; jedes weniger oberflächlich besetzte Ich würde sie nicht akzeptieren. Doch bedarf die Traumwirklichkeit einer näheren Erklärung.

Das Hauptmerkmal des Traumes und der Psychosen-Halluzination ist die unwahre Wirklichkeit, eine Wirklichkeit, die für das Individuum in der Gesundheit oder im Wachen nicht existiert.

Realität und Visualität werden in der Frühkindheit, in der Psychose und im Traume dadurch verursacht, dass die Reizung des Ichs von aussen her erfolgt. Ontogenetisch durch eine embryonische und frühkindliche Periode hindurch ins Dasein tretend, gewöhnt sich das Individuum an, allem rings um die Ichgrenzen Wirklichkeit zuzuschreiben. Im Traume wird das frühkindliche Ich von einer Welt von Ideen und Vorgängen geweckt, die von der Traumarbeit geschaffen werden; all dies ist Wirklichkeit wegen des innerhalb dieser Welt von Bildgedanken erwachten Traum-Ichs. Nicht selten erreicht das Ich, während es träumt, nicht das Lebensalter, aus dem die manifesten Traumbilder genommen werden. Das Traum-Ich kann in Szenen des späteren Lebens jünger oder älter sein als es dem dargestellten Lebensalter entspricht. Ebenso schwankt die vom Traum-Ich erreichte Stufe der Triebentwicklung und entspricht nicht dem Alter, dessen es sich bewusst ist.

Je mehr ein Traum-Ich wiederbesetzt wird, desto mehr nimmt es an den Traumtatsachen teil, und weil ein solches Traum-Ich seine Schwäche fühlt, ähnelt es dem depersonalisierten Ich.

Das Traum-Ich bringt es zu keiner Aktivität; auch wenn man in einem Traum etwas zu verrichten hat, wird eine solche Aufgabe nicht als eine gerne und freiwillig übernommene oder aber abgelehnte und widerwillig akzeptierte empfunden; alles wird als etwas Tatsächliches getan, mit dem Gefühle einer aufgelegten Notwendigkeit, die der auferlegten Wirklichkeit des Traumes selbst analog ist.

Das Traum-Ich ist schwach besetzt; weit davon entfernt, widerstandsfähig oder dauerhaft zu sein, ist es vielmehr labil; es ist passiv dem Traume preisgegeben und erduldet ihn wehrlos; mangels solcher Ichfunktionen als vernünftiges Überlegen, Wollen, Urteil und Benützung von Erinnerungen, wird selbst jeder Versuch, zu verstehen, sogleich wieder aufgegeben. Eine der wichtigsten und am wenigsten hervorgehobenen Komponenten der Schwäche des Traum-Ichs ist, dass die Seele nur partiell erweckt wird, während der Körper weiterschläft; allerdings gibt es Ausnahmen von dieser Regel[1]. Das Traum-Ich verdient auch deshalb als schwach bezeichnet zu werden, weil es mit passiver Libido besetzt ist.

Obgleich Träume in Narkose von denselben Mechanismen hervorgebracht werden wie alle Träume, erfolgt die Traumbildung in geglückter und tiefer toxischer Anästhesie unter so anderen Voraussetzungen als im normalen Schlafe, dass damit zu rechnen war, dass wir wichtige Unterschiede der Traumstruktur finden würden. Aber der Befund selbst konnte nicht vorausgesehen werden.

[1] Vgl. Kap. 3.

Die vollständige Anästhesie gestattet es dem Traum-Ich, stark besetzt zu werden, weil nicht die Gefahr besteht, dass man dadurch geweckt wird, was der Fall wäre, wenn im normalen Schlafe der manifeste Traum auf das schwach besetzte und passiv ihm preisgegebene Ich eine allzustarke Reizung ausübte. In der Anästhesie hat der Traum seine Funktion, den Schlaf zu beschützen, eingebüsst, da sie ja ganz überflüssig geworden ist. Doch werden in vielen Narkose-Träumen gewohnheitsmässig Mechanismen der Verkleidung, Symbolbildung und Verschiebung dazu verwendet, der Wunscherfüllungstendenz des Es und des Ichs Genüge zu tun. Der hier untersuchte Traum war trotz seiner extremen Wunscherfüllung in ungewöhnlicher Weise unverkleidet und klar.

Unter den erstaunlichen Merkmalen steht die übermässige Wiederbesetzung des seelischen Ichs im Vordergrund, ohne dass irgendein Gefühl vom Körper erinnerlich wäre, also ohne jede Wiederbesetzung des Körperichs. In normalen Träumen zieht das Körperichgefühl Erwachen nach sich, denn das Körperichgefühl des gewöhnlichen Träumens begegnet dem Fühlen oder Wollen des seelischen Ichs, das seelische Ich kann nicht allzu wach werden, ohne dass der Körper mit der Seele erwachen würde, und bald geht der Traum zu Ende. Um den Schlaf fortzusetzen, verliert das seelische Ich so rasch als möglich jede gesteigerte Besetzung und kehrt zu einem unbesetzten Zustand zurück. Aber in der Narkose droht dem Schlafe nicht die Gefahr des Erwachens; phänomenologisch bedeutet das, dass die Ankündigung einer allzustarken Reizung das Traum-Ich nicht dazu nötigt, jede Wiederbesetzung zurückzuziehen, wie das während des gewöhnlichen Träumens der Fall ist. Andererseits wird nicht von einem Gefühl der Ermüdung ein Schlafreflex ausgelöst, weil in der Narkose weder Ermüdung noch Schläfrigkeit verspürt werden. Aus diesen Gründen kann das wiederbesetzte seelische Ich selbst dann, wenn es eine aussergewöhnliche Stärke der Besetzung erreicht, wie das in dem hier untersuchten Traume geschah, wiederbesetzt bleiben.

Eines der unerwarteten Merkmale dieses Traumes war, dass zugleich mit dem Ich das Überich wiederbesetzt wurde. Dies kann in keinem Traume während gewöhnlichen Schlafes geschehen, ohne dass man erwachte. Die abnorme Intensität der Ich-Wiederbesetzung erklärt auch die Klarheit und Rationalität, die mit der Unlogik der gewöhnlichen Produkte der Traumbildung kontrastieren. Der manifeste Traum war wie ein Kapitel einer normalen Biographie, voll cäsarischen Erfolges und dank dem miterwachten Überich ohne cäsarische Exzesse. Es ist mit grosser Wahrscheinlichkeit anzunehmen, dass Erinnerungen an die Eile, mit der Cäsar seine Triumphe von Provinz zu Provinz trug, zur Bildung des Traumes beitrugen. Viele Träume in der Literatur, sowohl in der Traumforschung als auch in Romanen, Biographien und Autobiographien, berichten von lebhaftem und lange dauerndem, abenteuer- und glorreichem Tun; doch unterzieht sich ihm das Traum-Ich passiv, nicht mit «bewusster» seelischer Aktivität, Wollen und Fühlen. Es könnte sein, dass wie die Narkose auch abnorme Ermüdung oder andere Ursachen das Wiedererwachen des Körpers verhindern können und daher eine gesteigerte seelische Ichbesetzung gestatten können. Wie immer dem auch sei, klare und rationale Träume wie der untersuchte bringen uns die Tatsache in Erinnerung, dass es der Konflikt zwischen Ich, Es und Überich, Wunscherfüllung und Furcht, primären und sekundären Prozessen, Erwachen und Weiterschlafen, organischer Reizung und Reizschutz, Triebreizung und Widerständen, psychischer Reizung und sich ihr entgegenstellenden Reizen ist, der alle irrationalen Bilder der Träume erzeugt, selbst deren schimärische Monstrositäten. Es liegt hauptsächlich an der Unverträglichkeit von bewussten und unbewussten Prozessen, sooft sie auf gemeinsamem Boden zusammentreffen, dass der Traum ein solches Kampfgebiet wird, und daran, dass im Schlafe das Ich sich eindrängenden unbewussten Prozessen gegenüber wehrlos ist. Wenn jedoch das seelische Ich abnormerweise aktiv besetzt ist, wirkt diese Besetzung unbewussten Prozessen gegenüber als Gegenbesetzung; das Ich reagiert mit einem Traume, aber dieser zeigt die hauptsächlichsten Eigenschaften des normalen Ichs: Wollen, Klarheit, Rationalität. Ein solches stark besetztes seelisches Ich hat sowohl Triebregungen als auch Irrationalem gegenüber, das aus dem Unbewussten kommt, seine Grenzen gut bewacht. Das seelische Ich reagiert mit seinen eigenen libidinösen Mitteln, sowohl mit Objektlibido als auch mit Narzissmus. Daher waren in diesem Traume sowohl die Objekte als auch das Ichgefühl abnorm stark.

Das Traum-Ich war von höchster Freude erfüllt, weil sowohl der Narzissmus als auch die Objektlibido voll befriedigt wurden. Wie ein Experiment zeigt der Traum, dass Freude eine Folgeerscheinung der Ichbesetzung ist. Der Traum war nicht die Äusserung einer Manie, denn in dieser Geisteskrankheit verliert das Überich seine Besetzung. Psychiatrisch wäre die Diagnose auf einen Zustand von Amentia gerechtfertigt, falls man einen künstlich herbeigeführten narzisstischen Rausch so beurteilen will wie einen wachen pathologischen Zustand.

Regelmässig ist zu beobachten, dass ein Traum mit lebhaften Traumszenen eine geringe Intensität der Ichrepräsentanz und eine schwache Besetzung des Traum-Ichs zeigt; in anderen Träumen ist die eigene Persönlichkeit des Träumenden mehr erwacht, während die Traumszenerie weniger lebhaft ist. Diese Korrelation scheint auf irgendeiner Triebökonomie im ganzen Erwachensprozess des Träumens zu beruhen, lässt sich aber auch durch eine Alternative zwischen einem narzisstischen oder einem objekt-libidinösen Wunsche erklären, dessen Erfüllung der manifeste Traum bewerkstelligt.

Im Narkosetraum waren sowohl das Ich einschliesslich des Überichs als auch die Traumvorgänge ausserordentlich lebhaft, doch von der Szenerie und deren visueller Intensität blieb wenig in Erinnerung. Ausserordentlich stark war das Wirklichkeitsgefühl der Traumvorgänge und desgleichen das Persönlichkeitsgefühl. Ob die Besetzung biologisch gesteigert ist, lässt sich unmöglich sagen; man muss sich daran genügen lassen, die phänomeno-logische Steigerung aller Sensationen zu konstatieren, die einer Besetzungs-steigerung entsprechen. Ohne allen Zweifel gab es in diesem Traume nicht ein schlafendes und kaum erwacht zu nennendes Ich, sondern ein seelisches Ich mit stark erhöhter Wachsamkeit, ohne jede Begleiterscheinung einer Körperichbesetzung.

Dass das Ich durch die Wiederbesetzung mit Libido überflutet wurde, erklärt sich daraus, dass es nicht aufwachen konnte, solange die Narkose an-dauerte. Doch erklärt dies nur die Möglichkeit der Überflutung, nicht aber, dass diese tatsächlich eintrat. Man hätte ja ebensogut eine Lähmung des seelischen Ichs wie die aller sensorischen und motorischen Funktionen er-warten können. Am leichtesten lassen sich solche und analoge Probleme so erklären, dass man eine spezifische Affinität des Medikaments zu den Appa-raten, die gelähmt werden, annimmt.

Psychologisch gibt es zwei mögliche Erklärungen. Die eine ist die, dass tiefe Bewusstlosigkeit den Grad des Narzissmus des Träumenden enthüllt. Diese Erklärung wird sich nachprüfen lassen, wenn viele psychoanalysierte Individuen, die sich einer Narkose unterzogen haben, ersucht werden, über ihre Narkosetraumerlebnisse zu berichten.

Der berichtete Fall zeigt ein hohes Mass narzisstischer Besetzung; wegen des intensiven Interesses des Träumenden für die Ichpsychologie ist aber dieser Traum in bezug auf diese Frage ohne Wert. Viele ganz in ihrer wissen-schaftlichen Tätigkeit aufgehende Träumer lenken ihr Träumen unbewusst auf die sie beschäftigenden Probleme. Doch sei es auch, dass der Träumer Neigung zur Ichbesetzung hatte, der resultierende Traum lieferte immerhin den Beweis für das Prävalieren der seelischen Ichbesetzung verglichen mit der Körper-Ichbesetzung. Wäre das Ich durch die direkte Einwirkung des Anäs-thetikums wiedererweckt worden, so wäre diese Wirkung von Anfang an eingetreten; dem war aber nicht so. Das seelische Ich wurde durch den manifesten Traum intensiv wiederbesetzt, welcher durch die von der Operation ausgelösten starken Reize hervorgerufen wurde. Die Wirkungen dieser Reize waren deutlich zu erkennen, obgleich durch die Anästhesie die Schmerzwirkung und die Lokalisierung der Reize unbedingt ausgeschaltet waren. Ich neige der Annahme zu, dass die Reizung das seelische Ich gerade darum so stark beeinflusste, weil die Reize nicht ihre Energie in der Hervorbringung von Schmerz und sensorischer Lokalisierung verbrauchten. Dieses Fehlen des Schmerzes und der Lokalisierung der Reize beruht auf der lähmenden Wirkung des Anästhetikums auf alle sensorischen und motorischen Organe, also den Körper; weil kein Körper gefühlt wurde, wurde kein Körper-Ich wiederbesetzt.

Ferner muss der Schluss gezogen werden, dass dem Körper-Ich die Aufgabe zufällt, das seelische Ich vor allzustarker Reizung zu schützen; das Körper-Ich enthält den ganzen «Reizschutz». Reize sind begreiflicherweise, wenn sich erkennen lässt, von wo sie herkommen und wo sie ihre Wirkung ausüben, weniger leicht imstande, so sich zu summieren und verdichtet zu werden, dass sie schliesslich das seelische Ich stören oder erwecken. Somit ist der Schwund des Körper-Ichs der Hauptgrund für die Entwicklung von Träumen in Narkose und besonders von Träumen, die durch Körperreize bedingt sind. Es ist weniger ein Paradoxon als eine höchst merkwürdige Entdeckung, dass mit der völligen Lähmung der sensorischen Organe auch der Schutz gegen Reize und der Schutz des Schlafes gelähmt werden. Dies ist der Grund, warum die Reize das seelische Ich allein erwecken konnten und es so intensiv erwecken konnten und auf den Traum so intensiv Einfluss nehmen konnten.

Zwei weitere exzeptionelle Merkmale des Traumes, nämlich das abnorme Erlebnis von Schnelligkeit und von Länge der durchlebten Zeit, erklären sich bis zu einem gewissen Grade gleichfalls aus der Intensität der seelischen Ichbesetzung. FREUD sagt, dass das «Unbewusste» ohne die Kategorie der Zeit ist, dass das Zeiterlebnis dem bewussten und vorbewussten Seelenleben vorbehalten ist. Doch wissen wir, dass eine «Kopf-Uhr» vorhanden ist, mittels welcher die Zeit sogar während des Schlafes beurteilt wird; dies lässt sich vorbewusstem Funktionieren zuschreiben. Die Kopf-Uhr gelangt infolge der Körperprozess-Periodizität zu einer objektiven Beurteilung der Zeit. Ob man einen Zeitabschnitt subjektiv als lang oder kurz empfindet, hängt von den Veränderungen der Objekt- und Ich-Besetzung während dieses Zeitabschnittes und von dem Vergnügen oder der Langeweile ab, die man bei den Veränderungen empfindet. Sich mit vielen interessanten Aufgaben und erfreulichen Gedanken zu beschäftigen, lässt die Zeit eilen und die Erinnerung daran sich über einen langen Zeitraum erstrecken, im Gegensatz zur objektiven Beurteilung der Zeit durch das Körper-Ich. Die ungeheure Intensität des seelischen Erlebens und Tuns, verbunden mit der Nichteinmischung des Körper-Ichs, liess den aussergewöhnlichen Eindruck von Zeitausdehnung im Narkosetraum entstehen.

Die angeführten Merkmale dieses Traumes müssen durch viele Untersuchungen von Träumern anderer Altersstufen und anderer libidinöser Charakterstruktur nachgeprüft werden, bei Verwendung anderer Medikamente für die Narkose, bei anderer Einstellung zur Operation, bei anderen Arten von Operationen, ohne Operation, bei spontanem und bei künstlich herbeigeführtem Erwachen. Auch der gewöhnliche Charakter ihrer Träume müsste bekannt sein. Untersuchungen dieser Art werden zu unserer Kenntnis der normalen und pathologischen Besetzungsreaktionen des Ichs und der Funktionen desselben beitragen.

Dieses Thema ist an und für sich wichtig genug. Indessen liefert es uns ein weiteres Argument für die Notwendigkeit einer Untersuchung der Ichbesetzung bei den verschiedenen Psychosen. Schon viele Psychiater haben die Analogie zwischen der seelischen Produktion des Schizophrenen und des Träumenden erkannt. Die Hauptähnlichkeit liegt in der Identität der verfälschten Wirklichkeitsvorstellung. Sowohl im Traume als auch in der Schizophrenie kommt Gedachtem Realität zu, in letzterer darum, weil manche Ichgrenzen ihre normale Besetzung verloren haben, im Traume darum, weil das nicht vorhanden gewesene Ich in die Wahrnehmungen des manifesten Traumes hinein erweckt wird. In beiden Fällen ist die Realität durch die Tatsache bedingt, dass Wahrnehmungen das Ich von aussen an seine Grenzen herankommend reizen, blosse Gedanken hingegen sich innerhalb der Ichgrenzen befinden und in die Besetzungseinheit, also das Ich, einbezogen sind. Ferner leidet das schizophrene Ich an derselben Besetzungsschwäche wie das Traum-Ich im gewöhnlichen Schlaf. Bei der Schockbehandlung wird das schwach besetzte schizophrene Ich eine Zeitlang voll besetzt, gleichsam wiedererweckt. Falls wir lernen, sei es unter Zuhilfenahme seelischer Behandlung, sei es auf anderem Wege, der Wiederbesetzung Ausdauer zu verleihen, wird die Schizophrenie geheilt werden; denn alle Psychose betrifft primär die Ichbesetzung.

II. TEIL

ZUR BEHANDLUNG DER PSYCHOSE

VI. KAPITEL

DIE PSYCHOSEN-ANALYSE [1]

I. Fehler und wie man sie vermeidet

Man ist nicht berechtigt, gegenüber den endogenen Psychosen sich auf Diagnose und Prognose zu beschränken und ihrem Ablauf, als einem endogen bedingten, mit bloss pflegerischer Fürsorge und symptomatisch indizierten Hilfsmitteln psychologisch und klinisch interessiert zuzuschauen. Geeignete Versuche einer somatischen und einer psychischen Behandlung nehmen günstigen Einfluss sowohl in Hinsicht der Schwere des Krankheitsschubes und seines Ablaufs als auch hinsichtlich des Eintritts und der Dauer völlig oder relativ normaler Perioden und der Realitätsbegegnung während dieser Zeiten.

Meine Erfahrungen beziehen sich auf schizophrene und auf manisch-depressive Fälle; darunter waren Prozesspsychosen, stationäre, mit irgendeiner Defektbildung vorübergehend zum Stillstand gekommene Fälle, prä- und postpsychotische Zustände. Der Name Psych*ose* ist berechtigt, weil hier psychische Funktionen, die augenscheinlich verschwanden, potentiell nicht, oder nicht gänzlich verlorengegangen sind; jede Funktion kann sich vorübergehend wieder herstellen.

Die metapsychologischen Prozesse bei beiden Krankheitsgruppen sind: 1. Abnorme narzisstische Besetzung, verminderte Objektbesetzung; 2. Ich-Regression, durch welche *a)* onto- und biogenetisch verdrängte seelische Elemente und Aggregate bewusst geworden sind und *b)* infolge der Veränderung und Verminderung der Ichbesetzung die Realitätsprüfung unzulänglich wird.

Die beiden Krankheitsgruppen unterscheiden sich voneinander: 1. in der Qualität der Schwächung der Ichbesetzung; bei Schizophrenen handelt es

---

[1] Zuerst veröffentlicht 1943 im 17. Band des «Psychiatric Quarterly». – Zur Abrundung habe ich Abschnitte aus FEDERNS vorläufiger Mitteilung gleichen Titels eingefügt, die 1933 im 19. Band der Int. Ztschr. f. Psychoanalyse erschienen ist. – E. W.

sich ungeachtet der vorhergehenden hochgradigen narzisstischen Besetzung um Verlust der Besetzung von Ichgrenzen; bei Manisch-Depressiven werden Ichgrenzen mit Mortido besetzt. 2. Die vorwaltenden Ichzustände setzen sich bei der Schizophrenie getrennt fort und wechseln beim manisch-depressiven Irresein ab. 3. Der krankhafte Prozess verläuft bei der Schizophrenie in Schüben und Rückfällen und ist beim manisch-depressiven Irresein ein periodischer. 4. Der spontane Heilungsvorgang erfolgt bei der Melancholie durch Trauerarbeit, bei der Schizophrenie durch Defektbildung und Projektion. 5. Die hauptsächlichsten Abwehrmechanismen sind bei der Schizophrenie Regression oder neurotisch, beim manisch-depressiven Irresein bestehen sie darin, dass die affektive Reaktion, Trauer oder Freude, sich über das ganze Ich ausbreitet und dadurch die einzelnen Anlässe und Ursachen nicht erkennen lässt, gleichsam überdeckt.

Anfangs wurden Psychosen nur infolge eines diagnostischen Irrtums analysiert, bald geschah es auch im Dienste der wissenschaftlichen Forschung. Einige von den Untersuchungsobjekten schienen besser zu verlaufen; das gesteigerte klinische Interesse kam ihnen als menschliches Interesse zugute. BLEULER selbst konnte die Mitteilung machen, dass von Burghölzli dreimal so viele Fälle entlassen wurden, seitdem die Ärzte dort auf der Grundlage FREUDschen Verständnisses die klinische Arbeit leisteten.

Doch wurden alle diese Fälle nicht ordnungsmässig psychoanalysiert; aber gerade das war einer der Gründe ihrer Besserung. Die Psychiater mussten sich den Kranken gegenüber so benehmen, dass sie möglichst viel über ihre seelischen Aggregate erfahren konnten; mit Absicht oder ohne sich dessen bewusst zu sein, benahmen sie sich in solcher Weise, dass die Schizophrenen eine gute positive Übertragung auf den Arzt bekamen. Diejenigen Ärzte, die das nicht konnten oder es ablehnten, gaben wahrscheinlich bald diese Art Forschung auf, weil sie nichts Neues erfahren konnten.

Als ich Psychosen zu psychoanalysieren begann, glaubten alle Psychoanalytiker, dass man von Patienten mit einer narzisstischen Geisteskrankheit keine Übertragung auf den Arzt erzielen kann. Man stellte sich allgemein vor, dass aus diesem Grunde keine Psychoanalyse möglich sei. Heutzutage wissen viele Autoren, dass sowohl Feststellung als Schlussfolgerung falsch waren. Es ist jedoch etwas Wahres daran. Die Übertragung von Psychotikern ist ganz unbeständig und berechtigt nicht dazu, dieselbe psychoanalytische Methode zu verwenden wie bei neurotischen Patienten. Da die Psychoanalytiker Psychosen wie Neurosen behandelten, hatten sie schlechte Erfolge. Sie hatten die Psychoanalyse angefangen, wenn sie die zugrunde liegende Psychose nicht erkannt hatten. Sie hörten mit der Analyse auf, wenn die

Psychose entweder von selbst manifest geworden war oder durch die in der üblichen Weise durchgeführte Analyse manifest gemacht worden war. Manche Kollegen werden sich wohl noch an eine Sitzung erinnern, wo wir die Klagen eines Kranken vernahmen, bei dem sich ein katatonischer Zustand entwickelt hatte, während er psychoanalysiert wurde. Der Patient beschuldigte den Analytiker, seine Krankheit gefördert zu haben. Der Analytiker hatte jedoch das freie Assoziieren des Patienten weder gedeutet noch ihn dazu ermuntert. Er war passiv und hörte sich die sich mehrenden erotischen illusionären Ideen des Patienten an. Er erlaubte dem Patienten, sich gehen zu lassen, und nahm die Krankengeschichte auf, während sich die Psychose entwickelte.

Im ersten Weltkrieg haben wir erfahren, dass man Kranken durch mechanisch durchgeführtes Sondieren oder Untersuchen von Verletzungen der Lunge, des Unterleibs, des Gehirns schadet. In ähnlicher Weise habe ich gelernt, bei psychotischen oder postpsychotischen Fällen von Schizophrenie nicht die Anamnese aufzunehmen. Ich habe einige praktisch geheilte Fälle von Schizophrenie nach der ersten Behandlung 20 und mehr Jahre hindurch verfolgt. Es fiel mir auf, dass sie sich weigerten, sich an ihre psychotischen Zustände zu erinnern, da sie von deren Pathologie mehr verstanden als ich. Wenn sie gezwungen wurden, sich zu erinnern, so bekamen sie einen Rückfall. Die geheilten Fälle von Schizophrenie stellen mir zwar das beste Zeugnis aus, aber es ist ihnen unangenehm, durch eine Begegnung mit mir an ihre Psychose erinnert zu werden. Dies ist das erste Problem, welches an Kliniken und in der Privatpraxis wahrscheinlich vernachlässigt wird. Manche Ärzte mit natürlicher Begabung, aber nur wenige gründlich ausgebildete Psychiater sind sich dieses Sachverhalts bewusst. Zweitens muss dafür gesorgt sein, dass jemand da ist, der dem Kranken herzliches Interesse entgegenbringt und während der Analyse und nachher sich seiner annehmen wird. Keine Psychosenanalyse kann ohne gute Beihilfe durchgeführt werden. Dem Kranken muss Beistand geleistet und Schutz gewährt werden, er darf ausserhalb der analytischen Stunden nicht sich selbst und seinen Drangsalen überlassen bleiben. Der Helfer muss die positive Übertragung des Kranken gewonnen haben. Die Mutter, Schwester oder Bruder können der Helfer sein, der Vater selten und meiner Erfahrung nach noch seltener die Gattin oder der Gatte. Wenn keine nahen Verwandten liebevoll genug sind, um sich eine Zeitlang dem Kranken zu widmen, ist ein Freund notwendig. Ohne eine solche Zufluchtsstätte für libidinöse Entlastung werden Psychosen nicht geheilt oder ist eine zustande gekommene Heilung nicht von Dauer, sei sie nun durch Schock- oder durch psychoanalytische Behandlung oder durch eine Kombination beider Methoden erzielt worden.

Es ist durchaus nicht zu verwundern, dass die meisten Psychotiker daheim oder anderswo einen Rückfall bekommen, wenn sie ohne andauernde Unterstützung durch Übertragung gelassen werden. Jede Psychose konzentriert sich bewusst oder unbewusst auf Konflikte oder Enttäuschungen im Familienleben. Die Psychoanalyse ist bei Psychosen, ähnlich wie bei Kindern, von der Unterstützung durch das Milieu so sehr abhängig, dass die Abneigung gegen das psychotische Familienmitglied diese Therapie von der exogenen Bedingtheit her einschränkt, wie es die Schwere des Prozesses von der endogenen Seite her tut. Ich habe nie einen Erfolg erreicht, wo die ausdauernde Mithilfe der Familie oder die einer Ersatzperson dem Kranken fehlte. Wenn wir aber überlegen, dass von anderer als psychoanalytischer Seite viel für die Schaffung richtiger Familienfürsorge geschieht, so muss man die Psychoanalyse für die Psychosen auch deshalb technisch vervollkommnen, damit sie bei geeignetem Milieu stets zur Anwendung kommen könne. Die psychoanalytische Schulung der Pflegepersonen ist hierzu ein wichtiges Desiderat.

Wenn nicht die Bedingungen des Familienlebens geändert werden, ist die Heilung von Psychotikern zuletzt eine Sisyphos-Arbeit gewesen, welche mit der Unterbringung in einer Anstalt oder bei einer Pflegefamilie endet. Freilich lässt sich das Opfer, das gesunden oder halbgesunden Familienmitgliedern zugemutet wird, oft nicht mit ihren Pflichten und ihren Ansprüchen auf Freizeit und Vergnügen vereinigen. Oft erheischt die Rücksichtnahme auf Angehörige mehr Aufmerksamkeit als die Betreuung eines postpsychotischen Familienmitglieds; doch wird diese Betreuung nach und nach leichter, und viele postpsychotische Kranke werden wieder arbeitsfähig und lebensfroh. Wenn diese seelenhygienische Arbeit gut organisiert sein wird, wird sie sich als ebenso wirksam und sparsam erweisen wie die präventive Tuberkulosenfürsorge. Können doch auch Feuer und Elektrizität, gleich der Libido hilfreiche und gefährliche Mächte, so gut beherrscht werden, dass jedermann im Alltagsleben damit umgehen kann.

Eines der schwierigsten Probleme bei der Psychoanalyse schwerer Fälle von Geisteskrankheit ist das sexuelle Problem. Beim Einsetzen einer manischen Phase verlangen Frauen nach Geschlechtsverkehr, rascher Eheschliessung und Mutterschaft. Männer und Frauen glauben in manischen Phasen stets zu lieben und geliebt zu werden, und bei ihrem Optimismus, ihrer Produktivität und ihrem Hinwegsehen über Widerstände erreichen sie ganz leicht ein Entgegenkommen, welches rasch in sexuellem Verkehr mit oder ohne Ehe gipfelt. Männern und Frauen in manischen Zuständen ist häufig jede Störung ihrer sexuellen Gelüste so unerträglich, dass sie zur Onanie zurückkehren; diese ist das gewöhnliche Mittel zu vorübergehender Selbsttröstung in mittelschweren Melancholien. Bei Hebephrenen kommt es zu ganz exzessiver Masturbation, und zwar schon lange vor der Pubertät.

Die Erfahrung lehrte mich, dass alle Psychotiker eher Aussicht haben, wieder gesund zu werden, wenn sie mässigen Geschlechtsverkehr üben. Es hat einen ungünstigen Einfluss auf sie, wenn durch reichliche sexuelle Betätigung die Quelle der Libidobesetzung vorübergehend versiegt; melancholische und schizophrene Perioden werden dann schwerer und dauern länger. Wenn die Behandlung Erfolg hat, so lässt sich die sexuelle Befriedigung bis zu einem gewissen Grade beeinflussen und regeln. Geisteskranke sind keine guten Eltern und vertragen auch selber als Eltern die unbewusste Umkehrung der Ödipus-Situation nicht gut. Aus diesen Gründen und angesichts der Heredität ist Sterilisierung mittels Vasektomie oder Tubektomie angezeigt. Doch werden bei Männern diese Operationen durch eine ungünstige psychische Wirkung kompliziert, insofern sie unbewusst Kastration bedeuten. Sterilisierung mit Röntgenstrahlen wäre vorzuziehen, wenn eine unauffällige Apparatur zur Verfügung steht. In Österreich waren diese Operationen gesetzlich nicht erlaubt. Ich liess sie mit Unterstützung WAGNER-JAUREGGS ausführen, der ganz meiner Meinung war, dass bei jugendlichen Schizophrenen die Vasektomie heilend wirke. Wir waren insofern nicht einer Meinung, als er die Erklärung dafür nur in der Verminderung der Onanie sah. Ich bin überzeugt, dass die Steigerung der Libido-Zufuhr durch den Steinach-Effekt unmittelbar Einfluss auf die narzisstische Ichbesetzung nimmt, welche bei diesen Fällen defekt geworden war. Dass sterilisierte Fälle beider Krankheitsgruppen, sobald sie geheilt sind, instinktiv ihre Befriedigung sexueller Ansprüche einschränken, spricht für meine Erklärung.

Ich wiederhole die allgemeinen Bedingungen, die bei jeder psychoanalytischen Behandlung zu berücksichtigen sind: Herstellung positiver Übertragung, mit Unterbrechung der Behandlung, wenn die Übertragung negativ wird; Beschaffung des weiblichen Helfers; dauernde psychoanalytische postpsychotische seelische Hilfe und Überwachung; Erledigung des sexuellen Problems. Diese allgemeinen Regeln sind nicht etwa Richtlinien, deren Befolgung die Psychoanalyse eines Patienten erleichtert. Es sind, wie gesagt, Bedingungen für die Behandlung. Bei schweren Fällen ist es unerlässlich, dass sie erfüllt sind; bei leichteren Fällen verkürzt es die Behandlung.

Leichtere Fälle verschaffen sich häufig selber die notwendige Hilfe; ihr Ich vermag bei schizoiden Fällen der vollen Regression und bei depressiven Fällen der Libidoerschöpfung Widerstand zu leisten. Bei ihnen ist es manchmal möglich, die Neurose zu heilen, ohne den Ausbruch der zugrunde liegenden Psychose hervorzurufen. Solcher Erfolg ist eher zu erwarten, wenn mit Pseudo-Psychoanalyse behandelt wird, welche die strengen FREUDschen Regeln aufgegeben hat und mit STEKEL, ADLER, RANK oder HORNEY Kompromisse schliesst. Da viele psychopathisch oder degenerativ genannte «Persönlichkeitsneurosen» eine Mischung aus verschiedenen Neurosen, schizoider oder depressiver Disposition und Psychosen sind, ist der Erfolg solcher wissenschaftlich schlechter Methoden praktisch gut und manchmal sogar besser als die Reaktion auf die echte FREUDsche Psychoanalyse. Unser Ziel ist aber nicht, bei leichten Fällen, ohne zu wissen wie und warum, Hilfe herbeizuführen, sondern auf fester theoretischer Grundlage leichte und schwere Fälle von Psychose zu behandeln zu verstehen. Für schwere Fälle eignet sich weder die echte FREUDsche Technik, die er für neurotische Erkrankungen ausbildete, noch die obenerwähnten pseudoanalytischen Massnahmen. Mit theoretisch gerechtfertigten Abänderungen der Technik haben viele von uns gute Erfolge erzielt.

Meine Arbeit reicht bis in das erste Dezennium des Jahrhunderts zurück. Damals, in Wien, begann mich eine befreundete Familie sehr zu interessieren. Die Mutter war eine überempfindliche Sadistin, die FERRIANI als eine «entartete Mutter» bezeichnet hätte. Sie litt an schwerem Asthma. Der Vater starb an den Folgen eines Unfalls, der psychoanalytisch gesehen als Selbstmord bezeichnet werden kann. Es waren zwei Söhne und zwei Töchter da. Die jüngere Tochter beging im Alter von achtzehn Jahren Selbstmord, als sie am Weihnachtsabend von Freunden zu Besuch erwartet wurde. Der Gedanke, keine Weihnachten im Elternhaus zu haben, mochte ihren Entschluss ausgelöst haben. Die ältere Tochter war damals wieder in der Anstalt; das erstemal war sie im Alter von 12 Jahren mit der Diagnose auf Hysterie interniert gewesen, später war sie es zweimal viele Monate lang in einem erregten katatonischen Zustand. Ich besuchte sie durch sechs Wochen und gewann mit Freundlichkeit schliesslich ihre Übertragung, indem ich ihr von Menschen, die sie mochte, nette Geschichten erzählte, und diejenigen Menschen, die sie nicht mochte, nicht erwähnte. Ich war über alle ihre Eigenheiten gut unterrichtet. Ich liess es nicht an Schokolade fehlen und versprach ihr, sie aus der Anstalt herauszubringen. Man gewinnt leicht eine gute Übertragung von Psychotikern, indem man ihre Regression auf die orale Stufe benützt.

Meine Frau war für eine wichtige Aufgabe zu jedem Opfer bereit, und so nahmen wir, sobald es sich ermöglichen liess, die Kranke zu uns ins Haus. Wir liessen uns ihre Affektausbrüche gefallen, Verweigerung der Nahrungsaufnahme, wenn sie Gift befürchtete, dass sie nachts schlaflos in ihrem Zimmer auf und ab ging, übermässig rauchte und von ihren halluzinatorischen

Leiden erzählte. Wir liessen ihr volle Bewegungsfreiheit, obwohl wir wussten, dass dies bedeutete, ihren Selbstmord zu riskieren.

Ich kannte ihre Vergangenheit und die zugrunde liegenden Konflikte und half ihr, sie zu überwinden. In den nächsten zwei Jahren suchte sie immer weniger lang bei uns Zuflucht. Ich erlaubte ihr nicht, nach Hause zu ihrer Familie zurückzukehren. Ich gewann etwas Einfluss auf ihre abnormale Mutter und ihre liebenswürdigen, aber neurotischen Brüder und brachte sie dahin, dass sie sie ganz für sich allein leben liessen. Sie setzte ihr Studium fort und wurde eine recht gute Künstlerin. Ich ersuchte die Lehrer an der Kunstakademie, mich und keinen anderen Psychiater zu rufen, wenn sie während des Unterrichts wunderlich und paranoid wurde. Manchmal brauchte sie nicht zu uns zu übersiedeln, sondern fuhr mit meiner Frau stundenlang im Wagen durch die Strassen, die Fahrt viele Male unterbrechend, um sich unbeschränkte Mengen von allen Süssigkeiten, nach denen es sie gelüstete, mitzunehmen; sie beruhigte sich und kehrte in ihr eigenes schönes Atelier zurück. Sie wurde normal, heiratete zweimal und erfüllte alle ihre Pflichten. Sie brach allen Verkehr mit uns ab, was ich ihr damals sehr übelnahm. Irgendeine Bezahlung kam nicht in Frage, aber ich meinte, dass solche Dienste durch etwas Anhänglichkeit und Dankbarkeit belohnt zu werden verdienten. Später gab ich diesen narzisstischen Standpunkt auf und sah ein, dass solche Treulosigkeit richtig und notwendig ist, um nicht fürchten zu müssen, durch das Erinnertwerden an ihren psychotischen Zustand einen Rückfall zu bekommen. Übertragung und psychoanalytische Hilfe vereint haben diesen charakterlich, geistig und künstlerisch bemerkenswerten Menschen gerettet.

Später waren unter meinen Fällen unbedeutende und mittelmässige und hochstehende Individuen. Jeder Psychotiker, der nicht schwachsinnig ist, hat genug Intelligenz, um die Erklärung seiner eigenen Mechanismen zu erfassen und zu akzeptieren. Seine Geisteskrankheit bringt ihn der Intuition und dem Verständnis näher, während normale Menschen, Laien und Psychiater, wegen ihrer logischen, affektiven und Ich-Konsistenz viel grössere Widerstände haben.

Ein kurzer Bericht über den Verlauf meiner ersten Fälle soll die Gefährlichkeit der Psychoanalyse, wenn die Diagnose auf Psychose nicht rechtzeitig gestellt wird, aufzeigen. Das Tragische daran ist, dass die eingetretene Besserung zu Optimismus von Psychiater und Patient führt. Von letzterem werden plötzliche Entschlüsse gefasst und von ersterem werden zu frühe Entlassungen vorgenommen. Heute weiss ich, dass so gut wie niemals ein psychotischer Fall nach der Analyse auf Grund von positiver Übertragung aus der analytischen Obsorge entlassen werden darf. Seit langem habe ich es mir zum

Prinzip gemacht, keinen Erfolg gelten zu lassen und keinen Fall zu veröffentlichen, bevor nicht nach der Psychoanalyse fünf Jahre verflossen sind.

Mein erster unglücklicher psychotischer Fall, durch welchen ich manches lernte, war überhaupt der erste Fall, den ich zu analysieren hatte. Damals gab es noch nicht die Einrichtung der Kontrollanalysen, aber ich durfte mich an Professor FREUD wenden, sooft ich seinen Rat brauchte. FREUD hatte mich als Hausarzt an einen Patienten empfohlen, den er wegen hysterisch-epileptischer Anfälle psychoanalysiert hatte. Er vermutete, dass diese Anfälle für die kleinen Kinder ein schweres Trauma gewesen sein mussten. Obwohl nämlich die Mutter sie zu schützen suchte, kam keine genügende Separierung von Eltern und Kindern zustande. Meine Patientin war die schöne und sehr begabte Tochter. Dank ihrer Vorzüge und auch des Reichtums ihres Vaters war sie eine glänzende Erscheinung in der Wiener Gesellschaft. Sie hatte hysterischen Stimmungswechsel und hysterische Symptome, war bedacht, sie zu verdecken. Niemand vermutete, dass dem Stimmungswechsel eine Psychose zugrunde lag. Anscheinend infolge der durch die Psychoanalyse erreichten besseren sexuellen und erotischen Angepasstheit, tatsächlich aber, weil sie auf einem Wellenberg ihrer Zyklothymie angelangt war, verliebte sie sich in einen gesunden und reichen jungen Mann, den ihre Schönheit und ihre lebhafte und witzige (in Wahrheit submanische) Konversation bezauberte. Seinen Tatsachensinn zeigte er zwei Jahre später in der Art, wie er sich nach der ersten unverhüllt manischen Phase von ihr scheiden liess. Diese Ehe wäre nie geschlossen worden, wenn die wahre Diagnose rechtzeitig gestellt worden wäre. Schon vor der Hochzeit war sie vom Verebben ihrer Gefühle für ihn enttäuscht. Ich riet von der Heirat ab, aber ihre Mutter und ich überliessen ihr die Entscheidung. Sie hatte eine offene Aussprache mit dem jungen Mann, und sie entschlossen sich, zu heiraten.

Ihr Leben gestaltete sich zu einem andauernden Kampf mit ihren Zyklen. Sie wurde von verschiedenen Psychiatern behandelt, kehrte aber immer zu mir zurück, bei dem sie das Gefühl hatte, etwas mehr Verständnis und Hilfe zu finden als bei den anderen. In späteren Jahren war sie nicht anstaltsbedürftig, aber sie war ausserstande, es im Leben zu irgend etwas zu bringen, da die eine Phase ihrer Zyklen zerstörte, was die andere aufgebaut hatte.

Ich gab ihr vollständig recht, wenn sie mir den Vorwurf machte, dass bei einem Falle wie dem ihren eine psychoanalytische Behandlung gar nicht erst versucht werden durfte, ausser wenn von Anfang an geplant gewesen wäre, sie viele, viele Jahre fortzusetzen.

Einige ihrer Ärzte hatten sie angewiesen, unbekümmert Medikamente zu gebrauchen. Jedem Analytiker ist es klar, dass Patienten lernen müssen, während der Analyse ohne Medikamente auszukommen. Kein Patient darf als geheilt angesehen werden, wenn er nach der Analyse dazu zurückkehrt, gewohnheitsmässig Medikamente zu gebrauchen. Doch können wir das Patienten, die nicht geheilt wurden, nicht abgewöhnen; es beweist, dass keine genügende Ich-Wiederherstellung erreicht worden ist.

Ein ähnlicher Fall begann als Neurasthenie mit einigen Phobien und Zwangsvorstellungen und endete mit Medikamentensucht und manisch-depressiven Zuständen. Dieser Patient, der ungemein talentierte jüngste Sohn eines hochbegabten Vaters – berühmt als einer der Grossen des europäischen Finanzwesens – war Komponist, Wissenschaftler, Kaufmann und Schrift-steller; doch waren seine Erfolge beschränkt. Die Kinder besassen dieselbe triebhafte Energie wie der Vater; während sie aber bei ihm objektlibidinös war, waren die meisten der Kinder abnorm narzisstisch. Dieser Narzissmus hätte uns die zugrunde liegende Psychose früher ahnen lassen sollen. Wie bei den meisten psychotischen Fällen, hatte die Psychoanalyse einen sehr guten Anfangserfolg. Er arbeitete und machte sein Doktorat. Infolge der Identifizierung mit mir wollte er heiraten, und ein Mädchen, das ihn vorher abgewiesen hatte, gab ihm nun das Jawort. Er warf mir Zeit seines Lebens vor, dass ich ihn nicht vor dem Heiraten gewarnt hatte, und er hatte recht. Seine Frau hatte keinen Grund, mir Vorwürfe zu machen, denn ich riet ihr, ihre eigene Liebesbefriedigung anderswo zu finden, und schliesslich, sich von ihm scheiden zu lassen. Sie befolgte meinen Rat nicht, würdigte aber stets meine Aufrichtigkeit. Weil einige seiner Phobien noch fortbestanden, emp-fahl ich ihn an FREUD. Nach zwei Jahren gab es keinen therapeutischen Er-folg. FREUD sagte mir, er vermute, dass die Ursache der Starrheit seiner Widerstände eine Paranoia sei; zwar ohne Erfolg hinsichtlich seiner Neurose, habe er ihn vielleicht vor dem Ausbruch seiner Paranoia bewahrt. Dieser Gesichtspunkt gab mir wichtige Anregungen.

Kein Problem ist schwerer zu beurteilen als der Wert von Methoden der Prophylaxe bei chronischen Krankheiten. Statistiken geben keine Antwort, wenn der erforderten Konstanz des «ceteris paribus» die Verschiedenheit der sozialen und Familien-Bedingungen im Wege steht. Nur dadurch, dass wir die verwickelten psychischen Mechanismen und die organischen Bedingun-gen verstehen, durch welche spezifische seelische Störungen entstehen und verschiedene Phasen durchlaufen, können wir Beobachtungen machen und uns einigermassen Gewissheit verschaffen, dass wir der Geisteskrankheit einen Weg versperren, ohne ihr einen andern zu bahnen.

Bei dem besprochenen Fall wurden Zwänge, Ängste und Wunderlich-keiten gebessert oder geheilt. Er behielt etwas Starrheit bei, die sich darin äusserte, dass er immer wieder nach demselben Muster und dieselben Probleme diskutierte, ohne auf die Interesselosigkeit seiner Zuhörer zu achten. Solche Taktlosigkeiten entschuldigte er als die Wirkung von Medikamenten. Diese Medikamentensucht steigerte sich während jeder melancholischen Periode und wurde niemals während seiner heiteren Stimmungslage überwunden. Der Grad der Heftigkeit seiner melancholischen und manischen Perioden blieb derselbe. Dadurch, dass das Medikament das Ausmass des Schmerzes mildert, hebt es die selbst-heilende Wirkung jeder einzelnen melancholischen Phase auf. Dieser Fall wurde psychoanalysiert, bevor er unverhüllt manisch-depressiv wurde. Zu Beginn seiner depressiven Phasen versuchte er es mit anderen Behandlungen und hielt stets eine jede für ausgezeichnet, wenn mit der manischen Phase sein Optimismus wiederkehrte. Aber mit jedem neuen Zyklus wurde er der eben erst so hoch gepriesenen neuen Methode untreu. Durch alle Zyklen hindurch behielt er seine Anhänglichkeit an WAGNER-JAUREGG, weil dieser sich nie von den Stimmungsumschwüngen des Patienten beeinflussen liess. Der einzige, der gegen seine Ängste und sein Nehmen von Medikamenten etwas ausrichtete, war *Groddeck*. Die Übertragung auf mich hörte nie auf, allerdings vermischt mit der narzisstischen und sadistischen Genugtuung, die es ihm bereitete, mir die Unzulänglichkeit der Psychoanalyse zur Last zu legen. Ich musste die Schuld auf mich nehmen. Psychiater vermeiden das dadurch, dass sie nicht den Anspruch erheben, solchen Fällen helfen zu können. Weil die psychoanalytische Methode bei vielen Fällen etwas leistet, erwartet man von uns, dass wir allen helfen werden.

Da ich über die Ablösung der Neurose durch die Psychose mehr erfahren wollte, hatte ich nichts dagegen einzuwenden, anscheinend unheilbare Fälle zu übernehmen, und lernte so die Bedingungen kennen, welche unheilbare Fälle zu heilbaren machen.

Bei den beiden besprochenen Fällen richtete sich die Psychoanalyse gegen die Neurose, ohne die Psychose zu merken. Der Ablauf wäre vielleicht ohne Psychoanalyse der gleiche gewesen. Ich hatte den Eindruck, dass bei beiden Fällen die Psychoanalyse das Einsetzen von Melancholie und von manischen Ausbrüchen gefördert hat. Ich hätte damals sehen können (es wurde mir aber erst viel später klar), wie das freie Assoziieren in manische Gedankenflucht überging und wie das Auffrischen vergangener Lebensperioden dadurch, dass es Schuldgefühle bewusst machte, zu kurzen Depressionen führte. Damals verstand ich nicht, dass diese auf die drohende Melancholie hindeuteten.

Dass wir durch das psychoanalytische Verfahren kurze und leichte psychotische Zustände auslösen, braucht an und für sich unserem Kampf mit dem Unbewussten auf die Dauer nicht zum Schaden zu gereichen. Heute benütze ich diese leichten Ausbrüche des psychotischen Mechanismus, um tiefer liegende Ursachen, insbesondere Schuldgefühle, aufzufinden und zu überwinden. Um solche taktische Siege zu erringen, muss man aber die Strategie der sofortigen Unterbrechung des weiteren freien Assoziierens gebrauchen. Bei meinen ersten Fällen freute ich mich vielmehr über die reichliche Produktion von unbewusstem Material und förderte sie, ohne zu beachten, dass die affektiven Reaktionen als psychotisch zu werten waren, indem nämlich dabei *das ganze Ich, nicht ein Teil des Ichs,* durch eine plötzliche und unangemessene Zuwendung von Libido bei den manischen und von Mortido bei den melancholischen Reaktionen ausgefüllt wurde. Wenn man die gewöhnliche Methode anwendet, ohne manische oder melancholische Reaktionen zu beachten, scheinen diese zuzunehmen, so dass die latente Psychose zur manifesten wird.

Gegner der Psychoanalyse unter den Psychiatern verfehlen niemals, auf Fälle hinzuweisen, bei denen die Psychoanalyse nicht nur nicht half, sondern das Eintreten der Katastrophe verursachte. Dass sie das tut, ist wahr und ist nicht wahr. Nicht jede Folge von Ereignissen stellt einen Kausalzusammenhang dar. Viele präpsychotische Fälle kommen erst dann zum Psychoanalytiker, wenn sie bereits eine unheimliche Bedrohung durch die lauernde Psychose in sich spüren. Der Psychose wären sie auf keinen Fall entgangen, mit oder ohne Psychoanalyse. Diese Beobachtung erlaubt uns, Freuds Meinung, dass die Psychoanalyse unseren Patienten vor Paranoia bewahrt habe, mit der Erfahrung zu vereinen, dass die Psychoanalyse Psychosen auslöst. Ist das Ich noch genügend widerstandsfähig, so kann die Psychoanalyse so viele homosexuelle, sadistische und masochistische Strebungen bewusst machen, dass die Kräfte der verdrängten Triebregungen geringer werden und es so trotz der vorher vorhandenen paranoiden, schizophrenen oder manisch-depressiven Fixierung und des Versagens der Ichstruktur niemals zum Eintritt eines psychotischen Zustands kommt. Fehlt hingegen nicht mehr viel zum Auftreten einer Psychose, dann bewirkt die Psychoanalyse den Zusammenbruch mancher Ichstrukturen und hat eine manifeste Psychose zur Folge.

Wohl alle Analytiker wissen heute, dass Neurosen und Psychosen, wie Freud entdeckt hat, die aus Kompromissen, Kompensationen, Rekonstruktionen und Heilungssymptomen gemischten Folgen des untergrabenden krankhaften Prozesses und von Abwehrmechanismen sind. Verschiedene Krankheiten entsprechen verschiedener seelischer Topik (Freud) dieser Mechanismen. Ein neues Muster topischer Verschiedenheit habe ich in meiner

Arbeit über «Hysterie und Zwang in der Neurosenwahl»[1] vorgeführt. Topisch verschiedene Störungen schliessen einander nicht aus; aber *ein* Abwehrmechanismus macht häufig alle anderen überflüssig. Wenn mit zunehmendem Alter durch gehäufte Konflikte und Enttäuschungen das bestehende System von Abwehrmechanismen, z. B. das hysterische oder zwangsneurotische, unwirksam wird, so entwickelt sich eine andere, tiefer greifende, seelische Störung. Mit den für sie charakteristischen Abwehrmassnahmen, Kompensationen, Kompromissen und Rekonstruktionen entsteht die Psychose.

Patienten sterben nicht an Hysterie. Ich habe viele Endzustände von Hysterie ins Greisenalter verfolgt, und ich habe drei Arten des Ausgangs dieser Neurose gesehen: Sublimierung ist der beste; eine Form von narzisstischer organischer Krankheit ist der häufigste; der dritte ist eine langdauernde schwere klimakterische oder präsenile Melancholie, von der sich die Kranken wieder erholen, nachdem sie alle oder die meisten hysterischen Symptome verloren haben.

Wenn nun Melancholie ein typischer Endausgang von Hysterie ist, so ist es begreiflich, dass dieser Abschluss durch eine Psychoanalyse ausgelöst werden kann. Ich habe allerdings den Eindruck, dass durch Psychoanalyse ausgelöste Melancholien weniger schwer sind als diejenigen, die im natürlichen Verlauf neurotischer Kämpfe eintreten. Weil jedoch nicht wenige Hysterien nach der Menopause ohne Psychose enden, müssen die Psychoanalytiker lernen, eine latente Psychose nicht zu provozieren und darüber hinaus zu verhüten, dass eine Psychose als Endstadium die Neurose abschliesst. Das ist möglich, wenn Familien und Ärzte mithelfen. Man kann sagen: die psychoanalytische Therapie des Erwachsenen hat Prophylaxe für den Greis zu sein, so wie die Erziehung des Kindes Prophylaxe für den Erwachsenen zu sein hat.

Gerade in letzter Zeit sind viele Beiträge zum Problem der Psychose bei Kindern erschienen. Ich halte dafür, dass MELANIE KLEINS Arbeit auf diesem Gebiete grundlegend ist, obwohl ich weit davon entfernt bin, alle ihre Deutungen und theoretischen Bemerkungen gutzuheissen. Diese Untersuchungen werden am späteren Leben der im Kindesalter wegen einer Psychose analysierten Individuen nachgeprüft werden müssen, wie die Psychoanalyse des «kleinen Hans» von FREUD später nachgeprüft wurde.

Über noch eine meiner frühen Erfahrungen soll kurz berichtet werden. 1912 wurde von Professor FREUD eine zwanzigjährige Studentin der neueren Philologie zu mir geschickt. Sie war ein hübsches und begabtes Mädchen, in

---

[1] Internationale Zeitschrift für Psychoanalyse und Imago, XXV, 1940, 245–263.

allem ihrem Tun durch ihren Zwangszustand benachteiligt. Ihre Neurose hatte sich zwei Jahre vorher nach einer unglücklichen Liebe verschlimmert. Ihr Vater war ein strenger und rechtlicher Schullehrer, der weder für die Hysterie seiner Frau, welche sich von ihm hatte scheiden lassen, noch für die Neurose seiner Tochter Verständnis hatte. Sein einziger Sohn hatte sich zu einem äusserst narzisstischen Menschen entwickelt, dessen Verstandeskraft so gross war, dass er es trotz seiner Unangepasstheiten zu einer Stellung als Richter brachte. Sowohl vom Bruder als vom Vater wurde das Mädchen vernachlässigt und ausgenützt. Die Psychoanalyse ging mit «zu wenig» Widerständen vorwärts. Die Patientin verlor die meisten ihrer Zwänge allzu schnell. Ich musste 1914 von Wien fort, um nach New York zu fahren, und verliess sie fähig, ihr Studium fortzusetzen. Als ich vier Monate später heimkehrte, empfing sie mich mit Stolz und Scheu in ihrem Blick und vertraute mir an, sie werde von einem grossen Schauspieler geliebt, und *Friedrich Nietzsches* Stimme habe mit ihr gesprochen.

Ich setzte die Psychoanalyse fort. Zwei Jahre später starb ihr Vater, und vier Jahre später beging sie Selbstmord, unfähig zu studieren. Sie war niemals anstaltsbedürftig. Ich erstattete in der Wiener Vereinigung über den Fall Bericht. FREUD billigte meine Erklärungen der Entwicklung ihrer Dementia paranoides als eine legitime Fortsetzung der psychoanalytischen Forschungsarbeit.

Es gab noch andere Fälle, die ich mit einer falschen Diagnose zu psychoanalysieren begann. Heute könnte ich, argwöhnisch nach Zeichen und Andeutungen der zugrunde liegenden Psychose Ausschau haltend, vorübergehend einen Fehler in entgegengesetzter Richtung begehen. Da alle diese Prozesse dynamisch, topisch und ökonomisch (in FREUDS Terminologie) in Erscheinung treten, und nicht statisch, ist ja die Frühdiagnose bei unentwickelten Fällen unsicher.

Es ist indessen sehr wichtig, die latente Psychose möglichst bald festzustellen. Durch deren frühes Erkennen werden unsere therapeutische und analytische Zielsetzung und Methoden andere.

Bei latenten Psychosen verzichten wir darauf, eine vollständige Analyse zu erzielen, wofür die Auflösung von Übertragung und Identifizierung der Beweis wäre. Als FREUD zur Vornahme von Probe-Analysen riet, war sein Hauptaugenmerk darauf gerichtet, Fälle, die sich als psychotisch erwiesen oder es zu werden drohten, frühzeitig entlassen zu können.

Während der Analyse sind Anzeichen der verborgenen Schizophrenie:

1. Des Patienten intuitives Akzeptieren und Übersetzen von Symbolen und widerstandsloses Verstehen seiner primären Prozesse.

2. Schnelles, sogar plötzliches, Verschwinden schwerer neurotischer Symptome; doch leisten glücklicherweise, wie schon erwähnt, manche schizophrene Fälle der Auflösung der vorgebauten Neurose Widerstand.

3. Eine Krankengeschichte mit Perioden sehr verschiedener Arten von Neurose, wie Neurasthenie, Psychasthenie, Hypochondrie, frühzeitiger Konversionshysterie, Angsthysterie und Zwangsvorstellungen und schwerer Depersonalisationen.

4. Psychotische Perioden echter Wahnvorstellungen und eines Verlustes der Realitätsprüfung in früher Kindheit. Wenn man während der Probeanalyse von solchen Phasen erfährt, so ist es erwiesen, dass der Patient sich in einem intra- oder postpsychotischen Zustand befindet.

5. Dauernde Verschlechterung der Arbeitsleistung und Isolierung im gesellschaftlichen Verkehr nach der Pubertät oder nach dem Verlassen des geregelten Lebens zu Hause oder in der Schule. Neurotikern dagegen pflegt es eher eine Zeitlang besser zu gehen, wenn in den äusseren Bedingungen eine Änderung zu grösserer Freiheit eintritt oder wenn eine neue biologische Periode erreicht wird.

6. Unbedingtes Vorwiegen der narzisstischen Reaktionsweise über die objektlibidinöse.

7. Typische physiognomische Zeichen in Körperhaltung, Blick und Gebärden.

Bei Hysterie und bei Zwangsvorstellungen sind Anzeichen der latenten Melancholie:

1. Allmorgendlich auftretende Depressionszustände; typisch befreit sich der Kranke mit Hilfe von Wunscherfüllungsphantasien oder Geschlechtsgenuss. Wenn mit zunehmendem Alter eine solche Lust-Unlust-Ökonomie immer erfolgloser wird, weil die Wirklichkeit die Voraussetzungen der Hauptphantasie hinfällig macht, so entwickelt sich die Melancholie.

2. Eine Reaktionsweise, durch die der seelische Schmerz über das ganze Ich ausgebreitet wird.

3. Frühzeitige Periodizität. Diese beginnt als biologische Abnormität und greift aus seelischen Ursachen infolge der Trauerarbeit von Lustrum zu Lustrum weiter und tiefer.

Ein erstes Anzeichen der Manie ist manchmal ein frühzeitig auftretender Abwehrmechanismus, der sich stunden- oder tagelang in einem witzigen, narzisstischen und aggressiven Benehmen kundgibt, das ohne wirklichen Humor ist und mit einem allgemeinen niedrigen Stimmungsniveau und vielen Schuld- und Minderwertigkeitsgefühlen kontrastiert.

Bei unbehandelten oder erfolglos behandelten Fällen bleibt es bei der narzisstischen Ichbesetzung von der präpsychotischen Zeit an durch Melancholie und Manie hindurch, über neutrale Intervalle hinweg, bis zum postpsychotischen Lebensabend.

Ich verglich den ausgezeichneten Erfolg beim Falle der Malerin, deren Leben und – was mehr ist – deren Schicksal gerettet wurde, so dass sie sich und anderen helfen konnte, mit den drei anderen, welche fortfuhren, sich und auch ihrer Umgebung das Leben zu vergällen. Die Psychose der erstgenannten war schwerer; die äusseren Bedingungen waren in ihrem Falle keineswegs besser; aber ihre Persönlichkeit war ungewöhnlich interessant, und ihre Liebenswürdigkeit war noch durch ihr narzisstisches Toben hindurch zu spüren. Ich beschützte sie in allen ihren Schwierigkeiten, wie wenn ich ihr Vormund gewesen wäre. Das Distanzhalten von Psychoanalytiker und Analysand blieb das Muster unserer Beziehung. Aber ihre Übertragung war mir wichtiger als der Fortschritt der Analyse. Analytische Stunden wurden unregelmässig eingeschoben, wenn sie dazu bereit war. Bei den drei Fällen mit ungünstigem Ausgang war die Psychoanalyse der Neurose das erste Ziel. Bei allen Fällen, die ich später mit gutem Erfolge behandelte, befolgte ich die von den libidinösen Bedingungen der Psychose, nicht die vom Anspruch auf analytische Gründlichkeit diktierten Vorschriften.

Ich trachtete nun danach, solche Fälle zu übernehmen, deren Psychose durch die Psychoanalyse eines anderen Analytikers ausgelöst worden war, obschon ich selber gelernt hatte, solches Wecken einer noch schlafenden Psychose zu vermeiden. Von Patienten und von FREUD wurden mir Fälle geschickt; manche von ihnen nahm ich aus der Heilanstalt heraus und brachte sie, von männlichen oder weiblichen Pflegepersonen betreut, bei sich zu Hause oder bei Pflegefamilien unter, worauf ich meine Arbeit begann. Bei allen Fällen war von tüchtigen Psychiatern eine ungünstige Prognose gestellt worden, und nicht selten wurde ich durch das Hineinreden eines Psychiaters, der meinen Standpunkt nicht teilte, um den Erfolg gebracht. Später standen mir junge Ärzte zur Verfügung, die sich nach mir richteten.

Kein Patient kann geheilt werden, wenn nicht seine Familie es wünscht, noch weniger gegen deren unbewussten oder bewussten Hass. Kein Arzt kann irgendeinen schweren Fall heilen, wenn Bett, Ruhe und Pflege fehlen, oder wenn ihm, mit oder ohne Absicht, bei der Arbeit daran, das psychotische Ich zur Normalität und Realität zurückzubringen, mit Feindseligkeit begegnet wird. Erfahrungen und Schlussfolgerungen muss man Fällen abgewinnen, die unter den günstigsten Bedingungen und gegen die geringste Feindseligkeit behandelt werden.

Anfangs fehlte es mir an Wissen, selbst wenn die Bedingungen günstig waren. Ich lernte aber zu, und in den letzten drei Jahren meiner Arbeit in Wien gewann ich eine ideale Helferin an der Schweizer Krankenpflegerin und Psychoanalytikerin GERTRUD SCHWING. Damals vermochte ich bei der Wiener und der Schweizer Gruppe durchzusetzen, dass sie Psychoanalytikerin werden durfte, obgleich sie keine Arbeitsbewilligung hatte und keinen Doktorgrad besass, – jedoch den höchsten Grad von Begabung für, Erfahrung in und Hingabe an ihre Arbeit. Während und nach ihrer Lehranalyse bei mir erlernte sie die psychoanalytische Behandlung von Psychosen. Sie veröffentlichte unsere Erfahrungen in einem Büchlein: «Ein Weg zur Seele des Geisteskranken [1].» Ich sage: *unsere* Erfahrungen, weil ihr Vorgehen von mir beraten und kontrolliert wurde. Doch enthält ihr Buch ihre eigenen selbständigen Beiträge. GERTRUD SCHWING arbeitete an der Klinik *Pötzl* und privat mit von mir analysierten Psychotikern.

Pötzl hatte zur Psychoanalyse eine freundliche, etwas ambivalente Einstellung. Im Gespräch, in Vorträgen anlässlich von FREUDS achtzigstem Geburtstag und in Aufsätzen pries er die Psychoanalyse als Wissenschaft und FREUD als Genie; einige seiner Lieblingsassistenten waren Psychoanalytiker und Mitglieder unserer Vereinigung; er selbst trat aus ihr aus. In seinen ausgezeichneten klinischen Vorlesungen lehrte er mehr Psychoanalyse als irgendein anderer Universitätsprofessor mit Ausnahme einiger weniger in den Vereinigten Staaten und Japan. Er riet zur Psychoanalyse, gab aber dabei nebenhin zu verstehen, fünf Monate würden genügen, sogar bei einer äusserst schweren Zwangsneurose. Kein Wunder, dass die Patientin zweimal nach fünf Monaten den Analytiker wechselte. Einmal wurde er von mir auf Verlangen der Angehörigen zum Konsilium über einen Fall von Paranoia gerufen. Er sagte ihnen, wie froh sie sein sollten, den Fall unter meiner Obhut zu wissen, aber er sei unheilbar. Zum Unglück für seine Prophezeiung wurde der Fall geheilt. *Pötzl* glaubte nie daran, dass die Psychosen ein Anwendungsgebiet für die Psychoanalyse als Therapie seien. Um so mehr schulden wir ihm Dank für seine Unterstützung.

Als ich *Pötzl* ersuchte, GERTRUD SCHWING als Gastpflegerin zum Studium von Psychosen an seiner Klinik zu akzeptieren, gab er sofort seine Einwilligung. Die guten Erfolge ihrer Arbeit waren so offenkundig, dass SAKEL sie ersuchte, seine Insulinfälle zu betreuen.

Ich habe die Theorie aufgestellt, dass, wenn bei Schocktherapie ein nicht bloss vorübergehender Erfolg erzielt wird, dies auf dem seelischen Eindruck, den die Behandlung oder sogar die Misshandlung macht, und der eingetretenen Amnesie beruht. Die Kranken erwachen mit der Empfindung von

[1] Raschers Verlag, Zürich, 1940.

Übelkeit und Hilflosigkeit zu irgendeinem sehr infantilen Ichzustand. Ob sie in diesem verbleiben oder zu ihrem normalen erwachsenen fortschreiten, lässt sich auf seelischem Wege beeinflussen. In der Schweiz waren die Erfolge mit Insulin in bestimmten Anstalten weit besser als in allen anderen, weil dort die seelische Behandlung durch darin geschulte Pflegepersonen eingeführt war und weil Pflegepersonal in ausreichender Anzahl zur Verfügung stand: auf je drei Kranke kam eine Pflegeperson.

Metapsychologisch scheint der primäre schizophrene Prozess eine funktionelle Mangelhaftigkeit oder sogar Erschöpfung der Ichbesetzung zu sein; sekundär wird er als Abwehrmechanismus verwendet. Äussere und innere Konflikte einer Lösung zuzuführen, das Ich durch Beschützung, Übertragung, Identifizierung zu stärken und nicht zuletzt Verständnis für den Schrecken und inneren Aufruhr des Patienten, sind Mittel, die GERTRUD SCHWING verwendete. Mit dieser Methode wurden bessere Erfolge erzielt, und wir erfuhren, wie und warum bei manchen Fällen ein Erfolg zustande kam und warum bei anderen nicht.

Zur Behandlung und zur Prophylaxe braucht es aber viel mehr Psychiater und viel mehr psychoanalytisch geschulte Pflegerinnen, Wärter und Fürsorger(innen). Es wird eine Zeit kommen, wo die American Medical Association und die psychiatrischen und psychoanalytischen Vereinigungen selber diesen Unterricht fördern werden. FREUDS Weisheit in bezug auf die Laienanalyse ist immer noch überragend. Ich würde gerne Pflegerinnen in allen und durch alle psychoanalytischen Vereinigungen ausgebildet sehen, oder wenigstens mit ihrer Hilfe. Wir können nicht auf Ausnahmen wie GERTRUD SCHWING unter den Pflegerinnen oder ANNA FREUD unter den Pädagoginnen warten, denn es braucht Tausende solcher Helferinnen, um die Psychose in ihrer weiten Verbreitung zu bekämpfen. Gesetze und Satzungen jeder Gruppe von Menschen sind temporäre menschliche Kunstgebilde, verglichen mit den Gesetzen und Bestimmungen, die in der Wirklichkeit der Natur liegen. Erstere haben geändert zu werden, wenn es sich erweist, dass sie mit letzteren nicht im Einklang stehen. Wer die Zahl der in Heilanstalten untergebrachten Geisteskranken sinken sehen will, muss die Arbeitsmöglichkeiten für psychoanalytisch gut geschulte Ärzte, Pfleger, Fürsorger und Pädagogen verbessern und vermehren.

II. Die Übertragung

Neurosen lassen sich trotz ungünstiger äusserer Bedingungen mit Erfolg psychoanalysieren. Der Neurotiker lernt durch die Psychoanalyse – soweit das der Einzelmensch vermag – Herr seines Schicksals zu werden. Bei Psychosen hängt der dauernde Erfolg weit mehr von günstigen äusseren Bedingungen ab, wie im ersten Teil des Kapitels dargetan wurde.

Unter solchen günstigen Bedingungen kann die Psychoanalyse von Psychotikern unternommen werden und wird sie die Erkrankung des Patienten heilen oder bessern. Sie wird freilich misslingen müssen, wenn die von FREUD für Übertragungsneurosen vorgeschriebenen Regeln starr auf narzisstische Psychosen angewendet werden.

Um ein bekanntes Gleichnis zu gebrauchen: Bei Neurotikern dürfen hemmende Dämme und Schleusen geöffnet werden, weil infolge niederen Wasserstandes keine Gefahr einer wirklichen Überschwemmung besteht. Dieselbe Methode bei Psychosen zu verwenden heisst Dämme und Schleusen während einer Überschwemmung öffnen. Ausnahmsweise ist das die richtige, aber doch eine riskante, Methode; in den meisten Fällen vermehrt es die Zerstörung.

Die von mir befürwortete Methode ist nicht blosse Psychotherapie mit psychoanalytischem Wissen. Sie ist echte Psychoanalyse, wenn wir FREUDS eigene Definition seiner Methode akzeptieren: Anwendung des ökonomischen, topischen und dynamischen Gesichtspunkts, während man freie Assoziation benützt und mit Übertragung und Widerstand fertig wird. Die ökonomischen, topischen und dynamischen Konzeptionen bleiben die gleichen; der Unterschied liegt im Widerstand und in der Übertragung. Bei Psychosen sind normale Widerstände zusammengebrochen und haben durch die Psychoanalyse wiederhergestellt zu werden; Übertragungen haben anders gehandhabt zu werden. Freie Assoziation als Mittel, um unbewusstes Material blosszulegen, wird selten benötigt, weil durch die Psychose zu viel Unbewusstes blossgelegt worden ist. Um es in Antithese zu sagen: Bei den Neurosen wollen wir die Verdrängung aufheben, bei den Psychosen die Wiederverdrängung herbeiführen.

Es mag paradox klingen, steht aber doch in Einklang mit unserem theoretischen Wissen, dass gerade beim Psychotiker, dem doch die volle Vernunft abgeht, sich die Therapie an den Rest seiner Vernunft wenden muss, und ebenso, dass sie noch mehr als bei der Übertragungsneurose auf die Übertragung angewiesen ist. Wir können überhaupt den Patienten nur psychoanalytisch behandeln, erstens, weil und soweit er noch übertragungsfähig ist; zweitens, weil und soweit er mit einem Teil seines Ichs seine Störung zu begreifen vermag; drittens, weil und soweit ein Teil der Persönlichkeit noch der Realität zugewendet blieb, wobei die erste und die dritte Bedingung miteinander parallel gehen und einander voraussetzen, während die zweite hauptsächlich davon abhängt, ob die Regression im Ich konstant ist oder zeitweise nachlässt.

Die Übertragung war den Psychoanalytikern der Stein des Anstosses in bezug auf die Psychosen. FREUD selbst sagte zu mir vor wenigen Jahren: «Psychotiker sind zur Psychoanalyse untauglich.» Seine Argumente sind, kurz gesagt, dass keine Übertragung und kein gesundes Ich vorhanden seien. Die Übertragung ist dazu nötig, Objektbindungen vom Unbewussten auf den Psychoanalytiker zu verschieben. Dadurch, dass sie übertragen wird, tritt die Neurose in die Wirklichkeit ein. Ein Fehlen der Übertragung bei Neurotikern war FREUD so unbekannt, dass er in solchen Fällen eine zugrunde liegende Psychose vermutete. Diese Meinung hat sich öfters als unrichtig erwiesen. Nicht jeder Narzissmus braucht psychotisch zu sein. FREUD selbst ermittelte später, dass der narzisstische Typus der Libidoverteilung eine Grundlage für Aggression und Unabhängigkeit abgibt; dieser Typus kann aus herostratischem Stolz und Trotz jede Übertragung verweigern. Manche Analytiker pflegen weit eher als FREUD diese Art von Widerstand hervorzurufen. W. REICH hat sie einen «narzisstischen Panzer» genannt, der zerbrochen sein müsse, bevor die positive Übertragung hergestellt werden könne. CAMPBELL hat recht, wenn er sagt, dass die Psychiater die Patienten von ihrer Behandlung deformiert sehen.

Die Analytiker irrten sich, als sie den Schluss zogen, dass es beim Psychotiker zu keiner Übertragung komme. Er ist begierig, sowohl mit dem gesunden als auch mit dem psychotischen Teil des Ichs zu übertragen; sie können dabei entweder beide dasselbe Objekt haben oder jeder ein anderes. Seine Übertragung geht leicht verloren, nachdem sie hervorgerufen worden ist, kann aber auch lebenslang anhalten. Die Übertragung des psychotischen Teiles seiner Persönlichkeit ist manchmal gefährlich und kann zu Aggression und Totschlag führen wie auch zu Vergötterung des Objekts, und beides kann durch tiefwurzelnde Ängste jedem Kontakt ein Ende machen. Die Übertragung lässt sich nicht als verlässlicher Katalysator bei der Aufklärung durch die Psychoanalyse verwenden, ausser bei leichten Grenzfällen. Jedes neue Stadium kann die bestehende Übertragung zerstören. Der Psychotiker trennt nicht genug die Psychoanalyse vom Leben, bevor nicht seine Ichstruktur wieder nahezu normal geworden ist.

Dies ist der Grund, warum der Patient besser nicht auf dem psychoanalytischen Diwan liegen soll. Wenn der Neurotiker sich vom Diwan erhebt, kehrt er zu seinem normalen Verhalten und zu seiner bewussten Beziehung zum Analytiker zurück. Nicht so der Psychotiker. Er wird mit der Halb-Wirklichkeit der Übertragung nicht völlig fertig, verwechselt sie mit der Wirklichkeit und *vice versa*. Nachdem man seine Träume gedeutet hat, vermag er seine geträumten Intentionen nicht von seinen wirklichen Beziehungen zu unterscheiden; er kann von daheim entlaufen oder denjenigen, der seine geträumten Todeswünsche hervorrief, tätlich angreifen.

In manchen Fällen kommt man gar nicht dazu, den schizophrenen Patienten als Liegenden zu analysieren, weil er sonst sofort in schizophrener Art zu assoziieren beginnt, während er, gegenübersitzend, eben noch in normaler Art assoziierte. Erst wenn der Kranke das Irre an seinen Kausalitätsreihen und Intentionen begriffen und es der Realitätsanpassung zuliebe zu beherrschen, das heisst zu dissimulieren gelernt hat, kann man mittels freier Assoziation, und dann bei manchen Patienten ganz wie beim Neurotiker, eine Zeitlang vorsichtig tieferes Material aufkommen lassen.

FREUD hatte ganz recht: es ist kein Verlass auf ein Ich, das Illusionen und Halluzinationen zur Beute fällt, dessen Wahrnehmungen und Vorstellungen Entstellungen sind, die durch falsche Projektionen noch weiter verfälscht werden. Ich akzeptierte die Übertragungen und Ichs, wie sie vom Psychotiker dargeboten werden, zog aber den Schluss, dass unsere Methode ihnen angepasst werden müsse. Dieselbe Schlussfolgerung passte zur Erfahrung, dass die gebräuchliche Methode der Psychoanalyse das Manifestwerden latenter Psychosen und die Ausbreitung manifester Psychosen über grössere Teile der Persönlichkeit hervorruft.

Ein weiterer Grund, die Methode zu ändern, war die Notwendigkeit, die Familie und andere Menschen zu schützen. Jeder Versuch, einen Psychotiker auf die gebräuchliche Weise zu analysieren, darf erst nach Unterbringung in einer Anstalt unternommen werden. Die Sanatorien und Kliniken kooperierten nicht mit der subtilen Arbeit der Psychoanalyse. Wenn ich zu Hause behandelte, hatte ich mich davor in acht zu nehmen, Furcht und Gewalttätigkeit zwischen dem Patienten und der Familie hervorzurufen. In allen Fällen hatten die Angehörigen, bevor sie zu mir kamen, die Erfahrung gemacht, dass die Unterbringung in einer Anstalt keinen ersichtlichen Nutzen gebracht hatte. Auf Jahre hinaus oder auf Lebenszeit war mit grossen Ausgaben zu rechnen; sie halfen daher sehr gerne selber mit oder bezahlten ein Pflegeheim mit Aufsichts- und Pflegeperson. Manchmal wurde ein separater Haushalt eingerichtet, was nicht teurer kam als der Aufenthalt in einem guten Sanatorium. Viele ruhige Fälle wurden zu Hause geheilt.

Eine der wichtigsten Fragen ist, wie Kinder zu schützen sind. Viele werden durch das Zusammenleben mit einem Psychotiker schwer geschädigt; andererseits lehrt die Psychoanalyse Erwachsener, dass das Wissen, dass die Mutter oder der Vater interniert ist oder war, für das Kind ebenso, oder noch mehr, ein Trauma ist wie das Zusammenleben mit solchen Eltern. In manchen

Fällen ist es besser, das Kind zu entfernen und den Psychotiker zu Hause zu belassen. Manche Psychotiker beherrschen sich vor ihren Kindern. Wenn das Kind an die Krankheit der Mutter bereits gewöhnt ist und sich für die Mitarbeit interessiert, wäre Trennung eine weitere Schädigung, weil ein solches Kind die Mutter liebt. Wo es gute Anstalten mit psychoanalytisch geschultem ärztlichem, Pflege- und Dienstpersonal gibt, ist Internierung das Richtige. Dann wird hoffentlich Geisteskrankheit für den Patienten nicht mehr eine Erniedrigung und Schande bedeuten.

In Wien zog ich es vor, Internierung zu vermeiden, wobei ich in dieser Hinsicht meistens auf Seite des Patienten selbst stand. Manisch-Depressive verlangen jedoch während ihrer Melancholien selber die Unterbringung in einer Anstalt, nehmen aber deren Beschränkungen in ihren manischen Perioden übel. Immer wenn ich mit Hilfe von Medikamenten meinen Patienten während einer mässigen manischen Periode in der Hand behalten konnte, wirkte sich das auf den Ablauf der Krankheit günstig aus. Solchen Patienten muss erlaubt werden, zum Psychoanalytiker zu kommen, sooft sie den Impuls verspüren, einem ihrer raschen Entschlüsse nachzugeben. Manche können das Interniertwerden nie verzeihen, viele jedoch sind damit einverstanden und wissen selber, wann es nötig wird.

Vor dreiundzwanzig Jahren war ein Schizophrener mit Gehörshalluzinationen, dass Gott ihn rufe, in bezug auf die Internierung anderer Meinung als sein Psychoanalytiker und flüchtete zehn Tage nachdem er «eingesperrt» worden war. Seine Frau konsultierte mich, und ich behandelte ihn, mit Zustimmung seines früheren Analytikers, im Hause seiner Mutter. Er wurde soweit gesund, dass er seither seine Familie erhalten hat und seine wissenschaftliche und kulturelle Arbeit fortsetzen konnte. Ich leitete zwanzig Jahre lang seine Behandlung durch Beratung seiner Frau, ohne ihn zu sehen. Jetzt arbeitet er in Amerika, nachdem er Schweres durchgemacht hat, ohne dass er einen Rückfall bekam. Hätte er sich in das reguläre Vorgehen gefügt, so wäre er wohl ein geistiges Wrack geworden, wie so viele internierte Fälle von Dementia paranoides. Seine Frau sagte mir kürzlich, sie habe nicht nur nicht gelitten, sondern es genossen, sein Leben zu teilen, obgleich sie aus eugenischen Gründen keine Kinder gehabt hat.

In bezug auf das Internieren sagte FREUD einmal, das therapeutische Provozieren einer akuten Psychose durch Psychoanalyse könnte sich unter drei Voraussetzungen als wirksame Therapie erweisen:

1. Gründliches psychoanalytisches Verstehen der narzisstischen Mechanismen.

2. Psychoanalytische Kliniken und Krankenhäuser.

3. Dass die Gegner aufhören, diese Fälle gegen die Psychoanalyse auszuschlachten.

In allen diesen Richtungen sind seither grosse Fortschritte gemacht worden; doch ist es noch immer nicht ratsam, akute Psychosen zu provozieren, weil wir noch immer nicht imstande sind, deren Verlauf zu prognostizieren und zu beherrschen. Ich suche daher immer das Fortschreiten der Psychose zu hindern und psychoanalysiere lieber unvollständig, aber auf unschädliche Weise.

Psychotische Patienten bringen uns ihre positive Übertragung entgegen; wir haben diese als etwas Kostbares zu nähren, um unseren Einfluss zu behalten, so dass der Patient durch eigenes Verstehen die Herrschaft über seine psychotischen Reaktionen wiedergewinnt. Die Übertragung hilft uns bei der Analyse von der Psychose zugrunde liegenden Konflikten, eine positive Übertragung darf aber niemals selber durch die Psychoanalyse aufgelöst werden. Sobald sie aufgelöst ist, haben wir allen Einfluss verloren, denn mit dem Psychotiker können wir nicht wie mit dem Neurotiker während seiner Perioden negativer Übertragung weiterarbeiten. Auch bei Neurotikern sind die Übertragungsneurose und der Kontrakt mit dem Ich des Patienten nicht das Ziel, sie sind nur Mittel, um durch freies Assoziieren das Unbewusste zu enthüllen. Wir bedürfen ihrer nicht, wo freies Assoziieren überflüssig ist und das Unbewusste sich zu sehr enthüllt. Bei Neurosen ist das Ziel, die Herrschaft des Es durch die Herrschaft des Ichs zu ersetzen. Bei Psychosen ist das Ziel das gleiche; bevor ihm aber zugestrebt werden kann, müssen viele Funktionen, die abnormerweise in das bewusste Ich eingetreten sind, wieder verdrängt werden und ins Es zurückkehren. Bei Psychosen hält sich die gebräuchliche psychoanalytische Benutzung der Übertragung in engeren Grenzen, ist aber von noch grösserem Wert. Die Antithese ist die, dass bei Neurotikern die Übertragung dazu benützt wird, verdrängtes Material frei zu machen, bei Psychotikern dazu, freies Material zu verdrängtem zu machen.

Wir haben bereits zwischen gesunder und psychotischer Übertragung unterschieden. Die erstere ist dasselbe wie die Beziehung zu jedem, der ein Freund, Helfer oder Liebhaber wird. Eine solche Übertragung wirkt den Gefahren entgegen, welche die Übertragung seitens des psychotischen Teiles des Ichs dem Objekt, dem Psychoanalytiker, bringt. Ich machte mir einen persönlichen Feind, indem ich gegen ihn und für seine Familie Partei ergriff und dadurch sein paranoides Ressentiment zu objektivem Hass werden liess. Viele fanatische private und politische Feindschaften sind rationalisierte paranoide Reaktionen, gleichsam über unterirdischen Pulverminen errichtete Festungsvorwerke. Solche Feindschaften gefährden den Arzt, wenn er die positive Übertragung auf seine Person überschätzt.

Im ersten Weltkrieg, als ich der Arzt des Wiener Militärgefängnisses war, hatte ich Gelegenheit, zu sehen, wie die normale Übertragung während der Psychose erhalten bleibt. Einer der Häftlinge, ein berüchtigter Mörder namens Mehalla, der im Grunde ein gutmütiger Bursche war, wurde eines Tages von akuter Gefängnispsychose («Zuchthausknall») befallen. Von der Herrschaft seiner Vernunft befreit, war seine Muskelkraft ungeheuer; er konnte von seinen acht Kameraden nicht gehalten werden, brach die Türe auf (was vorher acht Männern, die in normalem Geisteszustand ausbrechen wollten, nicht gelungen war) und lief nackt den Korridor entlang. Als der diensthabende Unteroffizier, ein ausgezeichneter, freundlicher, mutiger Mann, versuchte, ihn zu arretieren, riss er dessen Bajonett aus der Scheide und machte Miene, damit auf ihn loszugehen. Der Unteroffizier gab kein Pfeifsignal, ergriff nicht die Flucht, benützte nicht sein Gewehr, er sagte ruhig: «Mehalla, du wirst mir nichts tun.» Mehalla erkannte den respektierten Mann und liess sich festnehmen. Seine Suggestibilität, d. h. seine Übertragung, war erhalten geblieben.

Man gewinnt die normale Übertragung des Psychotikers durch Aufrichtigkeit, Freundlichkeit und Verständnis. Es ist ein grosser Irrtum, zu glauben, dass der Psychotiker das Getümmel seiner Gedanken gleichmütig hinnimmt; sooft ein Psychotiker spürt, dass man ihn versteht, hat man gewonnenes Spiel. Häufig widerspricht er zunächst, hat aber oft schon am nächsten Tag unsere Erklärung angenommen. Man muss Tadel und strenges Ermahnen, überlegenes Lächeln und vor allem jede Lüge vermeiden. Psychotikern gegenüber sind keine Notlügen erlaubt. Einen Psychotiker zu belügen, verstösst gegen das Bibelwort, dass man dem Blinden keinen Anstoss in den Weg stellen darf. Freundlich auf die Wange, die Schulter oder den Hinterteil geklopft, wie ein dummes Kind behandelt zu werden, ist beleidigend. Die Güte einer Heilanstalt in bezug auf das psychologische Verstehen und Verhalten zeigt sich beim ersten Besuche daran, wieweit das ärztliche und sonstige Personal das – ich möchte sagen frevelhafte – Lachen des Gesunden über den Geisteskranken abgelegt hat.

Um die Übertragung des Kranken auf sich zu ziehen, ist die Vermeidung jeder Capitis diminutio, die volle Anerkennung seines Anspruches auf Achtung seiner Persönlichkeit, bereits ein gutes Mittel. Ärztliche Erfahrung und menschlicher Instinkt lehrten mich, dass man die orale Fixierung bei vielen Kranken zu benützen hat und ihr mit Gastlichkeit und Verwöhnen durch Rauch- und Naschzeug entgegenkommen darf. Das Werben um sein Zutrauen muss aber aufrichtig sein, um zu gelingen. Das Misstrauen des Kranken ist nicht nur krankhaft, sondern auch die berechtigte Reaktion des normal gebliebenen Teils der Persönlichkeit.

Bevor man die psychoanalytische Stunde beendigt, sind alle Missverständnisse sorgfältig zu bereinigen, und die positiven Resultate der Unterredung müssen in klaren Sätzen wiederholt werden. Man muss sich bemühen, die positive Übertragung fortdauern zu lassen; ohne sie «skotomisiert» der Psychotiker den Analytiker und was dieser sagt.

Das Erlebnis der guten Übertragung ist für den Psychotiker die hauptsächlichste normale Realität. Von seiner Übertragung ausgehend, kann man neu entstandene Verfälschungen und Unsicherheiten aufklären. Psychotische Phantasien sind nicht immer so fixiert, wie allgemein geglaubt wird und der Ausdruck «fixe Ideen» annehmen lässt.

Ich war einer der ersten, der dem Dogma: «Bei Psychose keine Übertragung» entgegentrat. Heute haben schon viele amerikanische Psychoanalytiker auf die regelmässige Benützung der Übertragung Nachdruck gelegt.

FREUD beschrieb die metapsychologischen Unterschiede zwischen Neurose und Psychose so: Bei der Psychose wird der Konflikt zwischen Ich und Es in der Weise gelöst, dass die Beziehung zur Realität abgebrochen und dem triebhaften Unbewussten nachgegeben wird, bei der Neurose in der Weise, dass die Beziehung zum triebhaften Unbewussten abgebrochen und die Realitätsbeziehung bewahrt wird. Diese Formel ist eine Grundwahrheit, der wir alle vollkommen beistimmen; aber der psychotische Prozess schreitet nicht gleichzeitig in der Gesamtheit der Ichbeziehungen und der Ichgrenzen fort. Während der langen Periode der Rückfälle und des Wiederkehrens der krankhaften Ichveränderungen werden bei den Psychosen die Realitätsbeziehungen teilweise beibehalten und sogar gestärkt und die Es-Abhängigkeiten teilweise vermindert. Bei den neurotischen Symptomen wiederum wird die Beziehung zur Realität teilweise geschwächt und wird die Abhängigkeit des Ichs vom Es zum Teil grösser als in der Norm. FREUDS Aussage bezieht sich auf die grundsätzliche und allgemeine Tendenz, nicht auf jede aktuelle einmalige Phase und auf jeden partiellen Mechanismus, denn, wie FREUD in denselben Arbeiten hinzusetzte, gleich wenn der Schaden geschieht, beginnen Reparaturen und Wiederherstellungen und fügen selber die beschädigten Produktionen zusammen. FREUD selbst warnte uns oft, nicht dogmatisch zu werden und nicht die Komplikationen von Erscheinungen und die Vermischungen von Mechanismen zu übersehen.

Der praktisch wichtigste Unterschied zwischen der Übertragung bei Neurosen und Psychosen liegt im Faktor der *Ambivalenz*. Normal ist das Ergebnis von Liebe und Hass, von Aktivität und Passivität, von Gehorsam und Widerstand in bezug auf *ein* Objekt irgendeine Resultante. Neurotisch haben die ambivalenten Gefühle gegenüber demselben Objekt Reaktion und Symptombildung zur Folge. Psychotisch zerreissen die gegensätzlichen Gefühlstendenzen das Ich in seine Teile. Bei schweren katatonischen Reaktionen arbeiten die getrennten Ichteile gleichzeitig mit gleich starker Besetzung und können alles Tun zum Stillstand bringen oder Stereotypie erzeugen. Bei leichteren Fällen wechseln die gespaltenen Ichzustände in der Stärke ab und mit ihnen die positiven und negativen Übertragungen auf unsere Person. Dasselbe Abwechseln zeigt sich noch deutlicher beim zirkulären Irresein. In seinen manischen Zuständen liebt der Kranke alle Menschen, die er in seinem melancholischen Zustand nicht mochte, und hasst diejenigen, die er vorher mochte. Dieselbe Eigentümlichkeit in der Übertragung macht sich bei den vielen leichteren, als Zyklothymie bezeichneten, Fällen geltend, die nicht das Stigma der Psychose verdienen. Sehr viele Kündigungen von Liebe, Freundschaft oder Partnerschaft, viele der üblichen Enttäuschungen am Mitarbeiter, beruhen auf Zyklothymie des einen oder beider Individuen.

Sehr interessant ist das Ergebnis der Eheschliessung zwischen zwei zyklothymen Individuen. Sehr bald werden beide zeitweilig unglücklich und wollen sich trennen, vertragen sich aber wieder, nachdem sie einen Zyklus lang voneinander getrennt gelebt haben. Beiden kommt der zugrunde liegende Mechanismus nie zum Bewusstsein. Sie projizieren ihre endogene Veränderung auf den Ehegenossen, die Schuld am Unterschied im Gefühl dem Partner zuschiebend. Der Typus, den sie als Submanische lieben, ist ihnen zuwider, wenn sie sich gedrückt fühlen. Ich habe solche kranke Ehen geheilt, indem ich beiden Teilen verständlich machte, dass sie einander wählten, als der eine sich in seiner gedrückten Stimmungsphase befand, der andere in seiner heiteren oder beide in der letzteren. Bei allen anderen Konstellationen können sie einander nicht ausstehen, bis die gleiche Konstellation wiederkehrt. Sobald sie wissen, dass sie mit solchen wiederkehrenden Unterbrechungen ihrer Liebe rechnen müssen, werden sie nicht gegen den Ehegenossen erbittert, sondern ertragen einander oder finden in zeitweiligen Ferien vom Eheleben Erleichterung.

Die Unterbrechung in der Übertragung hat den Abfall einiger sehr begabter Psychoanalytiker verschuldet, die FREUD lange Zeit sehr nahestanden.

Bei zyklothymen Geschäftsleuten konnte ich beobachten, wie ihr finanzieller Erfolg durch ihre Stimmungsumschwünge behindert wurde. Wahrscheinlich vergrössert es alle ökonomischen Krisen und Zyklen, dass so viele hochbegabte und energische Individuen zyklothym sind. Wenn man lernen könnte, das zirkuläre Irresein und die Zyklothymie zu heilen, könnte die zukünftige Geschichte der Menschheit stabiler gemacht werden.

Laien nennen diejenigen Individuen «hysterisch», die leicht aus einem Ichzustand in einen anderen übergehen, wobei sie ihre Übertragungen und Identifizierungen ändern. Bei Psychotikern sind diese verschiedenen Ichzustände mit ihrem Lieben und Hassen selbständig organisiert. Es ist unmöglich, sie durch Psychoanalyse der Ursachen der Veränderung wieder zu vereinigen, bevor der psychotische Prozess selbst aufgehört hat. Um die Übertragung des Psychotikers zu benützen, hat man sich daher der Tatsache anzupassen, dass an die Stelle der Ambivalenz zwei (oder mehr) Ichzustände treten.

Darum kann man den Psychotiker nicht ohne einen Helfer psychoanalysieren, der als Zufluchtsstätte für den Patienten dient, wenn seine Übertragung auf den Psychoanalytiker unsicher wird. GERTRUD SCHWING entdeckte, dass jeder Schizophrene Übertragung auf eine neue Mutter begehrt; alle Schizophrenen nämlich hatten keine wahre Mutter, weil ihre Mütter in ihrer frühen Kindheit selber niemals eine wahre Mutter gehabt hatten. Es hat sich gezeigt, dass nicht, wie man meinte, stets eine Zunahme des Erbfaktors von Generation zu Generation, sondern vielfach eine immer wiederkehrende Mangelhaftigkeit in den infantilen Libidobedingungen vorliegt. Ich habe Mütterlichkeit als das «Wichtigernehmen des fremden Schicksals als des eigenen» definiert. Mütterlichkeit wird zu bedenkenloser Hingabe sublimiert, kein Gefühl von Pflicht, keine sinnliche Freude, kein Gefühl von Opfer ist dabei. Es ist eine triebmässige Verhaltungsweise, welche in vollständigen Müttern der Zivilisation widerstanden hat; sie hat die Kultur und das Christentum geschaffen. Solcher Mütterlichkeit widerstreitet starker Narzissmus, mit dem bei den Eltern psychotischer Patienten zu rechnen ist.

Jeder neurotische Patient überträgt leicht von seiner Mutter auf den Psychoanalytiker; nicht so der Psychotiker auf einen männlichen Analytiker. Dies führt uns vor Augen, wie der Psychotiker mehr von der Wirklichkeit abhängt als der Neurotiker; wenn er genötigt ist, seine Mutterbeziehung auf einen Mann zu übertragen, so vermengt er homo- und heterosexuelle Gefühle und wird unruhiger.

Meine Forderung nach Helferinnen für psychotische Personen ist somit gut begründet, obgleich ich rein erfahrungsmässig dazu gelangte. Bei allen Fällen, bei denen ich Erfolg hatte, hatte ich solche mütterliche Unterstützung; in einigen Fällen war die wirkliche Mutter bereit, zu helfen; viele Frauen nämlich ermangeln zwar der sublimierten triebmässigen Mütterlichkeit, haben aber einem armen psychotischen Kind gegenüber ein starkes Pflichtgefühl. Die wirkliche Mutter ist aber meistens weniger nützlich als eine Schwester oder eine Pflegerin, die zur Schwester wird. Die Beziehung eines Psychotikers wird zu besitzsüchtig und regrediert leicht zu Inzest, wenn die Pflege von der eigenen Mutter besorgt wird. Doch ist die liebevolle Mitarbeit der Mutter von grossem Nutzen, wenn sie zu erlangen ist.

Wer die Übertragung bewahren will, das heisst, wer einen psychotischen Patienten psychoanalysieren will, hat sehr vorsichtig zu sein. Bei einem meiner schwersten schizophrenen Fälle musste ich die persönliche Behandlung auf ein Jahr unterbrechen, und niemand konnte erraten, warum die gute Übertragung verlorengegangen war. Die ganze Zeit über brachte die Schwester des Patienten ausführliche Berichte zu mir und erhielt von mir ausführliche Instruktionen. Um ihm einen männlichen Helfer zu geben, wurde der Patient zu einem Chirurgen geschickt, der genauestens darüber informiert war, wie er auf seine hypochondrischen Beschwerden reagieren solle und dass er jede neue Operation zu verweigern habe. Die erste katatonische Periode, vier Jahre vor meiner Behandlung, war nämlich durch zwei kleine Operationen ausgelöst worden, die den Narzissmus des Patienten tief verwundeten. Als ich die Ursache des Verlustes der Übertragung gefunden zu haben glaubte, besuchte ich ihn, aber er wurde gegen mich gewalttätig, und meine Erklärung war zu nichts nütze. Nicht lange darauf fand ich die wirkliche Ursache heraus. Ich hatte ihm unglücklicherweise einen Pfleger empfohlen, den er in der Heilanstalt während seiner ersten akuten Psychose gekannt hatte. All sein Hass kam zum Durchbruch, er lehnte den Mann ab, ohne zu sagen, warum, vielleicht ohne zu wissen, warum, und brach mit mir. Durch seine Schwester vermochte ich ihn davon zu überzeugen, dass ich von dieser Angelegenheit nichts gewusst hatte; er kehrte zu mir zurück und wurde noch vier Jahre lang behandelt. Er begann wieder zu musizieren und wurde Organist an einer Kirche. Er hat seine Normalität durch alle die Schwierigkeiten der letzten Jahre hindurch aufrechterhalten; seit 3 ½ Jahren habe ich nichts mehr von ihm gehört. Seine ganze Familie kooperierte mit mir; sie hatten niemals seinen vorherigen katastrophalen Zustand und die absolut hoffnungslose Prognose seines damaligen Psychiaters vergessen. Als ich diesen Kollegen ersuchte, mich den 22jährigen Patienten übernehmen zu lassen, gab er gerne seine Einwilligung, wobei er mir versicherte, dass er zwar jede psychoanalytische Bemühung für aussichtslos halte, der Fall aber so arg sei, dass ich keinen Schaden anrichten könne.

Man muss den Patienten erlauben, ausserhalb der festgesetzten Zeit zu kommen, wenn sie sich unruhig fühlen; nur selten wird man nachts gerufen. Es ist gefährlich, sie warten zu lassen, und es kann eine Katastrophe bedeuten, einmal unpünktlich zu sein. Zur Zeit des ersten Weltkriegs wurde ich einmal bei einer Militärbehörde aufgehalten und traf bei einer paranoischen Patientin, die ich nur dann sah, wenn ich gerade in die Stadt kam, um zwei Stunden verspätet ein. Infolge dieser Verzögerung hatte sie die Hoffnung auf mein Kommen verloren und Selbstmord begangen, obwohl sie von einer Pflegerin betreut wurde. Ich weiss jetzt, dass man in solchen Fällen vor der abgemachten Zeit zum Patienten gehen muss; damals meinte ich, wie jedermann, dass Psychotiker sich um solche Unhöflichkeiten nicht kümmern.

Die psychotische Übertragung ist verwundbar; darauf muss Rücksicht genommen werden, sonst wird sie unverlässlich. Wenn durch irgendeine innere Veränderung im Patienten oder irgendeinen Fehler oder Nachlässigkeit die Übertragung verlorengeht, so ermöglicht einem die mütterliche Helferin, die Behandlung durch sie fortzusetzen, und häufig stellt sich die Übertragung spontan wieder her, weil nicht versucht wird, sich dem Patienten aufzudringen. Ohne positive Übertragung hört unser Einfluss auf. Man hat den Kranken einem andern Arzte zur weiteren Behandlung zu übergeben; der Psychoanalytiker handelt hier in vollem Gegensatz zum gebräuchlichen Tun, das sich um die Missfallensäusserungen eines Geisteskranken gar nicht zu kümmern braucht. Es mag paradox erscheinen, dass der Psychotiker eher das Recht und die Erlaubnis haben soll, den Arzt zu wechseln und selber zu wählen, als der Neurotiker, das entspricht aber der Verwundbarkeit seiner Übertragung.

Viele Irrenanstalten haben vermittelst der Beschäftigungstherapie bessere Disziplin erreicht. HOLLÓS, der Verfasser des ausgezeichneten psychoanalytischen Buches über Psychose: «Hinter der gelben Mauer», warnt uns, diese Disziplin nicht auf Kosten des Selbstausdrucks des Kranken zu erlangen. Wir müssen uns dazu erziehen, den Selbstausdruck des Patienten nicht zu lähmen und seine Ansprüche auf Objektbeziehung nicht zum Schweigen zu bringen.

Es ist überflüssig, darüber zu diskutieren, ob die starke Anhänglichkeit des psychotischen Patienten an seine Helfer echte Übertragung oder eine neue Bindung ist. Beide Prozesse sind stets miteinander verbunden. In beiden Fällen ist es deutlich, dass der Kranke sich seit seiner Kindheit nach freundlichen, liebevollen Eltern und Geschwistern gesehnt hat; für die Theorie der englischen Schule, dass die Objekte in gut und böse zerlegt werden, konnte ich keinen Beweis finden. Beim Normalen ebenso wie beim Psychotiker konzentrieren sich Ichzustände mit entgegengesetzten Gefühlen auf *ein* Objekt. Beim Normalen bleibt die Trennung der Ichzustände unbewusst, beim Psychotiker wird sie eine wirkliche Spaltung.

Es ist demnach klar, dass ein psychotischer Patient zu einem andern Psychoanalytiker gehen muss, wenn er mit dem vorherigen nicht fortsetzen will. Häufig kann die mütterliche Pflegerin seine Gründe für die Treulosigkeit eruieren, ihm verständlich machen, dass sie inkonsequent sind, und so darauf hinwirken, dass er sich eines anderen besinne. Ihm einfach das Fortsetzen nahezulegen, könnte seine Übertragung auf sie ebenfalls zerstören.

Wie man sich Ferien nimmt, wenn man Psychotiker behandelt, ist ein Problem für sich, das sich nicht immer in der Weise lösen lässt, dass man den Patienten in die Sommerfrische mitnimmt. Es ist auch nicht gut, ihn vorübergehend in eine Heilanstalt zu schicken. Man muss ihn auf die Unterbrechung vorbereiten oder mit einem andern Psychoanalytiker bekanntmachen. Eine plötzliche Ankündigung der Abreise kann seine Besserung und seine Übertragung zerstören. Man ist immer wieder überrascht von der Eindeutigkeit der Reaktionen, der positiven und der negativen, psychotischer Patienten. Sie wollen, dass man ihnen hilft, von den sie verfolgenden Problemen loszukommen. Ihre schwankenden Oberflächenproduktionen sind meistenteils unkontrollierte Ergebnisse der wenigen Probleme, die traumatisch waren. Der Patient wünscht daher, psychoanalysiert zu werden, und es ist eine Treulosigkeit, die Krankheit ihren Lauf nehmen zu lassen, ohne ihm Hilfe zu leisten.

III. Der psychoanalytische Prozess

Die Psychoanalyse deckt unbewusste Ursachen und Wechselbeziehungen seelischer Akte und Reaktionen auf. Dieser Prozess ist kein kontinuierlicher, weil Widerstände des Patienten, des Analytikers, der Wissenschaft, der Gesellschaft das freie Assoziieren und unsere Bereitschaft, die freien Assoziationen des Patienten mit unseren eigenen zu verbinden, stören.

Der Widerstand ist teils manifest und bewusst, teils unbewusst; rationale Widerstände müssen durch Vernunft überwunden werden, ausser wenn affektbedingter Widerstand dahintersteht. Der Patient muss lernen, unvermeidliche seelische Schmerzen auf sich zu nehmen und affektive Schmerzen, die durch erinnertes Material erzeugt oder wiederholt werden, zu überwinden. Manche dieser Widerstände scheinen zuerst ganz irrational, werden aber durch die Aufdeckung vergangener Ichzustände mit scheinbar fernliegenden verwandten Erlebnissen klar verständlich. Sooft dank der Benützung der Übertragung ein entgegentretender Widerstand überwunden und durch Analyse Einsicht geschaffen wird, kommt neues Material an die Oberfläche, und die Analyse verläuft dann eine Zeitlang reibungslos.

Bei der Neurosenanalyse wird damit gerechnet, dass das freie Assoziieren von der Oberfläche des Bewusstseins ausgeht, etwa von Einzelheiten der Symptome, von Träumen und Phantasien, vom realen Leben oder von Übertragungsgefühlen. Das durch freie Assoziation produzierte Material und die Widerstände werden am besten durch Analogien mit gut verstandenen Reaktionen im früheren und gegenwärtigen Leben interpretiert. Bei Psychotikern kann ebenso verfahren werden. Der Unterschied ist der, dass der Psychotiker, anders als der Neurotiker, infolge von frei assoziierten Erinnerungen so sehr in seine Vergangenheit zurückkehren kann, dass er gegenwärtiges und vergangenes Erleben vermengt. Daher sind Zustände, die den Namen «Mixophrenie» verdienen, deutlicher zu beobachten als die zugrunde liegenden gespaltenen Ichzustände. Der Name «Schizophrenie» ist jedoch gerechtfertigt, weil getrennte Ichzustände nicht, wie in der Norm, vom gegenwärtigen Ich vereinigt, sondern mit ihm vermischt werden, und weil verschiedene Objekt-Erlebnisse nicht wählend mit dem richtigen Begriff verbunden, sondern ohne Wahl von ein und derselben jeweiligen Ichgrenze akzeptiert werden.

Von noch grösserer Bedeutung für den psychoanalytischen Prozess als das Interpretieren ist es, mittels freier Assoziation Kindheitssituationen und seelische Komplexe ins Bewusstsein treten zu lassen. Bei der Neurose legt man Wert auf dieses Zutagefördern verdrängten Materials zur Oberfläche des gegenwärtigen Lebens und begrüsst es. Bei der Psychose verlangsamen wir solches spontane Freiwerden noch unbewusster seelischer Komplexe und suchen ihm sogar Einhalt zu tun, weil wir uns keiner Zunahme der psychotischen Desorganisation aussetzen wollen, bevor das Ich innerhalb seiner normalen Grenzen wieder hergestellt worden ist, welche gut genug seelisch besetzt sind, um den dynamischen Kräften des Unbewussten standzuhalten. Die analytische Arbeit ist daher teils leichter, teils schwieriger; leichter infolge der grösseren Bereitschaft unbewussten Materials, zum Vorschein zu kommen, und schwieriger infolge der paradoxen Fremdartigkeit der psychotischen Produkte. Geht die Psychosenanalyse gut vonstatten, so erkennt der Patient selber die beiden Prozesse als einander entgegengesetzt: «die Masse verdrängter Gefühle» zuzudecken und sich mit seiner «erkrankten Struktur» auseinanderzusetzen und dieselbe analytisch zu bearbeiten. Wir beurteilen die erzielte Reintegration des Ichs nach dieser Fähigkeit, an den Versuchen des Psychiaters, die psychotischen Reaktionen zu untersuchen und zu erklären, teilzunehmen; soziales und berufliches Wohlverhalten, das ja häufig auf Übertragung und Regression zum Zustande eines folgsamen Kindes, nicht aber auf einer Heilung des Ichs beruht, ist kein Beweis.

Tiefsten melancholischen Stupor ausgenommen, bleiben jedoch bei jedem Psychotiker einige Ichgrenzen von Realitäten und von äusseren Beziehungen in Anspruch genommen. Dies lässt sich aus dem Wechsel des Gesichtsausdrucks des Patienten ersehen und ist retrospektiv bestätigt worden. In wahnhaften oder stuporösen Zuständen wurden Vorgänge im Krankensaal beobachtet, ja sogar kritisiert. In mündlichen Äusserungen welcher Art immer kann bald der sekundäre normale, bald der primäre psychotische Prozess vorherrschen. Die meisten Patienten gebrauchen grossenteils sekundäre Mechanismen, so dass sie wahre und scharfe Beobachtungen mitteilen und richtige Urteile äussern, verwenden aber plötzlich primäre Mechanismen, was absurde Kombinationen zur Folge hat, weil sie Symbole mit dem, was symbolisiert wird, vermischen und objektive Eindrücke dazu benützen, paranoide Projektionen und hysterische Introjektionen zu begründen. Fast immer vermengen sie Gedanken und Wirklichkeit, drücken Ideen als real aus und ignorieren Tatsachen und ihre Folgen, auch wenn sie selber vor wenigen Minuten von ihnen erzählt haben. Die Realität verliert an Bedeutung, und Ideen werden Realität. Analog ist die Veränderung, die mit den Affekten vor sich geht. Wo der Gesunde und der Neurotiker nur irgendeine affektive Reaktion fühlen würde, durchlebt der Psychotiker jene Zeiten, in denen einst die gleiche Art von Affekt erlebt wurde. Bisweilen werden diese vergangenen Ereignisse nicht nach der Analogie, sondern nach dem Kontrast ausgewählt. Jede Erinnerung kann mit vollem Affekte als Realität agiert werden.

Andererseits begegnen reale Tatsachen keinem Affekte, weil die Realität ihre Berührung mit den normalen körperlichen und seelischen Ichgrenzen verloren hat und zu einer zufälligen Assoziation degradiert worden ist.

FREUD hat die psychotische Beziehung zur Sprache studiert. Manchmal erlangte das Wort Realitätswert, manchmal schrumpften reale Tatsachen zum blossen leeren Wort ein. Der Psychotiker spricht oft ohne jedes Gefühl, wenn er in tiefster Seele ergriffen sein sollte, und bricht in Tränen oder Gelächter aus, wenn augenscheinlich nichts von Bedeutung gesagt worden ist.

Psychotische Zustände sind so wie Träume zuweilen schwer zu deuten, zuweilen leicht zu verstehen.

Kein Wunder, dass ein derartiger seelischer Zustand psychoanalytischem Eingreifen oder auf Übertragung beruhender Suggestion keine Aussichten zu bieten scheint. Doch sind die Erfolge der Psychiatrie in früheren Jahrhunderten und in unserer Zeit und die spontanen Ausheilungen oder Besserungen, so unvollständig und unsicher sie auch waren und sind, ein Beweis für die Möglichkeit einer Wiederherstellung. Bei reparierten Fällen mag die Geisteskrankheit nicht beseitigt sein, aber die normale Ichbesetzung ist wieder hergestellt, die Realitätsprüfung arbeitet wieder, die Desorganisation ist wieder nur auf Träume und unbewusste Prozesse beschränkt oder auf bewusste, die nicht mit der Realität kollidieren.

Durch genaue Beobachtung bemerkt man schon während der Psychose, dass die Fähigkeit, vernünftig zu überlegen, nicht wirklich zerstört ist; sie wird vom Patienten und von anderen, einschliesslich der Psychiater, übersehen und vernachlässigt. Bei manchen Krankheiten, besonders bei Amentia, manischen und melancholischen Zuständen, scheint das normale Wissen unbewusst geworden zu sein und offenbart sich in Träumen. STEKEL hebt hervor, dass moralische Tendenzen verdrängt und zu Ursachen von Neurose und Depressionen werden. Das Überich des Psychotikers bleibt häufig merklich das gleiche wie im gesunden Zustande, obgleich sein Einfluss unvernünftig verzerrt wird.

Meistens entdeckt man Hinweise auf Normalität in Tendenzen und Ansichten; der Patient zeigt seinen Rest von Normalität dadurch an, dass er eingesteht, er wisse, was andere Leute in seiner Lage glauben würden. Seine Widerstände haben ihre guten Gründe, und diese Gründe müssen herausgefunden werden; er hat unter der Realität gelitten und trägt kein Verlangen danach, in sie zurückzukehren. Diese Widerstände sind bei Psychotikern zumeist viel stärker als bei Neurotikern. Der Neurotiker ist selber erstaunt, wenn seine Symptome und seine abnormen Reaktionen ungeachtet seiner Einsicht fortbestehen. Wenn der Psychotiker eine normale und gesunde Ansicht akzeptiert, sieht er nicht spontan den Gegensatz zwischen seinen gesunden und seinen irren Ideen, weil seine Realitätsprüfung nicht arbeitet.

Je nach ihrer Natur wird mit den Widerständen ebenso verfahren wie bei Neurosen. Weit geringer als bei Neurotikern ist bei Psychotikern der (durch das Wiederholungsprinzip und die seelische Besetzung der unbewussten Elemente bedingte) Es-Widerstand; Hilfskräfte werden benötigt, um die Verdrängung wieder herzustellen.

Die bei Neurotikern häufigsten Widerstände entspringen dem Krankheitsgewinn und den vielen Gegenbesetzungen, welche die neurotische Verdrängung aufrechterhalten. In der Psychose ist von ihnen wenig übriggeblieben. Bei der psychotischen Reorganisation, manchmal mit gänzlich veränderten Vorstellungen von der Welt, können diese Widerstände wieder wirksam sein, aber mittels anderer Mechanismen als beim Neurotiker.

Die mit der Übertragung zusammenhängenden Widerstände sind bei Psychotikern die gleichen wie bei Neurotikern, solange einige moralische Maßstäbe bestehen bleiben. Plötzlich aber kann die Übertragung alle Zurückhaltung verlieren. Bei Psychotikern muss man daher sehr darauf achten, dem Patienten gegenüber Distanz zu halten. Wie FERENCZI vom Kinde sagte, missdeutet der Psychotiker leicht Worte und Gesten.

Der Widerstand, der durch den sekundären Krankheitsgewinn hervorgebracht wird, ist bei Psychotikern ebenso vorhanden wie bei Neurotikern.

Der alte Witz vom Manne, der mit der Frage antwortet: «Wozu bin ich denn dann verrückt?», sagt eine allgemeine Wahrheit aus.

Die Widerstände vom Überich her sind in manchen Fällen noch immer stark. In der Melancholie und in paranoiden und katatonischen Zuständen wird viel Selbstbestrafung und masochistisches Schuldgefühl befriedigt.

Bei schweren Psychosen hat die Gegenbesetzung nahezu alle Macht verloren, unbewusste Elemente am Bewusstwerden zu hindern. Ich sagte mit Absicht, dass die Besetzungen ihre Macht verloren haben, nicht, dass sie verschwunden seien. Es wäre jedoch töricht, Widerstände weiter zu analysieren, das Eindringen des Unbewussten ins Bewusstsein zu vergrössern und die Grenze zwischen Es und Ich noch mehr ins Ich zu verschieben. Doch wissen wir alle durch FREUD, JUNG, NUNBERG, BIBRING, KATAN, A. REICH und sehr viele amerikanische Autoren, dass die Produktionen des Psychotikers analysiert werden müssen, um verstanden zu werden. Bei katatonen Fällen kann auch rein unbewusstes Material, als der Ausdruck prägenitaler Grundtriebe mit ihren Objektbeziehungen der frühesten Kindheit, interpretiert werden.

Es ist daher ein technisches Problem jeder Stunde, zu entscheiden, ob wir versuchen sollen, den Patienten zur Normalität zurückzuführen, oder vielmehr seinen psychotischen Zustand dazu benützen sollen, ihn mit seinen tiefsten Begehrungen, Triebregungen, Konflikten, Ängsten und Schrecken fertig werden zu lassen.

Bevor ich diese Frage beantworte, muss ich dem Einwande begegnen, dass es unmöglich sei, einem wahnsinnigen, unvernünftigen Geschöpfe die tiefen und dunklen Schichten seiner Seele aufzuzeigen, wenn die zünftige Psychiatrie selbst noch immer nicht von deren Vorhandensein überzeugt ist. Ist denn nicht der Psychotiker ganz ausserstande, etwas zu verstehen oder etwas, das er allenfalls verstanden haben mag, zu verwerten?

Beide Argumente sind durch die Erfahrung als unstichhaltig erwiesen worden. Ich habe das von meinem ersten schizophrenen Fall gelernt, die, wenn sie einen Rückfall bekam, immer sagte: «Alles ist anders.» Ich fragte sie, was sie damit meine, und sie antwortete, ich müsse das wissen; da sie aber meine Unwissenheit sah, fragte sie mich, ob ich denn nicht sehe, dass das Zimmer voll von Farbe sei. (Es war die im ersten Teil dieses Kapitels erwähnte Malerin.) Farben waren nicht als Farben verändert, aber sie waren dreidimensional, das Zimmer in der Weise ausfüllend, dass von einem roten Vorhang die Farbe als eine durchsichtige oder undurchsichtige, aber stoffliche *rote* Substanz zu ihrer Person kam. Das bedeutete, dass das Problem, sich für die rote Farbe zu interessieren, zu etwas Räumlichem und Stofflichem symbolisiert und materialisiert worden war, dass die Vorstellung: «Diese rote Farbe interessiert mich», auf sehr primitive Weise durch die Apperzeption repräsentiert wurde, dass der Vorhang sie *erreiche; der Gedanke war Stoff geworden.* Ich erklärte ihr diesen Mechanismus, und sie verstand. In späteren Jahren verstanden meine psychotischen Patienten das, was, so fürchte ich, den Psychologen und Psychiatern verständlich zu machen ich nicht lange genug leben werde. Wie meine Malerin fühlten sie, dass ihr Körper-Ich, nicht nur ihr seelisches Ich, von der Idee des roten Vorhangs berührt wurde.

Es ist anzunehmen, dass in der Frühkindheit nichts als fern wahrgenommen wird, alles körperlich und seelisch die sinnliche Oberfläche des Ichs berührt.

FREUD sagte, es gebe zwei Arten, den Zusammenhang zwischen unbewussten Elementen und ihren bewussten Repräsentanzen zu verstehen: logisch und erlebnishaft. Das logische Verstehen ist von geringer therapeutischer Wirkung, während dieselbe Erklärung, vom Analysanden durch eigenes Erleben produziert, heilend wirkt. Der Psychotiker nun hat wenig oder gar kein logisches, aber viel erlebnishaftes Verständnis. Was er spontan versteht, muss er von seinen eigenen Illusionen und primitiven Rationalisierungen unterscheiden lernen.

Die Frage, ob man das von Psychotikern produzierte unbewusste Material zu weiterer Analyse benützen soll oder nicht, ist beantwortet. Es ist gefährlich, noch tiefere Schichten emporzurufen und Probleme in die Seele des Patienten hineinzubringen. Wenn sein Unbewusstes produktiv ist, müssen wir ihm helfen, die Bedeutung seiner erstaunlichen Produkte durch Benützung seines logischen Verständnisses und seiner Selbstbeobachtung zu entziffern, und mit ihm gemeinsam die hervorbrechenden Produkte seines Unbewussten eines nach dem anderen übersetzen. Die Übersetzung umfasst drei Arten von Erklärung: 1. Die Wichtigkeit seiner Kränkungen an und Konflikte mit der Aussenwelt. Der Psychotiker selbst ahnt nicht die ins einzelne gehenden Reaktionen auf die Realität, die in seinen seelischen Hervorbringungen verborgen sind. 2. Wie vergangene Ichzustände und Situationen wiedergekehrt und wieder zu verdrängen oder als Erinnerungen zu erkennen sind. 3. Wie die Fremdartigkeit und Widersinnigkeit seines seelischen Zustandes auf spezifischen inneren Prozessen beruht. Positive Übertragung vorausgesetzt, gibt es immer eine Menge Ausgangspunkte für solches Analysieren, ohne den Patienten aufzuregen.

Es ist paradox, dass bei der Psychose die Psychoanalyse die Realitätsbeziehung hinter dem produzierten unbewussten Material, nicht das Unbewusste hinter dem Bewussten zu finden hat. Der Unterschied liegt nicht in der Zielsetzung, sondern in der Verteilung der Aufgaben. Auch die Neurosenanalyse muss den Zusammenhang mit den reizauslösenden Konflikten im realen Leben, einschliesslich der Übertragung, finden sowie den Anteil der vergangenen Reaktionen an den gegenwärtigen unterscheiden und durch Aufzeigung der Phänomenologie, Psychologie und Metapsychologie der Prozesse Selbstbeherrschung hervorbringen.

Die Psychoanalyse arbeitet auf dieselbe Art, wenn sie dazu verwendet wird, Fehlleistungen aufzuklären. Bei aller Psychopathologie des Alltagslebens werden die Aufgaben des realen Lebens von unbewussten Elementen durchkreuzt oder kontaminiert. Fast immer haben wir eine verborgene Bedeutung in der Realitätsbeziehung zu entdecken, die den unbewusst zustande gekommenen Fehler oder das Sich-Versprechen aufklärt. In meinem 1932 gehaltenen Vortrag: «Die Ichbesetzung bei den Fehlleistungen» [1] legte ich dar, dass Fehlleistungen auf einem psychotischen, nicht auf einem neurotischen Mechanismus beruhen. Sowohl bei der Fehlleistung als bei der Psychose sind Widerstände geringer geworden und haben nicht vermocht, die Verdrängung aufrechtzuerhalten, so dass sie auf Gebieten, die vorbewusstem Funktionieren vorbehalten sind, wie Sprache, Motorik und Wiedererkennen, unbewusste Prozesse wirksam sein lassen. Bei beiden hat die Ichbesetzung eine Veränderung erlitten: bei der Fehlleistung auf ganz kurze Zeit und mit einem Schlage, bei der Psychose auf lange und nach einem vorbereitenden Zustand von Unsicherheit.

Wir verstehen, warum durch die übliche Art zu analysieren latente Psychosen provoziert werden. Bekämpft man Widerstände durch Übertragung und analysiert die Übertragung und fördert die freie Assoziation, so wird die Psychoanalyse unheimlich reibungslos. Wenn nicht der Analytiker durch dieses Gefühl gewarnt wird, so verschwinden Zwangsvorstellung und Hysterie schnell; der Patient analysiert sich selber zwischen den Stunden, er entdeckt noch mehr, als der Analytiker erriet, er bringt von Stunde zu Stunde mehr Material, und plötzlich sind Material und Patient psychotisch geworden. Es ist leicht, diese Veränderung hervorzurufen, und schwer, sie rückgängig zu machen. Glücklicherweise ist sie nicht immer irreversibel.

Bevor ich beschreibe, auf welche Weise man Widerstände wieder herstellt und die normale Ichbesetzung zu den verlassenen Ichgrenzen zurückkehren lässt, möchte ich noch einmal betonen, dass bei manifesten und latenten Psychosen die typische Neurosenanalyse schadet und aufgegeben oder nur in homöopathischen Dosen [2] verwendet zu werden hat. Die Mittel zur Wieder-

---

[1] Imago XIX, 1933, 312–338, 433–453.
[2] Wir gebrauchen diesen Vergleich darum, weil die Homöopathie so kleine arzneiliche Reize gibt, dass sie keine Funktion zu hemmen und nur sehr langsame Veränderungen hervorzurufen imstande sind.

herstellung von Widerständen sind: 1. Verzicht auf freie Assoziation, weil weiteres unbewusstes Material nicht benötigt wird, da genug durch den krankhaften Prozess selbst dargeboten ist. 2. Verzicht auf Analyse der positiven Übertragung, weil ohne sie psychotische Patienten nicht behandelt werden können; negative Übertragung kann natürlich von selbst kommen und muss durch Erklärungen, Psychoanalyse und unser Benehmen überwunden werden. 3. Verzicht auf Hervorrufung einer Übertragungsneurose. Eine Übertragungsneurose entwickelt sich schnell zu einer Übertragungspsychose, der Analytiker wird ein Verfolger, welcher in wahnhafte und halluzinierte Konstruktionen aller Art hineingebracht wird, für die ich am liebsten BLEULERS Wort: «dereierendes» Denken gebrauchen möchte. Diese Entwicklung ist gefährlich und kann weiteres Arbeiten unmöglich machen. 4. Verzicht auf Analyse von Widerständen, welche die Verdrängung aufrechterhalten, weil wir nicht wünschen, mehr verdrängtes Material und mehr primäre Prozesse freizumachen. Die Verantwortlichkeit gegenüber dem Patienten verbietet dem Analytiker, ihn psychotischer zu machen.

Damit, dass gewohntes Handwerkszeug der Psychoanalyse beiseite gelegt wird, wird nicht auf die Psychoanalyse selbst verzichtet; sie wird auf das Material und die Symptome angewendet, die der krankhafte Prozess blossgelegt hat. Jeder Zusammenhang dieses Materials mit traumatischen Konflikten wird aufgeklärt und analysiert, ebenso alle anderen Widerstände, mit Ausnahme der Gegenbesetzungen, welche Verdrängungen aufrechterhalten.

Zwischen Widerständen, die sich gegen das Gesundwerden, und solchen, die sich gegen unbewusstes Material richten, wird ein Unterschied gemacht. Zum Beispiel bemüht man sich, Schuldgefühle und Ängste zu verringern, sowohl solche, die reale Objekte haben, als auch solche, die von Illusionen und von unbewussten Tendenzen hervorgerufen werden. Phobien aber werden in Ruhe gelassen, weil sie gegen tiefere Ängste und Konflikte schützen; desgleichen werden positive Beziehungen, die etwas Sicherheit geben und Vergnügen bereiten, nur in seltenen Fällen analysiert. Einer meiner Patienten wechselte während der Behandlung die Religion, wurde bigott und hatte Phobien vor Polizisten und vor Sozialisten. Diese und andere Verschrobenheiten überwand er erst, als seine in den Jugendjahren wurzelnden Hauptkonflikte durch Analyse bemeistert wurden.

Die Regression nicht zu vergrössern, ist die wichtigste Kautele bei der Psychosenanalyse. Ein solches Vorgehen begünstigt die gleiche Abkapselung der psychotischen Dauerreaktionen, wie sie bei der Selbstheilung eintritt, die ja auch meist nur praktisch genommen eine ist. Die Erfahrung lehrt aber, dass solch eine relative Fähigkeit zum vernünftigen Beherrschen der unvernünftigen Vorstellungen und Reaktionen von selber weiter zunimmt, wenn es gelungen ist, den Kranken überhaupt wieder einem sozialen Milieu und einer Tätigkeit zuzuführen. Solche ungeheilte Kranke sperren sich gegen ihre Wahnideen ab und haben eine Krankheitseinsicht gewonnen, die keine volle zu sein braucht, die unsicher und zweifelnd bleiben kann, und doch genügt, um ihre krankhaften Einstellungen vom realen Leben fernzuhalten – auch das nur in einem praktisch genügenden Ausmasse. Dieses Ausmass ist aber ein guter Index, um den psychoanalytisch geschulten Helfer erkennen zu lassen, wann eine aktuelle Schwierigkeit den Kranken in Gefahr bringt und er sowohl bei dieser aktuellen Schwierigkeit als auch in bezug auf die stärker gewordenen ungelösten unbewussten Konflikte Unterstützung und Aussprache braucht.

Es ist deutlich, dass wir mit unserer Veränderung der Technik die Idee der Notwendigkeit einer sogenannten vollkommenen Analyse und die Hoffnung auf eine klinisch vollkommene Heilung fallen lassen. Wir begnügen uns damit, unseren Patienten zu einem aktiven Leben zurückkehren zu sehen, manchmal ohne psychotische Reste, manchmal fähig, solche dauernd zu dissimulieren. Viele Fälle übertreffen Erwartung und Versprechen, keinem Erfolge aber kann so sehr getraut werden, dass die potentielle postanalytische Betreuung ausser acht gelassen wird.

Wie man die Einmischung unfreundlich gesinnter Kollegen vermeidet, ist ein ähnliches Problem wie dasjenige, welches seinerzeit FREUD aufwarf, als er sagte: «Wie man mit der Familie des Patienten umgehen soll, wüsste ich nicht zu sagen.» Familien haben seither gelernt, wie sie sich gegen psychoanalysierte Neurotiker zu benehmen haben, und zugleich mit ihren Psychiatern werden sie lernen, wie sie sich gegen psychoanalysierte Psychotiker zu benehmen haben. Die Zeit, wo zwischen Psychoanalytiker und Psychiater keine Kluft bestehen wird, ist nicht mehr ferne. Viele Psychiater wenden bereits ihre Kenntnis der Psychoanalyse auf psychotische Patienten an; Methoden wie die Gruppenanalyse TRIGANT BURROWS und SCHILDERS und wie die psycho-dramatische Methode MORENOS können sehr nützlich sein. Die Technik FROMM-REICHMANNS ist die beste bisher so verwendete psychoanalytische Methode.

Alle diese Änderungen der Technik sind mehr bei Schizophrenen anzuwenden als bei Manisch-Depressiven; letztere erfordern nur während voller Anfälle etwas Abänderung; während leichterer Perioden und während der Intervalle wird die normale Methode der Analyse verwendet. Aber man hat dabei immer an die latente Psychose zu denken; der Patient selbst muss das wissen, damit er mithilft, die Behandlung zu Ende zu führen.

Der Beginn eines melancholischen oder manischen Zustandes unterbricht das freie Assoziieren, wenn es nicht vom Analytiker forciert wird. Man gibt dem spontanen Wunsch des Patienten nach Konversation und Diskussion nach und räumt den Widerstand und die Übertragungsschwierigkeiten lieber aus dem Weg, als dass man sie analysiert.

Die Vorschrift, einem psychotischen Patienten die Wahrheit zu sagen, erstreckt sich auch auf sein Wissen um die psychotische Natur seiner Krankheit. Der Manisch-Depressive will, wie alle Psychotiker, sich selbst täuschen und versucht den Analytiker davon zu überzeugen, dass seine Psychose für immer vergangen sei. Mit dieser Meinung darf man nur dann einverstanden erscheinen, wenn man überzeugt ist, dass es wahr ist. Unsere Überzeugung, dass die Psychoanalyse eine Psychose heilen kann, wird in so hohem Masse den Patienten zu diesem Glauben ermutigen, dass ein Eingeständnis des Vorhandenseins einer Psychose nicht eine hoffnungslose Katastrophe bedeutet. Wir wissen heute, dass das mangelhafte Ich bei einer Psychose und die Dysfunktionen des Ichs bei einer Neurose geheilt werden können. Dadurch, dass die Psychose eine Ichkrankheit genannt wird, wird jeder erschreckende Eindruck vermieden. Um geheilt zu werden, muss der Psychotiker mitarbeiten, und dazu muss er die Natur seines «Anderswerdens» verstehen; wenn er zwischen dem psychotischen und dem normalen Ichzustande keinen Unterschied macht, so kann er nicht geheilt werden.

Jeder Patient, einschliesslich des Neurotikers, hat zu lernen, dass es auf Versagung, Schmerz und Krankheit zwei Reaktionen gibt; die eine ist, alles, was mit den Ursachen von Versagung, Schmerz und Krankheit zusammenhängt oder an sie erinnert, in Acht und Bann zu tun; die andere ist, zu wissen, dass man Versagung, Schmerz und Krankheit aushalten muss und ihrer Herr zu werden hat, indem man ihre Ursachen anerkennt. Die eine bedeutet Hilfe, die andere Heilung. Die Hilfe ist illusionär und hat auf unheilbare Fälle beschränkt zu werden.

Wenn der Manisch-Depressive die Phänomenologie seiner Krankheit erfasst hat, kann er sich viel besser schützen. Drei Haupttatsachen sind es, die er wissen muss: 1. In beiden Phasen ist der Narzissmus die Quelle seiner affektiven Verwundbarkeit, die entsprechende Aufgabe ist mithin, die Libido von der narzisstischen Besetzung auf Objekte zu verschieben. 2. In beiden Phasen verdeckt die generelle Reaktion spezielle Reaktionen, als ein Abwehrmittel, um die realen Ursachen zu verbergen. 3. In beiden Phasen reagiert der Patient, statt Versagung als Schmerz zu akzeptieren, mit Aggression, weil er seine Libidobefriedigung behalten will. Später bezahlt er dieses Sich-Nachgeben mit absolutem und dauerndem Schmerz.

Beide Reaktionen verdecken spezifische Konflikte durch vollständige Besetzung des Ichs, mit Libido bei der manischen, mit Mortido bei der melancholischen. Bei jedem Rückfall haben daher irgendwelche bestimmte Versagungen gefunden, analysiert und akzeptiert zu werden. Weil dieser Prozess schmerzhaft ist, muss die positive Übertragung beschützt werden. Durch Analyse und Beschützung dieser Art verhüten wir die Steigerung der generellen Reaktion und können zur gegebenen Zeit auf die gewöhnliche Weise fortsetzen.

Selbstmord des Melancholikers ist die grösste Gefahr; deren Ausmass lässt sich nach dem Stärkeverhältnis von Narzissmus und Objektlibido und von unbefriedigtem und befriedigtem Narzissmus beurteilen, welches zum grossen Teil von Liebeserwiderungen und Liebesversagungen abhängt. Selbstmordprophylaxe bedeutet, dass eine Verbesserung in diesen Stärkeverhältnissen herbeizuführen eine Heilung darstellt; davon abgesehen stellt beständige Wachsamkeit eine Hilfe dar. Manchmal ist das absolute Leiden während der Melancholie so gross, so viel grösser als die Summe des Lustgewinns in den guten Perioden, dass der «Libidoökonom» solchen Selbstmördern keinen Vorwurf machen kann. Unser Ziel jedoch ist, dem Tode jedes Patienten zu wehren, insbesondere, solange seine Mutter lebt.

Die hier beschriebene Änderung der Technik wird äusserlich dadurch gekennzeichnet, dass wir den Patienten uns gegenüber sitzen lassen und nicht die «Grundregel» auferlegen. Es wird in seine Handlungen eingegriffen, wir sind in ständiger Verbindung mit seinen Angehörigen, und es ist die analytische Helferin da. Am Ende der Stunde pflegte ich die Helferin in mein Ordinationszimmer zu rufen und den Patienten teilnehmen zu lassen, während ich Probleme und Lösungen wiederholte, die während der Stunde zur Sprache gekommen waren.

Die Behandlung zu beschreiben ist schwieriger als sie durchzuführen. Es ist immer gut, FREUDs Rat zu befolgen, von der Oberfläche des Bewusstseins auszugehen. FREUD gab mir, als ich ein begeisterter, unerfahrener Anfänger war, einen weiteren Rat, welcher jetzt trivial scheint, damals aber, als Widerstand und Übertragung noch unentdeckt waren, sehr nützlich war. Er sagte mir: «Denken Sie immer daran, dass Ihr Patient am nächsten Tage wieder zur Behandlung kommen soll.» Dieser Rat ist für Neurotiker heute überholt, gilt aber noch immer für Psychotiker – mit welchen wegen der Unverlässlichkeit ihres Ichs und der Verwundbarkeit ihrer Übertragung kein Kontrakt geschlossen werden kann.

Wenn man mit *einer* Schwierigkeit beginnt, die aufgeklärt wird, und dadurch Erleichterung verschafft, so wird der Patient wiederkommen; Erklärung erledigt einige Ängste oder Betrübnisse. Es darf kein Missverständnis zurückbleiben; der Psychoanalytiker teilt mit dem Patienten die Akzeptierung der psychotischen Verfälschungen als Realitäten, seine Betrübnisse und Ängste, und zieht mit ihm auf dieser Grundlage Schlüsse. Sobald man überzeugt ist, dass durch dieses Vorgehen der Patient sich verstanden fühlt, wird die wahre Realität im Gegensatz zur Verfälschung dargelegt. Dann zeigt man: 1. welche aktuelle Versagung, Betrübnis oder Befürchtung von der Verfälschung repräsentiert wird; 2. welche tiefe Angst, Konflikt oder Versagung eine primäre Ursache der Verfälschung ist; 3. welche Ichgrenzveränderungen den Prozess der Verfälschung möglich gemacht haben.

Diese Methode gründet sich auf unsere Kenntnis des metapsychologischen Prozesses der Schizophrenie. Ich wurde der Richtigkeit und Bedeutung meiner Entdeckung auf diesem Gebiete dadurch gewiss, dass ich sie vom Schizophrenen selbst verstanden und akzeptiert sah. Der Schizophrene hat in dieser Beziehung ein gutes Urteil.

Die Fähigkeit des Patienten, Verfälschungen als Material zu benützen, aus dem er in vernünftiger Weise Schlüsse zieht, setzt in Erstaunen; es entspricht aber dem Hauptmechanismus der Schizophrenie.

FREUD sprach von primären und sekundären Mechanismen, indem er die Sprache der Psychologie seiner Zeit mit der Terminologie der mechanistischen Energielehre kombinierte. Seine eigene grundlegende allgemeine Entdeckung war die des Abwehrcharakters vieler Mechanismen. Das Besetzen der Ichgrenzen mit seelischer Energie, namentlich mit Libido und Mortido, ist ein Mechanismus im Sinne FREUDS; er selbst charakterisierte hypochondrische Symptome und Schmerz als Anhäufung von Besetzung in gewissen Organen, auch sagte er, dass bei der Angst die Besetzung im Ich gesteigert sei. Alle diese Prozesse scheinen mir Mechanismen im Sinne FREUDS zu sein und als Abwehrmechanismen verwendet werden zu können.

BLEULER fand, dass bei Schizophrenen der Grundprozess die Spaltung zwischen Assoziationselementen und zwischen Affekt und Inhalt ist. Die französische Schule, von JANETS allgemeinerer Konzeption der leib-seelischen Unzulänglichkeit ausgehend, gipfelte in MINKOWSKIS Aussage, dass die Grundstörung der Verlust der vitalen Berührung mit der Realität sei. BERZES Theorie der Herabsetzung des Niveaus der psychischen Aktivität scheint mir den krankhaften Prozess richtig, jedoch zu allgemein, zu beschreiben.

Meine eigene – früher und selbständig durchgeführte – Untersuchung der Ichphänomenologie führte mich zu einer metapsychologischen und phänomenologischen Verdeutlichung der schizophrenen Grundstörung. Mich

JASPERS anschliessend, trenne ich Realitätsempfindung und Realitätsprüfung. Weil die Ichgrenzen ihre Besetzung verlieren, werden Ideen, Gedanken und Erinnerungen durch die Realitätsempfindung als real erlebt und hören auf, blosses Denken zu sein. Jede einzelne Verwandlung von Gedachtem in etwas Reales wird als absolut gewiss gefühlt und lässt sich durch keine Realitätsprüfung oder vernünftige Überlegung und noch weniger durch Vernunftgründe anderer rückgängig machen. Seelische Prozesse, von denen sich die Ichgrenzen zurückgezogen haben, treffen das körperliche und das seelische Ich von aussen und müssen für das pathologische Ich mit seinen verengerten Grenzen real sein.

Der Vergleich des schizophrenen Zustandes mit dem Traume ist von verschiedenen Autoren näher ausgeführt worden, in Deutschland von KURT SCHNEIDER und seiner Schule. Der Grundmechanismus der Realitätsempfindung ist bei der Schizophrenie der gleiche wie beim Traum. Man kann nicht sich selber dazu bereden, seinen Traum nicht als Realität hinzunehmen. Man kann nur erkennen – selten während des Traums, aber immer, wenn man aus dem Schlafe erwacht –, dass man seinen eigenen seelischen Prozess als Realität durchgemacht hat.

Der Schizophrene ist nicht in der Lage, aus seinen pathologischen Realitäten zu erwachen; er lebt in ihnen und vermischt sie mit den Realitäten des Lebens und verfälscht sie wechselweise. Auch wenn der schizophrene Prozess fortgeschritten ist und die meisten Erinnerungen und Objektrepräsentanzen verfälscht hat, ist der Schizophrene noch imstande, sich mit seinem unbrauchbaren Material in vernünftiger Weise zu befassen. Das gilt selbst von den vorgeschrittensten Fällen. FREUDS Wort, dass der Patient immer recht habe, trifft auf den Psychotiker mehr zu als auf den Neurotiker. Es stellt sich heraus, dass der Schizophrene immer recht hat, sobald wir seine Welt verstehen und akzeptieren und verstehen, was seine verzerrten Ausdrücke bedeuten und wie wohl-motiviert seine Handlungen und Reaktionen sind.

Während unsere Behandlung den Patienten nicht dazu zwingen oder überreden kann, die Realitätsempfindung seiner Verfälschungen fallen zu lassen, kann seine Vernunft dazu benutzt werden, ihn einsehen zu machen, dass ein Teil seines Ichs infolge dieser Erkrankung, welche Gedanken und Realität vermengt, nicht mehr verlässlich ist. Damit, dass der Patient dies lernt, hat er sehr viel gewonnen; von diesem Augenblicke an hören allmählich die Illusionen auf, eine weitere Verwirrung der Produkte des normalen Teiles seiner Persönlichkeit zu bewirken.

Der nächste Schritt ist, dass der Patient lernt, an sehr feinen phänomenologischen Differenzen die Ichgrenzen mit normaler Besetzung von jenen zu unterscheiden, von denen die Besetzung abgezogen worden ist. Zugleich beginnen die Realitäten, die normalerweise Ideen und Gedanken wären, als Pseudo-Realitäten erkannt zu werden.

Durch den schizophrenen Prozess werden frühere Ichzustände isoliert und erlangen volle Realität. Die Psychoanalyse befasst sich mit diesen Zuständen in voller Anerkennung ihrer Realität, indem wir dem Patienten sagen, dass es wiederbelebte Kindheitszustände seines Ichs sind. Wenn wir einen Schizophrenen behandeln, behandeln wir in ihm mehrere Kinder verschiedenen Alters. In dieser Hinsicht wird die Analyse auf dieselbe Weise durchgeführt wie bei einem Kinde. Vielleicht würde es sich verlohnen, bei schweren Fällen die Spielmethode zu versuchen.

Durch alle die bisnun angeführten Mittel wird die Analyse für Patient und Psychoanalytiker interessant und gibt dem Patienten mehr Gleichgewicht und Sicherheit. Die Heilung selbst kommt dadurch zustande, dass wir die Trieb- und Affektkonflikte finden und beschwichtigen, welche die Abziehung seiner Ichbesetzung verursacht haben; diese Abziehung erfolgte teils zur Abwehr, teils aus Erschöpfung infolge allzu vieler und allzu tiefer narzisstischer Kränkungen. Wir lassen die Kindheitszustände im Patienten viele Konflikte loswerden, die sich unbewusst anhäuften, bis sie einen Zusammenbruch der Ichgrenzen zur Folge hatten. Wir lassen ihn die aktuellen Konflikte, welche die alten erweckten und von ihnen verstärkt wurden, verstehen und akzeptieren. Wir stärken seine Ichzustände durch die neue Identifizierung mit uns und befriedigen seine Objektlibido durch die positive Übertragung und durch unsere Hilfe im realen Leben. Durch alle diese Mittel wird seine Abwehr überflüssig und werden die Libidoquellen in den Stand gesetzt, den Besetzungsverlust wiedergutzumachen.

Meine ichphänomenologischen Anschauungen stehen mit FREUDS Ichpsychologie im Einklang, wie auch mit ADOLF MEYERS Konzeption der Ichintegration. Doch besteht bezüglich des Prozesses des «Realitätsverlustes» zwischen mir und FREUD ein Unterschied. FREUD sagte, dass das Ich auf die Begegnung mit der Realität und die Kontrolle durch dieselbe verzichtet und unbewussten Triebregungen und ihren vom Es her sich eindrängenden Repräsentanzen nachgibt. Ich fand, dass nicht der «Realitätsverlust» der entscheidende Schritt von der Normalität oder von der Neurose zur Psychose ist, sondern der «Realitätsgewinn» dessen, was vorher blosser Gedanke gewesen ist. Realitätsverlust ist die Folge, nicht die Ursache, der grundlegenden psychotischen Mangelhaftigkeit.

Durch genaue Erforschung der beobachtbaren Veränderungen der Objektvorstellung gelangte ich zur Überzeugung, dass die Realität nicht vom

Ich aufgegeben wird, sondern dass es dem Ich unmöglich wurde, die Realitätserkenntnis aufrechtzuerhalten, weil eine falsche Realitätsvorstellung eintrat, welche stärker ist als jede Erinnerung an die gesunden Realitätsanschauungen. Bei allen beginnenden Schizophrenien, einschliesslich ganz rezenter Paranoia, kam es zur ersten falschen Realitätsvorstellung beim Nachdenken über etwas Geschehenes, nicht während des Geschehens selbst. Dieser ersten falschen Vorstellung gehen immer fremdartige Gefühle vom eigenen Ich voraus, oder sie wird von solchen begleitet.

Entfremdung ist der charakteristische erste Schritt auf dem Wege, die Realität zu verlieren. Entfremdung nun besteht, wie ich bewiesen habe, in der Besetzungsveränderung der Ichgrenzen. Zuerst geht die libidinöse Komponente der Besetzung verloren. Bei gewöhnlichen Fällen von Entfremdung wird über keinen weiteren Besetzungsverlust geklagt. Bei beginnender Psychose wird von manchen Denkprozessen alle Ichbesetzung, nicht die Libidobesetzung allein, abgezogen, und infolge dieses schizophrenen Grundmechanismus sind manche Denkprodukte nicht mehr innerhalb der seelischen Ichgrenzen; was jedoch ausserhalb unserer Ichgrenzen geschieht, das wird als wahrhaft real und wirklich wahr gefühlt. Keine Realitätsprüfung tut diesen Realitätsgefühlen Abbruch. Dieses erste Stadium des Realitätsgewinnes von Gedanken wurde von mir wiederholt beobachtet, wenn ich «geheilte» Patienten unmittelbar nach einem Rückfall sah. Aber auch ohne Gelegenheit zu haben, den schizophrenen Prozess in seinen Anfängen zu untersuchen, kann man sich von diesem Sachverhalt überzeugen, wenn man Berichte vorgeschrittenerer schizophrener Fälle über ihre allererste Heimsuchung hört. Je früher nach dem Beginn der Zurückziehung von Ichgrenzen die Psychotherapie einsetzt, desto besser sind die Aussichten auf rasche Besserung. In einem Falle bemeisterte eine Woche Psychoanalyse den dritten Rückfall, während der Fall bei früheren Schüben viele Monate hindurch anstaltsbedürftig gewesen war.

Wenn der erste Schritt des Realgewordenseins von Gedanken geschehen ist, ist die nächste Folge davon die Deutung objektiv realer Tatsachen mittels fälschlich als real vorgestellter; viele neue Verfälschungen, denen jedoch nicht der volle Wert gefühlter Realität eigen ist, sind das Ergebnis. Dann folgt, als eine Massnahme zur Vermeidung entgegengesetzter und daher beunruhigender Feststellungen, eine Skotomisation für die objektive Realität, insoweit sie mit der psychotischen kollidiert. Erst jetzt tritt «Realitätsverlust» ein. Ich widerspreche also FREUD nur insofern, als ich beobachtete, dass der «Realitätsverlust» nicht der erste Schritt ist, sondern schon zum «Selbstheilungsprozess der Psychose» gehört. Je rascher entgegengesetzte objektiv richtige Vorstellungen von äusserem Geschehen völlig abgelegt werden, ein um so geringerer Realitätsverlust tritt ein, und ein um so besser abgekapselter und systemisierter verfälschter Realitätszustand ist das Ergebnis.

Der geschilderte Prozess ist nicht der einzige der Abziehung der Ichbesetzung bei der Schizophrenie. Mit ihm verbunden, aber deutlich zu unterscheiden, ist der Mechanismus der Regression auf einen früheren Ichzustand. Da eine solche Regression plötzlich aufhören oder zurückkehren kann, kann sie nicht anders als durch Besetzungsveränderungen verursacht sein. Man muss annehmen, dass onto- und sogar biogenetisch erreichte reife Ichzustände Besetzung verlieren können. Bei der Schizophrenie tritt manchmal Verlust allen Interesses durch Regression an die Stelle des Realitätsverlusts des gegenwärtigen Ichs. Vielfach aber fehlt dem regressiven Zustand selber die Ichgrenzenbesetzung, und er lebt in verfälschten Teil- oder Gesamtrealitäten. Bei jedem Rückfall muss man daher sowohl die gegenwärtigen getrübten Realitätsvorstellungen als auch die regressiven aufklären; diese Unterscheidung macht den schwierigsten Teil der Psychosen-Analyse aus. Manchmal besteht Entfremdung oder Depersonalisation nur bei Regression.

Es existiert noch eine andere Form des Verlustes der Ichgrenzenbesetzung. Es ist die am meisten in Erstaunen setzende und oft erwähnte, aber selten verstandene Form, weil gesunde Individuen sich ihrer potentiellen Ichgrenzen in ihrem Körper nicht bewusst sind. Wenn innere Organe ihre Ichbesetzung verlieren, so wird die Selbstwahrnehmung des Körpers eine andere. Dies ist ein sehr häufiges Frühsymptom bei schwerer Schizophrenie. Häufig traten Jahre, bevor sich andere schizophrene Symptome entwickeln, vorübergehend hypochondrische Zustände auf, die nach FREUDS Erklärung auf einer Steigerung der Libidobesetzung in dem betreffenden Organ beruhten. Durch genaue phänomenologische Beobachtung erschloss ich, dass das libidinös überbesetzte Organ als ausserhalb des Körper-Ichs befindlich gefühlt wird. Wenn von Teilen des Körpers alle Ichbesetzung abgezogen wird, so kann der Patient über die sonderbarsten Verzerrungen seiner Körper-Selbstwahrnehmung klagen oder auch sie nur schildern; vielfach ist Angst und Entfremdung mit einem unheimlichen Körpergefühl verbunden. Wie BIBRING nachwies [1], kann die paranoische Trugwahrnehmung der Aussenwelt von einer solchen «Exterritorialität» eines inneren Organs, bei seinem Falle im Verdauungskanale, ihren Ausgang nehmen. Solche Veränderungen des Körperichs sind schwer zu schildern; doch sind sie dem Psychotiker selbst wohlbekannt und werden von ihm zum Grübeln und zur weiteren hypochondrischen

---

[1] «Klinische Beiträge zur Paranoiafrage II. Ein Fall von Organprojektion». Int. Ztschr. f. Psychoanalyse, XV, 1929, S. 44.

Theoriebildung benutzt. Zum Erstaunen des Psychiaters ist der Patient imstande, die dynamische Veränderung des eigenen Ichs zu verstehen. Sein ganzes Interesse für veränderte Selbstwahrnehmungen ist offensichtlich narzisstisch (oder autistisch, introvertiert und introspektiv). Doch beginnt infolge seines Verstehens ein mehr objektives Interesse seine narzisstische Einstellung zu stören; dies ist dem therapeutischen Ziele förderlich, narzisstische Besetzungen in objektlibidinöse umzuwandeln.

Bei der Psychoanalyse von Neurotikern ist die eigene Person des Patienten immer mit im Spiele; doch wird infolge der Psychoanalyse die Selbstbeachtung immer geringer, weil jede akzeptierte Erklärung den Patienten von Schwierigkeiten befreit, die ihn introspektiv machen. Dies trifft noch mehr auf heilbare Psychotiker zu, deren krankhafte Selbstwahrnehmungen den Kern von Wahnvorstellungen und von verfälschtem Denken bilden. Ferner scheint es, dass das Interesse für die gestörte Ichfunktion des Patienten die verlorene Besetzung der Funktion wiederherstellen hilft.

Dies ist ein wichtiger ergänzender Mechanismus bei der therapeutischen Psychoanalyse von Psychosen. Er zeigt sich in der langsamen, aber stetigen Besserung, die in jeder Stunde, in der ein falscher Eindruck als ein solcher verstanden oder eine Ichreaktion erklärt wurde, zu beobachten ist. Damit wurde die Aufmerksamkeit des Patienten auf sein Ich als ein Objekt der Beobachtung und der vernünftigen Überlegung gelenkt. Es ist sicher, dass durch jede einzelne derartige Zuwendung von Aufmerksamkeit die Besetzung des Ichs gestärkt und eine Zeitlang die normale Ichgrenze wieder hergestellt wird. Diese Ich-Wiederherstellungen halten immer länger an. Wenn sie dauernd geworden sind, richtet sich das Interesse des Patienten spontan auf den Analytiker, die Helferin, die Behandlung und auf die normalen Beschäftigungen, die er im Stich gelassen hat. Das ist sehr nützlich, weil jede Steigerung der Objektlibido die narzisstische Verwundbarkeit verringert.

Auf diese Art durchgeführt, besteht die Psychoanalyse im Grunde darin, schrittweise dem Ich normale narzisstische Besetzungen wiederzugeben; sie macht die schrittweisen Verluste narzisstischer Besetzung infolge des schizophrenen Prozesses rückgängig.

VII. KAPITEL

GRUNDSÄTZLICHES ZUR PSYCHOTHERAPIE
BEI LATENTER SCHIZOPHRENIE [1]

Theoretisches

Wissenschaftlich betriebene Psychotherapie beruht auf dem Verstehen der bewussten und der diesen zugrunde liegenden unbewussten psychischen Störungen. Die Mechanismen der Neurose sind wohlbekannt, die am schizophrenen Prozess beteiligten hingegen sind noch umstritten.

Jede Psychose ist eine Krankheit des Ichs selbst, während bei der Neurose nur einige Funktionen des Ichs geschwächt sind. Bei der Psychose besteht die Hauptschädigung im Verluste der Besetzung der Ichgrenzen [2]. Infolgedessen kommt es zu einer Verengung des seelischen Ichs, wobei Ideen und Vorstellungen erhalten bleiben. Aber dieselben Ideen, die normal sich innerhalb der seelischen Ichgrenze bilden und daher als blosser Gedanke apperzipiert werden, nehmen gleich den Charakter einer falschen Realität an, wenn sie ausserhalb der Ichgrenze auftreten [3]. In dem Masse, als der Verlust der Ichgrenzbesetzung sich geltend macht, nimmt dieses falsche Realitätsgefühl die Eigenschaft an, subjektiv ausser Zweifel zu stehen. Doch kann jeder beobachten, dass oft bei jeder neuen schizophrenen Produktion die Ichgrenzbesetzung eine Zeitlang schwankt und die subjektive Realität der Gedanken des Patienten fortwährend unterbrochen wird. Bei jeder Schwankung zieht der Patient die Realität seiner seelischen Produktionen irgendwie in Zweifel.

Glücklicherweise bleiben lange Zeit der Verlust der Ichgrenzbesetzung und die daran anschliessende falsche Realität nur partiell. Ferner sind Besetzungsverluste bei der Mehrzahl der Fälle reversibel, also kann die Fähigkeit, die Ideenbildung von der Wahrnehmung korrekt zu trennen, wiedergewonnen werden. Bei der Behandlung müssen daher diejenigen Teile des

---

[1] Vortrag, gehalten vor zwei psychiatrischen Behandlungs- und Beratungszentren in New York am 30. Januar und 7. März 1947. – Zuerst veröffentlicht 1947 im 1. Band des «American Journal of Psychotherapy».

[2] Vgl. Kap. 1.

[3] Vgl. Kap. 6.

Ichs, die noch mit adäquater Unterscheidung von Gedanken und Realität funktionieren, als Bundesgenossen Verwendung finden. Nur mit ihrer Hilfe lässt sich die Reparatur des mangelhaften Teiles durchführen. Diese theoretischen Überlegungen sind als Grundlage der Technik wichtig, namentlich, wenn Psychoanalyse, sei es orthodoxer Prägung, sei es eine der neuen Sorten, in Frage kommt.

Anders als bei Neurotikern kann man sich bei Psychotikern nicht darauf verlassen, dass das Ich korrekt zwischen Gedanke und Realität unterscheidet. Beim Psychotiker muss man sich davor in acht nehmen, unbewusstes triebhaftes und infantiles Material ins Bewusstsein zu heben. Leider ist dies unvermeidlich, sobald einmal die Psychose etabliert ist, da die Ichgrenzen, ihrer Besetzung beraubt, ihre Funktion, Gegenbesetzungen gegen den Druck des unbewussten Materials in Aktion treten zu lassen, verloren haben. Die Mittel der Übertragung und der Deutung sind bei der Psychose dieselben wie bei der Neurose, obzwar sie anders verwendet werden. Bei der Neurose bemüht sich der Psychoanalytiker, unbewusstes, verdrängtes Material bewusst zu machen. Bei der Psychose hat er sich mit *zu vielem* bereits zu Bewusstsein gebrachtem unbewusstem Material zu befassen. So ist hier das therapeutische Ziel nicht die Aufhebung der Verdrängung, sondern Wiederverdrängung. Antithetisch zu FREUDS bekanntem Leitsatz: «Wo Es ist, soll Ich werden» müssen wir in bezug auf die Psychose sagen: «Was Ichbereich geworden ist, soll dem Es zurückgegeben werden.»

Dass die Wiederverdrängung möglich ist, ist aus ihrem spontanen Eintreten nach dem Abklingen psychotischer Episoden zu ersehen. Um solchem Gesundwerden nachzuhelfen, verfolgt die Psychoanalyse zwei Ziele:

1. Der Therapeut weist den Patienten an, seine Aufmerksamkeit auf seine speziellen Konflikte zu konzentrieren, die den Durchbruch unbewussten Materials zur Folge hatten. Ein Teil dieser Konflikte liegt an der gegenwärtigen Realitätssituation, der andere Teil rührt von verdrängt gewesenem Material her. Ersterer wird meistens vernachlässigt und sein Zusammenhang mit unbewussten Konflikten vom Patienten ignoriert. Wenn dieser Zusammenhang aktiv aufgedeckt wird, wird das Verstehen des unbewussten Teiles leichter akzeptiert. Es ist eindrucksvoll, wie viele Widerstände des Psychotikers sich auf ganz bestimmte Realitätskonflikte gründen.

2. Man muss den Patienten dazu anhalten, zu erkennen, wie seine früheren Ichzustände sich in seine gegenwärtigen einmischen. Die Psychoanalytiker sind sich nicht allgemein darüber im klaren, dass sowohl normal als auch pathologisch Ichzustände verdrängt werden, bei normalen Menschen mit Erfolg, bei Neurotikern und bei Psychopathen erfolglos. Psychotische Pa-

tienten sind imstande, diese Tatsache zu erkennen; oft tun sie es spontan und besser, als es den meisten gesunden Menschen möglich ist.

Vermöge der therapeutischen Beeinflussung reagieren günstige Fälle auf eine erfreuliche Art. Durch ihre eigenen wiederholten Versuche lernen die Patienten mit Erfolg immer länger am normalen erwachsenen Ichzustand festzuhalten. Diese Auffassung gleicht der, die ADOLF MEYER mit seinem Grundziel der Reintegration der langsam erkrankten Persönlichkeit vertritt.

Ob infantile Ichzustände wiederverdrängt oder aber durch aktive Therapie und den Heilungsfaktor, der manchen psychotischen Prozessen innewohnt, aufgelöst werden, ist schwer zu sagen. Eine solche Unterscheidung würde die dafür, ob die Krankheit des Patienten nur zeitweilig zum Stillstand gekommen ist, entscheidende Frage beantworten, ob die Besetzung der regredierten infantilen Ichzustände wieder verlorengegangen ist. Falls wir imstande sind, diese Frage zu beantworten, könnten wir eine zuverlässige Prognose in bezug auf spätere Rückfälle stellen.

In bezug auf die Ichbesetzung stehen Neurosen und Psychosen gleichfalls in Gegensatz zueinander. Bei jedem Falle von Neurose werden einige Ichgrenzen zu stark besetzt, und zwar bei der Zwangsneurose die Grenzen zwischen Ich und Überich[1], bei der Angsthysterie die Grenze zwischen dem Ich und der gegenständlichen Welt. Bei der Konversionshysterie werden die Ichgrenzen erweitert, um einige organische Ausdrucksformen ins Ich aufzunehmen. Einige Ichgrenzen der Hysteriker werden mit Affekt überbesetzt. Auch frühere Ichzustände behalten hier eine gesteigerte Besetzung, wodurch sie das gegenwärtige Ich stören[2].

Zusammenfassend kann man also sagen: das Ziel der Psychotherapie ist, dem psychotischen Ich verlorene Besetzungen wiederherzustellen, vom neurotischen Ich Überbesetzungen abzuziehen. Es ist natürlich leichter, überschüssige Besetzungen – mit den therapeutischen Mitteln der Übertragung, Katharsis, Einsicht und Nachgiebigkeit des Überichs – zu entfernen, als fehlende Besetzungen wiederherzustellen. Desgleichen ist es weniger schwierig, pathogenes und traumatisches Material aus dem Unbewussten zu heben, als es wieder in die Tiefe zu versenken.

Die angeführten Unterschiede werden durch eine andere grundlegende, wenn auch nicht vollkommen universelle, Unterscheidung zwischen Psychose und Neurose erklärt. Eine der fundamentalen und unerschütterlichen Lehren FREUDS ist, dass Neurosen hauptsächlich Abwehrerscheinungen, Psychosen

[1] FEDERN: «Die vier Frongesetze der Zwangsneurose», Int. Ztschr. f. Psychoanalyse, XIX, 1933.
[2] FEDERN: «Hysterie und Zwang in der Neurosenwahl», Int. Ztschr. f. Psychoanalyse und Imago, XXV, 1940.

hingegen hauptsächlich Niederlageerscheinungen des Ichs seien. Die letztere Auffassung wurde von FREUD implizite in seiner Erklärung des Falles Schreber [1] angegeben. Der Unterschied ist jedoch nicht universell, denn die Konflikte zwischen Persönlichkeit und Trieben sind bei jeder seelischen Krankheit fundamental. Ferner verteidigt sich das Ich auch bei der Psychose noch immer gegen tiefer greifende Zerstörung, indem es alle ihm verbliebenen Fähigkeiten des Denkens und Fühlens verwendet; bei der Neurose hinwieder ist das Ich nicht imstande, sein ganzes Funktionieren ungeschwächt zu verteidigen. Bei beiden Krankheitsgruppen verteidigt sich überdies das Ich nicht nur gegen die Krankheit, sondern es akzeptiert sie auch als die Quelle des inneren und äusseren Krankheitsgewinnes.

Obige theoretische Einleitung war notwendig, um das richtige Verfahren bei früher Schizophrenie zu verstehen, *von welcher latente Schizophrenie scharf zu trennen ist*. Das therapeutische Ziel ist, zu verhüten, dass eine latente Schizophrenie zu einer manifesten wird. Aus diesem Grunde muss die Diagnose auf latente Schizophrenie frühzeitig gestellt werden. Wenn es auch unmöglich sein kann, den Ausbruch zu verhüten, so verlohnt sich doch der Versuch, da der Ausgang der Schizophrenie sich bei keinem Falle vorhersagen lässt.

Die meisten Schizophrenien nehmen einen chronischen Verlauf. Die Persönlichkeit zerfällt langsam, die Realitätswahrnehmung kontrolliert noch immer die wichtigeren Verfälschungen, und eine recht gute Anpassung kann viele Jahre lang dauern, mit einer ganz langsamen Wendung zum Besseren oder zum Schlimmeren. Die Psychotherapie hat darum gute Aussicht, ein Individuum vor einem Wiederausbruch der Krankheit zu schützen.

Manche Fälle scheinen nicht maligner Natur zu sein, bei anderen wieder ist es, als ob sie einem aktiven Zerstörungsprozess unterlägen. Die konstitutionellen Widerstandskräfte und der Spielraum, der den äusserlich verwundenden Faktoren gelassen ist, beeinflussen den Ablauf. Mit komplizierenden organischen Faktoren werden wir uns später befassen. Zusätzliche Faktoren sind innere Konflikte und äussere affektive Beanspruchung. Bei günstigen Fällen sind auslösende Ursachen meistens weniger stark als bei solchen, die mit Internierung enden. Der Psychiater hat daher dem verantwortlichen Angehörigen, dem Hausarzt oder der Fürsorgeperson mitzuteilen, dass ein Rückfall möglich ist. Verhältnisse, die für den Patienten adäquat waren, als er aus der Anstalt heimkehrte, können später inadäquat und somit schädlich werden, weil nämlich der Schizophrene selbst sich verändert hat, entweder zu einem tieferen oder zu einem höheren Niveau der Integration.

---

[1] «Psychoanalytische Bemerkungen über einen autobiographisch beschriebenen Fall von Paranoia (Dementia paranoides)», G. W., VIII. 239 ff

Die Schizophrenie greift immer in die Persönlichkeitsentwicklung ein; kein schizophrenes Individuum ist wie ein normaler Mensch herangereift. Darum müssen wir uns mit dem schizophrenen Patienten auf dem Niveau seines seelischen und affektiven Alters befassen.

Praktisches

Die Psychiatrie hat erfolgreich die pathologischen seelischen Prozesse und die einzelnen Störungen erforscht, die durch die schizophrene Krankheit bedingt sind. Leider kennt man nicht die Natur der Pathogenese selbst. Wenn aber unsere Methoden der Therapie, einschliesslich der Schockbehandlung, auch nicht die pathologische Ursache angreifen, so bieten sie doch mehr als eine bloss symptomatische Erleichterung, weil sie die Kampfbedingungen zwischen pathologischem Prozess und Abwehr verbessern.

Dort, wo eine latente Schizophrenie manifest wird, lässt sich ein dynamisches Ringen zwischen Gesundheit und Erkrankung exakt beobachten, wobei die Gesundheit von den normalen Teilen der Persönlichkeit repräsentiert wird, die Erkrankung von denjenigen Teilen, die ihre normale Besetzung, namentlich die der Ichgrenzen, verloren haben. Unsere Unterstützung sowohl der gesunden Struktur als auch der kranken Teile des Ichs kann jeden weiteren Besetzungsverlust aufhalten. Wenn das Ankämpfen gegen die ersten Wahndrohungen samt der nachherigen Angst in dem erkrankten Teile des Ichs aufhört, verringert sich auch die Beanspruchung des gesunden Teiles. Bei günstigen Fällen wird es bald deutlich, dass der kranke Teil vom gesunden besser kontrolliert und geleitet wird.

Die hauptsächlichste, beiden Teilen gebrachte Hilfe ist die Herstellung einer positiven objektlibidinösen Übertragung und auch einer Identifizierung mit der helfenden Persönlichkeit. Dem Patienten ist sowohl Übertragung als auch Identifizierung ein erfreulicher und lustvoller Zustand. Die Übertragung hilft unmittelbar insofern, als sie das Objektinteresse steigert und Libido in Bahnen lenkt, die von einem übertriebenen Narzissmus wegführen.

Die wohlbekannten Übertragungsbesserungen sind bei Psychotikern ebenso häufig wie bei Neurotikern. Durch Übertragung und Identifizierung werden die Patienten minder verwundbar. Ein Unterschied in der Technik, die wir auf Neurotiker und auf Psychotiker anwenden, liegt insofern vor, als wir bei Neurotikern versuchen, die Übertragung aufzulösen, und nicht erlauben, dass sie sich steigert, während man bei Psychotikern die positive Übertragung bewahren muss und es vermeiden muss, eine negative hervorzurufen[1].

[1] Vgl. Kap. 6.

Der Patient braucht seine gesamte Libido, um seine gefährdeten Funktionen aufrechtzuerhalten. Daher haben wir bei manchen Fällen in unserer Benützung der Übertragung vorsichtig zu sein; oft wird der Patient veranlasst, seine Energie nicht Objekten, zum Beispiel der Beschäftigungstherapie oder einer Berufsarbeit, zuzuwenden, damit nicht dieses Streben die narzisstische Befriedigung steigert und zuletzt zu mehr Unbefriedigtheit führt. Man muss sich davor in acht nehmen, dieses sehr labile Gleichgewicht zu stören.

J. H. W. VAN OPHUIJSEN[1] hat kürzlich die bei Gruppentherapie verschiedener diagnostischer Kategorien auftretende Übertragung als Regression auf das prägenitale Niveau charakterisiert. Bei präpsychotischen Patienten würden wir uns scheuen, eine solche Regression hervorzurufen. Wenn jedoch bei Psychotikern ein prägenitales Niveau bereits besteht, so kann die Übertragung auf diesem Niveau beginnen, schreitet aber bald dazu fort, eine genitale Komponente aufzunehmen. In gewisser Hinsicht verwendet jede gut geführte Anstalt für Psychotiker irgendeine Gruppentherapie[2]. Doch leben viele Psychotiker sogar in einer Gruppe als isolierte, ganz von ihrem Narzissmus erfüllte, Individuen.

Wenn der Psychotherapeut mit einem psychotischen Patienten spricht, so muss er sich dessen bewusst sein, dass die Ichniveaus des Patienten ebenso wie seine Worte und sein Gebaren veränderlich sind. Auch Übertragungen und Identifizierungen gehören verschiedenen Ichniveaus zu. In der Übertragung kann der Patient seine Beziehung zu anderen Menschen auf einem normalen Niveau besprechen, und der Psychiater kann diese Situation dazu benützen, den Patienten mit einigen seiner Schwierigkeiten auszusöhnen. Mehr als bei Neurotikern muss der Psychiater die positive Übertragung dadurch bewahren, dass er in jedem Konflikt des Patienten für ihn Partei nimmt.

Ohne den Patienten beständig anzustarren, hat man auf seinen Gesichtsausdruck achtzugeben, um jeden Wechsel seines vorherrschenden Ichzustandes zu bemerken. Er kann plötzlich irgendeinen Verdacht oder ein ambivalentes Gefühl gegen den Arzt oder sonst jemanden zeigen; wenn man die Ursachen der Schwierigkeit nicht kennt, gibt meistens der Patient selbst seine Erklärung, wenn er aufgefordert wird, über seinen Wechsel der Einstellung Auskunft zu geben. Keinesfalls darf man einen Patienten das Ordinationszimmer verlassen lassen, ohne einen solchen Wechsel geklärt zu haben. Es ist nicht ratsam, dem Patienten eine Lüge zu sagen (selbst eine Notlüge!) oder irgendeinen entstehenden Misston oder Übelstand zu bemänteln.

---

[1] Unveröffentlichter Bericht über Gruppentherapie.
[2] G. DEVEREUX: «The Social Structure of a Schizophrenia Ward and its Therapeutic Fitness», Journ. of Clin. Psychopath. and Psychother., VI, 1944.

Während die positive Übertragung nur bei Paranoia erschwerend wirkt, muss Identifizierung bei jedem Falle frühzeitig erkannt und aufgelöst werden, damit nicht der auf dem Wege der Besserung befindliche Patient den Psychotherapeuten allzusehr imitiert [1]. Ein solcher Patient könnte zum Beispiel heiraten oder sich scheiden lassen oder den Beruf wechseln wollen. Man muss sich davor in acht nehmen, eine solche induzierte Aktivität mit wirklicher Besserung zu verwechseln. Doch stärkt die Identifizierung unmittelbar den gesunden Teil des Ichs und verbessert bei den meisten Fällen sogleich die Einstellung des kranken Teiles des Ichs. Gleich dem Kinde fühlt sich der Patient, indem er durch Identifizierung mit dem lenkenden Erwachsenen sein Ich erweitert, von Angst und Konflikten befreit; seine Bereitwilligkeit zu gehorchen, sein Selbstvertrauen und sein Streben nach Normalität bessern sich [2].

Mit Hilfe einer solchen guten Beziehung zu seinem Patienten versucht der Psychotherapeut vorsichtig, Verfälschungen richtigzustellen, nicht, indem er an ihnen Kritik übt, sondern, indem er den Patienten auffordert, über seine Illusionen, Halluzinationen oder Beziehungsideen – was immer ihn am meisten beunruhigt – auf alle Einzelheiten einzugehen. Dann kann man die eigene Erklärung der betreffenden Tatsachen danebenstellen, ohne auf ihre Akzeptierung Gewicht zu legen. Bei vorgeschrittenen Fällen wird solch eine friedliche Kritik meistens ignoriert; bei frühen Fällen reagiert der Patient auf sie früher oder später.

Man suche den Patienten gleich zu Beginn der psychotischen Phase in die Psychotherapie zu bekommen. Meistens erkennen Eltern, Ärzte und Erzieher nur langsam die Ernsthaftigkeit der Änderung im Gehaben des Patienten. In der Anamnese des Patienten finden wir oft, dass die Schizophrenie mit einer merkbaren Verschlechterung seiner Schulzeugnisse zur Zeit seiner vorgeschrittenen Ausbildung (College) oder zur Zeit seiner ersten wichtigen Berufsarbeit angefangen hatte. Die Noten des Studenten in seinem ersten Jahre oder seinen ersten Jahren waren gut; plötzlich kam er heim, mit dem Auftrag vom College an die Eltern, ihn ärztlich untersuchen zu lassen. Würde der College-Psychologe das Ankämpfen des jungen Menschen gegen seine darauf folgende Psychose, die sowohl seine Noten als auch seine soziale Anpassung zurückgehen lässt, richtig verstehen, so bliebe dem Jungen wenigstens die schädliche Wirkung des Weggeschicktwerdens aus seinem College erspart. In den Vereinigten Staaten leistete das Militär in der Entdeckung des Einsetzens der Krankheit viel mehr als die Schulen.

[1] Vgl. Kap. 6.
[2] FEDERN: «The Psychiatric Social Worker's Concern with Shock Treatment», Newsletter of the American Assoc. of Psych. Soc. Workers, XV, 1945.

In der Volksschule und Mittelschule teilen sich Ärzte, Lehrer und seelische Gesundheitsämter in die Aufgabe einer frühzeitigen Erkennung von Fällen von Geisteskrankheit. Psychotische Fälle werden jedoch nur selten sofort als solche diagnostiziert; sie werden meist als Verhaltensstörungen oder als Entwicklungsprobleme des Kindes oder des Jugendlichen bezeichnet. Kinderpsychologie und Fürsorgearbeit lehren uns, dass viele präpsychotische Fälle von latenter Schizophrenie in Wirklichkeit postpsychotische Fälle sind. Deshalb müssen die frühkindheitlichen Daten sehr eingehend geprüft werden, wozu die Hilfe der Fürsorgeperson oder der psychiatrischen Pflegeperson erforderlich ist [1]. Später wird eine solche Hilfe benötigt, um für eine gute Übertragung auf eine Person des entgegengesetzten Geschlechtes zu sorgen. Meine Erfahrung [2], dass sich bei einem vorgeschrittenen psychotischen Falle ohne die Hilfe einer mütterlichen Frau kein Erfolg erzielen lässt, müsste in bezug auf latente Schizophrenie nachgeprüft werden. Ich vermute, dass sie bestätigt werden wird.

Der Verlauf der Krankheit lässt sich zwar nie vorhersagen, aber es gibt gewisse Merkmale und Kennzeichen, die auf den wahrscheinlichen Ausgang hinweisen, worauf NOLAN LEWIS in einem Bericht über vorgeschrittene Fälle aufmerksam gemacht hat [3].

Im allgemeinen hängt der Verlauf ab von: 1. der Malignität des Prozesses, 2. den Qualitäten der Persönlichkeit, die gegen den kranken Teil des Ichs ankämpft, 3. allen zusätzlichen Konflikten sowie jeder Schädigung durch äussere Faktoren, welche die Beanspruchung des normalen Teiles der Persönlichkeit steigern. Diese Faktoren wirken zusammen, um den Ausbruch der Schizophrenie hervorzurufen. Es ist also klar, dass bei der Behandlung der latenten Schizophrenie unser Verfahren sich auf diese Miturheber konzentrieren muss.

Unter den genannten pathogenen Faktoren ist derjenige der Malignität unserer Wissenschaft unerreichbar. Was wir tun können, ist, die Persönlichkeit selbst zu stärken und zusätzliche affektive Beanspruchungen des so prekär ausgeglichenen Individuums zu vermeiden.

Der Faktor der Malignität des Prozesses nun dürfte kein einheitlicher sein. Wir mögen manche dem Organismus eigene Zustände, die von der Erkrankung angegriffen werden, zu Unrecht der Krankheit zuschreiben. Dieser Verdacht gründet sich auf die Beobachtung organischer Vorkommnisse, die den

---

[1] GERTRUD SCHWING: «Ein Weg zur Seele des Geisteskranken», Raschers Verlag, Zürich, 1940.
[2] Vgl. Kap. 6.
[3] NOLAN C. LEWIS: «The Prognostic Significance of Certain Factors in Schizophrenia», Journ. of Nerv. and Ment. Dis., C, 1944.

Ausbruch ausgelöst haben. Schwangerschaft und Niederkunft bei Frauen sowie Infektionskrankheiten bei beiden Geschlechtern zeigen das sehr anschaulich. Wird die Schizophrenie während ihrer Latenz entdeckt, so kann durch passend angewandte somatische Methoden und durch präventive Psychotherapie der Ausbruch vermieden werden.

Manche schizophrene Prozesse werden durch eine absichtlich herbeigeführte Gewichtsabnahme oder -zunahme eingeleitet und ausgelöst. Bei den meisten Fällen ist diese Gewichtsänderung unter den ersten Symptomen zu finden. In seinem propriozeptiven Verspüren der nahenden Psychose ist der Kranke geneigt, ein sonst rationales Diäthalten zu weit zu treiben. Bei diesen Fällen springt die ungünstige Wirkung des Fastens oder Sich-Überessens in die Augen. Die Psychose beginnt mit Störungen des Körper-Ichs und hypochondrischen Symptomen. Bei anderen Fällen geht eine Behandlung mit Schilddrüse- und anderen Hormonpräparaten dem Ausbruch voraus. JOSEPH WILDER [1] und andere Autoren haben die Wichtigkeit der Korrektur des Kalziumgehalts des Serums hervorgehoben. Hypoglykämie [2] ist eine weitere vermeidbare Komplikation, welche der Arzt im Sinn zu behalten hat. Ich sah Paranoiafälle unter einer solchen Therapie abklingen, nachdem Schocktherapie keinen Erfolg gehabt hatte. Ärzte – auch Endokrinologen –, die endokrine Präparate verschreiben, sind nicht mit der Tatsache vertraut, dass bei manchen Fällen durch hormonale Beeinflussung das propriozeptive Ichgefühl verändert wird. Eine solche Veränderung macht das Individuum für jeden weiteren Verlust der Ichgrenzbesetzung sensitiv und kann dadurch eine schizophrene Episode hervorrufen.

Angehäuftes Schlafdefizit ist eine andere auslösende Schädigungsquelle. Chronischer Schlafmittelgebrauch schadet Individuen mit latenter Schizophrenie ganz entschieden. Häufig beginnt der manifest schizophrene Fall morgens mit Illusionen und Halluzinationen als Resten eines halb traumhaften Zustandes, zu dem das Ich des Patienten aus dem Tiefschlaf heraus erwacht [3]. Dieser Zustand von Halbschlaf ist durch eine unvollständige Ausnutzung von Sedativen bedingt, oder dadurch, dass der Schlaf des Patienten vorzeitig beendigt wurde. Solche Personen soll man nicht weiterduseln, sondern schnell aus dem Bett zum Wachzustand aufstehen lassen. Sowohl in Familien als in Anstalten wird der Schlaf präpsychotischer Fälle selten hinreichend wichtig genommen.

[1] J. WILDER: «Organotherapie in der Psychiatrie», Nervenarzt, III, 1930; «Psychological Problems in Hypoglycemia», Am. Journ. of Digest. Diseases, X, 1943.
[2] FRANZ ALEXANDER und SIDNEY A. PORTIS: «A Psychosomatic Study of Hypoglycaemic Fatigue», Psychosom. Medicine, VI, 1944.
[3] Vgl. Kap. 3.

Eine weitere auslösende Ursache kann die Zunahme sexueller Betätigung sein. Die hypochondrischen Befürchtungen latent Schizophrener in bezug auf Ehe und Flitterwochen sind nicht unkluge Reaktionen auf diese hormonale Gefahr. Vermehrte sexuelle Betätigung ist schädlicher, wenn sie ohne volle Befriedigung erfolgt und ihrer gesunden einschläfernden Wirkung beraubt ist.

Vor dem Ausbruch mögen leichte manifeste Symptome den Latenzzustand beeinträchtigen. Einige Wochen oder Monate lang erscheinen Patienten misstrauisch, reizbar oder sentimental, oder so exaltiert, dass es sich retrospektiv durch das Ankämpfen gegen ihre innere Gefahr erklären liess. Wie bald ein latent Schizophrener in die Tiefe des Wahnsinns langsam abgleitet oder plötzlich stürzt, hängt von seiner affektiven Beanspruchung, seiner libidinösen Frustrierung, auch von dem unbekannten Faktor seiner individuellen Widerstandskraft ab. Immer jedoch findet ein Kampf statt, bevor das Ich nachgibt. Das Ich verwendet die verschiedensten Abwehrmassnahmen, um seine Integrität aufrechtzuerhalten. Der gute Therapeut respektiert und unterstützt diese Abwehrmassnahmen. Dies gilt auch von Abwehrmassnahmen abnormer Natur, namentlich den neurotischen oder sogar psychopathischen, soweit sie auszuhalten sind. Immer, wenn eine latente Schizophrenie entdeckt wird, ist es schwer, zu entscheiden, ob man einen neurotischen oder leicht psychopathischen Zustand, der jedoch, ohne zu einer manifesten Psychose zu führen, den Patienten in seinem Gleichgewicht erhält, therapeutisch angreifen soll oder nicht.

Die normale Abwehr besteht hauptsächlich darin, dass das Individuum spontan übertriebene Beanspruchung vermeidet. WILLIAM C. MENNINGER [1] weist mit Recht auf die Vielfalt der Kompromisse zwischen Geisteskrankheit und Normalität hin, die die Menschen eingehen.

Eine häufige Abwehrmassnahme des Individuums ist, seine Betätigungen und Ambitionen einzuschränken [2] und sogar seine gesellschaftliche Stellung zu senken. Man sieht häufig einen Ausbruch der Psychose dann, wenn der latent Schizophrene, spontan oder von einer anderen Person angestiftet, danach zu streben beginnt, in die höheren Schichten hineinzukommen. Dies ist der Grund, warum manche Schizophrene die starren und fest umgrenzten Verhältnisse beim Militär leichter zu ertragen finden als jene des Zivillebens, in das sie zurückkehren. In Unkenntnis des Schadens, den sie damit anrichten können, verlangen Familie und Freunde vom Heimgekehrten grössere Akti-

---

[1] WILLIAM C. MENNINGER: «Modern Concepts of War Neuroses», Bulletin of the Menninger Clinic, X, 1946.
[2] ANNA FREUD: «Das Ich und die Abwehrmechanismen», Intern. Psychoan. Verlag, Wien, 1936.

vität. Diesem stimulierenden Einfluss wirkt jedoch in vielen Familien der Wunsch, besonders der Mutter, entgegen, ihren Sohn unter ihrer Obhut und Leitung zu behalten.

Die Familie und den latent Schizophrenen zwischen diesen gegensätzlichen Tendenzen hindurchzusteuern, ohne seine nervöse Anspannung zu vergrössern, ist schwierig. Ein langsamer Übergang von der Abhängigkeit zur Unabhängigkeit pflegt besser vertragen zu werden als plötzliche Schritte, mögen diese auch Erfüllungen alter Phantasien des Patienten sein. Der Erwachsene vermag besser jeder Erweiterung seiner Betätigungen Widerstand entgegenzusetzen, als er es als Kind oder als Jugendlicher vermochte. Aber selbst bei Erwachsenen ist oft zu beobachten, dass der Übergang zu einer höheren Schulstufe oder von der Schule zu einer Berufsarbeit oder zum verantwortlichen Zustand der Ehe zu einer schizophrenen Episode Anstoss gibt. Es ist erschütternd, Zeuge solcher Folgen einer anscheinend geglückten Heirat oder einer erfolgreichen Karriere zu werden. Bei älteren Leuten ist es meistens umgekehrt. Der Zusammenbruch folgt auf Scheidung, materielle Verluste oder irgendeine andere Niederlage.

Der Widerstand gegen Verantwortungen, welcher mit einer zu engen Bindung an die Familie oder intensiver Freundschaft in Zusammenhang steht und verbunden ist, beruht auf einer masochistisch gefärbten Beziehung zu den Menschen. Eine andere Gruppe masochistisch orientierter Ich-Abwehrmassnahmen ist die der Sublimierungen: Philosophie, Religion, Anthroposophie, Theosophie, esoterische mystische Systeme aller Art. Beim latent Schizophrenen werden solche «Ideensysteme» auf krankhafte Weise verwendet, und sowohl ihre rationalen als auch ihre affektiven Stützen können leicht zusammenstürzen. Der Psychotherapeut wird vielleicht ihr krankhaftes Wesen deutlich merken und sie beseitigen wollen. Man kann nicht zu nachdrücklich von einem solchen Beginnen abraten.

Dies führt uns auf die wichtigste Selbstverteidigung gegen die Schizophrenie, nämlich die Neurose, welche meistens eine vom hysterischen oder vom Zwangstypus ist. Für den Therapeuten ist es verlockend, mit Verwendung rationaler Überredung oder einer Psychoanalyse einzugreifen. *Kein latent Schizophrener darf von seiner Neurose «geheilt» werden, und er darf ganz entschieden nicht mit der Normalform der Psychoanalyse behandelt werden.* Seit dreissig Jahren kommen Fälle zu mir in Behandlung oder zur Beratung, nachdem sie naiv – und anscheinend gut – psychoanalysiert worden sind. Ihre (korrekte) Diagnose lautete auf Neurose. Während der ganzen Zeit wurde der latent schizophrene Zustand nicht erkannt. In seltenen Fällen sah der Psychoanalytiker entweder den Ausbruch voraus oder gab, nachdem er erfolgt war, zu, dass gerade sein Eingreifen die manifeste Psychose auslöste. Stets meinte er, dass der Fall für eine psychoanalytische Behandlung eben zu schwierig war. Diese Art Fehler sind nicht persönlich begangene, sondern solche der «normierten» Psychiatrie. Auch Bowman [1] hat kürzlich den allgemeinen Standpunkt propagiert, dass Psychose und Neurose sich quantitativ, nicht in irgendeiner grundlegenden Qualität, voneinander unterscheiden.

Sowohl ich selbst als auch einige andere Psychoanalytiker haben über eine zur Verwendung bei Psychotikern abgeänderte Psychoanalyse geschrieben. Seither wird die typische Psychoanalyse bei psychotischen und präpsychotischen Fällen seltener verwendet. Doch geschieht es noch immer! Darum ist es gut, unseren zur Einführung dienenden Grundsatz zu wiederholen: Bei Neurotikern ist unser Ziel, das Unbewusste bewusst zu machen, bei Psychotikern, das Bewusste wieder unbewusst zu machen. Aus diesem Grunde muss man darauf verzichten, eine vollständige Anamnese mit dem Patienten selbst aufzunehmen, die Methode der freien Assoziation zu verwenden, die positive Übertragung aufzulösen. Ferner darf der Patient nicht auf dem Diwan liegen und nicht in infantile Ichzustände gedrängt werden. Infantile Ichzustände, unreife Ideenbildung, unbewusstes Material kommen spontan zutage.

Die therapeutische Methode bei Schizophrenen besteht in Verminderung ihrer affektiven Konflikte, vorsichtiger, Erleichterung gewährender Deutung, Durcharbeitung des Materials, Zurückführung der psychotischen und irrationalen Produktionen auf die zugrunde liegenden objektiven Konflikte. Sowohl bei leichten oder frühen Fällen als auch bei Präpsychotikern lassen sich gute Erfolge erzielen. Die technische Neuerung widerspricht nicht dem, was Freud lehrte, denn er entwickelte seine Methode für die Behandlung der Neurose, nicht der Psychose. Freud sagte wiederholt, dass Psychotiker sich zur psychoanalytischen Therapie nicht eignen. Heute gilt seine Behauptung noch immer, wenn man die Normalmethode verwenden will, nicht aber, wenn man diese abzuändern versteht. Man darf nicht annehmen, dass die abgeänderte Methode leichter und weniger streng sei. Wie Freud sagte, kann man mit dem psychotischen Ich keinen verlässlichen Kontrakt schliessen. Nur mit grösster Vorsicht verwenden wir daher eine Methode, die mehr psychotisches Material an die Oberfläche bringt. Auch muss dem Patienten erlaubt werden, nicht nur zu festgesetzten Stunden um Hilfe anzusuchen, sondern wann immer seine affektive Anspannung es verlangt.

---

[1] Karl Murdock Bowman: «Modern Concept of the Neuroses», Journal of the A. M. A., CXXXII, 1946.

In den letzten Jahren machte JOHN N. ROSEN [1] in der Psychoanalyse der Schizophrenie einen wichtigen Schritt vorwärts. Er behandelte mit Erfolg paranoische und andere an Wahnvorstellungen leidende Patienten, deren voll entwickelte Krankheit schon viele Jahre dauerte. Eine Gruppe war im Stadium akuter katatoner Erregung. Seine Behandlungsweise erfordert unregelmässige Stunden, selbst kontinuierliche Arbeit den ganzen Tag lang. Natürlich ist beständige Überwachung durch erfahrenes Pflegepersonal notwendig. Wenn seine Behandlungsweise zur Norm geworden sein und auch die biologische Natur der Schizophrenie durch weitere Entdeckungen besser verstanden sein wird, werden wir alle uns etwas weniger Sorgen machen können, wenn der latent Schizophrene in die manifeste Psychose abgleitet. Einstweilen aber scheint es noch immer ratsam, die latente Schizophrenie in ihrem latenten Zustande zu erhalten.

Die latente Schizophrenie verbirgt oft ihre wirkliche Natur hinter dem Deckmantel der schizoiden oder kriminellen Psychopathie. Zu diesem Thema seien ein paar Worte gesagt. Ich habe den Eindruck, dass der schizoide Typus der Psychopathie den Menschen davor *schützt*, schizophren zu werden, wenn eine latente Neigung zu dieser Psychose vorhanden ist. Die geringere Heftigkeit aller Konflikte führt diesen Schutz herbei. Doch erlebt der Psychopath sehr viele Konflikte, mögen sie auch oberflächliche Ursachen haben. Er reagiert auf sie rasch und mit unbeherrschtem Affektausdruck. Daher hat man bei diesen Fällen weniger Grund, zu befürchten, dass man durch die Anwendung der typischen Psychoanalyse eine Psychose hervorrufen könnte. Leider lässt sich jedoch bei Psychopathen nur selten eine Psychoanalyse durchführen, weil es bei dem schizoiden Psychopathen viel schwieriger ist, eine zuverlässige Übertragung herzustellen, als bei einem latent Schizophrenen, dessen Psychose durch Neurose verdeckt wird. Wir haben nicht genug Erfahrung mit diesem Typus, um Ratschläge geben zu können, weil es so schwierig ist, die Übertragung und die notwendige Gegenübertragung aufrechtzuerhalten.

Von den kriminellen Psychopathen ist es allgemein bekannt, dass hier das klinische Bild meistens mit neurotischen Symptomen und neurotischen Charakterzügen verbunden ist. Aber die Behandlung der Kriminalität ist nicht mit der Behandlung der begleitenden Neurose identisch; erstere ist viel mehr darauf eingestellt, das Überich zu stärken und das Ichideal zu normalisieren. Das Gelingen erfordert bei vielen Fällen eine lange Identifizierung des kriminellen Psychopathen mit dem Psychotherapeuten. Dasselbe fand

[1] JOHN N. ROSEN: «A Method of Resolving Acute Catatonic Excitement», Psychiatric Quarterly, XX, 1946.

LINDNER in seinem wertvollen Buche über die Hypnoanalyse von Verbrechern [1].

Hoffen wir, dass die psychoanalytische Psychiatrie nie in ihrem gerechtfertigten Versuche nachlassen wird, ihren Bereich durch Einbeziehung der Psychopathen aller Art zu erweitern. Dieser Versuch wurde mit Erfolg von MELITTA SCHMIDEBERG [2] und ihren Kollegen in England unternommen. Verhütung des Verbrechens durch psychiatrische Behandlung der Psychopathie wird auch von HEINRICH MENG [3] in Basel betont. Jeder Arbeiter auf diesem wichtigen Gebiete wird aus dem grundlegenden Werk von AUGUST AICHHORN [4], dem Bahnbrecher einer psychoanalytisch gerichteten Pädagogik viel Nutzen ziehen. Es gewährt Befriedigung, zu wissen, dass das Werk FREUDS und seiner Anhänger von der jüngeren Generation weitergeführt wird, bis die vielen ungelösten Probleme geklärt sein werden.

Unsere vornehmste Schlussfolgerung scheint ziemlich paradox zu sein: Provoziere nicht; sei nicht aktiv; suche nicht den Grundkonflikt allzu energisch aufzuklären; bezwinge dein psychoanalytisches Interesse und deine Begierde, deinen Fall ganz zu verstehen. Verschiebe dein Verlangen, die Geschichte vergangener psychotischer Episoden zu erhalten, auf später. Eine Psychoanalyse mit täglichen Stunden, strengen Regeln und, nebenbei bemerkt, hohen Kosten ist bei diesen Patienten nicht angezeigt. Jeder erfahrene Psychiater jeder Richtung hat gelernt, sich mit diesen Fällen zu befassen. Ein gutes FREUDSches Verständnis der Dynamik, der Wechselwirkung zwischen Triebregungen und Abwehrmassnahmen, ist jedoch, wie wir eingangs sagten, dem Therapeuten von grösstem Nutzen.

Durch eine frühzeitige Diagnose können wir bei latenter Schizophrenie die Gefahr vermeiden, mehr unbewusstes Material dem Patienten ins Bewusstsein zu rufen. Ein erfahrener Psychiater erkennt den latent Psychotischen intuitiv an seinem Gehaben, auch wenn eine Neurose vorgebaut ist. Es ist oft schwierig, die charakteristischen Kennzeichen der Körperhaltung, der Sprache, des Glanzes der Augen zu beschreiben. Doch offenbart sich ein verborgenes paranoisches oder katatonisches Krankheitszeichen früher an dem Gehaben und den Manieren des Patienten als an seinen sprachlichen Produktionen. Ein anderer Fingerzeig für die Diagnose ist jede Auskunft, die wir über das Vorkommen von Schizophrenie in der Familie erhalten. Man fühlt

[1] ROBERT M. LINDNER: «Rebel Without a Cause», Grune & Stratton, New York, 1944.
[2] MELITTA SCHMIDEBERG: «The Treatment of Psychopaths and Borderline Patients», American Journal of Psychotherapy, I, 1947.
[3] HEINRICH MENG: «Praxis der Seelischen Hygiene», Benno Schwabe & Co., Basel, 1943; «Präventiv-Hygiene des Verbrechens», in: «Die Prophylaxe des Verbrechens», Benno Schwabe & Co., Basel, 1948.
[4] AUGUST AICHHORN: «Verwahrloste Jugend», Int.Psychoan.Verlag, Wien, 1925.

sich etwas beruhigt, wenn man zu hören bekommt, dass es in der Familie des Patienten keinen psychotischen Fall gegeben hat und dass in der dritten Generation die Kinderzahl – im Gegensatz zur Abnahme, die man meistens antrifft – nicht abnorm zurückgegangen ist.

Bei jedem zweifelhaften Falle kann man sich der Diagnose auf latente Schizophrenie vergewissern, indem man durch einen geschulten Analytiker eine wenige Tage dauernde Probeanalyse vornehmen lässt. Der latent Schizophrene zeigt eine erstaunliche Produktivität freier Assoziationen, welche die typischen unbewussten Angstquellen betreffen. Oft sind die Assoziationen von der Art primärer Denkprozesse, und Traumdeutung wird ohne Vorbehalte akzeptiert. Das Erstaunlichste bei einer Probeanalyse ist die Bereitwilligkeit des latent Schizophrenen, die symbolische Ausdrucksweise zu verwenden und zu akzeptieren. Solch ausgezeichnetes Reagieren veranlasst oft den Therapeuten zu glauben, dass der Fall ein ausgezeichnetes Objekt für eine fortgesetzte Psychoanalyse sei. Arzt und Patient freuen sich gemeinsam über die guten Fortschritte der Psychoanalyse, bis früher oder später die latente Psychose offen zutage tritt. Es ist einer der Hauptzwecke dieses Vortrags, dem Psychotherapeuten ans Herz zu legen, nicht auf diese Weise eine Psychose hervorzurufen, sondern sogleich den Gang einer typischen Psychoanalyse zu unterbrechen und zu einer Methode zurückzukehren, die vorsichtiger ist und Wiederverdrängung zum Ziele hat.

Einige charakteristische Merkmale der freien Assoziation, von denen oben die Rede war, können bei einem gewöhnlichen psychiatrischen Interview deutlich zu erkennen sein. Um die versuchsweise Diagnose zu bestätigen oder zu entkräften, sind psychologische Testversuche, besonders der Rorschach, aufzunehmen. Auch Briefe, Aufsätze, Erzählungen, die der Patient geschrieben hat, helfen etwas, ebenso Malereien und Zeichnungen [1]. Jede unverhältnismässige Änderung in der Art ihrer Ausführung ist als Gefahrensignal anzusehen.

Noch vor einem anderen interessanten Symptom muss man auf der Hut sein. Immer, wenn Entfremdung und Depersonalisation nicht weichen wollen, ist der Verdacht auf einen schizophrenen Prozess gerechtfertigt. Aber es gibt auch Individuen, bei denen eine schwere Entfremdung (Depersonalisation) der inneren und äusseren Wahrnehmungen jahrelang ohne jede fortschreitende Störung fortbesteht. Eine typische Psychoanalyse jedoch darf mit ihnen nicht vorgenommen werden. Jede Entfremdung oder Depersonalisation ist durch die Zurückziehung der libidinösen Komponente von den be-

---

[1] Eric P. Mosse: «Painting-Analysis in the Treatment of Neuroses», Psychoanalyt.Review, XXVII, 1940; «Color Therapy», Occupational Therapy and Rehabilitation, XXI, 1942.

teiligten Ichgrenzen bedingt, während einige seelische Besetzung zurückbleibt. Daher werden schizophrene Veränderungen in beiden Richtungen von zeitweiligen Entfremdungs- oder Depersonalisationszuständen begleitet. Eine Ausnahme ist mit der Entfremdung zu machen, die ein Merkmal schwerer und langer Angst- oder Schreckzustände ist.

Nach der Warnung, bei Individuen, die der Schizophrenie verdächtig sind, nicht mit der üblichen Methode der Psychoanalyse vorzugehen, fragt es sich nun, welche anderen wirksamen Behandlungsweisen in Betracht kommen. *Eine* brauchbare Methode ist, die seelischen Kräfte des Individuums zu schonen, zu bewahren, zu regulieren und auch zu üben. Dies scheint eine recht allgemeine Vorschrift zu sein, bedingt aber sehr deutlichen, wohlüberlegten und direkten Rat und Beistand innerhalb der Grenzen der seelischen Hygiene. Hilfe ist insbesondere in bezug auf das Geschlechtsleben des latent Schizophrenen nötig. Beherrschung der Autoerotik, Sicherung des normalen Verkehrs, Vermeidung unvollständiger Befriedigung und adäquate Empfängnisverhütung sind Aufgaben, die trotz ihrer Schwierigkeit in Angriff genommen werden müssen. Um die Empfängnisverhütung zu sichern, kann es bei manchen Fällen ratsam sein, so weit zu gehen, chirurgisches Eingreifen in Gestalt von Tuboligatur oder Vasoligatur zu befürworten, nicht nur wegen des mit hineinspielenden eugenischen Aspektes, sondern auch wegen seines erwünschten hormonalen Einflusses, des (in den Vereinigten Staaten nicht allgemein akzeptierten) STEINACH-Effekts [1].

Jede Behandlung eines latent Schizophrenen hat unbeschränkt lange zu dauern. Wenn der Patient imstande ist, seine Konflikte zu erledigen, seine Unzulänglichkeiten und diejenigen anderer auszuhalten, Versagung zu ertragen und die Wirklichkeit zu akzeptieren, ist der nacherzieherische Teil der Psychotherapie zu Ende. Doch ist kein solcher Patient ausser Gefahr; einiger Kontakt muss fortdauern, und er muss wissen, dass er im Notfalle immer um Hilfe rufen kann.

Der Psychotherapeut darf seine seelenhygienische Führung nicht auf den Patienten allein beschränken. Mit Hilfe der Fürsorgeperson muss er das seelische Klima der ganzen Familie verbessern, ohne ungerecht Partei zu ergreifen. Er ist der Verteidiger des Patienten. Doch soll der Psychotherapeut, wenn möglich, nur *einem* Familienmitglied psychotherapeutische Ratschläge geben. Ferner ist es selten zulässig, das Problem des Patienten mit irgendeinem Familienmitglied oder Freund zu besprechen, ausser im Beisein des Patienten; je näher einem psychotischen Zustande der Patient ist, desto weni-

[1] HARRY BENJAMIN: «Eugen Steinach, 1861–1944, a Life of Research», Scientific Monthly, LXI, 1945; HEINRICH MENG: «Psyche und Hormon», Huber, Bern, 1944.

ger Ausnahmen von dieser Regel können gestattet werden. So unbequem solche Beschränkungen auch sein mögen, so wäre es doch psychologisch verfehlt, es darauf ankommen zu lassen, das Misstrauen des Patienten zu erwecken – namentlich bei Fällen, wo zu erwarten steht, dass die latente Psychose mit Beziehungs- und Verfolgungsideen beginnen wird.

VIII. KAPITEL

ZUR SEELISCHEN HYGIENE
DES PSYCHOTISCHEN ICHS [1]

Seit zwanzig Jahren versucht die Psychiatrie, mit dem unbekannten Prozess fertig zu werden, der die wahnhafte Psychose verursacht; mit verschiedenen Arten von Schock- und mit seelischer Therapie werden wenigstens zeitweilige Besserungen erzielt. Die psychoanalytische Forschung ihrerseits wandte sich dem Ich und besonders den narzissistischen Abnormitäten der Psychotiker zu. Diese Studien, obzwar theoretisch tiefschürfend, beseitigten nicht die Hoffnungslosigkeit der Therapie, die von FREUD selbst hervorgehoben wurde. Er sagt in seinen «Vorlesungen zur Einführung in die Psychoanalyse»: «Sie wissen, dass unsere bisherige psychiatrische Therapie Wahnideen nicht zu beeinflussen vermag. Kann es vielleicht die Psychoanalyse dank ihrer Einsicht in den Mechanismus dieser Symptome? Nein, meine Herren, sie kann es nicht. ... Wir können zwar verstehen, was in dem Kranken vor sich gegangen ist, aber wir haben kein Mittel, um es den Kranken selbst verstehen zu machen [2].»

Weil es mit der Therapie schlecht bestellt ist, ist die Psychosenverhütung eine das ganze Volk berührende Aufgabe geworden. Psychosenverhütung ist aber grossenteils gleichbedeutend mit Ichhygiene. Wenn der Therapeut und Hygieniker selber genug von Ichpsychologie und Ichhygiene wissen, dann wird FREUDS Feststellung ihre Gültigkeit verlieren. Sowohl der latent Schizophrene als auch der Kranke in Frühstadien der Psychose kann sich selbst verstehen, d. h. der gesunde Teil kann den erkrankten Teil seines Ichs verstehen.

---

[1] Nach Vorträgen, gehalten am 15. Februar 1948 in Rochester, N. Y., und am 17. Dezember 1948 vor der Association for the Advancement of Psychotherapy in New York. – Der Übersetzung liegt nicht der Text der englischen Ausgabe zugrunde, sondern eine etwas ausführlichere spätere Fassung desselben Aufsatzes, die in Band 3 (1949) des «American Journal of Psychotherapy» abgedruckt wurde.
[2] G. W., XI, 262.

Eine Patientin von mir, die ein gutes Verständnis ihrer eigenen Ichpsychologie zeigte, klagte wiederholt, dass «das arme kleine Ich noch immer nicht erkannt wird». Lange empfand ich ebenso, als Untersuchungen des Ichgefühls und der Ichgrenzen kein psychoanalytisches Interesse entgegengebracht wurde. Heute ist die junge Generation der Psychiater und Psychoanalytiker bereit, das Ich sowohl phänomenologisch als auch analytisch zu studieren.

In seiner «Neuen Folge der Vorlesungen zur Einführung in die Psychoanalyse» spricht FREUD ausdrücklich vom Ich als einer Tatsache, zieht eine einleitende Bemerkung zurück, dass seine Ichpsychologie spekulativer sei als seine Psychologie des Unbewussten. Auch macht er geltend, dass die psychoanalytische Ichpsychologie eher den Weg zu grundlegenden Tatsachen als zur Spekulation geöffnet habe. Seither jedoch wurde die Spekulation weitgehend durch phänomenologische Funde verifiziert.

In meinen heutigen Ausführungen will ich den Versuch unternehmen, *im Bereiche der generellen seelischen Hygiene die spezifische seelische Hygiene des Ichs* zu isolieren. Der erste Schritt dazu ist das Eingeständnis, dass das Ich mehr sei als eine blosse Annahme oder eine Aggregation einiger bewusster und vorbewusster Funktionen.

Ein kurzer Überblick zeigt vier phänomenologische oder einfacher gesagt deskriptive Argumente für die Existenz des Ichs:

Erstens das Phänomen des ständigen Ichgefühls mit deutlicher Scheidung von Körperich und seelischem Ich, mit dem Bewusstsein von sich verändernden Ichgrenzen und mit dem Bewusstsein davon, dass das Ich selbst eine seelische Einheit ist. Auch im Schlafe wird das Ich, als den Traum träumend, gefühlt. Das Ich besteht daher in dem Gefühl der Einheit, Kontiguität und Kontinuität von Körper und Seele des Individuums als der Propriozeption, die man von seiner Individualität hat.

Das *zweite* Argument ist die Existenz verdrängter Ichzustände, die auf einmal ins Bewusstsein zurückkehren können und wieder aufhören, bewusste Erlebnisse zu sein.

Das *dritte* Argument ist, dass in Phantasien und Tagträumen ganze Ichzustände antizipiert werden.

Viertens wird auf analytischem Wege gefunden, dass spezielle Ichzustände jahre- und jahrzehntelang dem Individuum erhalten bleiben. Dass Ichzustände samt Ichgefühl unverändert bleiben können, wenn sie verdrängt werden, ist auch durch die hypnotische Altersregression erwiesen. Solange sie bewusst waren, änderten sie sich mit den täglich sich ändernden Erlebnissen, die in die Aufspeicherung von vorbewusstem Material eingehen. Sie verlieren einiges von dem vorbewussten Material durch Vergessen und Unaufmerksamkeit und durch Verdrängung, ferner durch eine Art von Auslese während des allnächtlichen Schlafes, behalten jedoch die hauptsächlichsten Einstellungen und Reaktionsweisen bei.

Aus diesen Tatsachen muss man schliessen, dass das Ich eine funktionelle Besetzungseinheit ist, mit jedem aktuellen Gedanken und jeder aktuellen Wahrnehmung sich verändernd, aber das gleiche Gefühl seiner eigenen Existenz in deutlichen Grenzen bleibend. Die Existenz der Ichgrenzen lässt sich durch Selbstbeobachtung verifizieren und ist durch die Entfremdungserscheinungen erwiesen.

Das Ichgefühl lässt sich auch als die Propriozeption, die man von seinem Vorbewussten als Ganzem, d. h. von seinem potenziell bewussten Seelenleben hat, definieren. Darin ist das propriozeptive Bewusstsein vom eigenen Körper und die deutliche Propriozeption der Einheit von allem, was jeweils dem bewussten Seelenleben des Individuums angehört, mitinbegriffen.

Methodisch gibt es drei Wege, die spezielle seelische Hygiene des Ichs zu finden und darzustellen: 1. Man kann die *Ichfunktionen* beschreiben und isolieren. 2. Man kann die Stufen der normalen und der abnormen *Ichentwicklung* beschreiben und isolieren. 3. Man kann die *Störungen und Krankheiten des Ichs* einschliesslich der Folgen von körperlichen Gesundheitsstörungen und Krankheiten beschreiben und isolieren.

1. Die hauptsächlichen *Funktionen des Ichs* sind: Integration und Einschränkung der unmittelbaren Reaktion auf Reize. Orientierung; Affekte, darunter Angst, Liebe und Hass; Ambivalenz, d. h. emotioneller Zweifel; Wille; Aufmerksamkeit; Identifizierung. Das Ich schwindet während des Schlafes und erscheint im Traume wieder. Das Ich ist Träger der Bewusstheit und sowohl Vollzieher als auch Erhalter der Verdrängung.

2. Die *Entwicklungsschwierigkeiten des Ichs* sind hauptsächlich Fixierungen auf früheren ontogenetischen und phylogenetischen Stufen: Prävalenz des oralen, analen, phallischen oder sonstigen prägenitalen Zustandes des Ichs, der sadistischen und masochistischen Einstellung des Ichs; Fixierung an Autoerotik und Narzissmus; Fixierung in einer ödipalen Phase oder in einem speziellen Zustand von Identifizierung. Aber nicht nur die Fixierung, sondern auch eine statische gegenseitige Störung von Ichzuständen oder die Blockierung der Störung kann pathologisch werden.

Diese Aufzählung zeigt, wie kompliziert und spezifisch eine vollständige Darstellung der seelischen Hygiene des Ichs wäre, denn jeder einzelne Punkt, wie Orientierung oder Willenskraft oder Fixierung auf den oralen usw. Zustand, erfordert spezifische, auf erzieherische und analytische Erfahrungen gegründete seelenhygienische Massnahmen. Eine solche Darstellung der seelischen Hygiene des Ichs brächte jedoch kein anderes Wissen als das vom Seelenhygieniker in bezug auf die verschiedenen Funktionen und die verschiedenen Fixierungen bereits angewandte.

Interessanter und aufschlussreicher ist daher die dritte Methode, welche darin besteht, die seelische Hygiene der *generellen Ichschwächung* und der *spezifischen Ichschwächungen* in Wechselbeziehung zu individuellen Krankheiten herauszufinden und darzustellen. Bisher ist in bezug auf die Ichpsychologie wenig über die Neurosen entdeckt worden, weit mehr über die narzisstische schizophrene Störung. Die Schizophrenie verspricht für eine seelische Hygiene des Ichs sehr aufschlussreich zu sein. Meine heutigen Ausführungen werden daher die schizophrenen Ichstörungen demonstrieren und einige wenige seelenhygienische Massnahmen empfehlen.

Diesem Unternehmen droht jedoch eine Gefahr: die Versuchung, zu glauben, dass man schon dadurch Ichpsychologie vermittelt, dass man das Wort «Ich» statt «Persönlichkeit» oder «Individuum» verwendet. Insbesondere muss man sich davor in acht nehmen, zu glauben, dass durch Verwendung von FREUDS ausgezeichneter Konzeption der Ichstärke, wann immer das Ich der Angst, irgendeiner Triebregung oder einem Wunsche, Affekten oder der Symptombildung und geistigen Erkrankung erliegt, irgend etwas erklärt wird; jede tautologische Terminologie dient leicht der Selbsttäuschung. Wir müssen stets der Tatsache eingedenk sein, dass das Ich eine spezifische seelisch-körperliche mit seelischer Energie besetzte Einheit ist.

Jedermann ist sich seiner Ichgefühle bewusst, sowohl des seelischen als auch des körperlichen Ichgefühls. Das seelische und das körperliche Ich werden getrennt gefühlt, aber im Wachzustande immer in der Weise, dass das seelische Ich als innerhalb des Körperichs befindlich erlebt wird. Obwohl das Ich selber der Träger des Bewusstseins ist, ist vermöge eines einzigartigen Paradoxons das Individuum sich des Ichs bewusst. Das Ich unterscheidet sich daher von allen anderen existierenden Phänomenen. Allen Regeln der Grammatik zum Trotz und unter Missachtung der anscheinenden logischen Unmöglichkeit ist das Ich Subjekt und Objekt zugleich. Das Ich als Subjekt ist am Fürworte «Ich» zu erkennen, als Objekt heisst es «Selbst». Das Ich hat eine Entwicklungsgeschichte, die zwar elementar, aber sehr kompliziert ist. Das Ich kann normal oder abnorm sein, unversehrt oder gestört, gesund oder krank. Weil dem Ich bestimmte Funktionen vorbehalten sind, ist die gewohnte Verwendung des Wortes «Ich» als einer Bezeichnung für ein Aggregat wohlbekannter und wichtiger Funktionen gerechtfertigt. Doch ist dieses Aggregat nicht einfach die *Summe* der Funktionen, sondern ist die einigende Besetzung, die aus dem Aggregat ein eigenes seelisches Gebilde macht. Jede Psychopathologie des Ichs muss daher zunächst einmal aus unserem klinischen und theoretischen Wissen alle Tatsachen und Theorien herausziehen, die sich auf die Icheinheit selbst und nicht auf ihre Funktionen beziehen.

Als Beispiel für den Wert dieses Fortschritts sei das Problem der Echo- und Palilalie und der Perseveration bei Fällen von Aphasie und Apraxie angeführt. Die Symptome werden verständlicher, sobald die Icheinstellung des Patienten, die von den Objekten kommenden Reize und die Reaktionen des Patienten auf sie auseinandergehalten werden. Während bei normalen Menschen die Ichgrenze sich bei jeder neuen sensorischen Reizung oder neuen inneren Aufmerksamkeit verändert, zeigen diejenigen, welche die spezielle zur Echo- und Palilalie führende Gehirnläsion haben, eine Ichgrenze, die beharrt und sich nicht bei jedem neuen Reiz verändert.

Das Ichgefühl begleitet stets jeden Akt der Aufmerksamkeit; diese ist das Minimalphänomen der Kraft des Ichs, seine Besetzung zu lenken; Intentionen und Willensakte sind höhere Grade derselben Ichbetätigung.

In bezug auf die Affektivität lässt sich aussagen, dass jeder Affekt von den Ichgrenzen wahrgenommen wird und durch die Triebart gekennzeichnet ist, die in der Besetzung der von dem jeweiligen Affekte betroffenen Ichgrenzen vorherrscht.

Wenn eine Persönlichkeit «integriert» genannt wird, so betont man mit diesem Attribute, dass spezifische Ichzustände des Individuums ihre starke Besetzung niemals verlieren und so seine vorherrschenden Einstellungen werden. Das zweite phänomenologische Merkmal einer integrierten Persönlichkeit ist, dass diese vorherrschenden Einstellungen und Formen der Ichreaktion dank ihrer starken Besetzung imstande sind, andere Ichreaktionen beim Eintritt ins Bewusstsein zu kontrollieren. Der Grad der Vollkommenheit der Integration hängt davon ab, ob einer grösseren oder einer geringeren Anzahl von Ereignissen, Erlebnissen und Ichzuständen erlaubt wird, bewusst zu werden. Viele Persönlichkeiten sind nur darum integriert, weil sehr viele Erlebnisse und Ichzustände ständig verdrängt gehalten werden. Die Verdrängung ihrerseits kann erfolgreich oder erfolglos sein. Nur eine erfolgreiche Verdrängung gewährleistet eine gute Integration des Ichs. Wenngleich FREUD die Verdrängung dem Ich zuschrieb, scheint sie phänomenologisch gesehen ein Automatismus zu sein, der zwar ausserhalb des Ichs stattfindet, aber die Ausdehnung des Ichs beeinflusst.

Es ist wichtig, genau zu wissen, ob eine Störung dem Ich zugehört oder nicht. Sowohl im Falle falscher Zurechnung zum Ich als im Falle falscher

Ausschliessung vom Ich kann der Irrtum das Verstehen der zugrunde liegenden Psychopathologie und damit auch die richtige Indikation für die Therapie erschweren. Dies gilt besonders in bezug auf die Schizophrenie. Durch rechtes Verstehen unseres Standpunktes lassen sich Vorbeugung, Behandlung und nachherige hygienische Obsorge umorientieren. Diese Umorientierung geht von *einem,* spezifischen Mechanismus aus, der in den frühesten Stadien der Krankheit leicht zu finden ist. Einmal gefunden, lässt sich die neue Konzeption fruchtbar auf die fortschreitenden und auf die Endstadien anwenden. Besserungen und Rückfälle wiederholen die Veränderungen in entgegengesetzter Richtung.

Ein auffallendes Symptom der Schizophrenie sind Wahnideen und Halluzinationen. Es ist eine allgemein akzeptierte Theorie, dass dieses Symptom auf dem «Verlust der aussenweltlichen Wirklichkeit» beruht. Der Unterschied zwischen Neurose und Psychose liegt in der Art der Lösung des Konflikts des Ichs zwischen den Kräften des Es und den Ansprüchen der Aussenwelt. Nach FREUD verzichtet der Neurotiker auf die Trieberfüllung, während der Psychotiker die Wirklichkeit der äusseren Objekte aufgibt. An Stelle der wirklichen Aussenwelt wird eine verfälschte, halluzinierte und wahnhafte Welt geschaffen. Weitere Verfälschungen entwickeln sich bei Bemühungen des Psychotikers um Wiederherstellung. Analog zu FREUDS Haupttheorie über die Entstehung der Neurose wird auch die Psychose als eine Abwehr aufgefasst.

Meine Beobachtungen widersprechen dieser Theorie insofern, als jeder schizophrene Fall nicht mit dem Verlust der äusseren objektiven Wirklichkeit beginnt, sondern mit dem Auftreten falscher, bloss subjektiver, Wirklichkeitsvorstellungen. Diese Beobachtungen kann jeder bestätigen, der die feineren Einzelheiten der frühesten Symptome irgendeines Patienten studiert. Allerdings können solche Beobachtungen nur dann gemacht werden, wenn der Patient Vertrauen zum Psychiater hat und sich für dessen Bestreben, ihm zu helfen, interessiert, beides auf Grund einer guten positiven Übertragung. Gewöhnlich betrifft jede neue Wahnidee, die an die Stelle wirklicher Tatsachen tritt, und die erste falsche Deutung, die an die Stelle des vernünftigen Verstehens wirklicher Tatsachen tritt, ein Ereignis, das sich tags zuvor zugetragen hat.

Die Methode der Untersuchung ist einfach. Sie besteht darin, ein genaues Beschreiben der Tatsachen zu verlangen. Bei jeder Einzelheit des Berichts des Patienten zeigt man ihm, wo er unwissentlich irgendwelche psychologisch bedeutungsvolle Tatsachen hinzugefügt oder weggelassen hat. Dadurch gewinnt der Patient seine wahren Erinnerungen an die Ereignisse wieder. Solche anfängliche Episoden ereignen sich meistens lange bevor der korrekte Gebrauch der äusseren Wirklichkeit verlorengeht. Diese wirklich ersten Symptome sind ferner durch keinen Abwehrmechanismus unmittelbar bedingt. Dies wird durch die Tatsache bewiesen, dass die Wirklichkeit der Gedanken weit schmerzhafter ist, als es die Gedanken selbst sind. Natürlich können in jeder Psychose einige Symptome auch dem Zwecke der Abwehr dienen; aber *die Psychose selbst ist keine Abwehr, sondern eine Niederlage.* Die volkstümliche Bezeichnung «Zusammenbruch» wurde gut gewählt. Die Psychose ist eine Niederlage eines Ichs, das aufgehört hat, sich gegen die Wirkung von Triebforderungen und äusseren Konflikten, die von diesen herrühren, wehren zu können.

Für die Tatsache eines solchen Wechsels zwischen Wirklichkeitswert und blossem Gedankenwert eines und desselben seelischen Inhalts bot sich mir die Theorie der Ichgrenzen als eine folgerichtige Erklärung dar. Hinsichtlich der Beweise für die Existenz beweglicher Ichgrenzen muss ich auf meine früheren Arbeiten über Ichbesetzung und Ichgefühl verweisen. Auf dieser Grundlage nehme ich an, dass der schizophrene Prozess in einem Verlust der seelischen und körperlichen Ichgrenzbesetzung besteht. Alles, was blosser Gedanke ist, ist durch einen *innerhalb* der seelischen und physischen Ichgrenze liegenden seelischen Vorgang bedingt; alles, womit sich der Begriff des Wirklichseins verbindet, liegt *ausserhalb* der seelischen und physischen Ichgrenze.

Ein einleuchtendes Argument für die Richtigkeit dieser Annahme ist die von vielen Autoren hervorgehobene Identität der schizophrenen mit der hypnagogen Ideenbildung. Die hypnagoge Veränderung ganz am Ende des Wachens besteht im Schwinden des Ichs. Dieses Phänomen gibt jedem Menschen Gelegenheit, sich von der Existenz seiner Ichbesetzung und seiner Ichgrenzen zu überzeugen, wofern er willens ist, das Vergnügen, ohne weiteres einzuschlafen, aufzuopfern.

Da zu Beginn der meisten Schizophrenien nur einige wenige Ichgrenzen samt den seelischen Segmenten, die diesen Ichgrenzen entsprechen, ihre Besetzung verloren haben oder zwischen Besetzung und Nichtbesetzung hin und her pendeln, bestehen seelische Gesundheit und seelische Krankheit nebeneinander. Lange Zeit sind viele Funktionen geschwächt, während andere noch unversehrt sind. Lange Zeit wechseln dieselben Funktionen zwischen dem psychotischen und dem gesunden Zustande ab. Bald jedoch werden gesunde Funktionen durch die psychotischen kontaminiert. Viele sekundäre Erklärungen und Verfälschungen werden verwendet, um irgendeine Übereinstimmung zwischen der Wirklichkeit und den störenden falschen Erinnerungen und wirklichkeitsfremden Strebungen zu schaffen. Es liegt an dieser Vermischung von Wahrheit und Verfälschung, von falsch gedachten und noch richtig wahrgenommenen Wirklichkeiten oder noch richtig vorgestellten Unwirklichkeiten und an den vielen Illusionen, die sich aus diesen Vermischungen ergeben, dass wir auch von *mixophrenen* Mechanismen sprechen können, die den schizophrenen Prozess begleiten. Da der Zwiespalt zwischen gesunden Residuen und neuen psychotischen Schöpfungen andauert, wird jedoch sekundär bald die äussere Wirklichkeit aufgegeben. Der Verlust des korrekten Gebrauchs der aussenweltlichen Wirklichkeit stellt daher vom Standpunkte des psychotischen Ichs eine Abwehr, vom Standpunkte des gesunden Ichanteils aber eine Niederlage dar.

Diese theoretische Konzeption führt zu therapeutischen Neuerungen. In günstigen Fällen hilft es, das gesunde Ichgebiet stärker zur Geltung zu bringen und den Patienten zu veranlassen, immer wieder die fälschlich geschaffene Wirklichkeit als eine fälschliche anzuerkennen. Bei dieser Methode kehren Gedanken, die Wirklichkeit gewonnen haben, zur Innenwelt des Denkens zurück, und die aufgegebene äussere Wirklichkeit wird wieder akzeptiert. Solche Besserungen beweisen den dynamischen und nicht statischen oder rein anatomischen Charakter der schizophrenen Erscheinungen.

Die Erkenntnis, dass das Fehlen der Ichgrenzbesetzung eine falsche Wirklichkeit desselben Erlebnisses, das dank einer normalen Besetzung der Grenze bloss eine Idee war, zur Folge hat, stösst gewöhnlich auf ein grosses «rationales» Bedenken. Dynamisch wird etwas, das wirklich ist, als eine grössere Intensität als der entsprechende Gedanke aufweisend gefühlt. Daher verwirft man unwillkürlich die Erklärung, dass die Wirklichkeit, sei sie auch noch so falsch, durch irgendeine dynamische Verminderung bedingt sei. Diese Ablehnung wird noch stärker, wenn man unter dem Eindruck ungehemmter und unangemessener Affektausbrüche des Schizophrenen steht; sie scheinen offenkundig durch gesteigerte, nicht durch verringerte Besetzungen verursacht zu werden.

Untersucht man aber diese irrationalen Affektkundgebungen, so findet man gewöhnlich, dass sie ohne jedes tiefe oder dauernde Gefühl erfolgen. Vielmehr sind die Oberflächlichkeit und Seichtheit der Affekte in solchen Fällen häufig beschrieben worden. Es fällt einem der Gegensatz zwischen dem trotzigen Beharren des Patienten auf seiner affektiven Reaktion und der Nichtigkeit ihrer Verursachung auf. Die Erklärung liegt in derselben Verwandlung, durch welche die verfälschte Wirklichkeit geschaffen wird: Infolge der Einbusse der Ichgrenze an Besetzung wird der seichte Affekt vom Ich als ein unüberwindliches Gefühl empfunden, welches aber sogleich verschwindet, wenn eine andere Ichgrenze besetzt wird. Weil der falsche Wert von Affekten durch denselben Verlust von Ichgrenzbesetzung bedingt ist wie die falsche Wirklichkeit des Gedankens, lassen sich in beginnenden Fällen «ver-fälschte» Affekte häufig korrigieren. Doch erfordert dies eine volle Kenntnis der Situation und der Faktoren, auf welche die Affekte zurückzuführen sind. Gewöhnlich ist die Korrektur von Affekten ein Nebenprodukt der Korrektur von Gedanken.

Die Schlussfolgerung ist gerechtfertigt, dass im allgemeinen die Quantität und Qualität der Ichgrenzbesetzung die Intensität und psychognomische Qualität beeinflussen, die das Denken der die entsprechende Ichgrenze tref-fenden Reizung beilegt. Je nach der Topik der Ichgrenze äussert sich dieser ihr Einfluss auf das subjektive Erleben der objektiven Reizung auf sehr ver-schiedene Weise. Wenn die Ichgrenze ihre libidinöse Besetzung verliert, so werden äussere Objekte entfremdet gefühlt und verlieren in ähnlicher Weise Affekte ihre Lebendigkeit und werden nur durch Erinnerung erkannt, aber nicht wie vorher gefühlt. Auf weiteren Besetzungsverlust ist die vorerwähnte Intensivierung und Absolutheit von Affekten zurückzuführen. Beim Libido-verlust einer ganz anderen Ichgrenzbesetzung fühlt man seine Handlungen als Automatismen.

In bezug auf Schlussfolgerungen, Urteile und Entscheidungen wird «Möglichkeit» zu «Gewissheit», wenn die Besetzungen von entsprechenden seelischen Ichgrenzen zurückgezogen werden. Diese Veränderung ist für alles paranoische Denken charakteristisch. Jeder verbleibende Zweifel verwandelt sich in die sichere Annahme eines Konfliktes äusserer Mächte.

Auch Sprache, Buchstabieren und Schreiben werden alle Bestimmtheit verlieren müssen, sobald schon die entfernte Ähnlichkeit eines Satzes, eines Wortes oder einer Silbe mit dem korrekten Satze, Worte, Silbe dem Bedürfnis des Kranken nach Genauigkeit im Ausdruck genügt. In diesem Falle ist die Verwandlung einer kritisch kontrollierten Funktion in eine unkritisch akzep-tierte, deren Absolutheit an die Stelle aller erlernter und andauernd ausgeüb-ter Kontrolle getreten ist, grossenteils auf den Verlust von Ichgrenzbesetzung auf dem Gebiete der Sprache zurückzuführen.

Das Wissen, dass der schizophrene Prozess im wesentlichen damit beginnt, dass das Ich seine volle Besetzung verliert, eröffnet einen neuen Zugang zu der wohlbekannten Regression des Ichs zu früheren Zuständen. Es ist leicht zu verstehen, dass das Ich seine gegenwärtige Stufe nicht aufrechterhalten kann, wenn die Ichbesetzung sich vermindert oder verlorengeht. Doch muss zwischen dem Verluste der aktuellen Ichgrenze und der Regression zu frühe-ren ontogenetischen und (mehr hypothetischen) phylogenetischen Zuständen genau unterschieden werden. Das Ich, das durch die Regression zu einer infantilen Stufe herabgestiegen ist, kann auf dieser Stufe seine Ichgrenzen gut besetzt haben und imstande sein, Wirklichkeit und Gedachtes voneinander zu unterscheiden.

Die psychotische Regression zu einer infantilen Stufe hat einen ganz anderen Einfluss auf die Vorstellung von der Aussenwelt. Das Individuum kann diesen rückläufigen Prozess teilweise oder gänzlich so weit durchmachen, dass eine narzisstische Stufe der Ichentwicklung erreicht wird, auf der das Ich nicht von der Aussenwelt getrennt wird. Es ist wichtig, zu wissen, dass auch dieser Regressionstypus nicht statisch, sondern dynamisch ist. Die verschiedenen Schockbehandlungen beweisen, dass das Ich von seinen regressiven Zuständen aus wieder fortzuschreiten vermag.

In der Schizophrenie existiert noch eine zweite Art von Regression, schwer zu beschreiben und in gewisser Hinsicht dem Verlust der Ichgrenzbesetzung und der ontogenetischen Regression völlig entgegengesetzt. Um diesen Regressionstypus zu verstehen, müssen wir uns auf das Funktionieren des *bewussten* Denkens konzentrieren.

Meistens lassen wir es uns an der Erkenntnis genügen, dass es die Funktion des Bewusstseins ist, das Ich die Wahrnehmung und den Denkinhalt, die aus dem Vorbewussten aufsteigen, merken zu lassen. Das bewusste Denken tut aber viel mehr: es trennt die Erinnerungen von der Umgebung ab, in der die Engramme zustande kamen. Alle Erlebnisse finden in einzelnen zeitlich bestimmten Ichzuständen statt. Daher wird jedes Objekt zuerst nicht für sich allein, sondern als Teil des gesamten Aktes wahrgenommen. Mit seiner Umgebung zusammen wird das Objekt von einem Ich erlebt, dass sich in einem bestimmten Ichzustand befindet. Sooft man später bewusst dem gleichen Objekte wieder gegenübertritt, wird dieses von einem Ich, das sich in einem anderen Ichzustand befindet, und meistens in anderer Umgebung erlebt. Wenn man z.B. von einem Tische mit der Zeit durch wiederholte bewusste Vergleichungen einen Begriff hat, so werden die verschiedenen Ichzustände, in denen der Tisch in der Folge erlebt worden ist, allmählich als belanglos von der Vorstellung des Tisches abgetrennt, und eine purifizierte Vorstellung des einen Tisches bleibt zurück. Weitere bewusste Bearbeitungen sind nötig, um das Bild des «Tisches» als Spezies zu erwerben. Weitere Abstraktion ist nötig, um von der Spezies «Tisch» den Begriff des «Tisches», der nur die theoretisch identischen Qualitäten aller Tischarten enthält, zu entwickeln. Noch eine andere Abstraktion muss erfolgen. Es ist auch nötig, zwischen der Vorstellung eines Objektes als wirklich vorhanden und als nur gedanklich bestehend zu unterscheiden. Alle diese Abstraktionen bestehen in der Eliminierung aller Residuen der Einzelereignisse, bei denen die Erlebnisse stattfanden, aus der Erinnerung.

Manche Autoren, in der letzten Zeit besonders KURT GOLDSTEIN, haben die schizophrene Sprache und das schizophrene Denken damit charakterisiert, dass in ihnen das begriffliche und abstrakte Denken verlorengehe oder mangelhaft werde. Dies beruht auf einem umgekehrten Prozess, bei dem die speziellen Residuen des Ichzustandes und der Umgebung, in denen das Erlebnis stattfand, ungehemmt in die Erinnerung zurückkehren. Dem Schizophrenen ist es beinahe unmöglich, an den Tisch im allgemeinen zu denken. Es ist ihm unmöglich, sich einen Tisch getrennt von den wirklichen vorzustellen. Während der schizophrene Prozess die Besetzung der Ichgrenzen als Ganzes vermindert, gibt er jedem einzelnen Engramm Residuen jener Ichgrenze wieder, welche die Wahrnehmung des Objekts bei einem wirklichen einzelnen Ereignis erlebt hat. Infolgedessen wird auch in bezug auf die Objekt-Engramme abnorme Wirklichkeit hergestellt. Soweit das Individuum psychotisch wird, werden auch seine Erinnerungen als gewisse Wirklichkeiten erlebt. Auch diese Wirklichkeiten sind objektiv falsch, weil sie nämlich überholt sind. Für das paranoische Denken sind besonders Gedanken bezeichnend, die an und für sich nicht falsch und sinnlos sind; sie wären möglich, sind aber in sinnloser Weise gewiss und wirklich.

Es ist nützlich, die genannten drei Arten von Regression, die durch die Verringerung und den teilweisen Verlust der Ichbesetzung bedingt sind, scharf auseinanderzuhalten:

1. Regression des Gedachten zur Wirklichkeit;
2. Regression des Ichs zu früheren Entwicklungszuständen;
3. Regression der vorstellungsmässigen Ideen zum ursprünglichen einzelnen Erlebnis.

Das vierte Charakteristikum der Schizophrenie ist das Erscheinen unbewussten seelischen Materials und das Ersichtlichwerden unbewusster Mechanismen im Bewusstsein. Auch dieses Phänomen fügt sich gut in die Theorie ein, dass in der Schizophrenie die Ichbesetzung geschwächt wird. Während das Wirken von Grenzen des Ichs sich in bezug auf die Aussenwelt und Objektrepräsentanten beobachten lässt, gründet sich die Annahme, dass es Ichgrenzen gibt, die sich auf das *Unbewusste* beziehen, lediglich auf FREUDS Hypothese.

Es ist ein wichtiges Problem und könnte zu einem Versuch führen, schizophrene Fälle in zwei Gruppen zu scheiden, um herauszufinden, ob der Ausbruch der Psychose auf gesteigerte Besetzung unbewussten Materials oder aber verringerte Besetzung der Widerstand leistenden Ichgrenzen zurückzuführen ist. Wie immer dem auch sei, die Annahme ist gerechtfertigt, dass weder die unbewussten noch die vorbewussten Prozesse selber die Engramme auf solche Weise zu modifizieren vermögen, dass verallgemeinerte Vorstellungen, allgemeine Bilder und korrekte Begriffe das Ergebnis sind. Unser *bewusstes* Denken sorgt für die Genauigkeit von Objektbildern und für die Objektivität des Denkens an Stelle seiner Subjektivität. Es scheint daher erwiesen, dass die Psychose nicht nur in drei Arten von Regressionen und im Emporsteigen des Unbewussten besteht, sondern auch in einer Unfähigkeit des bewussten Denkens, eine seiner wichtigsten Aufgaben, nämlich die des kontrollierten begrifflichen Denkens, zu erfüllen.

Durch die genaue Kenntnis der beschriebenen vier wesentlichen Prozesse in der Schizophrenie können wir zur seelischen Hygiene des Ichs fortschreiten und werden in den Stand gesetzt, unsere seelische Therapie und Hygiene sorgfältig nach den mannigfachen Kundgebungen der Erkrankung zu richten. Manche Massnahmen müssen die Ichbesetzung schonen und stärken, andere der Regression entgegenwirken, wieder andere das intentionale Denken verbessern und sogar lehren, während wieder andere sich dem Durchbruch des Unbewussten ins Bewusstsein zu widersetzen und so das Ich gegen die darin liegende Gefahr zu schützen haben. Den von einem solchen Durchbruch angerichteten Schaden auszubessern, bleibt als letzter Schritt übrig. Dieses Programm wird von den künftigen psychiatrischen und psychoanalytischen Forschern, Therapeuten ebenso wie Hygienikern, erfüllt werden.

Als Musterbeispiel werde ich selber die Gruppe von Massnahmen darlegen, die darauf hinzielen, die Ichbesetzung zu schonen und zu stärken. Die Ichstruktur muss nicht nur den gewöhnlichen Aufgaben widerstehen, sondern auch ungewöhnlichen akuten Beanspruchungen und chronisch sich steigernden Anstrengungen. Da das Ich eine dynamische Besetzungseinheit ist, muss der Hygieniker die Ichökonomie berücksichtigen, indem er übertriebenem Verbrauch von Besetzungsenergien infolge gesteigerter Abnützung Einhalt tut; auch sucht er zur Verproviantierung des Ichs mit reichlichen Energiezufuhren beizutragen. Eine solche schonende Hygiene ist ein nicht bloss seelisches, sondern auch psychosomatisches Verfahren. In der Schizophrenie existieren organische Faktoren. Sie stören die dynamische Betrachtungsweise.

Frühzeitiges Erkennen der Schizophrenie eines Kindes gestattet ein sofortiges Herabsetzen aller erzieherischen Forderungen und ein Verringern emotioneller Härten. In diesen Fällen ist es das Prinzip der Hygiene, die Kräfte zu schonen, bis etwa eine psychosomatische Nachreifung die Zufuhr von Ichbesetzung steigert. Solche Schonung muss eine dauernde sein, was einen hohen Grad von Einsicht und Disziplin der Umwelt erfordert.

Ferner muss stets das Prinzip befolgt werden, dass die gesunden Teile des Ichs durch Übung, die kranken durch Schonung zu stärken sind. Sooft selbst leichte Störungen eintreten, müssen anstrengende Übungen unterbrochen und alle anderen Forderungen in den Grenzen des Möglichen verringert werden. Unter solchen hygienisch verbesserten Bedingungen wurde bei jugendlichen Patienten der Ausbruch der Psychose verhütet, obwohl erfahrene Psychiater die Prognose als hoffnungslos angesehen haben. Allerdings muss dazu der Kreis der Betätigungen enger gezogen und auf ganze Sektoren des Lebens verzichtet werden. Die meisten Individuen mit einer chronisch geringen Ichbesetzung und mit geringen Besetzungsreserven verlangen instinktiv keine erweiterten Betätigungen. Ihre eigenen Einschränkungen erscheinen oft als Schrullen und Idiosynkrasien, als neurotisches Betragen oder als echte Phobien und Zwänge. Oft scheint der veraltete Name «Neurasthenie» und «Psychasthenie» auf sie zu passen. Vielfach werden leichte organische Krankheiten hypochondrisch übertrieben und als Schutzmittel benützt. Therapie und Erziehung sollen gegen neurotische Mittel des Selbstschutzes versucht, aber nicht forciert werden.

Dies sind negative Schutzmassnahmen. Die positiven Mittel der präventiven Therapie sind die gleichen wie die der allgemeinen Psychotherapie. Unter diesen kommt einer positiven Übertragung auffallend grosse Bedeutung zu. Paradoxerweise muss dem psychotischen Patienten erlaubt werden, seinen behandelnden oder vorbeugenden Therapeuten selber zu wählen, denn jede negative Übertragung macht alle therapeutische Bemühung fruchtlos. Mit Hilfe der positiven Übertragung ist es nicht schwierig, Einblick in die Konflikte des Individuums zu gewinnen und es auf ein besseres Verständnis seiner Schwierigkeiten, bessere Anpassung und besseres Ertragen von Versagung hinzulenken.

Es ist noch immer allgemein Brauch, den psychotischen Patienten über die Natur seiner Krankheit zu täuschen. Diese Methode ist aber schädlich. Es ist viel besser, dem sich ängstigenden Patienten die Natur und sogar die Gefährlichkeit einer Geisteskrankheit deutlich zu machen. Wenn verstanden wird, dass seine Psychose eine Ichkrankheit ist, so ist ihr Schrecken beseitigt. Seine Angst vor dem Wahnsinn verwandelt sich in einen bewussten Kampf gegen die Ichstörung, im Verein mit dem präventiven Therapeuten. Der latent Schizophrene, der psychotisch zu werden beginnt, lernt der Tendenz mancher seiner Gedanken, Wirklichkeitswert zu gewinnen, zu widerstehen. Er widersteht seiner Neigung, vorherigen Beziehungsideen Gewissheitswert zuzuteilen. Er selbst macht die Erfahrung, dass seine bewusste Aufmerksamkeit, nunmehr kritisch auf die beginnenden Verfälschungen gerichtet, imstande ist, sie richtigzustellen. Ist dieses Ziel einmal unter Beihilfe des Therapeuten erreicht worden, so wird in weniger schweren Fällen das ohne dauernde Anleitung weiter geübt werden. Man ist erstaunt, wie gut Psychosenkandidaten sofort verstehen, dass ihre Störung ihr Ich und ihre Ichgrenze betrifft. Sie lernen auch den Mechanismus der Entfremdung und der Depersonalisation sehr gut zu verstehen.

Es kommt ihnen zum Bewusstsein, dass ihr Ich zum Teil auf einer früheren Stufe verblieben ist und dass sie danach Verlangen tragen, auf dieser Stufe zu verharren oder zu ihr zurückzukehren. Sie lernen, dass die spätere Ichentwicklung nicht gänzlich ausgeblieben ist, dass es aber für sie viel leichter ist, in einem unreifen Zustande zu verharren; dies ist die defensive Seite der Schizophrenie. Diese Individuen haben jedoch auch die Bedürfnisse reifer Menschen oder zumindest ein Bedürfnis, die Ansprüche reifer Menschen nachzuahmen. Daher sind Konflikte und sonderbares Verhalten unvermeidlich, ist doch ihr Begreifen und emotionelles Empfinden auf der Stufe des Pubertätsalters oder der Kindheit verblieben. Zum Beispiel kann es einen nicht verwundern, einen Schizophrenen Botschaften mitteilen zu hören, die ihm von gewissen Individuen, von den Sternen, vom Papste, durch Strahlen, durchs Radio usw. zugekommen seien, wenn man das Zusammenwirken von Gedankenwirklichkeit und von Naturverstehen eines Individuums im Vorschulalter berücksichtigt. Die Beeinflussungsideen ihrerseits haben, wie FREUD, TAUSK und JUNG nachgewiesen haben, unbewusste Bedeutungen.

Selbst extremes Irregehen in der räumlichen oder sozialen Orientierung kann der Erkenntnis durch den gesunden Ichanteil zugänglich gemacht werden. Ferner kann solchem Irregehen sein bedrohlicher Wirklichkeitswert genommen werden, wenn die mangelhafte Ichgrenzbesetzung vorübergehend wiederhergestellt wird. Angesichts der mangelhaften Konzentration und Aufmerksamkeit halten jedoch solche Erfolge nicht vor. Vielfach kann das Erkannte und Erreichte nicht festgehalten werden. So interessant und nützlich daher die aufklärende hygienische Bemühung ist, der Erfolg hängt vom Ausmasse des im Wiederherstellen der normalen Besetzungsökonomie Geleisteten ab.

Für diese Aufgabe weisen uns die Symptome der Entfremdung und der Depersonalisation den Weg. Beide Symptome gehen einer Psychose voran. Bei der Entfremdung funktioniert zwar das Ich noch in seinen normalen Grenzen, aber in quälend lustloser Art. Objekte werden darum entfremdet gefühlt, weil die entsprechende Ichgrenze unvollkommen besetzt ist, der libidinösen Komponente ihrer Besetzung ermangelnd. Die Depersonalisation beruht auf einer ganz anderen Besetzungsstörung. Das Ich fühlt sich nicht als zusammenhängende Einheit. Reaktionen, welche Orientierung und

Tätigkeit in der wirklichen Welt bedingen, gehen noch fehlerlos vor sich. Dem Gedachten wird noch keine falsche Wirklichkeit zugeteilt. Aber das gewohnte erfreuliche Ichgefühl fehlt. Bei aller Verschiedenheit ihrer höchst merkwürdigen Klagen stimmen depersonalisierte Individuen in dem einen Punkte überein, dass die eigene Person ihnen unheimlich geworden ist, weil das Ich nicht mehr als etwas automatisch, d. h. vorbewusst, Zusammengehöriges gefühlt wird.

Entfremdung und Depersonalisation treten nach auslösenden Anlässen, oft anfallsweise, auf. Bei günstigen Bedingungen gehen sie vorüber, ohne zu einem psychotischen Zustand zu führen. Die Anlässe sind Schlaflosigkeit, körperliche und seelische Erschöpfung, lange dauernde schwere Konflikte, gehäufte Sexualtätigkeit oder beständige sexuelle Gereiztheit, insbesondere masochistische Gereiztheit, sowie auch andauernd freudige Erregung, namentlich wenn sie zu beständigen hoffnungsvollen Phantasien führt. NUNBERG hat über Fälle von Entfremdung berichtet, die nach dem Verlust eines Liebesobjektes eintrat. Solche Fälle führen aber nicht zur Psychose.

Alle diese Faktoren sind weit davon entfernt, spezifisch zu sein. Das Spezifische ist das Übermass an Schrecken und Angst. Schon FREUD hat festgestellt, dass die Angst die Ichbesetzung steigert und durch diesen Mechanismus gegen die eingetretene Gefahr hilft. Er sagte, dass Unfallneurosen gewöhnlich nur in einer plötzlichen und unerwarteten Gefahrsituation eintreten und nicht unter Verhältnissen, wo dem wirklichen Ereignis Angst vorangeht. Die Steigerung der Besetzung durch die Angst bedeutet aber auch gesteigerten Verbrauch der Besetzung. Weil durch lange anhaltenden Schrecken oder Angst oder beides der Vorrat an Besetzung erschöpft werden kann, kann es zur Ichstörung und zur Ichkrankheit kommen.

Es ist nicht notwendig, zu wiederholen, dass beim Ausbruch jeder Psychose das verdrängte Unbewusste mitwirkt. Alles, was seit Lebensbeginn für das Individuum traumatisch gewesen oder ein chronischer Konflikt geworden ist, erhöht die Gefahr einer Psychose. Dabei ist natürlich irgendein unbekannter konstitutioneller biologischer Faktor in Betracht zu ziehen. Ichhygiene bedeutet daher Hygiene des Gesamtschicksals des Individuums. Die Ichhygiene besteht von Anfang an im Schutze vor Übermass von Angst, in der Erleichterung von Angstzuständen und in der Beseitigung der Folgen der Angst.

Aus dem theoretischen Verstehen schizophrener Ichstörungen wurden einige Regeln der seelischen Hygiene entwickelt. Andere werden sich auf die ichtheoretischen Studien an Paranoikern, Manisch-Depressiven, Psychopathen und Neurotikern aller Art gründen.

Die Ichhygiene stellt ein Programm dar, das mit der Geburt beginnt und mit der vollen Reife des Individuums endet. Gute und normale Erzieher sorgen instinktiv für eine gute seelische Ichhygiene. Eine konstruktiv gute Erziehung ist aber noch nicht die Regel. Seelische Ichhygiene wird daher die präzise Aufgabe jedes künftigen Hygienikers werden, in Familie, Schule und geselligem Leben.

IX. KAPITEL

EINE SEHR SCHNELLE HEILUNG[1]

Als Beispiel für meine Methode will ich jetzt über einen Fall berichten, bei dem ich guter positiver Übertragung begegnete, weil die Patientin zufälligerweise von einer Freundin zu mir geschickt wurde, die selbst analysiert war, und diese die Übertragung der Patientin auf mich verstärkte und mir mit grossem Verständnis und Hingebung half[2].

In vieler Hinsicht gleicht die Analyse von Psychotikern mehr der Kinderanalyse als der Analyse neurotischer Erwachsener. Es ist nicht allgemein bekannt, dass in den Anfängen der Kinderanalyse nur Analytikerkinder psychoanalysiert werden konnten; später machten wir in Wien wiederholt die Erfahrung, dass die Fortsetzung der Behandlung des Kindes davon abhing, ob es möglich war, den Widerstand der Familie des Kindes zu überwinden; vielfach war es nötig, ein Mitglied der Familie psychoanalysieren zu lassen; die Eltern mussten jedoch andauernden seelischen Beistand haben, um ihre neurotischen Reaktionen zu beschwichtigen. Wie immer dem auch sei, eine aufrichtig pro-psychoanalytische Atmosphäre ist in jedem Falle eine grosse Unterstützung; solche Familien verstehen, warum sie mithelfen müssen und warum keine rasche, rückfallfreie Besserung zu erwarten ist.

Ich schrieb ein gut Teil meines leichten Erfolges bei dem nun zu besprechenden Falle der pro-psychoanalytischen Atmosphäre in der Familie der Patientin zu. Dieser Fall ist aber auch ein guter Beweis dafür, dass die von mir empfohlene Technik der gewöhnlichen Methode überlegen ist. Die Patientin hatte vier Jahre vorher einen schizophrenen Schub durchgemacht. Er wurde durch eine Analyse provoziert. Dieselben guten Familienbedingungen waren vorhanden, als ein anderer, und zwar ausgezeichneter Psychoanalytiker die Behandlung mit einer Kontrollanalyse angefangen hatte – erst dann verstand

---

[1] Aus einem 1941/42 abgehaltenen Seminar über Psychosen-Analyse.
[2] Die Rolle der weiblichen Helferin wird ausführlich in Kap. 6 besprochen. – E.W.

die Familie den psychotischen Untergrund der Anpassungsschwierigkeiten der Patientin – und nach wenigen Tagen damit aufhören musste, weil es nötig geworden war, sie in einer Anstalt unterzubringen.

Als ich die Patientin zum ersten Male in ihrer Wohnung sah, hatte ich zu entscheiden, ob sie in eine Anstalt gebracht oder in ihrer eigenen Umgebung behandelt werden sollte. Ich entschied mich für letzteres und trug zunächst dafür Sorge, dass ungünstige Besucher ferngehalten und zwei psychologisch verständige Freundinnen dazu ausersehen wurden, sie zu besuchen, während die treue und ruhige Hausgehilfin angewiesen wurde, sie zu beobachten; die Gefahr eines Selbstmordes schien nicht gross zu sein. Es wurden jedoch alle Medikamente entfernt, es wurde Hausarbeit ohne Verantwortlichkeit empfohlen, und indem ihr gesagt wurde, ihre Hauptpflicht sei, zu schlafen und sich auszuruhen, wurden ihr alle Verantwortungen abgenommen. Die erste Woche besuchte ich sie in ihrer Wohnung, dann kam sie zu mir. Gleich zu Beginn wurde sie davon in Kenntnis gesetzt, dass sie zu jeder Tages- oder Nachtzeit anrufen könne, sooft ihre Probleme eine Belastung würden oder anfingen, sie zu schrecken; mein Telephondienst wurde davon in Kenntnis gesetzt, dass er mich sofort mit ihr zu verbinden habe. Auf diese Weise versuchte ich, die Unterbringung in einer Anstalt oder ständige Beobachtung durch eine psychiatrische Pflegerin zu vermeiden. Auch schaltete ich jede Störung durch ihren früheren Arzt und telephonische Anfragen ihrer vielen Verwandten aus. Der Arzt hatte mit dazu beigetragen, ihre Angst zu provozieren, indem er ihr empfahl, zu einem Psychiater oder in ein Sanatorium zu gehen. Mich zu konsultieren und daheim behandelt zu werden bedeutete für sie, dass sie *nerven*krank sei.

Der Fall ist kein Grenzfall, wofür besser «latente Schizophrenie» gesagt wird, er ist eine echte paranoide Schizophrenie – aber er kam zur Behandlung, als er sich im Zustande des Umkippens befand; in dieser Zeit lässt sich eine Psychoanalyse als Mittel präventiver oder provozierender Medizin durchführen. Es mag eine Zeit kommen, wo das Provozieren verwendet werden könnte, weil wir uns gut darauf verstehen werden, den psychotischen Prozess seinerseits zu heilen. Heute [1] ist die vorsichtige präventive Behandlungsweise besser; sie gleicht einem Prozesse wiederholter und andauernder Erster Hilfe. Das Individuum ist nahe daran, die Gewalt über die innere und äussere Realität zu verlieren, und wir lassen es beiden ins Gesicht sehen und sich für sie entscheiden, obwohl die psychotische Irrealität es lockt und dieser zu erliegen für es viel leichter ist.

[1] 1941. – E. W.

Es war ein beginnender schizophrener Schub, aber es war nicht der allererste Anfang. Anscheinend waren leichte seelische Symptome auch während der langen Perioden von Gesundheit zu bemerken. Organische Leiden traten beständig auf. Die Menstruation verzögerte sich, sexuelle Befriedigung wurde nur vor der Menstruation erreicht, die seelische Beziehung war der Patientin wichtiger als die körperliche, es bestand keine hysterische Frigidität; die gewöhnlichen endokrinen sexuellen Störungen waren also vorhanden.

Seit einigen Wochen fühlte sich die Patientin müde. Ihr Kopf war schwer, sie hatte häufig Blutandrang ins Gesicht; es wurde ein Aderlass vorgeschlagen. Die Patientin hatte das Interesse für die Hausarbeit, die Beschäftigung mit ihren Kindern und andere Betätigungen verloren. Sie musste sich zu allem, was sie zu tun hatte, zwingen und zog es vor, nicht das Haus zu verlassen. Da der Gatte erkrankt war, konnte weder sie selbst noch sonst jemand sich um sie kümmern. In der letzten Woche war es ihr unangenehm, allein zu schlafen, weil infantile Furcht vor der Dunkelheit wiedergekehrt war.

Die Patientin gebrauchte logisch und grammatisch perfekte Sprache. Sie hatte spontane Einsicht in die Krankhaftigkeit ihres seelischen Zustands, oder zumindest konnte ihr diese immer deutlich gemacht werden. Sie war noch imstande, logisch und emotionell sich selbst zu verstehen, aber diese Einsicht war keine dauernde. Deshalb zeigte ihre Einstellung zu den eigenen Beschwerden und Wahnideen eine charakteristische Unsicherheit. Sie bezweifelte nicht ihre eigenen Ideen, wenn sie allein war, wohl aber, sobald sie mir dieselben mitteilte.

Die Erkrankung begann mit Schlaflosigkeit, Kopfschmerzen und einem Gefühl, dass «berghohe» Bilder auf sie zukamen, die die ganze Welt erfüllten. Es bestand kein traumhafter Zustand, sie war noch imstande, diese kosmoklytischen Phantasien zu verscheuchen, insbesondere damit, dass sie vernünftig über einfache sachliche Themen sprach.

Szenen und Phantasien kamen leichter und waren lebhafter, wenn sie nicht schlafen konnte. Ich gab daher am ersten Tage eine volle Dosis Luminal und riet jedermann, ihren Schlaf auf alle Weise zu beschützen und zu respektieren. Es wurde kein neues Buch erlaubt, und Zeitungen wurden zwar nicht verboten, aber widerraten. Am ersten Tage erkundigte ich mich nicht weiter. Mein Eingreifen und praktisches Helfen, mein Bündnis mit ihrer Freundin, mein Ausschalten ihres Arztes, wenn es auch nicht zur Berufs-«Ethik» passte, all dies liess sie fühlen, dass sie wirkliche Hilfe gefunden hatte. In Konflikten, wo Wahnideen mit Wirklichkeiten vermischt sind, auf Seite des Patienten zu sein, gehört zu den ersten Schritten zur Herstellung einer guten Übertragung. Nachdem der Patient in bezug auf *eine* Frage die Hilfe des Arztes erhalten hat, ist er häufig bereit, alle anderen, auch wichtigere, Entscheidungen zu verschieben.

Am zweiten Tage erfuhr ich mehr über den Hauptkonflikt der Patientin. Aber ich ermutigte sie nicht dazu, mir ihre chaotischen und kosmischen Phantasien zu beschreiben – sie wären der erste Gegenstand des freien Assoziierens auf dem Diwan gewesen, und sie hätten tiefer in die Tiefen schizophrener Konstruktionen und Destruktionen geführt. Am selben Abend nutzte sie ihr neues Vorrecht aus und rief mich an, weil sie eine Befürchtung entwickelt hatte, dass ihre Tochter geisteskrank geworden sei. Sich einem Arzte, der sie besucht hatte, mitzuteilen, lehnte sie ab und zog es vor, auf mich zu warten. Dies bewies ihre gute Übertragung. Doch ist es sehr wichtig, bei der ersten Probe, auf die man gestellt wird, etwas Brauchbares zu finden. In ihrem Falle waren die Probleme leicht zu lösen. Der Fall verlor bald seine bedrohlichen Symptome. – Aber es wäre ganz anders gekommen, hätte ich Interesse für ihre chaotischen Bilder gezeigt.

Drei Jahre später, während einer Periode vollständiger Normalität, erkundete ich mehr über diese, weil einige Träume Material derselben Art brachten. Dies ist ein Beispiel dafür, was Wiederverdrängung bedeutet; sie bedeutet, dass unbewusste Produkte zur Traumwelt zurückkehren und sich nicht länger in das Bewusstsein des Wachzustandes eindrängen.

Ich werde nun Beispiele ihrer Wahnideen bringen.

Eine der ersten wahnhaften Befürchtungen hatte sich vor ganz kurzer Zeit entwickelt und schreckte sie sehr. Sie war plötzlich davon überzeugt und wurde von dem Gedanken geschreckt, dass ihre Tochter wahnsinnig geworden sei.

Theoretisch schien es auf der Hand zu liegen, dass sie ihren eigenen Wahnsinn auf ihre Tochter projiziert hatte. Hätte man versuchen wollen, diese wahnsinnige Idee aufzuklären, indem man ihr den Mechanismus einer Projektion verständlich machte, so hätte man ihr durch das Eingeständnis, dass sie wahnsinnig sei, geschadet. Ich wollte ihr die Überzeugung beibringen, dass sie nicht wahnsinnig sei, aber Schwierigkeiten im Trennen von Gedanken und Wirklichkeit habe. Sie sagte mir, ihre Tochter habe ihr etwas gesagt, was sie sich manchmal selber gedacht hatte. Ihre Tochter hatte ihr gesagt, dass man ihre Gedanken wegnehme und ihren Willen beeinflusse. Ich wusste, dass das alles unrichtig, dass ihre Tochter ganz gesund war, und ich bestand darauf, alle Einzelheiten kennenzulernen, bei welcher Gelegenheit sie das gesagt und welche Worte sie gebraucht hatte. Dann erfuhr ich den wirklichen Vorfall und die Verzerrung des Vorfalles, der sie an den Wahnsinn der Tochter glauben liess.

Ihre Tochter hatte eine Lehrstunde versäumt, und die Lehrerin hatte telephoniert und gebeten, das Kind solle telephonieren, ob es wieder kommen werde. Dieses bat jemand anderen zu telephonieren und sagte: «Wenn man mit einer Lehrerin telephoniert, muss man zu dem, was sie vorschlägt, ja sagen; man kann nicht sprechen, wie man denkt.» Dies trug sich am Morgen zu. Am Nachmittag erinnerte sich die Patientin plötzlich, dass ihre Tochter gebeten hatte, jemand anderer solle telephonieren, weil Lehrerinnen uns Gedanken rauben und den Willen beeinflussen.

Augenblicklich liess ich die Patientin die beiden Versionen der Geschichte miteinander vergleichen und überzeugte sie davon, dass ihre Deutung keineswegs richtig war. Es ist leicht zu erraten, dass ihre übertriebene Besorgnis irgendeine unbewusste Feindschaft und Aggressionswünsche gegen die Tochter verhüllte. Durch freies Assoziieren wäre diese Annahme leicht zu verifizieren gewesen. Dadurch wären aber sowohl die unbewusste Ursache als auch die bewussten Reaktionen lebendiger geworden, und die falsche Idee wäre stärker geworden und wahrscheinlich schwer oder unmöglich zu ändern gewesen. Viele Verfälschungen, um den Wahnsinn des Kindes zu beweisen, wären ausgebaut worden – und je mehr die Krankheit auf das Kind projiziert worden wäre, desto mehr wäre der Patientin für die eigene Krankheit der Beweis erbracht worden. Man kann sich vorstellen, wie sie darauf gedrungen hätte, dass die Erkrankung ihrer Tochter kuriert werde, und darauf bestanden hätte, selber scharfblickend und vorsichtig und keineswegs geistesgestört zu sein.

Es wäre falsch gewesen, ihr die tieferen Gründe solchen Missverstehens wie des ihren verständlich zu machen – dass sie selber auf die Altersstufe ihrer Tochter regredierte, wo sie nicht mehr imstande war, irgendeiner Anregung ihrer Lehrerin zu widerstehen. «Ich muss *das* sagen, was sie will, dass ich sage,» war das nicht psychotische Gefühl, das leicht zum Gefühl magischer Art wurde, dass andere uns Gedanken eingeben. Die Beobachtung, dass «man mit der Lehrerin oder mit dem Chef nicht so sprechen kann, wie man möchte», wird in das Gefühl verwandelt, dass andere einem seine Gedanken rauben. – In anderen Fällen wird das Gefühl, dass einem die eigenen Gedanken entzogen werden, dadurch verursacht, dass man etwas vergisst, während jemand anderer es weiss, wie ich in meiner Arbeit über die Ichbesetzung bei den Fehlleistungen gezeigt habe [1].

Die Patientin wurde von ihrer Entdeckung, dass ihre Tochter wahnsinnig geworden war, intensiv beunruhigt. Ich kam am selben Abend und erreichte, dass sie die logische Kontrolle ihres Bewusstseins wieder herstellte, wodurch

[1] Imago XIX (1933) 312ff., 433ff., bes. 448. – Vgl. auch S. 222 f (Kap. 12) dieses Buches.

sie ihre falsche Reproduktion und Projektion wieder verdrängte und aufgab, bevor eine Nacht mit Schlaf und Traum oder, was schlimmer hätte sein können, mit Schlaflosigkeit und Wachträumen dazwischenkam.

Es ist von entscheidender Bedeutung, die neu entstandene krankhafte Produktion noch am selben Tage zu korrigieren; alle neurotischen und psychotischen Konstruktionen werden während der Nacht verstärkt und weiter ausgeführt. Das lässt sich in beginnenden Fällen deutlich, aber auch in alten beobachten. Man hat sich mit den neuen Produktionen zu befassen und erst, wenn die neuen Fehlurteile klargestellt sind und keine Zweifel mehr erzeugen, tiefer zu gehen. Zweifel und Unsicherheit sind spezifische Merkmale beginnender Fälle; in vorgeschrittenen Fällen verschwinden sie.

Psychose bedeutet Gewissheit, Neurose bedeutet Zweifel [1]. Solange Zweifel besteht, schwankt die Ichbesetzung noch hin und her. Gewissheit der Verfälschung zeugt von Verlust der Besetzung; in manchen Fällen ist dieser nur vorübergehend.

Selbst eine anscheinend einfache Wahnidee zeigt die Grundstörung der Schizophrenie. Gedanken werden für Wirklichkeit gehalten, Gedanken und Wirklichkeit werden vermengt. Dies sind manifeste Erscheinungen. Die Annahme, dass die Unsicherheit in bezug auf die Unterscheidung von Wirklichkeit und Gedachtem auf krankhafter Schwäche der Ichgrenzbesetzung beruht, ist eine von mir aufgestellte und von vielen Psychiatern akzeptierte Theorie.

Doch muss die Beschreibung dieses Grundsymptoms durch die Hinzufügung vervollständigt werden, dass nicht nur zwei, sondern drei seelische Tätigkeiten ihr Material vermengen: Nicht nur werden Gedanken für Tatsachen gehalten und mit ihnen vermischt – Tatsachen, Worte und Gedanken sind unmöglich zu unterscheiden und werden daher unentwirrbar vermengt. In manchen Fällen ist die Vermengung von Worten mit Einbildungen, in anderen die von Worten mit Tatsachen, in wieder anderen die von Einbil-

---

[1] Da Zweifel, wie bekannt, für Zwangsneurosen kennzeichnend ist, aber andererseits der Vorbote einer psychotischen Wahnidee mit Gewissheitsgefühl sein kann, soll dieser Punkt klargestellt werden. 1. Der zwangsmässige Zweifel lässt sich nicht immer vom paranoischen Zweifel unterscheiden. 2. Die in der Zwangsneurose vorherrschende dynamische Kraft ist bekanntlich die affektive Ambivalenz, und der Zweifel betrifft hauptsächlich, aber nicht ausschliesslich, die eigenen Entscheidungen und Handlungen. Manchmal bezieht er sich darauf, ob etwas vom Zwangskranken getan worden ist oder nicht. 3. Der paranoische Zweifel bezieht sich darauf, ob ein gewisser Inhalt wirklich oder unwirklich ist oder nicht, und beruht auf der noch schwankenden Stärke der Ichgrenze; sobald einmal die Besetzung der Ichgrenze dauernd verlorengegangen ist, steht die Wahnidee mit Sicherheit fest. 4. Gleichgültig, ob der Zweifel seine Entscheidungen oder die Wirklichkeit gewisser Inhalte betrifft, – solange ein Kranker zweifelt, wird er klinisch als neurotisch angesehen. Erst wenn der Zweifel eine Gewissheit wird, klassifizieren wir den Kranken als psychotisch. Unter Fällen von zwangsmässigem Zweifel ist man gewöhnlich imstande, die präpsychotischen von den eigentlichen Zwangskranken zu unterscheiden. – E. W.

dungen und Tatsachen wichtiger. Doch finden sich in vorgeschrittenen Fällen alle drei Arten von Missverständnissen, die durch Vermengung von Sprache (Worten), Wirklichkeit (Tatsachen), Gedanken (Einbildungen) verursacht werden. – Man wird an die verschiedenen Kundgebungen des magischen Denkens erinnert. Wenn eine Einbildung oder ein Wort die Eigenschaften von Tatsachen annehmen, ist es ja begreiflich, dass sie einen magischen Einfluss erlangen können. Von FERENCZIS [1] drei Stadien: Magie der Gebärden, der Worte und der Gedanken sind die beiden letzteren bei fast jedem schizophrenen Falle leicht zu erkennen. Magie der Gebärden ist häufig in Verkleidung als Abwehr-Phobie oder Zwang zu finden. In der angeführten Wahnidee des vorliegenden Falles wurde die «Magie» durch phobische Angst verhüllt. Auch in der zweiten Wahnidee verdunkelte eine zwanghafte Befürchtung die «Magie» des Symptoms.

Diese zweite wahnhafte Beschwerde der Patientin war, dass ihr ganzes Haus der Gewalt eines anderen Menschen unterstehe, die aus der Ferne wirke, andauernd, schädigend und störend.

Das ist eine unbestimmte Klage, für welche eine bestimmte zugrunde liegende Ursache finden zu können einem wenig wahrscheinlich vorkommen mochte. Es schien sich um ein allgemeines paranoides Räsonnement zu handeln. Durch freies Assoziieren wären immer mehr Material über Feindschaften, Wünsche, magische Gedanken und wenn das Assoziieren gute Wirkung tut, alte Erinnerungen über argwöhnisches Wesen aufgedeckt worden; der Argwohn könnte immer deutlicher in Erscheinung treten, doch könnte es geschehen, dass nicht diese Erinnerungen durch die Psychoanalyse klar und bewusst werden, sondern die Patientin ihren Argwohn gegen die Analyse selbst wendet und den Analytiker in das sich entwickelnde Illusions- und Wahnsystem einbezieht.

Jedenfalls war bei der Patientin ein typischer Verfolgungswahn aufgetreten. Ohne freies Assoziieren wandte ich alles bekannte psychoanalytische Wissen an.

Da sie nicht darüber geklagt hatte, dass sie beeinflusst wurde, sondern darüber, dass ihre Angehörigen und das ganze Haus beeinflusst wurden, zog ich den Rückschluss, dass sie selbst irgendeine Beeinflussung durch jemanden erlebt hatte und dass sie befürchtete, der Einfluss dieses Menschen würde andauern und sich auf ihre Familie erstrecken. Dies konnte ein gerechtfertigter Ursprung dessen gewesen sein, was sich als Projektion zeigt. Immer, wenn das Ich teilweise zu einem Zustande von infantilem primärem Narzissmus zurückkehrt, schliessen die Ichgrenzen andere Menschen ein. Insoweit das

[1] «Entwicklungsstufen des Wirklichkeitssinnes», Int. Ztschr. f. ärztl. Psychoanalyse, I, 1913.

geschieht, erstrecken sich die Wünsche und – wenn sie vom Ich abgewiesen werden – die den abgewiesenen Wünschen entsprechenden Befürchtungen auf die Nächsten, sei es, dass sie gehasst, sei es, dass sie geliebt werden; in den meisten Fällen werden sie auf ambivalente Weise gehasst und geliebt. Wünsche und Befürchtungen über die anderen sind mit denen über die eigene Person identisch. Wenn diese verdrängt werden, so werden nur die Befürchtungen und Wünsche in bezug auf die anderen ausgesprochen und scheinen durch Projektion der auf die eigene Person bezüglichen Wünsche und Befürchtungen bedingt zu sein. In der Psychose widersteht eine solche Projektion vernünftigem Argumentieren und der Realitätsprüfung.

Ich erriet, dass sie noch immer überlegte, ob es richtig war, ihren Arzt ausgeschaltet zu haben, der sie durch seine Diagnose bedroht hatte. Dies wäre nicht so schädlich gewesen, wenn nicht einige Tage vorher ein anderer Professor eine ernste Diagnose in bezug auf ihren Gatten gestellt hätte. Sie suchte ihn mit ihrem Gatten auf, und weder ihr Hausarzt noch der Neurologe merkten irgendeine Abnormalität an ihr, so dass sie offen mit ihr sprachen. Die Diagnose erwies sich als falsch, hatte aber die gute Wirkung, dass ihr Gatte gründlich untersucht wurde, wobei man fand, dass eine Darmoperation nötig war. Ihre Klage zu mir war: «Ich wurde von meinem Arzt zu sehr beeinflusst und fürchte, er wird weiter Einfluss auf meine Angehörigen haben.»

Die Quellen der ersten Unruhe in akuten Fällen sind stets emotionelle Geschehnisse der letzten Zeit. Die ganze Vergangenheit des Patienten brachte den Apparat hervor, der auf den jüngsten emotionellen Reiz mit enorm vergrösserten und verfälschten Manifestationen reagiert; diese sind kompliziert und müssen enträtselt werden; sie bedürfen langer und langsamer Bemühung, um zum Bewusstsein und zur Richtigstellung gebracht zu werden, oder sie müssen wieder verdrängt werden. Aber die auslösenden emotionellen Konflikte, welche die Umstellung von seelischer Geordnetheit auf seelische Gestörtheit bewirken, sind nicht schwer zu verstehen und mit denselben direkten Mitteln zu behandeln, wie sie bei der Behandlung eines erregbaren, seelisch normalen Menschen verwendet werden. Nicht der krankhafte Zustand selbst, aber sein Grad wird durch freundliches und vernünftiges Eingreifen sogleich geringer – falls Übertragung hergestellt wurde.

Meine erste Frage war, mir zu sagen, welche Art von Einfluss ausgeübt werde, ob er religiös oder politisch oder mystisch sei. Die Patientin sagte: «Das letztere.» Ich fragte sie, von wem sie glaube, dass er diesen mystischen Einfluss auf das Haus ausübe. Sie schien über die Antwort nachzudenken, hielt sie aber nicht für die richtige, zweifelte, ob sie ihre Antwort aussprechen solle. Dann gab sie die Antwort, die ich erwartet hatte.

Sie fühle, dass der Arzt einen mystischen unbestimmten Einfluss auf ihre Familie habe. Sie könne nicht sagen, wie dieser Einfluss ausgeübt werde, aber er sei vorhanden.

Ich machte das Gegenteil von freiem Assoziieren. Ich wünschte durch gelenktes Assoziieren alles Wichtige zu erfahren, was zwischen dem Arzte und ihr vorgefallen war. Es bestand zwischen ihnen kein Liebesverhältnis, aber sie waren sehr befreundet gewesen, und wie gewöhnlich stellte sich zwischen ihr und ihm etwas Übertragung her.

Die Aufnahme des Gatten ins Spital wurde aus äusseren Gründen verschoben. Der Arzt wollte sie darüber beruhigen, dass keine Gefahr bestehe, und machte die Bemerkung: «Sie haben ihn ja noch eine Nacht.» Sie hatte den Vorschlag, diese Nacht zu Geschlechtsverkehr auszunützen, wohl verstanden. Und sie empfand ihn als eine recht freie Vertraulichkeit. Als der Gatte am nächsten Tage in Begleitung des Arztes fortging, verstand sie plötzlich dessen Worte in einem anderen Sinne, als eine Prophezeiung: «Sie haben Ihren Gatten nur noch eine Nacht.» Das bedeutete, dass der Gatte sterben werde, und darin wurde sie unbewusst durch verdrängtes Material bestärkt; sie begann das bevorstehende Unheil zu fühlen, empfand die Worte des Arztes als böses Omen. Deshalb empfand sie den Einfluss des Arztes als einen mystischen.

Ich sagte ihr: «Sie glauben, dass die ganze Familie unter dem Einflusse der Worte des Arztes steht.» So machte ich ihr begreiflich, dass ihr erster Gedanke war: «Auch alle anderen stehen unter dem Einfluss der Mitteilung des Arztes über die ernste Diagnose.» Dieser klare Gedanke war die Quelle ihres unbestimmten Gefühls, dass ein mystischer Einfluss auf dem Hause ruhe.

Durch freies Assoziieren hätten wir leicht viel mehr unbewusstes Material, Todeswünsche, Übertragungsphantasien über den Arzt gefunden, und ihr Zustand wäre unruhiger geworden. Hier ebenso wie in der ersten Wahnidee ist leicht zu erkennen, wie ihre manifeste Sorge um die Familie unbewusste verbotene Untreue und Aggressionswünsche verhüllte und kompensierte; aber ich behielt mein Wissen für mich, bis ihr Ich Verlässlichkeit und Stärke wiedererlangt hatte.

Die dritte Idee, die sie mit Unterbrechungen seit dem Ausbruch ihres Wahnsinns quälte, war ihr Widerstand gegen das Einnehmen von Medizinen, weil sie giftig sein könnten.

Diese Befürchtung vertrat ihre Sensation des inneren Verändertseins und auch der Tatsache, dass ihr Geist mehr von unklaren Gedanken beunruhigt wurde und mit phantastischen Dioramen erfüllt war, wenn sie nicht einschlafen konnte, obwohl sie eine ungenügende Dosis Luminal eingenommen hatte. In zwei schizophrenen Schüben, die zwei und drei Jahre später eintraten, war die Vergiftungsidee stärker entwickelt und wurde näher analysiert. Bei den ersten Besuchen, wie schon erwähnt, gab ich der Patientin eigenhändig eine volle Dosis und blieb in ihrer Wohnung, bis sie schlief. Am dritten Tage hörte ich mit allem Luminal auf und verordnete eine oder zwei Flaschen Bier, bis sie sich selber genügend schläfrig fühlen würde.

Unter anderen vorübergehenden Wahnideen, die nicht schwer aufzuklären waren, war eine von grösserem Interesse. Die Patientin glaubte plötzlich, ihr Gatte sei blind geworden. Durch genaues Befragen und durch Nicht-frei-Assoziieren wurden die folgenden Quellen dieser wahnhaften Befürchtung gefunden:

1. dass seine Augen untersucht worden waren,

2. dass er sich am Telephon darüber beklagt hatte, dass sie ihn nicht besucht hatte, und zwar mit den Worten: «Warum sehe ich dich nicht?»

In dieser vierten Wahnidee trat mehr Aggressivität in Erscheinung als in den anderen; ich wollte ihr daher helfen, jedes Schuldgefühl zu vermeiden. Darum sagte ich ihr, ich würde mich nicht wundern, wenn irgendwelche unbewusste Gefühle oder Wünsche gegen ihren Gatten bewusst würden, weil nämlich die meisten Menschen, wenn sie gestört werden, so sind, wie sie als Kinder waren; sie mögen es nicht, dass irgend jemand krank sei, und haben zunächst Todesideen. Es beweise die Freundlichkeit und Gesundheit ihres Charakters, dass bisher nur ihre Besorgnisse und Vorsichtsmassregeln für Mann und Kinder zunahmen, während alles, was man schlecht und unrecht nennen könnte, beherrscht werde.

Keine weitere Verfälschung entwickelte sich. Nach zehn Tagen konnte sie ihren Gatten im Spital besuchen und zu ihren täglichen Pflichten als Hausfrau und zu ihren gewöhnlichen Arten des geselligen Lebens zurückkehren. In den nächsten Jahren kam sie ungeachtet vielen Ungemachs damit zurecht, jeden aufsteigenden Argwohn nach wenigen Stunden klarstellender Therapie zu beherrschen.

X. KAPITEL

DIE PARANOIDE GEWISSHEIT[1]

Die Gewissheit, mit der paranoide Patienten ihre Wahnideen ansehen, bietet ein schwieriges Problem dar, das sich aber durch die richtige therapeutische Einstellung lösen lässt. Eine gute Illustration ist der Fall einer meiner Patientinnen, einer an Dementia paranoides leidenden jungen Frau. Einmal gab sie bei einem Besuch bei mir an, dass im Radio Nachrichten über sie gesendet worden seien und dass Versuche gemacht worden seien, sie zu vergiften. Unser Gespräch nahm folgenden Verlauf:

Analytiker: Haben Sie selber das Radio über Sie gehört?

Patientin (nach einer kurzen Pause): Nein.

A.: Woher wissen Sie, dass es eine Sendung über Sie gab?

P.: Alle Leute haben darüber geflüstert.

A.: Haben Sie gehört, was sie flüsterten?

Ich bestand auf ihrem Eingeständnis, dass das, was sie für Gewissheit gehalten hatte, nur eine von vielen Möglichkeiten war. Es wurde ihr eingeschärft, dass ich alles, was sie mir sagte, akzeptierte, als etwas, das äusserst ernst und wichtig sei und unter den anderen Möglichkeiten Berücksichtigung verdiene.

Analytiker: Woher wissen Sie, dass Sie vergiftet werden?

Patientin: Mein Bett roch mysteriös.

A.: Wonach?

P.: Nach Lavendel.

A.: Ist Lavendel ein Gift?

P.: In den Filmen werden giftige Pflanzen ins Schlafzimmer gestellt, um sie zu vergiften.

Nach weiterem Gespräch gab die Patientin wieder zu, dann, wenn ihre eigenen Erklärungen nur sehr geringe Wahrscheinlichkeit besassen, es sich erlaubt zu haben, sie für gewiss zu halten.

[1] Geschrieben 1946.

Sie klagte, dass sie selbst wisse, was andere Leute denken und dass andere ihre Gedanken wissen. Diesbezüglich war es schwieriger, sie von der Unrichtigkeit ihres sicheren Wissens zu überzeugen, denn ihr Gefühl hatte eine überzeugende Gewalt. Dadurch jedoch, dass ich darauf bestand, dass sie in aller Kürze ihre Gedanken mitteilte, wurde sie dahin gebracht, zuzugeben, dass manche von ihnen anfangs nur Ideen mit verlockender Wahrscheinlichkeit seien und dass sie erst dann Gewissheit gewinnen, wenn sie am nächsten Tage ins Gedächtnis zurückgerufen und überdacht werden.

Kann solche falsche Gewissheit aus dem bei diesen Fällen erfolgenden Zurückweichen der Ichgrenze erklärt werden? Erzeugt die starke Besetzung des Gedankens selbst dessen Gewissheit?

Zur Beantwortung solcher Fragen scheint es nützlich zu sein, die Methode klarzustellen, die der geistig Gesunde verwendet, um zu entscheiden, ob eine Annahme von ihm richtig oder unrichtig ist. Der Gesunde vergleicht die aktuelle Situation mit analogen, in denen die eine oder andere Bedingung verschieden war oder angenommen werden könnte, dass sie verschieden waren. Diese Methode setzt die Normalität des Ichzustandes nicht nur in der gegenwärtigen Situation, sondern auch in den Situationen, an die gedacht wird, voraus. War in diesen früheren Ichzuständen die Ichgrenzbesetzung mangelhaft, so wird solches Probedenken ungültig, weil in der ersten konditionellen Ichsituation die Ideen bereits eine falsche Realität besitzen.

Die nähere Untersuchung lehrt uns, dass der Paranoiker und besonders der paranoische Schizophrene nicht einmal den Versuch macht, die Gewissheit seiner einzelnen Gedanken zu überprüfen. Es zeigt sich, dass seine systematisierten Ideenbildungen auf mehr oder weniger unzusammenhängenden Einzelgedanken beruhen, die sich auf die Gewissheit von Tatsachen beziehen und die sich mit den Ideen, die Gewissheit gewonnen haben, vermischen. Fühlt man, dass mit dem, was man denkt, alles in Ordnung ist, so ist es unmöglich, irgendeinen Irrtum zu entdecken. Beim Beobachten meines eigenen Denkvorgangs gestatte ich mir, experimentell meine eigene private Wirklichkeit zu haben, in welcher ich annehme, dass die Verbindung meiner Ideen richtig und wahr ist. Wenn ich allgemeine Akzeptierung meiner Schlussfolgerungen erwartete, so wäre ich selber paranoid. Wenn ich einige Ideen als mit Sicherheit bewiesen vorbrächte, nicht erkennend, dass sie bloss meine eigenen Annahmen sind, so wäre ich nicht paranoid, sondern nur dumm.

Kann ich jedoch die Richtigkeit oder zumindestens die Vernünftigkeit meiner privaten Verbindung von Ideen beweisen, so bin ich nicht paranoisch und nicht dumm; ich bin ein Neuerer und Entdecker. Daher ist ein vollgültiger Beweis für die Gewissheit oder Wahrscheinlichkeit von jemandes

Schlussfolgerungen erforderlich, bevor seine geistige Gesundheit festgestellt werden kann. Natürlich werden zumeist die Beweise nicht für jede Schlussfolgerung wiederholt, sondern gründen sich auf viele frühere geistige Arbeit – Lernen, Erproben, Denken.

Wir können daher annehmen, dass die vollständige Gewissheit des Paranoikers bedingt ist durch: 1. verfälschte Wirklichkeit, welche die Folge der Verengerung der Ichgrenzen ist; 2. falsche Realität von Gedanken, die zu einer beim Probedenken verwendeten Ichsituation gehören; und auch 3. gesteigerte Besetzung von Ideen, die beim Probedenken verwendet werden.

Das Gefühl von Gewissheit und Richtigkeit steht auch mit dem Gefühl von Wahrheit in Zusammenhang. Es ist wichtig, die Wahrhaftigkeit aller psychotischen Mitteilungen zu erkennen. Wahrhaftigkeit betrifft nur die Beziehung zwischen jemandes Denken und dessen Mitteilung an andere, nicht die Wirklichkeitssituation. Da der Paranoiker fühlt, dass allem, was er sagt, Gewissheit zukommt, hat er immer das Gefühl, dass er die Wahrheit sagt. Er beschuldigt seine Zuhörer, nicht zu glauben, was er sagt; es kommt ihm nicht in den Sinn, dass die Richtigkeit seines Geistes seiner Zuhörerschaft unglaubhaft ist. Es ist eine Leistung der Therapie, dem Paranoiker verständlich zu machen, dass er wahrhaft *ist* und dennoch zugleich durchaus unrecht haben kann. Die enorme Dummheit der paranoischen Produktion steht häufig im Gegensatz zum Geschick und zum Scharfsinn, womit alle Hinweise und Einzelheiten in den Vorkommnissen miteinander verbunden werden. Der Kranke ist begierig, wenigstens ein Minimum von Beziehung zu finden, um jene in seine Systeme einzupassen. Solcher Eifer ist eher ein gutes Symptom, denn er beweist, dass der Kranke noch irgendein Gefühl von Unsicherheit hat, sofern er es nötig hat, immer mehr Beweise oder augenscheinliche Trugschlüsse zu finden, um die Lücken in seinen Konstruktionen auszufüllen.

XI. KAPITEL

DER ICH-PSYCHOLOGISCHE ASPEKT
DER SCHIZOPHRENIE[1]

Es ist mir ein ganz besonderes Vergnügen und eine grosse Ehre, nach Topeka kommen zu dürfen, dem neuen Mittelpunkt der amerikanischen Psychiatrie. Ich danke herzlich den Funktionären des Winter's Veteran Hospital, die hören wollten, was ein Veteran in der Psychoanalyse zu sagen hat.

Ich nahm an, dass meine Hörer mehr über die Theorie und praktische Anwendung dessen erfahren wollten, was sie in meinen früheren Arbeiten gelesen haben. Auf diese Annahme hin war das Thema dieses Vortrags bestimmt. Das gesprochene Wort sollte die von den geschriebenen Zeilen gelassenen Lücken ausfüllen. Die Schwierigkeit beim Verstehen eines Aggregats von Beobachtungen, die vom gewohnten Beobachtungsstandpunkt abweichen, und eines Aggregats von Schlussfolgerungen, die noch nicht zur Norm geworden sind, wird durch die unvorbereiteten Ichgrenzen des Studierenden verursacht. Gerade die Funktion der Ichgrenzen aber ist der Hauptinhalt meiner Ausführungen, welche die Ichpsychologie bei der Schizophrenie behandeln werden. Es gilt somit, Ihre eigene Ichbesetzung und Ihre eigenen Ichgrenzen diesem Begriffe und seiner Tragweite anzupassen.

Dies ist jedoch nur ein extremes Exempel eines gewöhnlichen Vorgangs. Schon dadurch, dass man einem Vortrag einen prägnanten Titel gibt, wird die seelische Ichgrenzbesetzung, d. h. Aufmerksamkeit, auf jene bestimmte Ichgrenze konzentriert, die sich auf jenen bestimmten Gegenstand bezieht. Durch meinen Plan, vom ichpsychologischen Aspekt zu sprechen, will ich auf die Dauer dieses Vortrags verhindern, dass Ihre Ichbesetzung, d. h. Ihr Interesse, sich auf die anderen Aspekte des Problems erstreckt.

Doch brauchen des ichpsychologischen Aspekts wegen die anderen Aspekte nicht preisgegeben zu werden, wenn sie auch etwas von ihrer grund-

[1] Nach einem am 16. Juni 1949 im Winter's Veteran Hospital, Topeka (Kansas), gehaltenen Vortrag.

legenden Wichtigkeit verlieren mögen: Solche Aspekte sind BLEULERS Annahme der Schwächung einer elementaren seelischen Funktion; KRAEPELINS klinisches Bild und seine Theorie; der moderne Aspekt des pathologischen Prozesses; der Aspekt der präpsychotischen Persönlichkeit; der sensibilisierender Bedingungen und auslösender Ursachen; der Entwicklungs-Aspekt des verzögerten Reifens und beschleunigten Alterns in Wechselbeziehung mit struktureller Unvollständigkeit und Intoleranz gegen angehäufte exogene und endogene Anstrengungsfaktoren; und FREUDS Aspekt der narzisstischen Fixierung und der Verteidigung von Triebbedürfnissen durch den Verlust der realen Welt.

Ohne sich über das Ich im klaren zu sein und ohne Ich-Terminologie haben den ichpsychologischen Aspekt BERZE, ADOLF MEYER und K.SCHNEIDER eingeführt. Implicite kündigte er sich in der Hervorhebung des narzisstischen Charakters der Schizophrenie sowohl durch FREUD als auch durch ABRAHAM an. Der gegenwärtige Versuch, den ichpsychopathologischen als den grundlegenden Faktor bei der Schizophrenie zu isolieren, ist somit nicht neu. Der erste Fund ist noch immer der massgebende. Die Krankheit beginnt mit einer Schwächung der Ichbesetzung; besonders die Ichgrenze kann nicht mehr in ihrer normalen Ausdehnung besetzt gehalten werden. Dies wurde bei jedem beginnenden Falle gefunden. Die therapeutische Benutzung des Fundes wurde in früheren Arbeiten beschrieben [1]. Die Annahme war gerechtfertigt, dass eine solche Schwächung nicht nur ein Symptom des einleitenden Ausbruchs, sondern während der ganzen Krankheit weiter der Grundprozess sei. Es kann jedoch, etwa durch Unterbrechung des Prozesses oder durch defensive Kompensation, zu einer vorübergehenden Wiederherstellung der Ichbesetzung kommen. Man begreift, dass die Schwächung des Ichs, das der Kern des lebenden Individuums ist, eine Schwächung des Seelenlebens selbst bedeutet und die katastrophale Natur der Psychose erklärt.

Mithin scheint es eine vielversprechende Aufgabe zu sein, die Rolle herauszuarbeiten, die während des ganzen Ablaufs jedes schizophrenen Falles die Verminderung der Ichbesetzung spielt. Diese Veränderung verheert alle Arten von seelischen Funktionen und erzeugt auch die charakteristische psychotische Qualität der seelischen Produktion.

Diese Aufgabe können nur solche Forscher teilen oder akzeptieren, die mit dem dynamischen Aspekt des Ichs vertraut sind. Andere Forscher mögen es sich daran genügen lassen, zu wissen, dass die Schizophrenie nur eine schwerere, weil narzisstische, Neurose ist. Die dynamische Orientierung allein gestattet die Feststellung, dass die Psychose durch eine verringerte Ich-

[1] Siehe Kap. 6–8.

besetzung bedingt ist, während die Neurose die Ichbesetzung selber unversehrt lässt oder steigert und nur verschiedene Funktionen eines noch unversehrten Ichs stört.

Zum besseren Verständnis der Dynamik des Ichs bei der Psychose soll zuerst die Phänomenologie des gesunden Ichs besprochen werden. Es ist interessant, die ichpsychologischen Funde der grossen Philosophen zu verfolgen, welche die Wissenschaft von den Fesseln aristotelischer und kirchlicher Vorschriften befreit haben. DESCARTES wäre hier zu nennen. Sein fundamentaler Satz war: «*Cogito, ergo sum*», «Ich denke, also bin ich.» Dieser Satz enthält die Vorstellung des Ichs in beiden Verben. Während er die Beziehung von Denken und Sein akzentuiert, liegt somit in dem Satze beschlossen: Mein Ich zu fühlen beweise mir, dass Denken und Sein mein sind. Zu dieser altehrwürdigen, aber vernachlässigten Weisheit ist die moderne Ichpsychologie zurückgekehrt, dank FREUD mit der psychodynamischen Orientierung und dem psychogenetischen Wissen besser ausgerüstet.

Obwohl FREUDS Theorie des Ichs und des Es gut fundiert ist, ist es nicht diese Theorie, sondern das wohlbekannte Phänomen des *Ichgefühls,* das die Existenz des Ichs beweist. Das Ich ist nicht bloss eine Vorstellung und ist nicht der Gegensatz von etwas anderem, sei es nun das Es oder die Objektrepräsentanz. Es gibt in jedem Individuum die Ich-Einheit, welche dieselbe bleibt, obwohl die Ich-Inhalte schnell und langsam, vergänglich oder mehr dauerhaft, wechseln. Das Ichgefühl ermöglicht es dem Individuum, zwischen dem Ich als Subjekt und der ganzen Aussenwelt und auch zwischen dem Ich als Objekt und allen Repräsentanzen von Objekten zu unterscheiden [1].

Es wäre einfach, zu sagen, das Ichgefühl sei mit dem Bewusstsein identisch; doch gibt es Ichzustände, die nicht bewusst, weil verdrängt, sind, und es gibt bewusste Objektrepräsentanzen, die nicht dem Ich angehören. Denkt ein Sprecher an sein Problem, mag es noch so interessant sein, so sagt ihm sein Ichgefühl, dass kein Interesse die Kluft zwischen Ich und Objekt zu überbrücken vermag.

Unter dem Begriff des Körperbildes hat SCHILDER [2] grundlegende auf das Körperich bezügliche Tatsachen gefunden. Er gibt auch an, dass das Körperbild in den Propriozeptionen des ganzen Körpers bestehe und sich mit den verschiedenen Körperstellungen verändere. Doch sind sowohl SCHILDERS Körperschema [3] als auch sein Körperbild nicht mit dem Körperich identisch. Das Körperschema repräsentiert das beständige seelische Wissen vom eigenen

[1] Vgl. MARTIN BUBER: «Ich und Du», 1923.
[2] «The Image and Appearance of the Human Body», London 1935.
[3] «Das Körperschema», 1923.

Körper; das Körperbild ist die sich verändernde Darstellung des Körpers in der Seele; durch alle Veränderungen hindurch ist das Körperich das kontinuierliche Gefühl vom Körper.

Bild, Schema und Ich sind alle drei selber nicht körperliche, sondern seelische Erscheinungen.

Man kann sein Ichgefühl in bezug auf Ausdehnung, Qualität, Stärke und Funktion beobachten. In pathologischen Fällen lassen sich Erschöpfung und Wiederherstellung des Ichgefühls beobachten und bis zu einem gewissen Grade beherrschen. Es ist eine berechtigte Theorie, dass eine spezifische Besetzung das Ich bilde. Diese gut beobachtete Besetzung ist das beste Argument für BREUERS und FREUDS Theorie der seelischen Dynamik, wonach diese von beweglichen oder ruhenden Besetzungen abhänge.

JUNG hat die Vorstellung des Ich*komplexes* eingeführt. Der Ichkomplex ist nicht mit dem Ich selbst identisch. Er besteht in Erinnerungen, Ideen und Wünschen, die durch den bei Beschäftigung mit dem eigenen Ich gefühlten Affekt verknüpft sind. Während alle sonstigen Komplexe indirekt das Ich beeinflussen können, ist der Ichkomplex das direkte Abbild des eigenen Schicksals. Der Ichkomplex repräsentiert somit das Ich nur als Objekt des Fühlens und Denkens; das Ich selbst ist die konstante Einheit, die sowohl sich selbst als auch die Welt denkt und fühlt. Der Ichkomplex wandelt sich mit der Ichentwicklung. Jeder Komplex kann, wenn er nicht verdrängt wird, vorübergehend vom aktuellen Ich Besitz ergreifen, und so auch der Ichkomplex als Ganzes oder als partielle Ichrepräsentanz. In dieser Hinsicht gleicht der Ichkomplex jedem anderen Komplex.

Im Ich werden seelisches und körperliches Ichgefühl deutlich als getrennt, aber immer als Teile unseres einheitlichen Inneren gefühlt. Sie sind in der Weise miteinander verbunden, dass das Körperich das seelische Ich innerhalb des Körpers befindlich fühlt. Das seelische Ich hingegen fühlt den Körper ausserhalb, zwischen dem seelischen Ich und der Aussenwelt. Wenn von «Seele und Körper» gesprochen wird, so ist das eigentlich die Abkürzung für «seelisches und Körper-Ich». Ebenso bedeutet die «Seele» das Erlebnis des «seelischen Ichs». Körperich, seelisches Ich und ihre Beziehung, Ichgrenzen, Ichkomplex, Ichgefühl sind phänomenologisch evident.

Psychologie und Pathologie liefern zwei weitere Beweise für das Existieren einer effektiven Ichbesetzungseinheit:

1. Den ersten und überzeugendsten bieten die pathologischen Erscheinungen der Entfremdung und der Depersonalisation dar. Dies liegt ausserhalb des Rahmens dieses Vortrags und wird das Thema eines separaten Vortrags sein.

2. Der gewöhnliche Schlaf gibt Gelegenheit, sich der Ichbesetzung bewusst zu werden. Es handelt sich hier um ein Grenzgebiet zwischen Psychologie und Psychopathologie, da ein absolut gesunder Schlaf traumlos und ohne hypnagogen oder hypnopompen Übergang ist. Solche Normalität oder geistige Gesundheit jedoch sind grosse Ausnahmen, meistens legt der Schlaf vom Verschwinden und Wiedererscheinen des Ichs und auch von dessen dazwischenliegendem Erscheinen auf der Traumbühne Zeugnis ab.

FREUD gab an, dass während des Schlafes alle Besetzungen von den Objekten ab- und ins Ich zurückgezogen werden. Dies ist nur biologisch gesehen richtig, denn der Schlaf ist *par excellence* ein narzisstischer Prozess, und allen Objekten wird die Besetzung entzogen. Doch war es einer von FREUDS wenigen Fehlern, zu postulieren, dass die zurückgezogenen Besetzungen zum Ich zurückgekehrt seien. Das Ich selbst wird vielmehr im Augenblick, wo der Einschlafreflex Erfolg hat, von Besetzung entblösst. Doch wird nötigenfalls das Ich wiedererweckt (wiederbesetzt), wie etwa im Falle der Reaktion der stillenden Mutter auf das Schreien des Säuglings. Ob die seelischen Nachtwächter, die das Ich erwecken, dem Ich angehörige Residuen oder ob sie Objektrepräsentanzen sind, die eine gewisse Alarmbereitschaft behalten haben, steht dahin.

Von der Zurückziehung allen Interesses für die äusseren Objekte unterstützt, lässt der Einschlafreflex das Ich seine Besetzung verlieren. Wenn sowohl dieses als auch das Bewusstsein ausgelöscht sind, dann werden die unbewussten Prozesse oder – wie FREUD sie nannte – die unbewussten Mechanismen wirksam. Sie produzieren den Traum, an dem auch verdrängte frühere Ichzustände teilnehmen. Der manifeste Traum wird vom vorübergehend wiederbesetzten seelischen Ich erlebt. Das Körperich kehrt meistens nicht zurück, ehe man völlig erwacht ist. Die meisten Träume spielen sich in dem Intervall ab, wo das seelische Ich etwas Besetzung wiedergewonnen hat, das Körperich hingegen noch schläft; seltener treten Träume während des Einschlafens auf, wenn das seelische Ich noch wach ist und das Körperich schon schläft.

Eine andere recht interessante Beziehung zwischen dem Körperich und dem seelischen Ich lässt sich in den Träumen während der Narkose erkennen[1]. Beide sind zusammenhängende und kontinuierliche Besetzungseinheiten. Das ausserhalb des seelischen Ichs liegende Körperich hat auch die Funktion des Schutzes der Seele gegen Reize; es bildet eine zweite Linie des «Reizschutzes» in FREUDS Terminologie. Dass der Körper die Sicherheit der Seele beschützt, beruht nicht nur auf den vielen homöostatischen Prozessen, die

[1] Vgl. Kap. 5.

in genauen Grenzen erhalten werden, zwischen denen die Seele normal funktionieren kann; auch das Körperich als dynamische Einheit beschützt als Ganzes das seelische Ich als Ganzes.

In der Narkose unterscheiden sich die Schlafbedingungen von denen des Nachtschlafs. Hier kann in dem Intervall zwischen dem Erwachen der Seele und dem des Körpers das Körperich schlafen, während das seelische Ich träumt. Wenn der Traum allzu lebhaft, angstvoll oder sonstwie gefühlsbetont wird, so hört der Schlaf auf, weil die Reizung sich vom wiederbesetzten seelischen Ich auf das Körperich ausdehnt, bis beide erwachen. Dann erkennt das vernünftige bewusste Denken die Irrationalität des Traumes. Es ist verständlich, dass beim Schizophrenen mehr psychotische Ideen in der Periode des Erwachens ihren Anfang nehmen als während des Tages. Nicht das schizophrene, sondern das normale Ich erwacht jeden Morgen zu seiner vollen Stärke und entthront die Residuen des Unbewussten! Durch seinen Zustand von Alarmbereitschaft hindert das Körperich das seelische Ich daran, in dem Intervall zwischen dem Erwachen der Seele und dem des Körpers zu viel zu träumen. Bei der Narkose ist kein solcher Schutz vorhanden, weil das Medikament das Wiedererwachen des Körperichs absolut verhindert. Daher kann das seelische Ich einen aussergewöhnlichen Grad von Freiheit und Intensität erlangen. Im normalen Leben wäre dies der allgemeinen Ökonomie des Organismus abträglich, das Individuum wäre manisch. Auch der normale Schlaf lässt keine solche Üppigkeit des seelischen Ichs aufkommen. Träume in Narkose sind daher experimentelle Beweise für die Trennbarkeit des seelischen Ichs und des Körperichs.

Diese zeigt sich deutlich auch beim Ohnmächtigwerden. Die statische Auffassung, dass Ohnmächtigwerden bedeute, bewusstlos hinzufallen, ist fast ausnahmslos irrig. In der Regel ist das Ohnmächtigwerden von einer Reihe intensiver Erlebnisse erfüllt, die häufig erinnert werden können. Während des Ohnmächtigwerdens träumt man und kann sogar denken. Träume während des Ohnmächtigwerdens verbinden die Denkqualität von Tagträumen mit der unbewussten Produktivität des Nachttraumes. Beim Einsetzen der Synkope wird manchmal das Bewusstsein unterbrochen. Wenn es wiederkehrt, kehrt auch das seelische Ich wieder. Dies gilt auch für jede Art von Traum, sei es während des Schlafes oder der Narkose oder einer Ohnmacht. Das Körperich wird im Traume selten mit dem seelischen Ich zusammen besetzt. Die einzige Ausnahme besteht bei der hysterischen Ohnmacht.

In vielen Träumen befindet sich das seelische Ich nicht im gegenwärtigen Zustande, sondern in einem vergangenen oder sogar in einem zukünftigen.

Es gibt Autoren, die vom Traum-Ich als einem halluzinierten sprechen; dies ist eine absurde Annahme; das Ich selbst kann nicht halluziniert sein, nur kann das Individuum oder ein Ichkomplex durch eine «halluzinierte» Gestalt im Traume dargestellt werden. Man erkennt das einzigartige Paradoxon wieder, welches das Ich charakterisiert: Subjekt und Objekt in einem zu sein; das Ich kennt sich selbst, beobachtet sich selbst, fühlt sich selbst und trifft sich selbst an. Doch ist es nicht exakt, zu sagen, dass das Ich sich selbst fühlt; es wäre besser, zu sagen, dass das Ich das Fühlen seiner selbst *ist*; dieses Fühlen ist von «medialer» Art, noch nicht aktiv oder passiv [1]. Später erwirbt das Ich Aktivität und Passivität, je nachdem, ob mehr Strebungen aktiven oder passiven Charakters die Ichbesetzung bilden.

Es ist wichtig, zu verstehen, dass die obigen Formulierungen nicht Theorie, sondern auf Selbstbeobachtungen basierende Tatsachen sind. Diese Beobachtungen wurden unter den verschiedensten Bedingungen gemacht: 1. Während klaren Bewusstseins; 2. während des Kommens und Gehens des Schlafes; 3. während abnormer Bedingungen, wie Hysterie.

Im letztgenannten Falle haben hysterische Patienten über die Schicksale des Besetzungsverlusts und -gewinns ihres Ichs während ihres Ohnmachtsanfalls berichtet. Edoardo Weiss hat eine solche Beobachtung publiziert [2]. Diese Berichte liefern schlagende phänomenologische Beweise für die Trennbarkeit des seelischen und des körperlichen Ichs. Bei einem meiner Fälle, einer aufrichtigen und vertrauenswürdigen Person mit selten auftretenden hysterischen Ohnmachten, wurden regelmässig ihre unbewussten Konflikte bewusst. Sie fühlte ihr Verlangen, sich von der «Schale» ihres hysterischen Schlafes zu befreien. In dieser Bemühung fühlte sie deutlich einen quantitativen Faktor. Sie fühlte die Lostrennung ihres Körperichs von ihrem seelischen Ich. Sie war sich auch bewusst, alle ihre seelischen Energien aufzubrauchen, um das Körperich wieder hergestellt zu bekommen. Es war ein Gefühl, eine Last heben zu müssen, ein Dickicht, in das eingedrungen werden musste. Dieses Ringen symbolisierte ihren Konflikt zwischen Sexualität und Keuschheit. Während dieser Kraftprobe, sagte sie, merke sie ihre Fortschritte. Sie wisse genau die Proportion (1 : 4, 1 : 3, 1 : 2 usw.) der Aufgabe. Es sei ein deutliches Gefühl der Erleichterung, wenn sie den Gipfelpunkt hinter sich gebracht habe. Plötzlich sei sie sicher, dass der Rest nicht mehr dieselbe intensive Beanspruchung ihrer Lebenskräfte und ihrer Willenskraft verlangen werde. Dieses Gefühl beende ihre Angst, ob sie denn auch die

---

[1] «Medial» ist hier als grammatischer Ausdruck gebraucht.
[2] «Die Strassenangst und ihre Beziehung zum hysterischen Anfall und zum Trauma», Int. Ztschr. f. Psychoanalyse, XX 1934, S. 434.

Wiedervereinigung ihres Körpers und ihrer Seele vollbringen werde. Sonst müsste sie auf immer in diesem qualvollen Zustand verharren. In solchen Fällen hören beide Ichbesetzungen, die körperliche und die seelische, auf, nur angenommen zu werden; sie werden erlebt. Es wurde deutlich gefühlt, dass bei der Bemühung, die Körperichbesetzung, deren Mangel an Besetzung ebenfalls deutlich gefühlt wurde, wiederzugewinnen, die Besetzung des seelischen Ichs aufgebraucht wurde.

Infolge der Erkenntnis, dass es die wesentliche Eigenschaft des Ichs ist, eine zusammenhängende und kontinuierliche Besetzungseinheit zu sein, müssen einige wohlbekannte und gut akzeptierte Vorstellungen modifiziert werden.

Diese Erkenntnis rechtfertigt ADOLF MEYERS Vorstellung der Persönlichkeitsintegration und -desintegration auf verschiedenen Stufen, wofern sie nicht in dem Sinne missverstanden wird, dass das Ich seine Einheit allmählich gewinne. Viele Autoren haben ihre diesbezüglichen Ideen ausgesprochen, dass Ich-«Nuklei» sich zusammenkristallisieren, um das Ich zu bilden. Dies ist ein Irrtum. Das Ich ist von Anfang an eine einheitliche Besetzung. Geraume Zeit reagieren des Säuglings Icheinheit, sowohl Körper als Seele, noch als Ganzes. Ichreifung besteht in der erworbenen Fähigkeit, mit einem Teile der Icheinheit zu reagieren, während die Gesamteinheit in Ruhe bleibt und die partielle Reaktion beherrscht. Der Erwachsene ist fähig, anzugreifen oder sich zu verteidigen, indem er ein Zeichen mit dem Finger gibt, zu drohen oder zu verbieten. Dies zeigt den Unterschied zwischen der Ichbeteiligtheit des Kindes und der des Erwachsenen an. Das Ich entwickelt sich nicht durch Kristallisierung, sondern durch Organisierung. Diese wird durch Erwerbung typischer Reaktionsweisen und gewohnheitsmässiger Gefühlshaltungen erreicht, unbeschadet der Aufeinanderfolge von Ichstufen. Sowohl erworbene Ichhaltungen als auch vergangene Ichzustände werden grossenteils verdrängt. Dadurch, dass sie Zutritt zum Bewusstsein und Vorbewusstsein haben, beeinflussen sie die aktuellen Entscheidungen. Ihr Einfluss ist fördernd oder störend, je nach ihrer Normalität und Tauglichkeit für gegenwärtige Bedürfnisse. Integration der Persönlichkeit bedeutet somit nicht nur, dass die Herrschaft über die partiellen Ichreaktionen, sondern auch, dass die über verschiedene Ichzustände aufrechterhalten wird. Diese Aufrechterhaltung erfordert die verlässliche und starke Besetzung des dauernden reifen Ichzustands. Alle Psychose ist Ichkrankheit, alle Psychopathie beruht auf einer typisch abnormen Psycho- und Organogenese des Ichs.

Die Permanenz früherer Ichzustände dehnt FREUDS Vorstellung der Ichfixierung auf das Gebiet der normalen Psychologie aus. Die pathologische

Fixierung wurde wegen ihres Einflusses auf Symptom- und Widerstands-bildung früher erkannt. Die Vorstellung der pathologischen Ichfixierung setzt aber die Vorstellung einer Aufeinanderfolge von Ichzuständen voraus.

Eine andere Vorstellung, die einer geringfügigen Klarstellung bedarf, ist die des Verdrängens und Vergessens. Die Fortdauer jedes einmal erworbenen Engramms wurde von FREUD als eine Grundwahrheit akzeptiert. Millionen Engramme würden jede aktuelle und normale Reaktion stören, wenn sie dem Bewusstsein zugänglich wären. Ihr kontinuierliches Zurückgehalten-werden durch Unbewusstsein, beziehungsweise ihr diskontinuierliches, wenn auch noch so beherrschtes, Aufgehaltenwerden durch Vorbewusstsein scheint also für den normalen Denkprozess notwendig zu sein. Es fragt sich nun aber, ob es immer der Verdrängung bedarf, um die Engramme ihre Besetzung verlieren zu lassen und ihre Verfügbarkeit zu blockieren. Durch Beachtung und Verfolgung der Tag für Tag einander folgenden Ichzustände erkennt man den Effekt der Unterbrechung der Ichbesetzung durch den all-nächtlichen Schlaf. Jeden Morgen, wenn das Ich durch den Prozess der Orthriogenese wiederbesetzt wird, zeigt es sich, dass viele während der vorhergehenden Tage erworbene Engramme nicht mehr besetzt sind. Nur diejenigen neuen Engramme, die von intellektuellem Interesse waren oder mit wichtigen Ereignissen im Zusammenhang standen oder die aus einem emotionellen persönlichen Grunde in die Icheinheit einbezogen wurden, behalten ihre Besetzung aus den letzten Tagen bei. Der emotionelle Grund kann eine erfreuende oder eine schmerzende Ichreaktion sein. Viel mehr Engramme verlieren ihre ephemere Wichtigkeit, wenn die Freude oder der Schmerz des gestrigen Tages nicht mehr vorwaltet. Diese Engramme gehen ohne Verdrängung dadurch ins Unbewusste ein, dass der Schlaf selber eine Auslese bewirkt.

Die Verdrängung bleibt nur denjenigen schmerzenden oder in Konflikt bringenden Engrammen und Ichreaktionen vorbehalten, denen der Schlaf nicht beikommen kann. Sie wird von den Angstsignalen des Ichs hervor-gerufen und durch vollständige Abziehung der Besetzung von allen ver-knüpfenden Assoziationen bewerkstelligt. Dies steht im Einklang mit FREUDS scharfsichtiger Beschreibung der Beziehung zwischen Angst und Ver-drängung. Die Auslese durch den Schlaf erfordert nicht das Eingreifen der Angst. Doch wenn verdrängte Ichzustände wieder ins Bewusstsein treten oder wenn Regression zu früheren Ichzuständen einsetzt – wie bei Hypnose mit Altersregression – dann gewinnen alle Engramme, die von der Verdrän-gung und die von der Auslese betroffenen, Verfügbarkeit und Einfluss wieder.

Die Psychologie muss jetzt auch eine andere wohlbekannte Vorstellung neu überlegen, nämlich die Enge des Bewusstseins. In der Analyse oder in psychologischen Experimenten wird häufig freies Assoziieren unmöglich, weil viele Gedanken gleichzeitig die Oberfläche des Bewusstseins in Besitz nehmen. Dies kann durch zwanghaftes Festhalten an gegensätzlichen Ideen bedingt sein, es können wahre Horden von Assoziationen auftreten. Es kann durch irgendeinen Widerstand bedingt sein, der sich im Aufschieben der Äusserung von Ideen ausdrückt. Die Theorie der Methode der freien Assoziation wird durch solche individuelle Schwierigkeiten nicht entkräftet. Es gibt noch immer eine vorherrschende lineare Aufeinanderfolge von Ideen, die ins Feld des Bewusstseins eintreten und es verlassen. Durch sofortiges und wahlloses Aussprechen werden die eintretenden Gedanken bekannt und enthüllen ungeahnte Zusammenhänge zwischen ihnen.

Mit Recht verglich FREUD das Bewusstsein mit einem Scheinwerferlicht, das sich auf dem dunklen Felde des Vorbewussten bewegt. Von einem kleinen Lichtherd wird ein Element nach dem anderen beleuchtet oder, wie der Dichter sagt: das Bewusstsein reiht «auf dem Silberfaden der Erinnerung ewige Perlen der Vergangenheit» auf. Alle diese Vergleiche bringen die Enge des Bewusstseins gut zum Ausdruck. Diese erlaubt die deutliche schrittweise fortschreitende Benützung von Apperzeptionen und die logische Konzentration auf ein Thema. Sie verhütet auch Verwirrung, wenn Überprüfung nötig ist und Zweifel nützlich wird.

Doch ist die Vorstellung der Enge des Bewusstseins nur in bezug auf die jeweils vor sich gehenden Assoziationen richtig. Sonst ist im Gegenteil das Bewusstseinsfeld ein weites. Nicht die Linie aktueller Gedanken allein, sondern auch sowohl das körperliche als das seelische Ich sind bewusst, und zwar bleiben beide grossenteils unverändert – das Körperich, während das Individuum in derselben Stellung verbleibt, und das seelische Ich, während das Individuum am selben Interesse festhält – was aber nicht hindert, dass das Körperich sich teilweise verändert, je nachdem irgendeine Veränderung in der Umgebung eintritt, und dass das seelische Ich sich teilweise verändert, je nachdem irgendein neuer Inhalt in die bewussten seelischen Vorgänge eingeht.

Wenn BINET und JANET die Bewusstheit kurz so definierten, dass das Element sich mit dem Ich verbinde, so beweist diese Definition selber, dass das ganze Ich bewusst ist. Durch diese Einsicht aber wird die Vorstellung der Enge des Bewusstseins modifiziert. Das Körperich ist bewusst als die Summe aller Propriozeptionen und Wahrnehmungen, insofern sie durch eine zusammenhängende und kontinuierliche Besetzung vereinigt sind, die ihnen die spezifische Qualität des Ichgefühls verleiht.

Analog dazu, wie uns die Idee sich sukzessive verändernder Ichzustände vertraut geworden ist, müssen wir auch erkennen, dass man verschiedene

Ichzustände gleichzeitig erlebt. Das Körperich ist nicht nur das auf den nackten Körper allein als seinen ganzen Inhalt eingeschränkte. Man ist gewohnt, sein Körperich in seinen Kleidern zu fühlen. Es wird beim Sitzen samt dem Sessel, beim Liegen samt der Unterlage gefühlt, auch das Zimmer oder den umgebenden Ort, den Horizont, die Stadt, den Kontinent und selbst die Welt einbeziehend. Diese Tatsache hängt mit der Orientierungsfunktion des Körperichs zusammen. Diese Ausdehnungen des Körperichs sind bewusst oder vorbewusst. Man merkt die verschiedenen Erweiterungen seines Körperichs. Wenn man an seinem Schreibtisch sitzt, ist man sich all der Bücher und anderen Dinge auf dem Schreibtisch und im Zimmer bewusst. Jeder einzelne Gegenstand ist in den bewussten seelischen Vorgängen doppelt da: als ein «Ding», welchem separate Objektbesetzung zugewendet wird, und als ein an der einheitlichen Ichbesetzung partizipierender Teil des erweiterten Körperichs.

Das Vorhandensein des erweiterten Körperichs mit seinen vielen Inhalten, deren zentraler Kern der eigene Körper ist, erklärt die Tatsache, dass wir von der durch irgendeine Bewegung unseres Gesichtsfeldes bedingten Veränderung der Netzhautwahrnehmungen normalerweise nicht im geringsten gestört werden. Dank der permanenten Icheinheit bleibt das erweiterte Körperich das gleiche, und auch die umgebenden Gegenstände sind die gleichen, obschon in verschiedener Perspektive gesehen. In pathologischen Fällen von Entfremdung und Depersonalisation kann dies eine auffallende Störung werden.

Immer ist man sich sowohl seines essentiellen als auch seines erweiterten Körperichs und der Inhalte desselben, die in genauer Übereinstimmung mit der Wirklichkeit orientiert sind, bewusst.

Wir können das Körperich, das dem nackten oder bekleideten Körper entspricht, das *essentielle* oder das qualifizierte Körperich nennen und das Körperich, das dem Individuum entspricht, wie es an einem bestimmten Orte lebt, mit der ganzen damit zusammenhängenden Weltorientierung, das geographische Körperich. In dieser Hinsicht leuchtet es ein, dass jemand, der nach einem anderen Kontinent übersiedelte, ein gegen früher ganz verändertes erweitertes Körperich hat. Viele Schwierigkeiten der Anpassung an ein neues Land rühren von der Permanenz der früheren Orientierung her. Zwischen dem essentiellen und dem geographischen werden verschiedene erweiterte Zustände des Körperichs gefühlt, je nach der zeitweiligen Situation des Individuums, ob daheim, in einem Auto, bei der Arbeit usw.

Man könnte der ganzen Vorstellung des Körperichs widersprechen, als einer überflüssigen Tautologie mit der Vorstellung des Körpers selbst. Doch gründet sich die Vorstellung auf phänomenologische Erfahrung, nicht auf eine theoretische Annahme. *Eine* Gruppe von Erfahrungen besteht darin, dass ausser der Summe der den Teilen des Körpers entsprechenden Proprio-zeptionen auch die *Einheitlichkeit* des Körperichs gefühlt wird. Die zweite Gruppe von Erfahrungen betrifft die Mannigfaltigkeit der Körperichgefühle[1], die von Individuen je nach ihrer Gesundheit und ihren Stimmungen beob-achtet und berichtet werden. Viele Störungen des Körperichs bestehen darin, dass es sich verengert oder dass sein sensorischer Charakter sich verändert. Sie sind Symptome von Infantilismus, Hysterie, Schizophrenie, Hypo-chondrie, Depression, gehobener Stimmung, Niedergeschlagenheit, Er-müdung oder Frische und auch von abnormer sexueller Veranlagung, wie Homosexualität, Sadismus oder Masochismus.

Die einfachste Veränderung des Körperichs besteht in einem unvollstän-digen oder verbreiterten oder verengerten Gefühl, wenn man (der Patient oder man selber) die Breite seines Schädels oder seines Brustkorbs durch Ein-schliessung in seine beiden Hände prüft. Eine Veränderung in den Proprio-zeptionen selbst kann nicht angenommen werden, da alle Bewegungen und auch die Orientierung sicher und normal sind. Doch wird in jedem Zustand «neurasthenischer» oder «psychasthenischer» Ermüdung oder in Fällen von Entfremdung und Depersonalisation der Kopf oder die Brust schmal und sogar beinahe fehlend gefühlt. Hingegen hat man das Gefühl des Weiter-gewordenseins, wenn das Individuum aussergewöhnlich froh erregt ist. Das Symptom ist sehr exakt. Praktisch soll man es als Indikator für die Not-wendigkeit benützen, Ruhe und Schlaf zu suchen, denn Individuen mit ge-schwächter Körperichbesetzung ermangeln des normalen instinktmässigen Ermüdungsgefühls, das den Gesunden in bezug auf Vermeidung des Sich-Übernehmens und Sich-Überanstrengens leitet.

Ein anderer Einwand wird weniger gegen die Vorstellung des Körper-ichs und des seelischen Ichs selbst als gegen den Ausdruck «Ichgrenze» er-hoben. Ein hochgeschätzter Diskussionsredner weigerte sich, die Idee zu akzeptieren, dass das Ich eine deutliche Grenze besitze, weil dieser Ausdruck eine feste lineare oder bandartige oder grabenartige Einfassung eines Gebiets anzeige. Es scheint, dass der Diskussionsredner nicht ganz frei von einer statischen Auffassung der seelischen Prozesse ist. Seine Anregung, Ichgrenze durch Ichperipherie zu ersetzen, mag eine gute sein. Beide Benennungen jedoch besagen nicht, dass entweder eine Zone oder eine Demarkationslinie um das Ich herum sei. Dies würde dem Wesen des Ichs widersprechen, eine sich verändernde Vereinigung von Komponenten zu sein, die in es eintreten

[1] Siehe Kap. 1: «Einige Variationen des Ichgefühls».

und es verlassen. Der Gebrauch der Worte Grenze oder Peripherie ist notwendig, um auszudrücken, dass das Ich jeweils so weit gefühlt wird, als das Gefühl der Einheitlichkeit der Ichinhalte reicht. Dieses Gefühl unterscheidet scharf all das, was dem Ich jeweils im Augenblick angehört, von allen übrigen, jeweils nicht ins Ich einbezogenen, seelischen Elementen und Komplexen. Weil das Gefühl einer Einheit vorhanden ist, gibt es auch eine Grenze oder Schranken derselben. Dies ist blosse phänomenologische Feststellung des Sachverhalts. Die Theorie besteht nur in dem einen Satz: man ist genötigt, anzunehmen, dass das Gefühl der Icheinheit durch *eine,* zusammenhängende Ichbesetzung bedingt ist. Die Annahme ist einfach, aber weitreichend, und geht weiter als FREUD ging oder irgendeiner von den anderen Psychoanalytikern, die Ichpsychologie betreiben, einschliesslich SCHILDERS, des mutigsten und intuitivsten von allen. Sie führt zu Forschung, die über Ichfunktionen und Ichaspekte, Ichinhalte und Ichkomplexe hinausgeht. Alle diese Phänomene würden niemals ein Ich bilden, teilten sie nicht das permanente Vorhandensein einer speziellen und spezifischen Besetzung, deren Natur es ist, *eine, totale Einheit* zu sein.

In die betreffende Ichgrenze werden Inhalte eingeschlossen und von ihr werden sie ausgeschlossen, je nachdem in der Umgebung Veränderungen eintreten. Die meisten Inhalte jedes gewohnten erweiterten Körperichs sind vorbewusst. Dass die Körperichgrenzen auf jede erwartete und sogar unerwartete Veränderung vorbereitet sind, hilft uns, seelisch auf Veränderungen vorbereitet zu sein. Die Körperichgrenzen müssen lernen, den Eindruck sich verändernder Inhalte ohne unbeherrschte totale Ichreaktion zu akzeptieren. Mit einer solchen Integration des Körperichs geht Hand in Hand, seelisch auf sich verändernde Eindrücke vorbereitet zu sein, was Geistesgegenwart genannt wird. Auch die Funktion der seelischen Ichgrenzen ist zum seelischen Vorbereitetsein erforderlich.

Es ist verhältnismässig leicht, die Idee zu akzeptieren, dass unser Bewusstseinsfeld permanent Erweiterungen des Körperichs enthält. Es war schwierig für mich, mich selber von der Tatsache zu überzeugen, dass auch das seelische Ich mehr enthält als den bewussten Faden von Assoziationen, und es wird schwierig sein, andere dazu zu bringen, sie sich vor Augen zu halten. Der Grund davon ist, dass der Grad der Ausdehnung des seelischen Ichs individuell verschieden ist. Manche Menschen haben ein enges seelisches Ich. Das reproduzierende Genie hat den grössten Bereich seelischer Inhalte. Überzeugende Beispiele wurden mir von Schriftstellern, Wissenschaftlern und Musikern geliefert, keines aber lässt sich mit der Geschichte von Mozart in Prag vergleichen. Zwei Tage vor der Premiere seines «Don Juan» hatte er mit dem Komponieren der Ouvertüre noch nicht angefangen. Seine Freunde, der Operndirektor und das Orchester waren aufgeregt und gespannt, während das Genie selber unbekümmert eine lustige Gesellschaft genoss. Spät abends schrieb er die Musik ohne jede weitere Korrektur. Er sagte, die ganze Partitur sei ihm plötzlich und simultan klar vor die Seele getreten. Dies ist die grösste und fast unglaubliche Erweiterung eines seelischen Ichs und auch der Beweis dafür, dass die grösste und komplizierteste Produktion unbewusst geschieht. Wahrscheinlich waren manche Teile vorher bewusst geworden und waren zum Vorbewusstsein zurückgekehrt.

Ist die Bewusstheit seelischer Ichinhalte einmal akzeptiert, so findet man bei sich selbst und auch bei Patienten Beweis dafür, dass das seelische Ich bewusst Material von Bildern, Ideen und Schlussfolgerungen enthält, die sich auf ein bestimmtes Thema beziehen. Zumeist aber sind die Inhalte des seelischen Ichs vorbewusst.

Sooft ein Autor es wagt, einen neuen Aspekt oder einige neue Theorien zu präsentieren, muss er genau prüfen, ob er nicht durch Kryptomnesie bloss irgendeinen Fund FREUDS wiederholte oder zumindest irgendeine Andeutung FREUDS in der Richtung des anscheinend neuen Weges benützte. Dies gilt auch für die Theorie der Ichgrenzen. FREUD versuchte den phylogenetischen Anfang des Bewusstseins durch die Annahme zu erklären, dass einige peripherste sensorische Teile des seelischen Apparats unter dem Anprall ihrer beständigen Reizung eine Veränderung durchmachten. Gewöhnlich wird ein Organ, das gereizt wird, von jedem neuen Reiz verändert und behält so irgendeine spezifische Spur des neuen Eindrucks als ein dauerndes Engramm zurück. Jene peripheren Ganglien-Elemente aber, die in aussergewöhnlichem Grade und beständig einer verändernden Reizung ausgesetzt waren, werden wohl ihre biologische Fähigkeit zu einer spezifischen Veränderung erschöpfen. Sie konnten nicht länger von neuen Reizen modifiziert werden. Statt weitere den Reizen entsprechende Erinnerungen zu entwickeln, reagierten sie sofort, jedoch kurz, und kehrten nach ihrer sofortigen Reaktion zu ihrem vorigen biologischen Zustand zurück: Auf diese Weise wäre der erste Schritt zu bewussten Wahrnehmungen getan. An Stelle der Aufspeicherung von Erinnerungen wurde das Bewusstsein substituiert. Die Besprechung der vielen mit dieser sehr originellen Annahme verknüpften Probleme erfordert spezielle Darstellung. FREUD lokalisierte das neu erworbene Wahrnehmungsvermögen in den grauen Zonen der Gehirnrinde.

Von einer ganz anderen Seite her kam er auf das Problem des Bewusstseins und des Vorbewusstseins in seiner höchst merkwürdigen Arbeit über den «Wunderblock» zurück. Akzeptiert man FREUDS neue Grundsätze, so muss man darangehen, sie auch auf andere bewusste Prozesse anzuwenden, die mit den Apperzeptionen und mit dem begrifflichen Denken zu tun haben. Da Störung und Verlust des begrifflichen Denkens mit ein Charakteristikum der Schizophrenie ist, so ist eine neue Untersuchung derselben im Zusammenhang mit der ichpsychologischen Betrachtungsweise vonnöten [1].

FREUDS Theorie darüber, dass das Bewusstsein ein peripherer Prozess ist, bezieht sich auf die Aufgabe, die Grenze zwischen seelischen Vorgängen und gegenständlicher Welt zu suchen und exakt zu lokalisieren. Doch befasst sich FREUDS Idee nur mit dem elementaren Prozess des Bewusstseins. Meine Einführung des Ichs als einer dynamischen Wesenheit und der Ichgrenze als seines peripheren sensorischen Organs ist in FREUDS Annahme nicht enthalten und wird nicht durch diese überflüssig gemacht. Beide Annahmen vereint sind dazu geeignet, die Tatsache zu erklären, dass gewöhnlich die seelische Ichgrenze aus den jüngsten bewussten Ideen besteht. Diese lenken eine passive Aufmerksamkeit auf verwandte Wahrnehmungen und Assoziationen. Aktives Aufmerksamsein bedeutet, für das zum jeweils gerade interessierenden Problem gehörige Material eine gesteigerte Ichgrenzbesetzung aufrechtzuerhalten.

Die Aufmerksamkeit richtet sich zugleich auf das, was innerhalb, und das, was ausserhalb des Ichs liegt, ohne jede Schwierigkeit der Trennung. Ich bestehe daher auf voller Würdigung der Tatsache, dass jedes seelische Element mit der Ichgrenze in irgendeiner Verbindung steht. Wenn es in die zusammenhängende Besetzung einbezogen ist, die als Ichgefühl erlebt wird, so ist das Element seelisch, ist Gedanke; wenn es ausserhalb des seelischen und des körperlichen Ichs, also nicht in die zusammenhängende Besetzungseinheit einbezogen ist, so repräsentiert das Element ein reales Objekt. Ohne jede Realitätsprüfung wird es als Wirklichkeit erlebt. Wenn ein Element innerhalb des Körperichs, aber ausserhalb des seelischen Ichs gefühlt wird, so ist es psychisch real im Sinne FREUDS.

Die infolge der neuen Einsicht in das Wesen des Ichs modifizierten Vorstellungen lassen sich folgendermassen zusammenfassen:

1. Das Ich ist eine Einheit lange vor der Integration der Persönlichkeit.

2. Ichzustände können verdrängt oder fixiert werden.

3. Ausser der Verdrängung besorgt auch der Schlaf vermittels einer Auslese das Wegschaffen von Engrammen.

4. Das Bewusstsein ist nicht eng, sondern breit.

---

[1] Ein erster Versuch in dieser Richtung wurde von mir in meinem Aufsatz «Zur seelischen Hygiene des psychotischen Ichs» unternommen; siehe Kap. 8.

5. Ohne jede Realitätsprüfung entscheidet die Beziehung zur Ichgrenze, ob ein psychisches Element oder ein psychischer Prozess als real oder als psychisch real oder als ein blosser Gedanke erlebt wird.

Einige theoretische Formulierungen können ohne nähere Ausführung hinzugefügt werden.

1. Das Ich ist das bewusste Gefühl von vorbewussten Prozessen, während das Material selbst vorbewusst bleibt.

2. Das Wollen beruht auf dem Vermögen des seelischen Ichs, Besetzung auf spezifische Organe und Aufgaben des Körperichs zu verschieben.

3. Affekte sind eine Ichfunktion; sie finden an Ichgrenzen statt, die aufeinandertreffen. Die Qualität eines Affekts wird von der Mischung der Libido- und Destrudo-Komponenten bestimmt, die in die Besetzung der beteiligten Ichgrenzen eingingen.

4. Das Ich ist der essentielle Träger des seelischen Erlebens des Individuums sein ganzes Leben hindurch.

Diese vorläufige Darstellung ermöglicht uns nunmehr, zur Besprechung der Schizophrenie und – im zweiten Vortrag – der Depersonalisation als Ichkrankheiten überzugehen.

XII. KAPITEL

DAS ICH IN DER SCHIZOPHRENIE [1]

Die Leistungsfähigkeit des Ichs wird von seiner Besetzung seelischer Energie beständig aufrechterhalten. Die eigene Ichbesetzung wird als eine seelische Energie erlebt, zu der sowohl Libido als auch Destrudo beisteuern. Dies ist FREUDS Theorie. Gleich anderen Autoren, wie MONAKOW, DRIESCH, GOLDSTEIN, nehme ich an, dass eine dritte Energiequelle aus dem Lebensprozess des Organismus und in bezug auf die seelischen Prozesse speziell aus dem des Zentralnervensystems resultiert. JUNG ist diesem Problem durch seine Veränderung der Libidovorstellung ausgewichen.

Ohne dieses tiefe und schwierige Problem weiter zu verfolgen, begnügen wir uns mit dem Wissen, dass Aufrechterhaltung der Ichbesetzung für alles seelische Funktionieren, aktives oder passives, notwendig ist. Ferner steigert sich die Besetzung notwendigerweise mit jeder Beanspruchung durch die Aussenwelt und besonders jeder zur Anpassung und Reifung gehörigen Aufgabe. Je nachdem, was für spezifische Funktionen benötigt werden, um eine spezifische Anstrengung durchzuhalten oder einen spezifischen Anspruch an das Ich zu befriedigen, wird die sonst diffuse Ichbesetzung durch zusätzliche Besetzung an dem betreffenden Ichsektor mit seiner Ichgrenze durchgeführt.

Das Ich funktioniert normal, solange seine Besetzung gut mit Zufuhr versorgt wird und leicht verschiebbar ist. Sowohl wenn die Zufuhr als auch wenn die Austeilung der Ichbesetzung geschwächt ist, werden seelische Funktionen darniederliegen müssen und sogar aufhören müssen. Auf Grund unseres Wissens von den Übertragungsneurosen, die psychoanalytisch durch Unterbringung, Verschiebung und Zurückziehung von *Objekt*besetzung zu erklären sind, aber auch Ichfunktionen Schaden zufügen, darf der Schluss

---

[1] Fortsetzung des vorigen Kapitels. Dr. FEDERN sprach damals – wie auch sonst meistens – frei, ohne sich an den vorbereiteten Text zu halten.

gezogen werden, dass übermässige Verschiebungen und Zurückziehung von Besetzung eine Ichfunktion schwächen oder zerstören können. Dies kommt bei Neurosen trotz hinreichender Besetzungszufuhr vor. Die seelischen Störungen entweder durch den Mangel an Zufuhr oder durch allzu grosse reaktive Zurückziehung der Besetzung werden freilich in beiden Fällen die selben sein. Die Korrektur der Störung aber wird das eine Mal von der Wiederherstellung der Zufuhr, das andere Mal vom Aufhören der Zurückziehung abhängen.

Dies erklärt, warum Schizophrenie als Krankheit und Schizophrenie als ein Syndrom symptomatisch dasselbe sind, obschon sie ganz verschieden ablaufen und verschiedene Behandlung erfordern. Stets beruht Schizophrenie auf einer Mangelhaftigkeit der Ichbesetzung, ob es nun eine der Zufuhr oder eine der Austeilung ist.

Ferner können die Ursachen der Mangelhaftigkeit in der Zufuhr oder die der Zurückziehung permanent oder temporär sein. Dies ist eine andere Quelle der Verschiedenheit des Ablaufs der Schizophrenie.

Die Ursachen von Zufuhrmangel sind nicht bekannt. Sowohl Mangelhaftigkeit in der Zufuhr als auch Zurückziehung gut mit Zufuhr versorgter Ichbesetzung erklärt sich jedoch manchmal aus einer Anhäufung affektbetonter Anstrengungen. Die Anstrengung kann oberflächlichen und neueren Ursprungs sein oder tief in den Jugendjahren des Kranken wurzeln. Dies erklärt, warum bei manchen Fällen Beseitigung der Angst mittels Übertragung und Psychoanalyse Abhilfe schafft, wie FROMM-REICHMANN lehrt, während andere tieferes therapeutisches Schürfen erheischen. ROSEN versucht sogar auf direktem Wege den anfänglichen infantilen Konflikten zu begegnen und sie zunichte zu machen. Beide Arten von Therapie haben bei ausgewählten Fällen Erfolg.

Wegen der prinzipiellen Divergenz in der Ätiologie kann keine Therapie statistisch geprüft werden. Im Falle von Zufuhrmangel muss die Wahrscheinlichkeit der Beseitigung einer unbekannten Ursache einer auf Schwächung der Ichbesetzung beruhenden Krankheit immer gering sein, abgesehen davon, dass Fälle je nach ihrer verschiedenen Ätiologie verschieden ablaufen. Wenn die Kranken «geheilt» oder gegen Revers entlassen sind, so fahren sie fort, befriedigend zu funktionieren, oder auch nicht. Wenn die Ätiologie durch eine vorübergehende Zurückziehung der Ichbesetzung bedingt war, so hängen Rückfälle hauptsächlich von der emotionellen Hygiene ab, die ihnen von der Umgebung und von ihrer eigenen Fähigkeit, ihre Lebensführung ihren Wünschen oder ihre Wünsche ihren Fähigkeiten anzupassen, dargeboten wird.

Durch Benützung des ichpsychologischen Aspekts werden auch noch andere Probleme des Ablaufs der Krankheit klarerer Überprüfung, besserer Beleuchtung erschlossen.

Der zukünftige Ablauf der Manifestierung eines Falles kann im sukzessiven Erscheinen und Verschwinden eines generellen funktionellen Zerfalles oder einer mehr spezifischen Auseinanderreissung und Zerrüttung einzelner Funktionen bestehen. Das erste und grundlegende Symptom greift die Hauptfunktion des Ichs an. Das Ich einigt die divergierende Komplexheit des Individuums und trennt dessen undurchdringliche und unteilbare Wesenheit von der sich verändernden Welt. Das Ich vollbringt dies durch die Ichgrenze. Dadurch, dass sie beständig der Aussenwelt gegenübersteht, mit ihr in Berührung kommt und sie ausschliesst, erwarb die gut besetzte Ichgrenze die Funktion eines Sinnesorgans, um die Realität von allem ausserhalb des Ichs zu fühlen. Realitätserkennung ist somit die Hauptfunktion der Ichgrenze. Alles, was innerhalb der Ichgrenze vorgeht, gehört zum Körper und zur Seele des Individuums. Da man selber ein Teil der Welt ist, so besteht natürlich zwischen Ich und Welt eine Wechselbeziehung. Die meisten Icherlebnisse strömen aus der Aussenwelt und wenden sich zur Aussenwelt zurück, von der her alle Wahrnehmungen ursprünglich angeregt werden. Bei diesem Ein- und Ausströmen wird die Überschreitung der Ichgrenzen deutlich gefühlt. Das korrekte und automatische Erkennen dieser Bruchstelle zwischen dem subjektiven seelischen individuellen Erleben der Welt und dem Wissen vom Stande der Welt so wie sie tatsächlich vorhanden ist, ist die Grundlage geistiger Gesundheit. Geistige Gesundheit bedeutet, dass man sich mit der Welt und mit sich selbst mit der Fähigkeit, deutlich zwischen beiden zu unterscheiden, befasst.

Es steht somit fest, dass es das Ich ist, das in der Schizophrenie erkrankt ist. Auch ist es für den dynamisch orientierten Psychiater klar, dass die Verschlechterung von Ichfunktionen auf Verlust oder starker Verminderung der Ichbesetzung beruht. Doch ist weiteres Analysieren der Verflechtung von Ich- und anderen Funktionen dazu erforderlich, verschiedene Ichstörungen in Beziehung zur zugrunde liegenden Unzulänglichkeit der Besetzung zu charakterisieren. Mitunter ist mit sporadischer und sogar permanenter kompensierender Besetzungs*zu*nahme für verstreute Leistungen des Ichs zu rechnen. Diese darf nicht als Gegenargument gegen die generelle Einsicht in die Libidoökonomie benützt werden, dass die Schizophrenie auf *Ab*nahme der Ichbesetzung beruht.

Mangelhaftigkeit wird sich zuerst durch Unregelmässigkeit derjenigen Funktionen bemerkbar machen, welche perfekte Zuwendung von Ichbesetzung brauchen. Dies sind die Funktionen, die sich mit dem Kampf des Ichs um die Existenz des Individuums befassen.

Die von FREUD definierten Ich-Abhängigkeiten sind auch die Kampffronten des Ichs. Jede einzelne Abhängigkeit braucht Besetzungszuwendung für die Bemühung, die Ichfunktion normal, stark, schnell und exakt zu erhalten. Die bekannteste Abhängigkeit ist die betreffs der gegenständlichen Welt. Alle früheren Erlebnisse müssen intelligent benützt werden, um mit äusseren Kräften fertig zu werden, ob diese nun aggressiv oder freundlich sind, ob Abwehr, Aggression, Flucht oder Ausweichen nötig ist. Daher verursacht Mangel an Besetzung Unzulänglichkeit der Befassung des Ichs mit diesen Kräften.

Denken ist dem Handeln selbst vorangehendes Probe-Handeln. Zulänglichkeit im Denken setzt Trennung der Probe vom Handeln und des Objekts von seiner gedanklichen Repräsentanz voraus. Zu dieser Trennung ist erforderlich, dass das Sinnesorgan, das die seelischen und körperlichen Ichgrenzen für die Realitätswahrnehmung sind, richtig funktioniert.

Die anfänglichen schizophrenen Intelligenzstörungen [1] beruhen auf dem Mangel an seelischer Ichgrenzbesetzung. Statt das Probe-Handeln zu würdigen und es als solches zu benützen, fühlt der Schizophrene mit Bestimmtheit, dass es das wirkliche Objekt und Handeln ist. Manche Gedanken haben den Charakter von Wirklichkeit angenommen. Die nächste Folge ist, dass Ideen, die das Objekt repräsentieren, und das Objekt selbst vermengt werden. Dann werden die neu eingegliederten aus der Aussenwelt kommenden Engramme gleichfalls verfälscht. Das Produkt ist verzerrte äussere Wirklichkeit, vermischt mit verfälschten Ideen über die Wirklichkeit. Kurze Zeit kann die verfälschte Wirklichkeit teilweise geleugnet oder verborgen gehalten und beherrscht werden, namentlich, wenn die physische Umgebung noch weiter ohne Verzerrung wahrgenommen wird. Dies ist durch die grössere Widerstandskraft der visuellen Körperichgrenze bedingt. Bei vorgeschrittenen Fällen mit fortschreitendem Verlust von Ichbesetzung wird auch die Umgebung verfälscht.

Der Kranke glaubt an die falsche Wirklichkeit ohne irgendeinen Zweifel. Wenn die normale Ichgrenzbesetzung durch therapeutische Beeinflussung oder spontan wiederhergestellt wird, so hört die falsche Wirklichkeit auf, und Gedanke ist wieder Gedanke.

Der Schizophrene konstruiert seine falsche Wirklichkeit als etwas Natürliches und Einleuchtendes weiter, während ihre krasse Ungereimtheit dem

---

[1] Allererste schizophrene Symptome hypochondrischer und neurasthenischer Natur werden häufig übersehen.

Psychiater erlaubt, sie sofort als Symptom zu erkennen. Bei Paranoia fällt das Imaginäre anfangs weniger auf. Der Widersinn der Reihen von Verfälschungen sind bloss falsche Konstruktionen sowohl aus gerechtfertigten Gedanken als auch aus logischen Schlüssen aus richtig wahrgenommenen Tatsachen. Später jedoch büsst das Individuum seine Logik und Selbstkritik ein und gelangt zu widersinnigen Schlussfolgerungen und paranoischen Systemen, die nichtsdestoweniger noch immer irgendeinen feinen Faden von Logik durchführen, was normale Menschen dazu verleitet, ihnen Glauben zu schenken. Insbesondere können querulierende Paranoiker ihre Prozesse planen und durchführen, ohne logisch und juridisch Fehler zu begehen.

Jede paranoische Ideenbildung beginnt mit einer Beziehungsidee. Zuerst verläuft sie gleich der eines Neurotikers. Dieser Parallelismus divergiert scharf, wenn die Ideen den paranoischen Mechanismus erwerben. Die Tatsachen können in beiden Fällen dieselben und auch zuverlässig sein. Was der Kranke sagt und denkt, enthält keine falsche Wirklichkeit. Er wurde angeschaut, so wie er es behauptet, im Büro, im Zug oder auf der Strasse. Seine Reaktionen auf die vermuteten Einstellungen und seine Bemerkungen waren übertrieben, aber berechtigt. Es ist bekannt, dass die Menschen eine freundliche oder eine feindliche Einstellung haben und kritisch sind. Lob, Tadel, Argwohn und Vorurteil sind immer da. Niemand begegnet einem streng neutral gesinnt. Daher ist es nicht unmöglich, sondern sehr unwahrscheinlich, dass die wiederholten Bezogenheiten sich wirklich zutrugen. Selbst ein paranoischer Widersinn wie der, zu meinen, dass das häufige Erscheinen eines tief fliegenden Flugzeuges den Zweck habe, der nächtlichen Masturbation zuzusehen, ist – physisch – nicht unmöglich; ebenso ist es möglich, dass im Leitartikel des Morgenblattes eine persönliche Botschaft abgedruckt wurde, oder auch, dass eine Ermahnung vom Papst durch Rundfunk verbreitet wurde; all das ist physisch möglich, tatsächlich allerdings unmöglich anzunehmen. Akzeptabler ist es, dass für den an Gott als einen Vater Glaubenden ihm Gottes Wille persönlich offenbart wurde. Der Grad von Unvernünftigkeit und Unwahrscheinlichkeit dieser Ideen hängt vom kritischen Gebrauch von Kenntnissen durch den Kranken und vom Ausmass derselben ab. Manche Paranoiker sind imstande, ihre Annahmen gut zu rationalisieren und nur solche Argumente zu gebrauchen, die sich rational stützen lassen. Das gilt ebenso wie für Beziehungsideen auch für sonstiges argwöhnisches Wesen und für Eifersucht.

Das Wesentliche an der Paranoia ist die falsche Gewissheit [1], die der Verfolgungsidee schon vor Fabrizierung falscher Wirklichkeiten beigelegt wird.

[1] Beim Paranoiden besteht eher eine falsche Wahrscheinlichkeit als eine Gewissheit.

Was der gesunde Geist als möglich ansehen würde, wird dem Paranoiker wahrscheinlich und dann gewiss. Desgleichen ist das dem Normalen Unmögliche hier möglich. Die Begriffe Wahrscheinlichkeit und Unwahrscheinlichkeit werden nicht mehr verstanden. Die Stufenleiter von Nichtvorhandensein, Unmöglichkeit, Unwahrscheinlichkeit, Ungewissheit, Möglichkeit, Wahrscheinlichkeit, Gewissheit und Vorhandensein geht in die Brüche. Diese Unterscheidungen haben insgesamt ihre Wichtigkeit verloren. Alle Ideen und Schlussfolgerungen werden als gewiss «gefühlt». Die falsche Gewissheit ist dem Paranoiker das, was die falsche Realität dem Schizophrenen ist.

Der grundlegende Unterschied zwischen falscher Gewissheit und falscher Realität ist, dass falsche Realität Substitution einer falschen Welt zur wirklichen bedeutet, falsche Gewissheit hingegen nur die Urteile über die Welt verändert. Ferner verändert eine falsche Realität das erweiterte Körperich und das seelische Ich, während eine falsche Gewissheit nur das seelische Ich verändert. Beide haben jedoch drei Punkte gemeinsam:

1. Alles, was real ist, ist gewiss [1].

2. Realität und Gewissheit werden beide sowohl geprüft als auch unmittelbar gefühlt.

3. Beide können nicht von *einem* Individuum bewiesen werden; die Beistimmung anderer Personen ist dazu nötig.

Hinsichtlich des dritten Punkts setzt der Schizophrene in der Regel voraus, dass alle anderen Menschen ihm beistimmen, während der Paranoiker gezwungen ist, sie zu überzeugen.

Da die schizophrene Realität wegen Besetzungsverlusts von Ichgrenzen verfälscht ist, ist man versucht, auch die paranoische falsche Gewissheit auf denselben oder auf einen analogen Prozess zurückzuführen, der dem Ich Schaden zufügt. Doch ist diese Schlussfolgerung bedenklich, weil Gewissheit sich auf Gedachtes bezieht und Gedanken innerhalb des seelischen und physischen Ichs vor sich gehen. Bisher gaben sich die Psychiater mit der Erklärung zufrieden, dass solche Ideen überwertig seien. Diese Erklärung macht die Objektbesetzung der Idee und nicht ihre Ichbezogenheit für die falsche Gewissheit verantwortlich. Die falsche Realität wurde auf dieselbe Weise, aber auch durch die Annahme eines Projektionsaktes erklärt. Letztere Erklärung nimmt auf die Ichbezogenheit der Halluzination Bezug.

Hinsichtlich der paranoischen falschen Gewissheit verdeutlichen einige weitere Phänomene die Beziehung zwischen Gewissheit und Realität.

---

[1] Dieser Grundsatz fand Ausdruck in FREUDS Ausspruch: Es kann nur *eine* wissenschaftliche Wahrheit geben, weil es nur *eine* Wirklichkeit gibt. FREUD war ein Gegner aller «Als-Ob»-Schlüsse.

Obgleich alles Denken ein Probe-Handeln ist, so ist doch ein Unterschied zwischen typischem schizophrenem und paranoischem Denken zu bemerken. Das schizophrene Denken begleitet und unterstützt das Verhalten des Kranken und seine Reaktionswahl. Seine falschen Ideenbildungen gestalten somit sein aktuelles Leben. Auch beim gesunden Individuum begleiten und lenken die Denkvorgänge zum Teil sein aktuelles Verhalten, zum Teil planen sie zukünftige Handlungen. Paranoisches Denken ist mehr von letzterer Art – es bedeutet Planen. Es ist ein zusammenhängendes, die zukünftige Ichsituation, auf Grund der Erinnerung an vergangene, antizipierendes Probe-Handeln. Der Charakter des Planens erklärt das Aggressive und Systematische des paranoischen Denkens.

Es scheint mir, dass der Planungs-Charakter des paranoischen Denkens dessen falsche Gewissheit mit der auf Verlust von Ichbesetzung beruhenden falschen Realität in Beziehung bringt. Das gesunde Denken prüft und beweist jede neue Schlussfolgerung beständig durch die experimentelle Benützung anderer Ichzustände, die sich mit demselben Problem beschäftigten. Viele dieser Experimente werden nicht wiederholt, sondern mit selbstverständlicher und gewohnheitsmässiger Gewissheit benützt. Dies führt nicht zu falschen Schlussfolgerungen, weil das gesunde Denken die realen Tatsachen ohne Verfälschung apperzipiert.

Beim paranoischen Planen sind die Bedingungen andere. Der Paranoiker erinnert sich geradeso wie der Schizophrene an Ichsituationen, die verfälschte Wirklichkeiten enthalten. Jede falsche Wirklichkeit aber verleiht dem paranoischen Gedanken Gewissheit, denn was als wirklich gefühlt wird, wird auch als gewiss gefühlt. Auch leichtlich gemachte Annahmen und vervollständigte Verfälschungen, sie alle erwarben die Gewissheit der Wirklichkeit. Daher besteht zwischen dem Prozess der Verfälschung der Wirklichkeit bei Schizophrenen und dem der Verfälschung der Gewissheit bei Paranoikern letzten Endes kein grundlegender Unterschied.

Obgleich in früher Paranoia Tatsachen selbst keine Verfälschung durchmachen, so werden doch infolge des Verlusts der Ichgrenzbesetzung die eigenen Gedanken des Kranken, die er in einer Situation hatte, als Teile der Wirklichkeit erinnert und daher später geradeso wie die Wirklichkeit als gewiss gefühlt. Solch absolute Gewissheit hebt das kritische und logische Überprüfen auf. Dessen Rolle, die Resultate des Gewissheitsgefühls einzupassen, übernimmt das Rationalisieren. «Das Denken spielt mit falschen Würfeln.»

Die Folgen der verfälschten Gewissheit reichen noch weiter als die der verfälschten Wirklichkeit. Verfälschte Wirklichkeit vermittelt einige falsche

Grundlagen des Handelns; wenn jedoch dieses Tun nicht provoziert wird oder wenn es, nachdem es provoziert worden ist, gehindert wird, so können die falschen Daten ignoriert oder verdrängt werden. Der Einfluss der falschen Gewissheit aber kennt keine Beendigung; immer mehr falsche Gewissheit häuft sich an und stört unaufhörlich das intelligente Urteilen. Beim Denken Erfahrung und Antizipation richtig zu benützen ist bei auseinandergerissener Ichgrenzfunktion nicht möglich. Das automatische Wissen, wann Assoziationen, die aus dem Vorbewussten kommen, in bezug auf die greifbare äussere Wirklichkeit und wann in bezug auf Gedanken angewendet werden sollen, ist verwirrt. Unter diesen Umständen wird es zwecklos, zu denken. Das Individuum verzichtet dann auf klares Denken und benützt seine Assoziationen zu herbeiwünschendem Fabrizieren von Phantasien und Luftschlössern. Intelligenz und kritisches Überprüfen, durch welche die Stufe des Realitätsprinzips erreicht wurde und aufrechterhalten wird, werden fehlerhaft und kehren dazu zurück, dem Lust-Unlust-Prinzip dienstbar zu sein. Der verheerende Einfluss des Verlusts der Ichgrenzfunktion nimmt zu, weil ausser dem aktuellen bewussten Ich bei Fortdauer der Krankheit immer mehr vorbewusste Ichzustände gleichfalls ihre verfälschten Wirklichkeitsvorstellungen darbieten. Folgenschwer ist auch die Vermengung der Elemente verfälschter und wahrer Wirklichkeit.

Die Leichtigkeit des Gewissheitsgefühls begründet ferner den Mangel an Verlangen, Fehler oder unsinnige Ausdrücke zu korrigieren. Anfangs sporadisch, später diffus und bei vorgeschrittenen Fällen generell wird kein Bedürfnis nach Richtigkeit der Leistung empfunden. Deshalb verschlechtern sich schliesslich auch noch geistige Fertigkeiten und Fähigkeiten. Bei der typischen Verblödung des Schizophrenen beruht dies nicht so sehr auf dem Verlust seines Könnens als auf dem Verlust jedes Bedürfnisses, es zu benützen. In Spätstadien können so die Elemente der Sprache, des Lesens, Schreibens und Rechnens vollständig in Trümmer gehen [1].

Wissenschaftliche Kenntnisse oder künstlerische Fähigkeiten, die der Kranke erworben hatte, entarten zu einer sich immer wiederholenden und anscheinend ziellosen Produktivität, wiewohl Antriebe und Drang zum Schaffen fortdauern. Die verfälschte Gewissheit über die Vollkommenheit aller Leistungen unterdrückt jeden Beweggrund zu Verbesserung, Selbstüberprüfung oder Lernen. Infolge seiner generellen subjektiven Selbstzu-

---

[1] Sie lassen sich durch jede Form von Schockbehandlung wieder herstellen, die – wie ein Wunder – vorübergehend die verlorene Ichgrenzbesetzung wieder herstellt. Einen anscheinend fast analphabetischen Schwachsinnigen sich in den Verfasser eines subtilen Liebesbriefes verwandeln zu sehen, ist eine überzeugende Demonstration der Macht und des Wertes der Ichbesetzung.

friedenheit merkt der Schizophrene nicht mehr die Dürftigkeit und Schlechtheit seiner Leistungen. Die katatonische Stereotypie der schizophrenen Kunst stammt jedoch aus vielen Quellen.

Der Verlust von Ichgrenzbesetzung hat also zur Folge:

1. Beeinträchtigung der Unterscheidbarkeit von Gedanke und Gegenstand,
2. verfälschte Realität von Gedanken,
3. verfälschte Gewissheit von Urteil und Schlussfolgerung, dazu noch
4. eine generelle falsche Gewissheit betreffs der Güte des Tuns.

Der schizophrene Prozess dringt in die vorbewussten seelischen Vorgänge ein. Die meisten wichtigen vorbewussten Ichzustände verlieren fortschreitend die Besetzung ihrer Grenzen und hören auf, mit Exaktheit und Richtigkeit zu funktionieren. Das normale Ich arbeitet vorbewusst, ohne sich zu irren, weil schon vorbewusst Engramme und Antizipationen, die von äusseren Erlebnissen herrühren, gut von Engrammen, die von Gedanken und Ideen herrühren, getrennt werden. Beim Eintreten ins Bewusstsein gesellen sich automatisch Wahrnehmungen zu Wahrnehmungen, Gedanken zu Gedanken, während der vorbewusste Ichzustand in die aktuelle Besetzungseinheit des gegenwärtigen Ichs einbezogen wird.

Beim Schizophrenen ist dem nicht so. Allzu viele seiner vorbewussten Engramme sind falsch aufgespeichert und falsch bezeichnet, was Realität, Gewissheit und Richtigkeit anlangt. Inmitten eines Heeres von irrigen und verfälschten Engrammen werden wenige korrekte Residuen von Erlebnissen und Reaktionen noch immer benützt.

Auf eine typische Art der vorbewussten Verfälschung ist das Symptom zurückzuführen, dass Ideen des Kranken ihm weggenommen worden sind oder ihm gemacht wurden. Beide Wahnvorstellungen bieten das Bild der Projektion eines inneren Vorgangs auf eine andere Person dar. Der zugrunde liegende seelische Vorgang ist einfach das Vergessen von etwas, das man vorher gewusst hat. Solches Vergessen würde beim Gesunden einer psychoanalytischen Erklärung bedürfen. Der Schizophrene weiss die Erklärungen aus seinem eigenen Leben heraus. Sein Vergessen folgte auf sein Denken an eine bestimmte Person. Durch diese Gedankenfolge erhält er die Gewissheit, dass das Vergessen vom Inhalt des vorhergegangenen Gedenkens verursacht wurde. Daher erklärt er, diese Person sei die Ursache der Blockierung seines Assoziationenstroms gewesen. Es fand keine wirkliche Projektion [1] statt.

---

[1] Echte Projektion beruht auf unbewussten Mechanismen. Das ist nicht nur ein Problem der Terminologie. Wenn durch den Mechanismus des Verlusts der Ichgrenzbesetzung der Gedanke an eine Person in die wirkliche Person umgewandelt wird, könnte man sagen, dies sei die häufigste Form von Projektion. Es wäre der Klarstellung dienlich, diesem Prozess einen neuen Namen zu geben, etwa «Wirklichkeitszuteilung» oder «Regression zur Wirklichkeit».

Weil die Idee der anderen Person Wirklichkeit erworben hatte, erlebt der Kranke nicht, dass sein Denken an die Person, sondern dass die Person selbst die Ursache des Verlusts seiner Ideen ist. Ein analoger Mechanismus ist beim Eingegebenwerden einer Idee am Werk.

Man kann gut begreifen, dass ein schizophrener Patient, der an jemand anderen in Wechselbeziehung zu sich gedacht hat, sich des Gefühls nicht erwehren kann, seine nächsten Gedanken seien ihm von jenem eingegeben worden. Doch gibt es Fälle, bei denen jedes Denken an jemand genügt, um diesem die Verursachung seiner nächsten Ideen oder des Verlustes dieser Ideen zuschreiben zu lassen. Es ist eine andere Kundgebung der verfälschten Gewissheit. Jede zeitliche Aufeinanderfolge wird mit Gewissheit als eine kausative Aufeinanderfolge gefühlt. Der Geisteskranke scheint auf Seite der kritischen Epistemologie zu stehen.

Erstaunlicher ist es, Zeuge von vorbewussten abwegigen Resultaten des Verlustes von Ichbesetzung in bezug auf Fertigkeiten zu werden, die im Säuglings- und Kindesalter erworben wurden und beim Erwachsenen gewohnheitsmässig und automatisch wurden. Wenn jemand liest, kommt es ihm normalerweise nicht zu Bewusstsein, dass Silben und Buchstaben sich zu Worten zusammenfügen. Die Unterbrechung von einer Zeile zur anderen wird nicht bemerkt. Die Engramme früherer Wortwahrnehmungen, deren Buchstabierung und Verständnis, sind Sache des Vorbewussten, das, wenn es benötigt wird, ins Bewusstsein eintritt. Das Ganze geht andauernd reibungslos vor sich. Wenn die vorbewusste Ichfunktion sich vermindert, dann finden manche Kranken plötzlich das Lesen schwierig, weil ihnen die Zeilen, die einzelnen Worte, Silben und Buchstaben zu Bewusstsein kamen. Daraus folgt, dass die vorbewusste Organisierung des Lesens eine Ichfunktion ist und von der vollen Besetzung der Icheinheit abhängt, in die sie einbezogen ist. Wenn die Ichgrenze, die sich auf die Sprache bezieht, ihre Besetzung verliert, so hören die Buchstaben und Silben auf, nur Mittel zum Denken zu sein; sie werden reale Gegenstände.

Störungen auf visuellem Gebiet fallen stärker auf. Ich habe – sonst leichte – Fälle beobachtet, bei denen der vorbewusste Akt der Akkomodation und der scharfen Einstellung des Auges bewusste Aufmerksamkeit erforderte, um Verschwommenheit des Gesehenen zu vermeiden. Hier verlieren die im ersten halben Jahre des Lebens erworbenen Ichfunktionen ihre einheitliche Besetzung. Bei allen diesen Fällen hat die Verminderung der Besetzung die Ichgrenzen zu einem früheren Zustand verengert, zu welchem das Ich regrediert ist.

Es ist bekannt, dass die Wiederbelebung früher narzisstischer und anderer libidinöser Phasen und archaischer Denkmethoden auf Ichregression zurückzuführen ist. Infantilismus des Ichs beruht auf Regression zu einem Zustand, wo es noch nicht von dem Es, dem Überich oder der Aussenwelt gut getrennt war. Diese Verschmolzenheit mit der Welt durch Regression ist ganz anders als die geschilderte verfälschte Wirklichkeit. Produzierung falscher Wirklichkeit ist ein Anfangsstadium, regressive narzisstische Verschmolzenheit hingegen ein Spätstadium der Schizophrenie. Jetzt wird man wohl annehmen dürfen, dass auch der Prozess der Ichregression auf Unzulänglichkeit und Verminderung der Ichbesetzung beruht. Immer mehr legt die dynamische Betrachtungsweise nahe, dass die Reifung nicht nur auf der Entfaltung der konstitutionell vororganisierten organischen und seelischen Eigenschaften beruht, sondern auch auf der Entwicklung des Körperichs und des seelischen Ichs. Es kann keine scharfe Trennungslinie zwischen beidem geben. Die organischen Faktoren erfordern zu ihrem richtigen Funktionieren die unausgesetzte Zuwendung seelischer Besetzung. Dann muss diese Besetzung das ganze Leben hindurch vorwalten. Das Ich ist nicht ein statisch funktionierendes Aggregat. Weil das Ich eine aktive Einheit des Lebens des Individuums, eine gegen sich widersetzende Kräfte aufgebaute und am Leben erhaltene Einheit ist, verbraucht die Aufrechterhaltung seines reifen Zustands fortwährend seelische Besetzung. Von dieser Seite her gesehen, bedeutet Regression des Ichs, dass die zur Aufrechterhaltung nötigen Besetzungszuwendungen nicht mehr zur Verfügung stehen. Die typische Ichregression des Schizophrenen darf somit zum Teil dieser Mangelhaftigkeit zugeschrieben werden.

In den Frühstadien der Erkrankung spielt auch die Fixierung eine Rolle. Manche frühere Ichzustände sind während des Reifungsprozesses nicht genug von Besetzung entblösst worden, sondern wurden verdrängt. Als die Krankheit fortschritt, erlangten diese verdrängten Ichzustände und Ichreaktionen Bewusstheit und gingen ins aktuelle Ich ein. Dies erklärt, warum es so viele archaische und infantile Ichreaktionen gibt, die mit ihren primären Prozessen die normalen sekundären stören. Desgleichen stört das verdrängte Material, das aus dem Unbewussten hervorgekommen ist, die Benützung normalen vorbewussten Materials. In der Regel ist das gesunde Ich gegen jedes flagrante Eindringen unbewussten Materials und unbewusster Mechanismen geschützt. Es gibt jedoch Ausnahmen bei massenpsychologischen Bedingungen oder infolge eines Übermasses von Affekt oder Trieb. Gemildert zeigt das Unbewusste seinen Einfluss durch Fehlleistungen (Fehler, Versehen, Vergessen usw.). In diesen Situationen tritt das Unbewusste nicht unverändert ins Bewusstsein ein.

Man hat dies damit begründen wollen, dass es spezielle Kräfte des Ichs gebe, die das Unbewusste niederhalten, es gleichsam abdämmend, so dass es nicht ins Bewusstsein überströmt. Solche Dämme seien dynamisch, nicht statisch aufzufassen. Sie würden von affektiven Besetzungen, wie Scham, Schuldgefühl, Angst und Rechtsgefühl, aufrechterhalten. Ich habe gegen diese Ansicht Bedenken und glaube nicht, dass beschützende Kräfte das Unbewusste durch ihren direkten Einfluss niederhalten können. Es gibt keinen Beweis dafür, dass spezifische Grenzen des Ichs mit Energie besetzt wären, um das Unbewusste zu verdrängen oder um dies aufrechtzuerhalten. Es kommt noch hinzu, dass, wie Freud gefunden hat, Verdrängung durch Angst zustande kommt; phänomenologisch bedeutet Angst gehemmte Flucht; Flucht ist ein Prozess des Ausweichens, nicht einer des Abdämmens oder des Bewältigens der sich eindrängenden Dynamismen. Ein weiteres Argument ist, dass bei Nacht das Unbewusste herrscht, während das Ich schläft; bei Tage ist es umgekehrt. Stünde dem Ich irgendeine Besetzung zu Gebote, um das Unbewusste auf direktem Wege abzuwehren, dann wäre es nie zu neurotischen und kulturellen Kompromissen mit dem Unbewussten gekommen.

Statt dass ein direktes Abwehren erfolgen würde, wird von den bewussten und vorbewussten seelischen Vorgängen in ihrem Kampfe mit dem Unbewussten eine Anzahl von anderen Methoden verwendet:

1. Worte und Symbole legen sich zwischen die Produkte des Unbewussten und das bewusste Denken. Durch Worte und Symbole werden die unbewussten Produkte verstanden und sind Gegenstand der sekundären Prozesse.

2. Es scheint, dass die Aufmerksamkeit des Ichs beständig abgelenkt wird, d. h. seine Grenzen stärker an den Fronten gegen die Aussenwelt besetzt sind.

3. Das Ich, wenn es normal ist, muss und will Triebregungen akzeptieren; diese Akzeptierung muss modifiziert oder verweigert werden, wenn es vom Überich oder von den Normen, die vom Ich selbst gesetzt worden sind, genötigt wird, das zu tun.

4. Die Verdrängung wird hauptsächlich von Angst und einem Fluchtprozess herbeigeführt. Dieser hat ein Zurückziehen von Besetzung zur Folge, das jede Anknüpfung des Assoziierens sowohl an unerwünschte Produkte des Unbewussten als auch an ganze Ichzustände unterbricht.

5. Es ist anzunehmen, dass Lust die Triebregungen automatisch fördert und Schmerz dieselben hemmt. Angst ist die wichtigste so wirkende Art von Schmerz. Man kann sagen, dass dies so ziemlich der einzige Mechanismus ist, der das Unbewusste auf direktem Wege abwehrt. Dieser Mechanismus wurde von Freud in seiner zweiten Theorie der Verdrängung erkannt, als er sagte, das Angstsignal lasse das Lust-Unlust-Prinzip in Aktion treten.

Diese reaktiven komplizierten Mittel beschützen das Ich gegen das Unbewusste, teils durch reflexartige Automatismen, teils indem sie durch Verschiebung von Besetzungen zu Positionen, wo sie als Gegenbesetzung wirken, etabliert, verstärkt und verteidigt werden. Es liegt auf der Hand, dass diese komplizierten Methoden, das Unbewusste teils zu akzeptieren, teils zu benützen oder abzuwehren, beständigen Besetzungsnachschubs bedürfen.

Der Prozess der Besetzungsverschiebung ist gleichfalls teilweise automatisch und teilweise willkürlich. Dies hängt von Situationen ab, die durch die Abhängigkeit des Ichs von dem Es, dem Überich und der Aussenwelt bedingt werden. Manche Aufgaben sind solche, die sich immer wiederholen und daher regelmässig erwartet werden, manche entstehen plötzlich aus unerwarteten Zwangslagen heraus. In jedem Falle bedarf es immer eines hohen Grades von Ichbesetzung, um die Aufgabe zu erfüllen. Sobald sich daher eine akute oder gar permanente Mangelhaftigkeit in der Ichbesetzung entwickelt, wird die normale Befassung mit dem Unbewussten verändert. In der Schizophrenie erlaubt dieser Ichbesetzungsmangel ein Eindringen des Unbewussten.

Um totalen Verlust der Ichbesetzung handelt es sich nur bei Fällen im letzten Stadium. Sonst bleiben viele Funktionen des Ichs und viele Ichgrenzen besetzt, allerdings nur dürftig; im besten Falle sind sie träge und ohne feinere Nuancierung. Die partielle Verminderung der Ichbesetzung erklärt einen typischen Zug des mannigfaltigen schizophrenen Bildes: die Steigerung im Grade der Empfindung und die daraus entspringende erhöhte affektive und impulsive Erregbarkeit.

Für gewöhnlich wirkt die Besetzung des Ichs und besonders der Ichgrenzen als Gegenbesetzung gegen alle Arten von Reizung. Jede einzelne Ichreaktion bleibt beherrschbar. Die durch Reizung hervorgerufenen Empfindungen selbst sind mässig, lustvoll oder schmerzhaft. Besetzungsschwäche dagegen gestattet sogleich unangemessenes Reagieren. Jugendliche Schizophrene fühlen übermässig jeden aggressiven Impuls und auch jede von aussen kommende Aggression. Dasselbe gilt von anderen Altersgruppen in bezug auf Affekte. Katatonische Reaktionen, positives Toben oder Negativismus miteinbegriffen, können durch den geringfügigsten Affekt veranlasst sein.

Der ichpsychologische Aspekt der Schizophrenie ist nicht nur von theoretischem Interesse. Sein therapeutischer Wert ist wichtig und lässt sich sowohl in frühen als auch in vorgeschrittenen Stadien der Krankheit erproben. Es ist paradox, aber wahr, dass rationale Einsicht eine wirksame therapeutische Waffe gegen anscheinende Verblödung ist. Psychoanalytische Einsicht wurde als *ein* Werkzeug bei Behandlung von Neurotikern anerkannt. Noch eifriger strebt der Psychotiker danach, seine Krankheit zu verstehen.

Bei der Psychose ist jedoch die Einsicht um so wirksamer, je früher sie angewendet wird. Der Psychotiker lernt, jede Änderung in seinem eigenen Icherleben zu erfassen. So kann es ihm ermöglicht werden, dass er ohne Schrecken akzeptiert, was er ohne Verwunderung erkannt hat. Durch sein furchtloses Interesse vermag er schliesslich sein normales Ich wieder herzustellen. Durch Überwindung seiner abnormen Ichreaktionen erreicht er das therapeutische Ziel: ganz allgemein gesagt, Wiederverdrängung.

XIII. KAPITEL

DIE DEPERSONALISATION [1]

Im vorhergehenden wurde die Schizophrenie vom ichpsychologischen Standpunkt aus von neuem betrachtet. Vor allem wurde dargelegt, dass sie auf einem Mangel an Ichbesetzung beruhe, daher als Ichkrankheit zu bezeichnen sei.

Eine nah verwandte andere Gruppe von Ichkrankheiten ist die der Entfremdung und Depersonalisation. In dieser Gruppe ist der Verlust von Ichbesetzung bei den meisten Fällen geringer als bei der Schizophrenie. Es ist anzunehmen, dass der Verlust insofern mehr spezifisch ist, als die *Libido*-Komponente mangelhaft ist; ferner ist mehr als bei der Schizophrenie das Körperich mit unbesetzt.

Bisher wurden «Ichkrankheiten» nicht erkannt und als solche diagnostiziert, weil im allgemeinen die psychologische Rolle des Ichs übersehen wurde. Auf diese Weise blieb die Vorstellung des Ichs hinter solchen Begriffen wie: das Individuum, die Person oder die integrierte Persönlichkeit versteckt.

Die innere Medizin befindet sich in einer ähnlichen Lage in bezug aufs «Herz». Symptome von Herzschwäche werden in den Organen lokalisiert, deren Funktion gestört ist. Bei Kreislaufschwäche wird etwa die Schuld auf den Magen geschoben, da das Essen nicht mehr schmeckt. Bei Entfremdung wird statt des Ichs der Objektlibido, der Stimmung oder dem Denken schuld gegeben, äussere Objekte verlieren ihren gewöhnlichen Anreiz.

Wie zu erwarten, werden sehr vorgeschrittene Zustände von Ich- und auch von Herz-Krankheiten richtig lokalisiert. Wenn ein wirklicher Zusammenbruch des Ichs zu Depersonalisation führt, so sagt der Kranke selber: «Ich bin nicht mehr ich» oder «Ich bin meines Selbst verlustig gegangen».

Andererseits erwähnen viele Menschen häufig, dass ihr Ich der Stützung bedurfte oder dass ihr Ich aufgebläht war. Psychoanalytiker sagen, dass der

[1] Nach einem am 18. Juni 1949 in Topeka (Kansas) gehaltenen Vortrag.

Narzissmus ihrer Patienten gekränkt wurde. Wenn sie so sprechen, meinen jedoch sowohl Patienten als auch Psychoanalytiker nicht die psychologische Funktion ihres Ichs, sondern die der Gesamtpersönlichkeit, auch Selbstbewusstsein, Stolz und seelische Gesundheit.

Das persönliche Fürwort vertritt den Namen des Individuums, zeigt aber nicht spezifisch dessen Ich an. Dadurch erhält dieses eine gewisse «Anonymität». Es scheint paradox, von Anonymität des Ichs zu sprechen, wo doch in den Sätzen eines Gesprächs beständig von jenem Gebrauch gemacht wird. Man sollte vielmehr von einem «Incognito» des Ichs sprechen. Inmitten einer Schar alltäglicher Tätigkeiten verbirgt «Seine Majestät, das Ich» seine allgegenwärtige [1] und einzigartige Macht.

Normalerweise ist man sich des Ichs ebensowenig bewusst wie der Luft, die man atmet; erst wenn das Atmen mühsam wird, wird der Mangel an Luft erkannt. Heute fängt die Psychiatrie an, eine Störung als Ichkrankheit aufzufassen; die Kardiologie begann in bezug auf den Blutkreislauf vor hundert Jahren.

Im praktischen Leben macht das nichts aus. Niemand braucht zu wissen oder zu fühlen, dass sein Ich funktioniert, wofern es normal funktioniert. Selbst in den kurzen Perioden einer absoluten Leere, wenn das Bewusstsein ohne jeden klaren Gedanken ist, bleiben das Ich und die Identität des Individuums intakt. Um spezifische Ichsymptome zu erkennen, muss man seelische Störungen suchen, bei denen die Ichkrankheit isoliert oder mit solchen Begleiterscheinungen wie Hysterie oder Angstzuständen verbunden ist.

Depersonalisation und Entfremdung sind beide monosymptomatisch. Je nach der Ausdehnung des Symptoms zeigen die Fälle eine grosse Mannigfaltigkeit. Bei beiden Krankheiten wird das Symptom durch seinen Namen definiert. Der Ausdruck «Entfremdung» ist noch präziser als «Depersonalisation». Für letztere könnte der richtige Name «Ich-Atonie» sein, mit der Bedeutung: «Verlust der *inneren* Festigkeit des Ichs». Da nun das Ich die notwendige Stütze der Persönlichkeit ist, so fühlt der Kranke sein Selbst bis zum Verschwinden verändert, wenn das Ich nicht wie vorher funktionieren kann. Depersonalisation definiert daher das subjektive Erleben der Auseinanderreissung seines Ichs.

---

[1] Dieser Ausdruck wird mit Absicht gewählt, weil Allgegenwart eines der Attribute Gottes ist. Nicht nur für narzisstische Motive, sondern auch logisch ist der Mensch «das Mass aller Dinge». Daher war der Mensch gezwungen, aus seinem Eigenerleben auf die Welt, in der er lebt, Schlüsse zu ziehen. Wie er in seinem eigenen Körper sein Ich fühlte, so nahm er auch an, dass im Kosmos ein kosmisches Ich sei. Dessen Name ist «Gott» oder «Weltseele». Zunächst glaubte er, das kosmische Ich habe geradeso wie er selbst auch ein Körperich. Später wurde das kosmische Ich als bloss seelisch oder geistig gedacht.

Die Erscheinungen der Entfremdung sind leichter zu verstehen und zu beschreiben als die der Depersonalisation. Daher ist eine diagnostische Klarstellung noch immer wünschenswert. Die Krankheiten werden häufig vermengt, weil beide sowohl die Selbstwahrnehmung als auch die Wahrnehmung der Welt stören. Die Veränderung der Selbstwahrnehmung betrifft sowohl den Körper als die Seele. Sowohl das Körperich als auch das seelische Ich kann von beiden Krankheiten befallen werden.

Sowohl die Entfremdung als die Depersonalisation kann partiell oder total sein. Die totale Entfremdung und noch mehr die totale Depersonalisation sind seltene Vorkommnisse. Verzögert sich die Hilfeleistung, so kann die Erinnerung an seinen schreckverwirrten Zustand den Kranken jahrelang aus der Fassung bringen. Manchmal bleibt zusammen mit einer leichten Ichkrankheit eine schwere Phobie hinsichtlich einer Wiederkehr der Depersonalisation bestehen. Diese Phobie kann sich mit Angst vor Wahnsinn verbinden, einer prä-schizophrenen Hypochondrie ähnelnd. Manchmal wird die Differentialdiagnose zwischen Nosophobie und hypochondrischem Wahn schwierig. In beiden Fällen jedoch wird der Verlauf der Krankheit davon abhängen, ob die Ichbesetzung wieder hergestellt wird.

Glücklicherweise sind partielle Entfremdung und leichte Depersonalisation viel häufiger. Leichte Fälle werden bloss für eine interessante symptomatische Komplikation gehalten, die zum Krankheitsbild einer Neurose oder einer Schizoidie hinzutritt, oder für etwas, das in einem sonst gesunden Individuum vorgeht. Der Zustand zeigt an, dass Ermüdung und Erschöpfung von kurzer Dauer, Intoxikation oder Gemütserregung die reguläre Ichbesetzung gestört haben. Solche ätiologische Faktoren zu beschuldigen, erinnert an die voranalytische Ätiologie, der FREUD entgegentrat. Doch war in bezug auf die Ichbesetzungszufuhr die alte Erklärung gerechtfertigt.

Geringe oder kurze Entfremdungen werden als Nuancierung der Lebhaftigkeit der Wahrnehmung beachtet. Andere Kranke wieder ignorieren die anfängliche Veränderung und klagen nur dann über Beschwerden, wenn sie durch plötzliche Kälte und Fremdheit der Wahrnehmung in Schrecken versetzt werden. Allgemeine und extreme Entfremdungen sind die Ausnahme. In der Mehrzahl der Fälle treten sie in ganz bestimmten Situationen auf: beim Fahren in einem Zug, beim Verlassen des Hauses, im Büro, manchmal nur an gewissen Strassenecken und mit spezifischen Objekten. Zumeist beginnt die Entfremdung in Hinsicht auf *eine* Person und mag sich nur *ein*mal ereignen. Vielfach ist sie aufs Lesen oder aufs Hören von Musik, sogar bestimmter Musik, auf eine bestimmte berufliche Arbeit oder auf die gewöhnliche Beschäftigung in der Freizeit beschränkt. Solche beschränkte Symptome rechtfertigen die Annahme, dass partielle oder spezifische Ichgrenzen ihrer normalen Besetzung verlustig gehen können.

Alle Entfremdungs- wie auch Depersonalisationserscheinungen zeigen ein und dasselbe Paradoxon. Ohne Rücksicht darauf, dass Perzeptionen, Apperzeptionen oder Propriozeptionen sich verändert haben, bleiben Intelligenz und Sinne, Fertigkeiten und Anpassung intakt. Bei der Depersonalisation ist dieses paradoxe Merkmal noch auffälliger. Der Kranke kann mit vollem Glauben verkünden, dass er nicht imstande sei zu sehen, zu denken, ja sogar zu atmen, zu stehen, zu gehen oder seine Hände zu bewegen, irgend jemanden zu lieben und zu hassen, er klagt darüber, dass ihm keine Aktualität des Lebens geblieben sei. Doch führt er all dies normal aus, und häufig setzt er selbst hinzu: «Ich weiss: ich denke, sehe usw.» Dann bricht er in Verzweiflung los: «Die Sprache hat keine Worte, meinen Zustand zu beschreiben, aber es ist so, wie ich sage. Wahnsinn wäre eine Erleichterung.» Die Literatur enthält viele Beispiele ausgezeichneter Beschreibungen durch Kranke. Sie gebrauchen Gleichnisse und bildliche Sprache, weil sie gewöhnliche Ausdrücke unbefriedigend finden. Die Sprache ist ein soziales Instrument, um zueinander in Beziehung zu treten und einander Mitteilungen zu machen; das eigene Ich ist die Domäne des Individuums und interessiert andere nicht. Die Sprache hat darum wenige allgemeine auf Egoismus, Egotismus und das Ich bezügliche Worte und keine, die sich spezifisch auf einen Ichzustand bezögen.

Selbst dieser Ausdruck stiess bei seiner Einführung auf Widerstand. Meinen Zuhörern fiel es schwer, seine Bedeutung zu verstehen. Ich ersah daraus, dass das Unvorbereitetsein der Ichgrenze eine Hauptursache sowohl der üblichen Missverständnisse als auch der üblichen Widerstände ist, denen man in der Psychologie begegnet. Die vielen bewussten und unbewussten Plagiate, die vorkommen, haben insofern ihr Gutes, als sie die Ichgrenzen des Publikums vorbereiten und die Originalarbeiten popularisieren. Neuerungen, sei es in Wissenschaft, Politik oder Kunst, muss man «dreimal sagen» oder noch öfter. Die erste Veröffentlichung liefert neue Engramme, welche vorbewusst werden, die zweite Darstellung beeinflusst die Ichgrenze, die dritte ist notwendig, um die bereicherte Ichgrenze mit dem neuen Wissen zu konfrontieren. Auch FREUD selbst fühlte dies und gab sieben vollständige Darstellungen seiner Lehre.

Es unterliegt keinem Zweifel, dass der entfremdete Kranke sich mehr als der neurotische isoliert fühlt, wozu noch kommt, dass es schwierig für ihn ist, seinem Unbehagen Ausdruck zu geben. In seiner Isolierung wird seine Intelligenz von den gegensätzlichen Symptomen irregemacht. Viele Kranke versuchen ihre eigenen Psychologen zu sein. Dieses Interesse gibt ihnen Beschäftigung und Anregung und entreisst sie depressiven Reaktionen. Obgleich viele von ihnen versichern, sie dächten, dass der Tod solchem Elend vorzuziehen wäre, besteht keine Selbstmordgefahr.

An keinem ihrer Organe ist etwas Pathologisches festzustellen. Alle Sinne funktionieren mit grosser Genauigkeit, denn eben die Entfremdung regt sie an. Nur die Ichbezogenheit wird gestört. Ob nun das Sehen oder Hören oder das objektbezogene Denken gestört ist, das Ergebnis ist immer Fremdheit. Es ist nicht anzunehmen, dass die Sinnesempfindungen und das Denken, die voneinander so verschieden sind, alle dieselbe Art von Störung erfahren. Viel wahrscheinlicher ist, dass die einheitliche, aber vielteilige Störung ihren Sitz in der Ichgrenze hat, welche, wie wir gefunden haben, das sensorische Organ für alles Apperzipieren von Wirklichkeit ist. Somit wird der vom Ich durchgeführte Apperzeptionsprozess geschwächt; diese Schwächung ist rein funktionell; unsere Annahme ist, dass sie auf irgendeiner Mangelhaftigkeit in der Besetzung beruht. Durch FREUD haben wir gelernt, bei allen dem Organismus eigenen Funktionen, möglicherweise einschliesslich des Bereichs des automatischen Systems, das Quantum verschobener Libido zu erkennen. Man erkennt das Hinzutreten einer libidinösen Komponente zu irgendeiner Funktion an deren Erotisierung, Wärme und Wohligkeit. Gerade diese ist es, die bei jeder der zahlreichen Erscheinungsformen der Entfremdung mangelt. Dies rechtfertigt die Annahme, dass die Entfremdung auf Verlust oder Zurückziehung der Libidokomponente von der Besetzung der Ichgrenze beruht.

Diese Schlussfolgerung, mag sie theoretisch noch so gut bewiesen sein, steht in Gegensatz zum subjektiv gefühlten Zeugnis des Kranken selbst. Er erkennt keine Veränderung seines Ichs, er kann nicht mehr sagen, als dass die äusseren Objekte oder seine inneren Erlebnisse eine rätselhafte Veränderung erfuhren. Die Psychologie erkennt, dass das Phänomen der Projektion auch für das Ich selbst gilt. Was in Wahrheit am Ich geschieht, wird als eine ausserhalb seiner Grenzen vor sich gehende Veränderung in der Qualität sowohl der Gedanken als auch der Objekte gefühlt. Ohne die Erweiterung der Bedeutung von «Projektion» liesse sich dieser Ausdruck nur auf die Fremdheit äusserer Objekte, nicht auf die von Gedanken anwenden.

Als anschauliches Beispiel der Projektion eines funktionellen Verlustes von Ichgrenzbesetzung diente mir meine eigene Erfahrung mit den Grenzen des eigenen Körperichs, während ich mich einer *Lokal*anästhesie unterzog. Es war nötig, den linken Unterkiefernerv zu blockieren. Nicht nur der Gaumen und die Zähne, sondern auch die Wange und beide Seiten der Lippen waren anästhesiert. Dies wurde als eine dreieckige Lücke in der linken Wandung der Mundhöhle gefühlt. Von aussen mit dem Finger betastet, gehörten Wangen und Lippen nicht mehr zum Körper. Das Körperich war eingebuchtet. Es konnte nicht vom Gedächtnis rekonstruiert werden. Ich war mir der fremden toten Teile, die an Stelle meines eigenen Fleisches dort lagen, nicht bewusst. Sie liessen sich nicht dazu benützen, den Defekt zu füllen. Der Patient konnte klar erkennen, dass sein Körperich von den durch die sensorischen Nerven übermittelten Propriozeptionen und dazu noch einer vereinigenden Besetzung gebildet wird. Keine Lähmung des sensorischen Nervs wird als solche gefühlt, nur ein höchst merkwürdiges Vakuum im Körper. Dieses Vakuum lässt sich mit geistigen Defekten bei organischen Gehirnläsionen vergleichen. Die Analogie zur Entfremdung zeigte sich, als die Sensibilität allmählich zurückkehrte. Da waren Gaumen, Lippen und Wangen mit Schleimhaut, Knochen und Haut parästhetisch. Als den Lippen und Wangen die Sensibilität wiederkehrte, wurden alle Objekte: Finger, Instrument oder Zunge, als fremdartig und anders als normal gefühlt. Es ist klar zu erkennen, dass diese Fremdartigkeit auf geschwächtem Funktionieren des sensorischen Organs des Tastsinnes beruhte.

Man kann daher auf das Vorhandensein eines sensorischen seelischen Organs schliessen, sooft Entfremdung auftritt. Da kein physisches Organ beteiligt ist, muss ein seelisches Sinnesorgan, die Ichgrenze, vorausgesetzt werden, sooft Objekten vorgeworfen wird, dass sie die Empfindung von Kälte, Fremdartigkeit, Fremdheit, Farblosigkeit, Seichtigkeit, Unlebendigkeit verursachen.

Die «Gestaltpsychologie» nimmt an, dass die Entfremdung auf Störung einer ganzheitlichen Qualität der Apperzeption beruhe. Zu sagen, dass das Reagieren der Gesamtpersönlichkeit verändert sei, ist berechtigt, wenn man hinzufügt, dass bei jeder schweren Ichstörung die Gesamtpersönlichkeit betroffen sei. Psychoanalytiker, welche die Entfremdung der Aussenwelt durch Zurückziehung der Libido vom Objekt erklären, teilen selber die Selbsttäuschung des Patienten und erkennen nicht die Projektion. NUNBERG brachte diese Erklärung vor, modifizierte sie aber, indem er hinzufügte, dass der Kranke auch seine Liebesfähigkeit, namentlich seine narzisstische Liebe, verloren habe. FREUD bemerkte in einer Diskussion, dass einer seiner Patienten Entfremdung erlebte, wenn er in allzu starker Identifizierung mit einer anderen Person sich selbst verlor. OBERNDORF und WITTELS verbreiteten sich ebenfalls über die Wichtigkeit fixierter früher Identifizierungen. Alle Arten von traumatischen oder Entwicklungs-Störungen sind für das Auftreten von Entfremdung oder Depersonalisation verantwortlich gemacht worden, doch kann keine der Ursachen als spezifisch akzeptiert werden. Es ist mit keiner spezifischen Verursachung zu rechnen, weil Entfremdung und Depersonalisation weder Psychoneurosen noch Psychosen sind. Es sind quantitative Störungen wie die anderen Aktualneurosen FREUDS.

So gesehen, ist die Entfremdung nur der extreme Prototyp einiger noch nicht völlig erforschter Störungen des Ichs. Die Libido hat typische Komponenten. Es steht zu erwarten, dass in allem Erleben sowohl feine als grobe Unterschiede zu finden sein werden, je nach dem Vorherrschen oder Mangeln spezifischer Besetzungskomponenten und Aggregate von Komponenten: passiver und aktiver, weiblicher und männlicher, oraler, analer, exhibitionistischer, sadistischer und masochistischer und affektiver Komponenten. Diese Unterschiede müssten als Variationen sowohl seelisch gesunder als kranker Ichzustände erkannt werden. Solche Untersuchungen werden viele Kontroversen in der Psychoanalyse und Psychologie beendigen.

Von diesem weiter greifenden Ausblick in die Zukunft abgesehen, lassen sich schon heute manche klinische Fragen auf der Grundlage der Pathologie der Ichgrenzen beantworten.

Entfremdung und Depersonalisation mögen bloss Aktualneurosen sein oder aber die Anfangsphase von Psychoneurosen oder Psychosen. Die Verschiedenheit des Ablaufs hängt von der zugrunde liegenden Besetzungsstörung ab. Gerade so wie es in bezug auf die Schizophrenie dargetan wurde, hat in manchen Fällen der Mangel an Zufuhr, in anderen die Zurückziehung von Libido eine Alteration der Ichgrenzfunktion bewirkt.

Glücklicherweise beruhen die meisten Fälle auf einer kurzdauernden durch Angst oder andere neurotische Folgeerscheinungen hervorgerufenen Zurückziehung. Doch wird in vielen Fällen aus der Zurückziehung oder schlechten Zufuhr der Libidokomponente eine schizophrene Zurückziehung oder ein schizophrener Zufuhrmangel der Gesamtbesetzung von Ichgrenzen.

Die Symptome von Entfremdung und Depersonalisation sind andere. Kranke wissen genau zwischen ihnen zu unterscheiden. Dies lässt sich häufig nachprüfen, weil sich sehr oft beide Besetzungsmängel bei derselben Person zeigen. Sie unterscheiden sich dynamisch darin, dass bei der Entfremdung nur Ichgrenzen ihre Libidokomponente verloren haben, während bei der Depersonalisation der Kern des Ichs der Libido verlustig gegangen ist. Vielleicht sind auch andere Komponenten seiner Besetzungseinheit mangelhaft geworden. Da die periphere und die strukturelle Besetzung des Ichs verschiedene Funktionen haben, fehlt den Symptomen der strukturellen Mangelhaftigkeit der Entfremdungscharakter.

Unser Wissen vom normalen Ich bietet dem Verstehen des Ichs bei Depersonalisierten einige Anhaltspunkte. In der Norm ist das Ich das Gefühl von Einheit in bezug auf Kontinuität, Kontiguität und Kausalität der Erlebnisse des Individuums. Bei der Depersonalisation sind diese Grundfunktionen gestört, meistens nur eine oder die andere, ausnahmsweise alle auf einmal. Gewöhnlich kommt es nur zu einem akuten Anfall, manchmal jedoch zu einem chronischen Zustand. Mehr noch als bei der Entfremdung vermögen Worte hier nicht das Positive dieser «unheimlichen» seelischen Situation zu beschreiben. Deren negative Seite ist leichter beschrieben, und zwar als ein Verlust von elementarer Sicherheit und Selbstgewissheit.

Die ungenügende Kontinuität bekundet sich in einem ungegenwärtigen Gefühl für die Zeit: Vergangenheit, Gegenwart und Zukunft; auch das Vergehen des Augenblicks ist unbestimmt. Ein Gemütszustand oder Vorgang kann nicht als permanent oder nur einen Augenblick während unterschieden werden. Leichtere Störungen lassen vergangene Zeiten als Gegenwart durchleben und vice versa. Das «*Déjà vu*» gehört in diese Kategorie.

Zu dieser Unbestimmtheit gesellt sich Ungewissheit der Zeitfolge von Erinnerungen, häufig verbunden mit einem getrübten Gefühl dafür, ob man etwas selber erlebt hat oder ob es nicht eine andere Person gewesen sein könnte. Oder aber es wird Ungewissheit in bezug darauf gefühlt, ob man Erlebnisse, von denen man weiss, dass sie die einer anderen Person gewesen sind, in eigener Person durchgemacht hat oder nicht. Diese Person kann ein lebender Mensch oder eine Gestalt aus Dichtung oder Geschichte sein. In diesen Fällen liegt die Mangelhaftigkeit der Besetzung an jenen Ichzuständen, in denen die Identifizierung mit dem anderen Individuum oder der Gestalt stattfand.

Der Verlust des inneren Zusammenhangs des Ichs ist somit nicht zufällig, sondern folgt den Spuren der genetischen Ichentwicklung. FREUD sagte, die pathologischen Spaltungen in der Persönlichkeit seien durch Sprünge im normalen Ich vorgezeichnet.

Identifizierung bedeutet: Einschluss der seelischen Repräsentanz der anderen Persönlichkeit in seine eigenen erweiterten Ichgrenzen, ebensowohl die körperlichen als die seelischen. Die Ichzustände mit der Identifizierung sind vorbewusst oder unbewusst. Wenn sie ins Bewusstsein eintreten, werden in der Norm die Ichgrenzen stark besetzt, und beim normalen bewussten Denken besteht kein Zweifel darüber, was den beiden Persönlichkeiten zugehört. Wird die Besetzung mangelhaft, so wird diesbezüglich Depersonalisation gefühlt; die Erinnerung an die Person kann auch entfremdet gefühlt werden, manchmal mit dem Beiklang ausserordentlicher Deutlichkeit. Solche äusserste Deutlichkeit mancher Erinnerungen oder Ideen wird häufig vom depersonalisierten Individuum erwähnt. Sie ist wahrscheinlich durch einen kompensierenden Versuch bedingt, Besetzung sowohl auf die betreffende

Ichgrenze als auch auf das Objekt zu verschieben, damit der durch Libido-mangel verursachten Unbestimmtheit entgegengewirkt werden kann.

Ein anderes Symptom der Depersonalisation betrifft die Kontinuität des seelischen Ichs. Diese Kranken klagen darüber, dass ihr Fühlen und Denken äussere Vorgänge wurden und ihnen nicht mehr angehören. Extreme sexuelle und aggressive Phantasien kommen ihnen ungeheissen und unbeherrschbar in den Sinn. Nicht nur Phantasien, sondern auch Intentionen und Impulse, die ihrer dominierenden Einstellung entgegengesetzt sind, sind plötzlich da und werden als innerhalb des Ichs befindlich, aber nicht mit ihm integriert gefühlt. Dieselben Ideen wären bei einem neurotischen Menschen mit einem noch intakten Ich zwanghaft geworden, und es hätten sich Zwänge entwickelt. Beim Depersonalisierten werden sie nicht, wie sie sollten, der Besetzungseinheit des Ichs einverleibt.

Im Bereiche des Körperichs sind Handbewegungen und sogar die gewohntesten Verrichtungen des Atmens, Essens, Gehens zum Erstaunen des Kranken zusammenhangslos geworden und werden als aus eigenem Antrieb geschehend erlebt; es ist nicht länger so, dass sie automatisch sind oder willkürlich vorgenommen werden. Doch erklären Kranke, die in einer anderen Periode ihrer Ichkrankheit Entfremdung erlebt haben, dass diese schlecht zusammenhängenden Funktionen durchaus nicht entfremdet seien.

Häufiger ist ein anderes Symptom der Depersonalisation, welches uns die Doppelstruktur des Ichs, das Körperich und das seelische Ich, vor Augen führt. Der Kranke klagt, er fühle, dass er Tätigkeiten nur mit seinem Körperich ausübe, ohne Beteiligung des seelischen Ichs, ausser wenn dieses plötzlich merke, dass es seine Arbeit nur mechanisch verrichte. Die seelischen Funktionen sind jedoch intakt und tun, was nötig ist. Ein solcher Zustand kann Tage oder Wochen dauern und wird als eine Form der Apathie angesehen. Solche Apathie als Symptom von Depersonalisation dient als Abwehrmechanismus, der es dem Kranken erlaubt, seine Ambivalenz zu ignorieren und sich aus den unlösbaren Konflikten, die ihn aufgebracht und beständig seine Ichbesetzung in Anspruch genommen haben, nichts zu machen. Die Depersonalisation an und für sich ist kein Abwehrmechanismus.

Solche Fälle von Apathie könnten auch als Automatisierung bezeichnet werden. Jeder normale Automatismus bedeutet, dass Reaktionen oder Handlungen vorbewusst vor sich gehen. Bei der Depersonalisation kommen sie einem zu Bewusstsein, da sie sich auf Gebiete erstrecken, die sonst bewusst vom seelischen Ich kontrolliert und gelenkt werden.

Einer meiner Patienten, der nach seinem ersten und einzigen Anfall von Schizophrenie depersonalisiert blieb, beschrieb das Unbeteiligtsein seines seelischen Ichs in seiner eigenen Terminologie. Er unterschied zwei Zustände in seinem täglichen Fühlen und persönlichen Leben, den einen, in welchem er Draussen, und den anderen, wenn er Drinnen sei. Damit war nicht etwa Extroversion und Introversion gemeint. Sein Zustand des Drinnen-Seins war ein allgemeiner Automatismus und Apathie, bedingt durch die Lösung des Zusammenhangs seines seelischen Ichs mit dem Körperich, wobei seine Verrichtungen hauptsächlich von letzterem durchgeführt wurden. Bei diesem Falle komplizierte kein Abwehrmechanismus die Pathologie des Falles. Es wurde deutlich, dass irgendeine Provozierung von Objektlibido für einen Menschen oder für eine Verrichtung seinen Zustand von apathischem Automatismus sporadisch unterbrach. Vor der Behandlung geschah dies unbeabsichtigt. Es war möglich, durch Konzentrierung unseres gemeinsamen Interesses auf die Bewegungen, welche die Schwelle zwischen den beiden Zuständen überschritten, den Mechanismus aufzulösen. Während der Behandlung, als eine positive Übertragung und Gegenübertragung erzielt waren, lernte der Kranke, immer länger «Heraus» zu kommen, bis die Depersonalisationszustände verschwanden. Sie sind seither (es ist fünf Jahre her) nicht wieder aufgetreten. Wer weiss, ob der Fall denselben Verlauf genommen hätte, wenn er als Neurose und nicht als Ichkrankheit behandelt worden wäre.

Weniger häufig als diese Zustände, bei denen das Individuum sein seelisches Ich als interesselos oder halb schlafend fühlt, ist der gegenteilige. Das Körperich ist unbesetzt; das Individuum kann entweder seine Körpergefühle und sein Körperich sehr entbehren oder es geniessen, bloss ein geistiges Wesen zu sein. Solche Fälle beginnen sehr frühzeitig und äussern sich in Asexualität, Impotenz, aber auch in narzisstischem Stolz auf die in hohem Masse intellektuelle und verfeinerte Lebensführung. Die Diagnose auf Depersonalisation wird durch die Unbestimmtheit und Unsicherheit ihrer Selbstanalyse und das Mangeln echten Gefühls nahegelegt. Sie leben asketisch und denken in Abstraktionen. Aber sie wissen nicht, ob sie tatsächlich so fühlen, wie sie sich schildern, oder nur glauben, es zu tun. Diese Art von Depersonalisation beruht auf Ablehnung der Sexualität in frühester Kindheit, bevor noch eigentliche Verdrängung gebraucht werden kann. Die Abwehreinstellung hindert die Akzeptierung des Körperichs durch das seelische Ich.

Selbst bei chronischer und schwerer Depersonalisation sind die Störungen partiell und vorübergehend. Der depersonalisierte Kranke ist erregbar und fast wie der allergische für die geringsten emotionellen oder äusseren Reize empfindlich. Höchst auffällig ist die Depersonalisation in bezug auf das erweiterte Körperich. Jede Veränderung eines Gegenstandes im Zimmer oder jeder Laut wird von solchen Individuen als in ihnen selbst vor sich gehend empfunden, und sie müssen ihre automatische Wiederholung der Bewegung oder des gehörten Satzes beherrschen. Sie können das geringfügigste unerwartete Tun oder Sprechen nicht ertragen. Familienmitglieder klagen darüber, dass der Kranke in einem unmöglichen Masse Einsamkeit suche. Ganz harmlose Bemerkungen oder Gesten beunruhigen ihn tief, ohne jede Idee persönlicher Beziehung, wie sie beim Neurotiker zu beobachten sind. Es scheint, dass bei einem Katatoniker sowohl gewisse Bewegungen als auch starre Körperhaltungen durch eine anhaltende Depersonalisation begründet sind.

Da irgendwelche Veränderungen im umgebenden Zimmer imstande sind, die depersonalisierte Reaktion hervorzurufen, so steht zu erwarten, dass der Kranke eine noch stärkere Depersonalisation dann bekommen wird, wenn er selbst sich bewegt. Leichte Fälle vermögen solcher Gefühle dadurch Herr zu werden, dass sie der Veränderung erhöhte Aufmerksamkeit schenken. Dies veranschaulicht die allgemeine Regel, dass eine – gewollte oder provozierte – Verschiebung von Ichbesetzung auf die gestörte Funktion dazu verwendet wird, einem depersonalisierten Gefühl vorzubeugen. Daher müssen solche Kranke mit grosser Aufmerksamkeit den Kurven des Zuges oder Wagens folgen, in welchem sie fahren. Schwere Fälle können das nicht mehr tun, sie fahren mit geschlossenen Augen und unbeweglich gewordenem Körper. Auch so spüren sie die Richtungsänderung des Fahrzeugs und reagieren auf jede einzelne mit einem depersonalisierten Gefühl. Einer dieser Kranken konnte zwar die Fahrt durch den Tunnel der Untergrundbahn ertragen, aber es machte ihn furchtbar ängstlich, auf einem Bahnsteig, an dem der Zug vorüberfuhr, Menschen sich bewegen zu sehen.

Es ist anzunehmen, aber schwer zu beweisen, dass auch der erweiterte Inhalt des seelischen Ichs für solche Reize suszeptibel ist. Diese Besonderheit scheint Einfühlung und Telepathie zu verursachen. Die Kranken beobachten die eigenen Identifizierungen in einem störenden Masse und klagen über sie als Verluste ihrer emotionellen Unabhängigkeit. Jedes von einer anderen Person gegebene Beispiel wird als Verführung empfunden. Auch Lesen, Zuhören oder das Ansehen eines Films kann zu depersonalisierten Gefühlen Veranlassung geben. Leichte Fälle können noch bei einer Radio- oder Filmaufführung Erleichterung finden. Schwere Fälle jedoch halten sich von solchen Aufregungen fern. Gewöhnlich werden solche Einzelheiten vom Kranken nicht freiwillig enthüllt, infolge seiner Befürchtung, als verrückt oder als Lügner angesehen zu werden. Ihre eigene Befürchtung von Wahnsinn kommt – abgesehen von der unheimlichen Natur ihrer Störungen – von dieser Angst davor, für wahnsinnig gehalten zu werden. In der Tat kann jede Unterbrechung des inneren Zusammenhangs der Ichbesetzung fortschreiten und zu Schizophrenie führen. Die Depersonalisation verdeckt daher häufig eine latente Schizophrenie. Die Diagnose kann lange Zeit unsicher bleiben.

Bevor ich die symptomatische Beschreibung beende, möchte ich noch über eine einmalige Beobachtung berichten: Das Auseinanderreissen der Ichbesetzung hatte bei diesem Falle die Wirkung, dass der Kranken hysterische Stigmata bewusst wurden. Ihre Hysterie war sieben Jahre früher aufgetreten als die Depersonalisation. Als diese einsetzte, dauerten verschiedene Konversionssymptome fort, wurden aber insofern anders als vorher beschrieben, als die Organe mit dem hysterischen Symptom als selbständige Teile des Körpers gefühlt wurden. Dies zeigte sich deutlich bei einem Globus und bei Magenbeschwerden. Zugleich kamen ihr die extreme Enge ihres Gesichtsfeldes und ihre Hemianästhesie zu Bewusstsein. Die Schlussfolgerung ist erlaubt, dass auch Neurosen mit Störungen der Ichbesetzung in Zusammenhang stehen, die noch nicht genug studiert worden sind.

Depersonalisierte Kranke finden nach einer Dosis von Barbituraten (Veronal usw.) auf einige Stunden Erleichterung. Die Gefahr, dass es zu Gewöhnung an Medikamente und zu echter Süchtigkeit kommt, ist gross. Auch der Gebrauch von Benzedrin oder von beiden Medikamenten in Verbindung miteinander tut gut. Angst, Unbehagen und seelischer Schmerz werden auf einige Stunden unterbrochen. Es ist fraglich, ob irgendeine Heilwirkung erzielt werden kann oder ob Psychotherapie weniger schwierig gemacht wird. Es könnte sogar sein, dass diese Medikamente den Ausbruch einer latenten Schizophrenie beschleunigen.

Die schwersten Fälle erfordern wegen extremer Furcht, Angst, Schrecken und Unruhe sofortige Erleichterung durch Morphium. Ihre extreme Desintegration ist ohne jede Desorientierung oder Denkunfähigkeit. Solche Kranke sind eher über-alert. Sie können weder allein sein noch Gesellschaft ertragen. Ausserstande, ihren Gemütszustand zu beschreiben, fühlen sie sich so, als ob sie am Rande des Wahnsinns stünden, ihr Gedächtnis und ihr «Selbst» verlierend. Ich habe diese Zustände nicht selber gesehen, sondern kenne sie nur durch die anamnestischen Berichte von Patienten sowie aus der Literatur.

Die Klage über Unbestimmtheit, innere Unsicherheit und Veränderung bei der Depersonalisation ist verschieden von der Klage über Fremdheit und Unvertrautheit bei der Entfremdung. Bei keinem der Fälle wird die Realität der Erlebnisse geleugnet. Ich gebe daher OBERNDORF, der den Namen «Entfremdung» in «Derealisierung» änderte, nicht recht [1]. Kein Objekt ist seiner Realität, aber die Realität des Objektes ist der Vertrautheit verlustig gegangen. Manche entfremdete Kranke sagen, ihre Wahrnehmung oder ihr Denken könne dem Objekt nicht nahe kommen. Irgend etwas sei dazwischen. Die Entfremdung innerer Vorgänge hat natürlich keinerlei Beziehung zur Realität. Jeder Kranke gibt das Wort «unwirklich» sogleich auf, wenn ihm bessere Ausdrücke angeboten werden. Mit dieser Bemerkung kommen wir zum Thema der inneren Entfremdung.

Die innere Entfremdung ist nicht ein Teil der Depersonalisation. Allerdings können häufig innere Vorgänge, die durch die Depersonalisation isoliert werden, infolgedessen dann auch als entfremdet gefühlt werden. Doch ist der Unterschied, ob die Funktion einer Ichgrenze oder die der zusammenhängenden Icheinheit geschwächt ist, so wichtig, dass es besser ist, äussere und innere Entfremdung als *eine* Ichkrankheit zusammenzufassen und die Depersonalisation davon zu trennen.

Beide Störungen beginnen plötzlich. Die Anfänge leichter Depersonalisation werden häufig übersehen und werden von Laien Nervosität oder – bei schwereren Fällen – Nervenzusammenbruch genannt. Die erste Entfremdung wird nie übersehen. Der Kranke wird vom Gedanken an eine Person oder Erinnerung, der fremd und unvertraut gefühlt wird, schlagartig getroffen. Er selbst befindet sich in einem Zustande der Überraschung, er ist ja nicht darauf vorbereitet gewesen, dem fremd gewordenen Objekt oder Gedanken zu begegnen. Der Grund der Zurückziehung der Libido von der Ichgrenze wurde von NUNBERG gut erklärt. In dem Zeitraum zwischen dem letzten Denken an eine Person und dem gegenwärtigen hat sich die positive Beziehung infolge irgendeiner wirklichen oder eingebildeten Versagung oder Enttäuschung rücksichtlich der Person verändert.

Obwohl die Entfremdung in bezug auf äussere Objekte Psychiatern und Kranken besser bekannt ist, scheint es, dass der Gedanke an das Objekt häufiger entfremdet ist als das Objekt selbst. Vielfach wird auch Affekt als entfremdet gefühlt. Die innere Entfremdung kann sich auf fast alle seelischen Vorgänge erstrecken, Phantasien, Erinnerungen, Urteil und Planen. Die Entfremdung der eigenen Stimme vereinigt innere und äussere Gestörtheit.

Man könnte sagen, die innere Entfremdung beruhe auf dem Bewusstwerden eines sonst unbewussten Mechanismus. Die normale Gegenbesetzung der Ichgrenze hindert gleich dem Hüter einer Schwelle die Objektrepräsentanz daran, ins seelische Ich einzutreten. Wenn das Denken an ein Objekt

---

[1] Dieser Ausdruck erinnert an BLEULERS Ausdruck «dereïerendes Denken» als Charakteristikum der Schizophrenie.

schmerzhaft wird, so wird bei einem gesunden Ich die Gegenbesetzung gesteigert, um dem schmerzhaften Gedanken zu begegnen. Wenn aber die Libidobesetzung sich verringert, so wird der schmerzhafte Gedanke entfremdet. In der Norm wird, wenn die Libido von der Ichgrenze zurückgezogen wird, das Objekt vergessen und verdrängt. Die Entfremdung von Gedanken ist daher ein Zeichen erfolgloser Verdrängung und gesteigerter Bewusstheit eines Mechanismus, der sonst automatisch ist. Die Entfremdung seelischer Elemente hat somit ihre normale Entsprechung in der Verdrängung; die Depersonalisation hingegen hat kein normales Äquivalent ausser dem Schlaf. Mangelhaftigkeit des Schlafs ist darum *eine* Ursache von Depersonalisation.

Als Teil einer inneren Entfremdung findet sich häufig die Entfremdung von Affekten. Man würde eine solche Störung nicht erwarten, weil weder die James-Langesche noch die Freudsche Affekttheorie sie erklären kann. Laien und Psychologen sind gewohnt, die Affektivität der Gesamtpersönlichkeit beizulegen.

Nur meine eigene Affekttheorie versucht, eine folgerichtige Erklärung für dieses Symptom zu geben. Affekte sind Sensationen der Ichgrenzen, die einander nahe kommen. Bei jedem Affekt beeinflussen zwei Ichzustände einander oder werden voneinander beeinflusst; sowohl dem Beeinflussen als auch dem Beeinflusstwerden ist ein sensorisches Element eigen, das bewusst wird. Von inneren Ichgrenzen zu sprechen, besagt nichts weiter, als dass das Ich sich selbst nicht nur als ein unterschiedsloses Ganzes empfindet, sondern auch tausend verschiedene Gefühls-«Schattierungen» besitzend, je nachdem welcher Ichaspekt oder Ichzustand oder Ichsektor beim Beeinflussen der anderen die Oberhand gewinnt. Auch auf die Besetzungsqualität kommt es an. Affekt ist das Wort, für das im vorigen Satz bildlich «Schattierungen» gebraucht wurde. Die Qualität des Affekts hängt vom Besetzungsgemisch an den betreffenden einander zugewendeten Ichgrenzen ab. Es ist sehr natürlich, dass Libidomangel in der Besetzung einer der beiden Ichgrenzen oder beider nicht den Affekt selbst verändert, sondern nur den Eindruck, den dieser macht. Immer, wenn Affekt erlebt wird, sei es normal gefühlt, sei es als entfremdet, bleiben die Inhalte des Ichs vorbewusst; hingegen wird die sensorische Wirkung der Besetzungen, die zu gegenseitiger seelischer Beeinflussung zusammentrafen, bewusst.

Diese Theorie stimmt gut zu Freuds Aussage, dass sich am Affekt drei Teile unterscheiden lassen, zwei sensorische und ein motorischer. 1. Das Individuum empfindet die Affekt-Qualität. 2. Der Affekt wirkt auf den Körper und erregt Muskulatur und Drüsen. 3. Diese Erregungen steuern einen weiteren sensorischen Eindruck für das Individuum bei. Es leuchtet ein, dass mit einem durch die Besetzungsenergie bedingten motorischen Teile nebst einem durch die Qualifikation der Ichgrenze als sensorisches Organ bedingten sensorischen Teile zu rechnen ist. Wenn der ichpsychologische Aspekt seelischer Krankheiten akzeptiert und durchgeführt worden sein wird, wird auch an das Problem abnormer Affekte auf der Grundlage der Theorie der Ichgrenzbesetzung herangegangen werden. Die Bedeutung unbewussten Affekts wird geklärt werden, und die Gegenbesetzung durch Affekt-Dämme wird ins Problem der Besetzungsverschiebung einbezogen werden. Viele Sonderfragen werden beantwortet werden, nicht aber die allgemeine Frage, worin denn eigentlich das Wesen einer Besetzungseinheit besteht. Die Antwort wird durch die Annahme «einer leitungslosen Funktion im Zentralnervensystem [1]» nur angedeutet.

Während diese weitläufigen Probleme nur ans Licht gebracht werden, aber von einer genauen Durchsicht noch weit entfernt bleiben, kann auf klinischem Gebiet über einige weitere Beobachtungen und Resultate berichtet werden.

Bei der Erörterung der Entfremdung ergeben sich ichpsychologische Folgerungen aller Art. Eines der faszinierenden Merkmale des Ichs ist, dass es, während es *eine* Einheit ist, auch als zwei getrennte Einheiten, das Körperich und das seelische Ich, gefühlt wird. Das Körperich perzipiert, das seelische Ich apperzipiert. Bei der äusseren Entfremdung wird gefühlt, dass sowohl Perzeption als Apperzeption entfremdet sind. Mattheit und Kälte des Eindrucks gehören der entfremdeten Perzeption, die Fremdheit der entfremdeten Apperzeption zu. Der Charakter grösserer Ferne gehört beiden zu. Schon OBERNDORF betonte die perzeptive Seite der Entfremdung und kam dem Begriff der Ichgrenze nahe, indem er von der «Integrität desjenigen Teiles des Körpers, der die Reizwirkungen äusserer Reizquellen anzeigt», sprach.

Meistens wird die Störung der Perzeption schärfer gefühlt als die der Apperzeption. Die letztere jedoch nimmt so viel Konzentration für sich in Anspruch, dass die anderen Probleme des Kranken von ihm vernachlässigt werden. OBERNDORF und andere Autoren meinten daher, dass Entfremdung auf Interesselosigkeit beruhe. Wie sehr aber auch Verlust des Interesses zum Symptom beitragen mag, so ist er doch nicht die Ursache, da gleichgültige Objekte so intensiv entfremdet sein können, dass der Kranke zu weinen beginnt. Dass eine uninteressante Umgebung fremdartig geworden ist, ist

[1] FEDERN: «Die leitungslose Funktion im Zentralnervensystem: Eine Frage der Psychologie an die Physiologie», Int. Ztschr. f. Psychoanalyse, XXIII (1937), 250–274.

bestürzender als der Verlust des Interesses für eine bestimmte Person. Anderseits wieder verbleiben viele entfremdete Objekte im Bereich des Interesses. In bezug auf die Apperzeption gibt es keine bloss äussere Entfremdung. Manche Kranke geben selber an, dass nicht nur ihre gegenwärtige Perzeption, sondern auch die Erinnerung an vergangene Eindrücke sich verändert habe. Vergangene Engramme werden als zeitlich und räumlich weit entfernt gefühlt. Das Objekt wird nicht nur in seiner gegenwärtigen Erscheinung fremd, sondern auch als Gegenstand des Wiedererkennens und hinsichtlich seiner ganzen Beziehungsgeschichte. Die richtigen Tatsachen und Örtlichkeiten werden erinnert, aber ohne Lebhaftigkeit oder Wärme, alles Wissen ist unlebendig geworden.

Wenn auf diese Weise sowohl gegenwärtige Erlebnisse als auch Erinnerungen monoton werden, so verderben Gleichgültigkeit und sogar Depression die Stimmung der Kranken. Ihre Depression ist eine vom reaktiven Typus. Mithin sind sporadische und zirkumskripte Entfremdungen die ich-pathologische Seite einer Neurose. Selber eine Aktualneurose, steht dieselbe mit Übertragungsneurosen in Verbindung. Dies stimmt zum Mechanismus der Zurückziehung von Besetzung und zur Verursachung durch Versagung oder Verlust des Liebesobjekts. Manche «komplex»-bedingte Affekte können auch entfremdet gefühlt werden. Es wird «etwas» zwischen dem Affekt und der ihn empfindenden Persönlichkeit gefühlt.

Doch gibt es Fälle, bei denen die «komplex-gebundene» Entfremdung nicht die ganze Krankheit ist. Es entwickelt sich eine vollständigere Störung der Besetzungsökonomie. Hernach tritt kein Gedanke ohne eine Qualität von Ferne und Fremdheit auf, kein Affekt mehr wird als warm oder echt gefühlt. Zu seiner eigenen Verwunderung fühlt sich das Individuum sich selber fremd, und selbst seine vornehmsten Ichreaktionen, Liebe und Hass, Scham und Stolz, sind entfremdet. Solch intensive innere Entfremdung gehört nosologisch und klinisch nicht zur Neurosengruppe, sondern zur Gruppe der depressiven Psychose.

Die Depersonalisation, als Auseinanderreissung der Besetzungseinheit des Ichs, gehört sowohl nosologisch als auch klinisch zur Gruppe der schizophrenen Psychose.

Glücklicherweise ist es nicht so, dass jede intensive Entfremdung zu Melancholie oder jede Depersonalisation zu Schizophrenie führt. Alle Formen beider Störungen können als eigentliche Ichkrankheiten auftreten und können aufhören, ohne zu einer voll entwickelten Neurose oder Psychose zu führen. Anderseits können die verschiedenen Formen sich vermischen oder einander folgen.

Ungelöste nosologische Probleme sind:

1. Zu entdecken, ob Mangelhaftigkeiten in der Ichbesetzung auf Mangel an Zufuhr oder auf Zurückziehung beruhen.

2. Welche Komponenten der Besetzung betroffen sind und warum eine bestimmte mangelt oder gesteigert ist.

3. Welche seelischen Funktionen am meisten gestört sind und warum.

4. Ob ein abnormer Komplex die Lokalisierung einer Störung bestimmt hat.

5. Ob die Ichgrenze oder die Icheinheit betroffen ist und warum.

Diese Aufzählung tut dar, dass unser Wissen in spezieller Ichpsychologie und Ichpathologie sich noch immer in einem Frühzustand befindet. Doch lassen sich im allgemeinen Symptome, Störungen und Besetzungsschicksale auf der Grundlage der Icheinheit, der Ichgrenzen und ihrer Besetzungen besser einander zuordnen.

Wegen unvollständiger nosologischer und ätiologischer Daten wissen wir wenig über den Ablauf der Fälle, sei es mit, sei es ohne Therapie.

Beide Störungen können symptomatisch oder aber richtige Krankheiten sein. Als Symptome begleiten sie eine Neurose und enthalten eine Mahnung, während man analysiert, auf den Zustand der Ichbesetzung Rücksicht zu nehmen. Als Krankheit können sie zu Schizophrenie führen und die therapeutischen Probleme dieser Psychose darbieten, welche von mir in früheren Arbeiten besprochen worden ist.

Manche – oder vielleicht viele – Psychiater sind gleich mit der Diagnose «Schizophrenie» bei der Hand, wenn irgendeine Wahnvorstellung oder irgendein depersonalisierter Zustand beobachtet oder anamnestisch berichtet wird. Andere Psychiater sind vorsichtig genug, erst nach wiederholten Wahnvorstellungen oder anhaltender Depersonalisation eine so schwerwiegende Entscheidung zu treffen. Sie gehen sodann mit Elektroschockbehandlung vor und berichten über ausgezeichnete Erfolge. Doch sind diese Erfolge statistische, nicht therapeutische. Die meisten dieser Fälle hätten bei jeder anderen Behandlung ihre seelische Gesundheit wiedererlangt, sogar ohne jede Behandlung.

Bei diesen Krankheiten ist die Therapie grossenteils eine Angelegenheit seelischer und körperlicher Hygiene des Körperichs und des seelischen Ichs. Da Ermüdung und Erschöpfung ätiologische Faktoren sind, so muss der Kranke durch Ruhen und durch mässige Arbeit die mangelnde Besetzungszufuhr wiederherstellen helfen. Doch wäre es falsch, auf verlängerte Bettruhe zu dringen; das Ich erholt sich nicht notwendigerweise dann, wenn der Körper ruht. Ferner werden durch Verrichtung von Arbeit sowohl Zufuhr als Zuwendung von Ichbesetzung angeregt. Es ist daher eine Vorschrift, welche die Praxis uns gelehrt hat, den Kranken zu Tätigkeit anzuregen, aber alle Ermüdung zu verhüten. Jede Abweichung von dieser Vorschrift wird mit sofortigem Verlust der in langen Tagen oder Wochen gewonnenen Besserung gebüsst.

Ob Dauerschlaf dem Ich Gelegenheit gibt, seine Besetzungsreserven wiederzuerlangen, entzieht sich meiner Kenntnis. Doch muss der *Schlaf* – «der zweite Gang im Gastmahl der Natur» – auf alle Fälle geschützt werden. Sind Sedativa nötig, so ist es eine alte Vorschrift, sie in absteigender, nicht ansteigender, Dosierung zu geben. Nächte ohne das gleiche oder ein verwandtes chemisches Präparat haben regelmässig eingeschoben zu werden.

Die dritte praktische Vorschrift ist, übertriebene Sexualtätigkeit und insbesondere übertriebene Masturbation zu vermeiden.

Der letztgenannte Punkt führt uns zu einem wichtigen ätiologischen Faktor. Sowohl bei der Hebephrenie und der Schizophrenie als auch bei der Depersonalisation spielen die Sexualhormon-Ökonomie und Sexualtätigkeit eine dominierende Rolle. Bei der Depersonalisation läuft neben dieser Rolle der verheerende Einfluss langer Angstzustände einher. Beide Faktoren hängen miteinander zusammen bei Fällen mit exorbitanten sexuellen Phantasien, namentlich solchen sadomasochistischer Natur, ohne die Erleichterung und die Pausen, welche die vollständige Sexualität darbietet. Bei diesen Fällen wird ihr sexueller Masochismus nur durch Erschöpfung beendet. Um solche Gewohnheiten zu bessern, bedarf es der eifrigen und hingebenden Arbeit und des Verständnisses des seelischen Hygienikers. Jede Strenge und noch mehr jede Drohung würde die ganze Bemühung zuschanden machen.

Positive Übertragung auf den Helfer und die Familie sind Haupterfordernisse.

Auf der Grundlage unseres gegenwärtigen Wissens ist das diagnostische und prognostische Trennen sehr schwierig. Der einzige Weg ist, FREUDS Rat befolgend, eine Probe-Psychoanalyse vorzunehmen. Heutzutage ist dieser meistens ungangbar, weil weder in Spitälern noch in der Privatpraxis genug Psychoanalytiker zur Verfügung stehen. Als ein Ersatzmittel wird der Rorschach-Test gebraucht und leistet für diagnostische und prognostische Zwecke gute Dienste. Der Gebrauch des Rorschach ist jedoch bedenklich, weil er von einem ehrgeizigen Psychologen auf eine rücksichtslos energische und sogar sadistische Art durchgeführt werden kann. Es wurde von mir beobachtet, dass ein solches Testen, ebenso wie das die typische Anwendung der Psychoanalyse tut, den Ausbruch einer latenten Schizophrenie provozierte. Aus allen diesen Gründen sollten als Mittel zur Diagnose Psychoanalyse und Rorschach den Psychiatern vorbehalten bleiben. Zum Zwecke der Therapie, Ausbildung und Erziehung werden noch viel mehr Ärzte und qualifizierte Laien benötigt. Es sollten daher Geistliche, Lehrer, Fürsorger, Anwälte und Psychologen zu Psychoanalytikern ausgebildet werden, wie FREUD vor zwanzig Jahren riet.

XIV. KAPITEL

DAS MANISCH-DEPRESSIVE IRRESEIN [1]

I. *Reaktionen auf seelischen Schmerz*

Das manisch-depressive Irresein scheint sich dadurch von allen anderen Formen der Psychose zu unterscheiden, dass es primär eine Krankheit der Schmerz- und Lust-Ökonomie ist. Jede Versagung, die der Befriedigung eines wichtigen Begehrens entzieht und bis zum Verlust eines Liebesobjekts gehen kann, macht einen Gesunden traurig. Ich werde nachweisen, dass schon die elementaren Mechanismen, die dem Beginn des Erlebens von Traurigkeit im Leben des Kindes zugrunde liegen, in zwei Richtungen abweichen können, deren eine auf den manischen, deren andere auf den melancholischen Gemütszustand hinführt. Wir müssen also unsere Erklärung bei der Traurigkeit als affektiver Reaktion auf schmerzende Versagung anfangen lassen.

Die erste und direkte Wirkung jeder Versagung ist seelischer Schmerz; im Kindesalter begleitet diesen immer eine allgemeine affektive Ichreaktion, durch die das Ich ein leichtes oder schweres Unglücksgefühl durchmacht; in späteren Jahren lernt das Ich den Schmerz als solchen ohne jede allgemeine Reaktion ertragen. Eine unfrohe affektive Ichreaktion, die längere Zeit vorwaltet, wird Verstimmung oder sogar Trübsinn genannt, falls sie das ganze Ich umfasst und das Individuum fühlt, dass es traurig ist; wird sie hingegen nur von einem Teile, einem Sektor des Ichs gefühlt, so sprechen wir von Kummer [2]; sowohl Verstimmung als auch Kummer halten im Kindesalter normalerweise nicht lange an. Im späteren Leben sind die allgemeinen Ich-

---

[1] Eine unfertige, für ein Buch bestimmte Arbeit aus dem Nachlass. Die Übersetzung folgt, mit einigen Kürzungen – unter Berücksichtigung der englischen Ausgabe – der Originalfassung des Autors.

[2] Ist ein Teil des Ichs noch imstande, über das Leid nachzudenken und andere Leistungen zu vollbringen, so ist nur ein Sektor des Ichs mit der unfrohen Reaktion beschäftigt, ohne Rücksicht auf ihre Intensität. Der Ausdruck «Verstimmung» (was leider daneben auch «Verdrossenheit» bedeuten kann) ist so aufzufassen, dass er nicht eine geringere Intensität der Reaktion anzeigt, sondern ihre Allgemeinheit, so dass der Leidende nicht einmal imstande ist, über seinen Kummer nachzudenken. – E.W.

reaktionen von längerer Dauer; dies ist eines der auffallenden Merkmale des Reifgewordenseins.

FREUDS Lust-Unlust-Prinzip ist die Formel für die bekannte Tatsache, dass jedermann seelischen Schmerz loszuwerden sucht, geradeso wie jedermann körperlichen Schmerz loszuwerden sucht. Dem Lust-Unlust-Prinzip folgend reagiert der psychische Apparat primär so, dass der Schmerz vermindert und die Lust vermehrt wird. Das Mittel, um nach einer Versagung dem Lust-Unlust-Prinzip zu folgen, ist, die Libido von dem Objekte, das durch die Versagung schmerzend geworden war, auf ein neues zu verschieben, oder aber, sich in Gedanken mit vertrauten Objekten zu beschäftigen, die als angenehm bekannt sind – entweder in Wirklichkeit oder in der Phantasie. So zu reagieren wird Selbst-tröstung und Selbst-trost genannt. Beide Arten sind psychodynamisch identisch, denn in bezug auf den ökonomischen Ausgleich macht es keinen Unterschied, ob die Libido-Zuwendung auf ein neues Objekt gerichtet oder die Libido eines alten vermehrt wird.

Zwischen dem seelischen Schmerz und seinen Kompensationen besteht ein sehr genaues ökonomisches Verhältnis. Es gibt Fälle, wo sich die positive Wirkung mittels einer verhältnismässig kleinen Freude erzielen lässt, weil das erfreuende Objekt dem Individuum sehr wichtig war, das heisst, weil das ganze Ich oder viel vom Ich sich für das Objekt interessiert. Interessiert sich hingegen nur ein kleiner Sektor des Ichs, so hat die Freude selber grösser zu sein.

Wir übersehen häufig, dass jede Art von Kompensation seelischen Schmerzes normalerweise nicht sofort beginnen darf, sondern erst nachdem der Schmerz eine Zeitlang ausgehalten worden ist [1]. Wird diese Vorschrift nicht befolgt, so kann der Betreffende süchtig oder stumpf werden. Das Ausmass des jeweils dem Verluste «gebührenden» Schmerzes variiert individuell sowohl in bezug auf die Dauer als auch in bezug auf die Intensität. Ein Objekt, das überhaupt keinen Kummer und Schmerz verdient, wenn es verloren wird, war gar nicht wert, geliebt oder besessen zu werden. Wer schrankenlos dem Lust-Unlust-Prinzip gehorchen will, verzichtet daher auf jede wirklich beglückende Objektbeziehung. Dies ist die Psychologie der «Korruption infolge andauernden Amüsements», durch «*panis et circenses*» sowohl für die Massen als auch für das Individuum.

Die unbeherrschte Tendenz, seelischen Schmerz auszuschliessen, hat somit schädliche und sogar katastrophale Folgen. Der Beginn aller seelischen Krankhaftigkeit ist Feigheit gegenüber seelischem Schmerz und Angst vor

---

[1] Ein alter mystischer Dichter sagte: Wollt' ich dem Leid entrinnen, wie sollt' ich Lust gewinnen? Gott lenkt durch Lust und Leid die Welt in Ewigkeit.

solchem. Ein leichter Ausweg ist, sich sofort einem anderen Objekte zuzuwenden. Ein gefährlicherer Weg ist, die Wirklichkeit durch die Phantasie zu ersetzen. Dies wird noch schädlicher, wenn die Phantasien so beschaffen sind, dass sie hauptsächlich den Narzissmus befriedigen. Wer seelisch gesund bleiben will, soll ein gut Teil des Schmerzes der Versagung oder der durch den Verlust eines Objektes hervorgerufenen Verzweiflung ertragen, bevor er den Verlust zu kompensieren und den Schmerz zu bemeistern beginnt.

Wie wir schon sagten, sind der manische und der melancholische Zustand zwei einander entgegengesetzte Gestaltungen des Reagierens auf Versagung. Schon in der Art, wie das Kind reagiert, deuten sich die Endzustände an. Es wird vom Umfang der affektiven Beanspruchung, der das Individuum sein Leben hindurch ausgesetzt sein wird, abhängen, ob es krank sein oder ob bloss die Reaktionsweise beeinflusst werden wird. Wie dem auch sei, das Kind, dem sofort ein neues Objekt oder eine Phantasie einfällt, reagiert auf dieselbe Art, wie es später im entwickelten manischen Zustand reagieren wird. Um der aufsteigenden Erinnerung auszuweichen, um jeder Möglichkeit, ihr nahezukommen, auszuweichen, geht der manische Mechanismus von einer Idee auf die andere, von einem Objekt auf das nächste über; das Interesse haftet an jedem dieser vorgestellten Objekte oder Ideen nur so lange, als sie erfreuen und Erfolg versprechen. Das Kind tut dies, um seelischen Schmerz zu vermeiden, ohne jede Schwierigkeit, weil es weder Kritik noch Objektivität besitzt. Bei entwickelten manischen Fällen enthält die erfreuende Ideenbildung gewöhnlich einiges objektives Planen. Diesem fehlt jedoch genau so wie im Kindesalter Kritik und wahre Objektivität. Immer, wenn das kritische Urteil, sei es das des Individuums, sei es das anderer, sich einzumischen sucht, können wir beobachten, dass die Besetzung der Idee so stark ist, dass sich diese über jede Kritik hinwegsetzt. Sobald es aber irgendeinen Zweifel oder Schwierigkeit gibt, und besonders, sobald irgendeine Verknüpfung mit der verdrängten, aufsteigenden Versagung unausweichlich ist, wird die ganze Kette von Gedanken und Plänen sogleich verlassen, und eine andere stellt sich ein; manchmal ist diese schwer zu finden – in einem solchen Falle werden sogleich interkurrente Angst und Unruhe gefühlt.

Diese Beschreibung zeigt wohl, dass Unfähigkeit, Versagung zu ertragen, ebenso für den manischen Zustand charakteristisch ist, wie sie es für den ersten Anfang gewesen war, als jede schmerzende Idee rasch verlassen wurde.

Bisnun beschäftigten wir uns mit denjenigen Individuen, die von den normalen Wegen, sich mit Versagung auseinanderzusetzen, dadurch abgehen, dass sie zu rasch Trost suchen. Nun kommen wir auf die anderen zurück, die es dadurch tun, dass sie überhaupt nicht fähig sind, einen Trost zu suchen. Ihre Verdrängung ist ungenügend, ihre Verleugnung und Verneinung setzen sich nicht durch, ihre phobischen Mechanismen helfen nicht genug gegen ihr Verweilen bei dem erlebten seelischen Schmerz. Auf diese Art reagierende Kinder zeigen in geringen Graden schon das für die Melancholie Wesentliche. Vorbeugung der Melancholie dürfte bei diesen Frühstadien anzufangen haben, indem man dem Kinde hilft, trübe Stimmungen zu überwinden. Die inneren Gründe, warum ein Kind zu solchen Zwerg-Melancholien neigt, sind: 1. Zu viel Narzissmus. 2. Fehlen starker lustvoller Objektbeziehungen. 3. Unfähigkeit, sich rasch und intensiv mit einer anderen Person zu identifizieren.

Typische Kränkungen der Umwelt verletzen diese Kinder mehr als normale. Durch Kumulation vorübergehender trüber Stimmungen kann sich eine gewohnheitsmässige Traurigkeit entwickeln, und eine strukturelle Melancholie ist die Folge.

Wie viele Fälle auf der Heredität, wie viele auf der gewohnheitsmässigen Reaktionsweise und wie viele auf beiden beruhen, lässt sich schwer bestimmen. Dass bei schweren Fällen die Heredität eine Rolle spielt, ist durch die Familienforschung bewiesen worden. Wir wissen allerdings nicht, welche die hereditären Elemente sind; es ist anzunehmen, dass die Disposition zur Melancholie sich vererbt, die manische Reaktion hingegen eine sekundäre Folge ist. Der zyklothyme Wechsel von heiterer und gedrückter Stimmung ist ein bekannter hereditärer Phänotypus. Da Fähigkeit und Unfähigkeit seelischen Schmerz auszuhalten von biochemischen Prozessen im Zentralnervensystem, wahrscheinlich auch von quantitativen Unterschieden der Zellen abhängt, dürfte schon bei der Frage, warum das Individuum eine grundsätzlich abnorme Reaktion auf seelischen Schmerz darbietet, die Heredität eine Rolle spielen. Zwischen unserem Glauben an den Erfolg der Psychoanalyse bei schweren Fällen immer wiederkehrender manisch-melancholischer Zustände und unserem Glauben an die Wichtigkeit der hereditären Faktoren besteht kein Widerspruch. Die Heredität determiniert die Krankheit nicht absolut, die Beanspruchung durch die eintretenden Kränkungen scheint der provozierende Faktor zu sein. Die alten astrologie-gläubigen Fatalisten pflegten zu sagen: *Stellae ducunt, non trahunt* (Die Sterne führen uns, aber ziehen uns nicht). Dasselbe gilt von der Heredität, dieser naturwissenschaftlichen Grundlage des modernen Fatalismus.

Der leichteste Weg, jedem Schmerzzustand auszuweichen, ist rasche Verdrängung; ein schwierigerer Weg ist, denjenigen Teil des Ichs, der sich noch für das Objekt interessiert, abzuspalten. Dieser Prozess der Spaltung des Ichs führt zur Skotomisation [1]. Skotomisation bedeutet, vom gesamten Sektor der Welt, dem ein frustrierendes Objekt zugehört, nichts zu merken. Dies geschieht unbewusst; in bezug auf das Objekt selbst ist Verleugnung die Folge. Verdrängung und Verleugnung sind Mittel, die vernünftige und völlig normale Reaktion auf Versagung zu vermeiden; fortgesetztes Interesse oder Verneinung sind die bewussten und vernünftigen Reaktionen. Verneinung ist der freiwillige Entschluss, sich jeder weiteren Zuwendung von Libido an das verneinte Objekt zu enthalten, bei voller Klarheit sowohl über das Objekt als auch über die Versagung.

Diese drei negativen Reaktionsweisen: Verdrängung, Verleugnung, Verneinung, muss jedermann nach Möglichkeit auf das einzelne frustrierte Begehren und dessen spezielles Objekt beschränken lernen. Derart eingeschränkt, sind alle drei Reaktionen normal und von Nutzen. Sie ersparen dem Individuum langen Schmerz, aber erlauben ihm, ohne Angst vor abermaliger Libidozuwendung und ohne Widerstand gegen eine solche anderen ähnlichen Objekten zu begegnen. Das Individuum behält den Mut, die Erfüllung seiner Begehrungen erhoffend, Versagung zu riskieren.

Verneinung bedeutet «Nein sagen». Das versagte Objekt wird also als etwas Unerwünschtes bezeichnet, aber wird anerkannt und nicht verleugnet. Wer imstande ist, auf eine Versagung mit Verneinung zu reagieren, gelangt auf diesem Wege zu grösserer Erfahrung in der Bewältigung der Wirklichkeit des Lebens. Er erinnert sich noch der vergangenen Versagung, wobei er sich nach ihren Gründen fragt, ob sie durch seine eigene Schuld oder durch Eigenschaften des Objekts verursacht wurde. Auf diese Weise wird jede Versagung eine Warnung, nicht so zuversichtlich wie zuerst zu sein, und lehrt den Gefahren neuer Versagungen besser zu begegnen: HORAZ nennt dies das «bene praeparatum pectus», das gut vorbereitete Herz. Wenn Versagung sich so auswirkt, besteht keine Kluft zwischen Lust-Unlust- und Realitäts-Prinzip. Das erste wurde Diener des zweiten.

Verleugnung einer Versagung ist weniger adäquat als Verneinung. Die Versagung zuzugeben und seinem Begehren durch Verneinung zu entsagen, ist die objektive, mutige und zielbewusste Haltung. Die Versagung zu verleugnen, führt zur Verleugnung des Objekts selbst und auch vieler ähnlicher Objekte. Durch Verleugnen wurde also keine Erfahrung gewonnen und entsteht eine Art Idiosynkrasie gegen den das Objekt enthaltenden Sektor der Welt. Als ein Abwehrmechanismus des Ichs ist Verleugnung wirksamer

---

[1] Dieser Ausdruck wurde in die psychoanalytische Literatur von LAFORGUE eingeführt und von FREUD akzeptiert. Doch hatte schon zwanzig Jahre früher STEKEL vom «seelischen Skotom» des Analytikers für diejenigen Konflikte und Komplexe des Patienten gesprochen, an denen er selbst litt.

als Verneinung. Aber das Individuum opfert dabei Objektivität und Wissen, um Gemütsruhe zu gewinnen. Eine Menge Individuen ist schnell bereit, so zu reagieren. Das Streben nach Objektivität, besonders wo die eigene Libido mit im Spiel ist, ist selten und heroisch.

Immerhin gibt es viele Menschen, die ungern Wissen für Ruhe opfern, und das Opfern des Wissens zeigt an, dass das Ausmass des Schmerzes durch die Versagung allzu gross war; also ist vom ökonomischen Standpunkte des Lust-Unlust-Prinzips aus gesehen die Verleugnung oder Skotomisation doch noch ein sehr zweckmässiger Mechanismus.

Dasselbe gilt von der Verdrängung. Erfolgreiche Verdrängung schützt das Individuum noch besser als Verleugnung vor den Wirkungen der Versagung. Verdrängung behindert zwar mehr als Verleugnung sowohl die objektive Beobachtung als auch das rationale Denken, sie wird aber nicht als Störung empfunden. Sie wird mit weniger Gegenbesetzung aufrechterhalten als die Verleugnung und macht daher weniger Mühe [1].

Wir tun gut daran, die positiven Seiten dieser Abwehrmechanismen zu sehen, weil die Psychoanalyse uns dazu anhält, die krankhafte Seite von Verdrängung und Verleugnung hervorzuheben. Es ist normal, den neuen Tag zu beginnen, indem man die Versagungen des vergangenen soweit vergessen hat, als der gesunde Menschenverstand und wichtige Objektbeziehungen dies gestatten. Jeder Nachtschlaf soll die Schmerzen des vorangegangenen Tages auslöschen, und jeder Morgen soll das Ich frei von der Bürde des vergangenen Tages wiedererwecken. In der Norm, d. h. in normalen Zeiten des Lebens eines seelisch gesunden Individuums, bedeutet der Nachtschlaf erfolgreiche Verdrängung des Schmerzes aller passageren Versagungen, wobei jedoch Versagung als nicht passager akzeptiert zu werden hat, solange die Fortsetzung des Strebens nach Erfüllung von der Wirklichkeit gerechtfertigt und vom Überich gestattet wird. Wenn der Schlaf diese Funktion nicht erfüllt und aller Schmerz der Versagung bestehen bleibt, so häuft er sich an; dies ist der erste Keim von Traurigkeit und Trauern [2].

---

[1] Es mag gut sein, den Unterschied zwischen Verleugnung und Verdrängung anzumerken. Verdrängung ist der tiefer gehende Prozess; das verdrängte Material wird in das System Ubw, ins Es verwiesen. Verleugnung dagegen ist das Nichtmerken eines Gebietes, das dem Vorbewussten angehört, seitens eines Teiles des Ichs; Skotomisation ist ein blinder Fleck in der Netzhaut, und die Netzhaut ist Ich-Bereich. Verleugnung ist meines Erachtens eine Vogel-Strauss-Politik – «Ich will nicht sehen». Verneinung ist eine normale Haltung, wenn jemand sich mit zureichender Begründung entschliesst, einem Objekt keine Libido zuzuwenden. – E. W.

[2] ANNA FREUD hat das Einschränken der Ichbetätigung als einen Abwehrmechanismus beschrieben. Wir möchten dazu bemerken, dass es keine vereinzelte Reaktion ist; jedesmal, wenn auf die Versagung mit einer der drei normalen Reaktionen reagiert wird, setzt dies bis zu einem gewissen Grade Teile der Ichbetätigung ausser Aktion; auf diese Weise führt eine Häufung normaler Versagungen zu einer starken Einschränkung der Ichbetätigung.

Bisnun besprachen wir die Reaktion auf seelischen Schmerz bei normalen Menschen. Wir sind noch nicht an unser Thema der Neurose oder Psychose herangekommen. Dieses beginnt, wenn wir uns der Reaktion auf die bei der Versagung mithineinspielende Angst, nicht nur den Schmerz, zuwenden. Es ist ohne Belang, ob das Individuum Angst hat, weil es zur Zeit der Versagung bereits neurotisch war, oder ob die Angst durch die Schwächung sexueller Triebe infolge der Versagung hervorgebracht wird; in jedem Falle steigert Angst irrational alle Reaktionen und macht, dass sie alles Mass überschreiten, wobei die den Anstoss gebende Versagung sogar verdrängt werden und ihre Wichtigkeit verlieren kann.

Phobische Mechanismen setzen ein, und alle Assoziationen mit dem Objekt werden gefürchtet und daher gehemmt oder ausgeschaltet. Die Gegenbesetzung grosser Tätigkeitsbereiche wird gesteigert, um alles, was mit dem frustrierenden Objekte in Zusammenhang steht, am Wiedererscheinen zu hindern.

Im Falle der Skotomisation werden ausgedehnte Sektoren der Welt, welche das frustrierende Objekt enthalten, nicht mehr anerkannt. War bei der Versagung Angst mit im Spiel, so sind die Prozesse der Verleugnung und der Verdrängung damit, dass das Objekt selbst ausgeschaltet wird, nicht zu Ende; Libidobesetzungen werden weiter abgezogen, bis alle Erinnerungen verdrängt sind, die mit dem Objekte in Zusammenhang stehen oder standen; ferner tilgt die Verdrängung die Zeitspanne des Lebens, in der die Versagung stattgefunden hatte, sogar einschliesslich eines grossen Teiles des Zeitraums vor jenem Ereignis. Es ist selbstverständlich, dass solche Folgeerscheinungen je nach der Grösse des Konflikts und dem Masse des von der Versagung erzeugten angsterfüllten Schmerzes weiter um sich greifen. In der Kindheit kann wiederholte Frustrierung eine Schwächung oder sogar den Verlust aller Objektlibido oder das Aufhören ganzer Sexualitätskomponenten zur Folge haben. Infolge intensiver Triebfrustrierungen wird der ganze Charakter verändert und hört die sexuelle Entwicklung auf. Sie kann später nochmals anfangen, durch Identifizierung oder beim Eintritt reiferer Sexualitätskomponenten.

Wenn keine solche Reparatur erfolgt, spontan oder durch helfende Umgebung oder durch Psychoanalyse, so besteht zeitlebens Kälte und Stumpfheit in allen Objektbeziehungen. Eitelkeit und Interesse für Geld sind die einzigen Bewertungsmaßstäbe. Die Sexualität ist von der Persönlichkeit getrennt, und es wird keine Libido auf andere Ziele verschoben. Häufig werden solche Individuen wegen ihres Mangels an Feinfühligkeit und Anteilnahme Schizoide genannt. Doch kommt ihnen dieser Name nicht zu, da ihre Mangelhaftigkeit mehr auf äusserer Frustrierung als auf Heredität beruht.

Die Verdrängung gehört ebensowohl der normalen wie der abnormen Entwicklung an. Für den Unterschied zwischen seelischer Gesundheit und Krankheit kommt es hauptsächlich darauf an, ob die Verdrängung in der Kindheit erfolgreich gewesen war oder nicht. Die Verdrängung ist gut gelungen, wenn mit dem verdrängten Material auch die affektive Reaktion, namentlich die Angst, aus dem Bewusstsein entfernt ist. Je normaler der Erwachsene ist, desto weniger fährt er fort, kindische Ängste zu haben. Auch seine Kinderneurosen werden vollkommen verdrängt. Erfolglose Verdrängung führt zur Neurose, die auf der Unfähigkeit, die Angst entweder zu überwinden oder zu verdrängen, beruht. Auf diesem Wege gelangen wir zum Schlusse, dass je mehr Verdrängungen auf Angst beruhen, desto mehr der Boden für die Neurose vorbereitet wird; je mehr Verdrängungen auf seelischem Schmerz allein beruhen, desto normaler bleibt das Individuum.

Es fragt sich nun noch, welche Art von Verdrängungen die Psychose vorbereiten. Könnten wir eine Antwort auf diese Frage finden, so würde uns dies auch die Kenntnis einer charakteristischen Störung vermitteln, die allen präpsychotischen Stadien gemeinsam ist, wobei wir die von Kretschmer vorgeschlagene feinere Differenzierung zwischen Psychose, Präpsychose und präpsychotischer Persönlichkeit akzeptieren.

Psychosen werden allgemein für viel schwerere und tiefer gehende seelische Zerrüttungen gehalten als Neurosen. Es läge also nahe, zu glauben, dass die Psychose auf grössere Quantitäten von seelischem Schmerz und Angst zurückzuführen sei als die Neurose. Wird doch in den Psychosen selber der höchste Grad seelischen Schmerzes manifest; was die Angst anlangt, so ist es ungewiss, ob sie bei gelegentlichen Delirien und schweren Phobien oder bei psychotischen Zuständen grösser ist. Doch ist dies nicht die richtige Art, das Problem zu lösen: nicht die Endzustände können uns die wesentlichen Unterschiede enthüllen, sondern die Anfangszustände. Im allgemeinen haben wir den Eindruck, dass das präneurotische Individuum weniger gestört ist als das präpsychotische. Es ist unmöglich, den Grad von Schmerz und Angst bei verschiedenen Individuen miteinander zu vergleichen. Individuen, die ihre eigenen neurotischen und psychotischen Erfahrungen miteinander vergleichen können, sagen uns häufig, dass der psychotische Zustand sie tatsächlich sowohl vom seelischen Schmerz als auch von der Angst befreite, die sie während einer präpsychotischen Neurose erlebt hatten.

Ebensowenig ist es zulässig, aus einem Unterschied in der entwickelten Krankheit auf einen analogen Unterschied in den Ursachen zu schliessen. Wir lassen daher die Idee fallen, dass es dafür, ob das Individuum psychotisch oder neurotisch wird, auf einen quantitativen Unterschied in dem seelischen Schmerz und der Angst ankomme, die das Individuum vor der Krankheit zu erdulden hat.

Die beiden ungeeigneten Reaktionen treten als schnelles Geneigtsein zur Selbst-Tröstung seinerseits, zur Selbst-Hingabe an das Fühlen von Schmerz andererseits auf. Sie scheinen einander entgegengesetzt, die erste scheint dem Lust-Unlust-Prinzip zu sehr zu folgen und die andere zu wenig. Doch sind die beiden gegensätzlichen Abweichungen in ihrer tiefsten Quelle der Motivation identisch. Es ist schwierig, sich diese Tatsache zu vergegenwärtigen, weil das Individuum selber seine tiefste affektive Haltung ignoriert und nur die gegensätzlichen manifesten Folgeerscheinungen intensiv fühlt. Ich selbst wurde auf die verborgene affektive Haltung durch gründliche Beobachtung manisch-depressiver Patienten aufmerksam, deren Erkrankung sie nicht daran hinderte, ihre Lebensweise fortzusetzen, die aber krank genug waren, um intensive Reaktionen auf Schmerz infolge von Versagung zu zeigen. Bei solchen Kranken können wir die Reaktionen vergleichen, die von gleichen Geschehnissen in den melancholischen, den manischen und den dazwischenliegenden normalen Perioden verursacht werden. Ein Patient erlebte wiederholt dieselbe Art von Aggression von seiten derselben Person, welche entweder zu bestrafen oder zu vermeiden für ihn nicht in Betracht kam. In der manischen Phase ging dieser Patient durch phantasierte Pläne hindurch, sich mit jener Person in einen Kampf einzulassen, wandte aber rasch sein Interesse angenehmeren Beschäftigungen und Themen zu. In der melancholischen Phase beschäftigte er sich in Gedanken andauernd mit jener Person und kehrte zu dieser Denkbeschäftigung zurück, sooft er irgendwelche freie Zeit hatte. Er wurde in seiner Arbeit und in allem seinem Denken durch dieses wiederkehrende Objekt gestört. Seine anscheinend eigensinnigen und stereotypen Berichte waren mir so langweilig, wie sie es für jeden anderen gewesen wären, bis ich den spezifischen Mangel der Reaktion dieses Kranken erkannte, aus dem sich dieses unnütze Wiederholen erklärte: solche Menschen vergegenwärtigen sich niemals wirklich (im vollen Sinne des Wortes) den Schmerz, der ihnen zugefügt wurde; sie *akzeptierten* nie ihr Leiden.

Was bedeutet Akzeptierung von Schmerz?

Es besteht ein kleiner, aber sehr wichtiger, Unterschied zwischen «an einem Schmerze leiden» und bloss «einen Schmerz fühlen». Leiden bedeutet das Erlebnis des seelischen Schmerzes direkt in den Ichgrenzen selbst, sei es nun, dass der Schmerz durch das schmerzende Geschehnis oder Objekt selbst, sei es, dass er nur durch irgendein Erinnertwerden der Objektrepräsentanz und ihr Bewusst-Sein verursacht wird. Dadurch, dass das Ich den

Schmerz einmal in den Ichgrenzen gelitten hat, ist ihm die volle Intensität des Geschehnisses gegenwärtig geworden.

Durch die Akzeptierung wird die Wirklichkeitsvorstellung verändert; wir erwarten nicht mehr, dass diese Objekte schmerzlos sein werden, sind über die Versagung nicht länger überrascht; wir haben gelernt, sie zu erwarten, so wie sie ist. Wenn die Idee das nächstemal wiederkehrt, wird daher der Schmerz in geringerem Grade gefühlt. Dies ist der elementarste primäre Schritt, um mittels *normalen* Kummers der Versagung und mittels *normaler* Trauer dem Verluste eines Objekts zu begegnen. Die Akzeptierung des Schmerzes ist der Tribut, den wir für unsere Wiederherstellung an die Normalität zu entrichten haben, welche weniger glücklich, dafür aber weniger der Traurigkeit unterworfen ist.

Der Melancholische tut das nicht. Er fühlt das schmerz-zufügende Objekt als etwas der Ichgrenze nur von aussen her Schmerz Zufügendes. Er kann den dem Ich zugefügten Schmerz narzisstisch leiden, aber er leidet nicht direkt in seiner Ichgrenze, wie es der Normale tut. Jedesmal daher, wenn das Geschehnis oder die Erinnerung an das Geschehnis wiederkehrt, wird es von der unveränderten Ichgrenze in derselben Intensität gefühlt wie das erstemal [1].

Ohne jemals zu lernen, seine Erwartungen der erwarteten Wirklichkeit anzupassen, reagiert ein solches Individuum mit Zorn und Aggression, nicht mit dem einfachen Leiden von Schmerz. Durch den aggressiven Zorn wird der Gedanke an das schmerzende Geschehnis oder die schmerz-zufügende Person immer wieder wachgerufen, und der Schmerz wird niemals absorbiert und niemals isoliert. Die Wiederkehr desselben Schmerzes aus derselben Quelle mit voller Intensität häuft sich zu immer schmerzhafterem Affekt an. Auf diese Weise entwickelt sich aus dem einfachen primären Nicht-Akzeptieren des Leidens am Schmerze ein *circulus vitiosus:* volle Melancholie ist die Folge solcher sinnlosen Anhäufung seelischen Schmerzes – und die Melancholie erzeugt mehr Anhäufung seelischen Schmerzes. Warum solche Melancholien abklingen können, ist rätselhafter als warum sie bestehen bleiben. Es liegt nahe, anzunehmen, dass in diesem Zustand von Melancholie das Leiden von Schmerz, das vom Individuum von Beginn seiner Entwicklung an nicht willig akzeptiert worden war, dem Ich aufgezwungen wird. Auf diese Weise wird das Ich fähig, die Einstellung zu schmerzenden Ideen zu ändern, dieselben zu akzeptieren und sie zu endigen. Das Akzeptieren wird

---

[1] Innerhalb des Ichs kann der Schmerz gleichsam in diesem inneren Organ verdaut und assimiliert werden. Ewiger Kummer wird dadurch verursacht, dass das Ich diese «Verdauung» nicht ausführt, das heisst, nicht die Trauerarbeit unternimmt. – E. W.

dadurch erleichtert, dass durchs Leiden der Mensch wieder lustvolle Erlebnisse geniessen lernt. Das scheint paradox, ist aber wahr. Gewöhnlich endet der obenerwähnte *circulus vitiosus* auf die Weise, dass der andauernde seelische Schmerz Apathie erzeugt und diese die aggressive Reaktion ausschliesst, welche vorher die Wiederkehr derselben schmerzenden Gedanken hervorgerufen hatte. Diese Apathie ist auch schon als Endstadium der Verstimmung des zornigen Kindes zu beobachten, die der Vorläufer der Melancholie des Erwachsenen ist.

Die beschriebenen Grundelemente der krankhaften Traurigkeit und der Melancholie können von jedem, der mit Selbstbeobachtung vertraut ist, nachgeprüft werden. Jedermann kann bei seiner unvermeidlichen Reaktion auf schmerzende Erlebnisse aus sich selber heraus den Unterschied zwischen dem Fühlen von Schmerz und dem Leiden von Schmerz und den Unterschied, ob er den Schmerz von aussen, wie ein Objekt, oder aber von innen, wie ein Teil seiner selbst, das Ich verletzen lässt, erkennen.

Bei leichten Fällen vermag die Psychotherapie die falsche Ichreaktion ohne tiefe Analyse zu verbessern; die Übertragung muss dann dazu benützt werden, den Patienten zu veranlassen, dass er sich mit dem Psychotherapeuten identifiziert. In diesem Falle wiederholt der Helfer die Methoden, die im Kindesalter angezeigt sind, um das Kind die richtige Reaktion seinen frühen Schmerzen gegenüber zu lehren. Bei schweren Fällen bedarf es langer Analyse und Übertragungs-Identifizierung, um die krankhafte elementare Reaktion zu ändern. Die meisten melancholischen Individuen können nicht verstehen, dass es möglich ist, Versagung zu akzeptieren. Das Buch Hiob drückt schön die Verweigerung solchen Akzeptierens durch den Melancholiker aus.

Manche Fälle scheinen ihren Kummer durch plötzliche Auflehnung gegen ihren Schmerz zu endigen. Diese anscheinende Auflehnung ist in Wirklichkeit ein plötzliches bewusstes, nicht mehr automatisches, Akzeptieren des Leidens, als ob das Individuum sich sagen wollte: «Gut, ich habe diese Versagung erlitten, ich werde aber neue Ziele und neue Quellen lustvoller Befriedigung finden.» In den meisten Fällen finden, sooft ein Individuum versucht, dies zu tun, Teile der Persönlichkeit, die des Kummers wegen vernachlässigt worden sind, sogleich irgendeine Befriedigung, und der Kranke hat auf diese Weise wollend die Traurigkeit überwunden; dies geschieht meistens automatisch. Sind jedoch die äusseren Bedingungen nicht günstig, so tritt häufig ein Rückfall in tieferen Kummer ein. Die melancholische krankhafte Reaktion wird nur dann endgültig verlassen, wenn die primäre Reaktion auf Schmerz aufhört, den krankhaften Weg mit seinen zu exaltierter Flucht vor dem Schmerz und zu angsterfüllter Unterwerfung unter ihn führenden Seitenstrassen zu gehen.

Mit der beschriebenen Einsicht in die elementare Reaktion ist nun aber unser Wissen zu Ende. Warum und wie die Aufnahme seelischen Schmerzes ins Ich das Individuum dazu befähigt, den Schmerz zu überwinden, wissen wir noch nicht. Wir können nur Gleichnisse verwenden, welche uns die organischen Funktionen liefern, indem wir z. B. annehmen, dass der Schmerz «vom Ich verzehrt und verdaut» wird. Solcher bildlicher Ausdrücke bedarf es immer noch, um noch unbeschreibbare Prozesse zu umschreiben. Wir haben vom organischen Leben genommene Symbole zu verwenden, weil wir zu Problemen der Emotionen und Affekte übergehen, wo die bloss ökonomischen und mechanischen Ausdrücke nicht mehr genügen.

Ich wage mich nunmehr an eine theoretische Erklärung dafür, dass diese Aufnahme ins Ich Traurigkeit beendigt, während das blosse Fühlen objektiven Schmerzes und objektiver Lust dieselben fortdauern lässt. *Ein* Grund könnte sein, dass die Aufnahme durch die Ichgrenze ein bewusster Prozess mit dem vollen Ausmass von Interesse, d. h. Libidobesetzung, ist; das blosse Fühlen von Schmerz ist ein vorbewusster Prozess, von dem nur das Gefühl des Schmerzes, nicht aber seine Verursachung, bewusst wird. Die Ursache des Schmerzes bewusst zu machen, ist somit eine psychotherapeutische Hilfeleistung nicht nur in bezug auf unbewusste, sondern auch auf vorbewusste Prozesse.

Das Individuum, das den Schmerz und seine Ursachen, die Versagung oder den Verlust des Objekts, bewusst akzeptiert, übt das aus, was FREUD in der psychoanalytischen Therapie «durcharbeiten» nannte. Doch haben wir damit noch keine Erklärung gefunden, haben nur die Tatsache beschrieben, dass Bewusst-Sein ein Element der Therapie ist. Wir werden an FREUDS Theorie erinnert, dass das Bewusstsein sich darum entwickelte, weil periphere Teile des Zentralapparats so vielen und verschiedenen Reizen ausgesetzt waren, dass sie gegen sie alle abgehärtet wurden und nicht länger Spuren von ihnen zurückbehielten, welche andernfalls Erinnerungen an die reizerregenden Objekte werden. Dadurch, dass dieser Teil des seelischen Apparats so abgehärtet ist, benutzt er die gesamte Energie der Reizung dazu, kurze Zeit hindurch das Objekt oder Geschehnis, das den Reiz erregte, zu wiederholen. Durch diese so kurzdauernde Abbildung wird die gesamte Energie der Reizung aufgebraucht, und das Organ des Bewusstseins kehrt zu neuen Reizungen zurück und steht ihnen offen. Auf dieselbe Weise würde das Bewusst-Sein so viel Energie der schmerzenden Reizung aufbrauchen, dass die residuale Erinnerung ausgehalten werden kann.

Es wäre jedoch möglich und kommt mir wahrscheinlich vor, dass ausser dieser Wirkung des Bewusst-Seins zwischen objektivem «Fühlen» von Schmerz und «Leiden» von Schmerz noch ein anderer Unterschied besteht. Ich nehme an, dass es zwei verschiedene Arten von seelischem Schmerz gibt. Die eine – uns im Lust-Unlust-Prinzip wohlbekannte – wird von jeder Ichgrenze mit libidinöser Besetzung erlitten, wenn der libidinöse Anspruch frustriert wird. Dies ist die spezifische Sensibilität des Ichs, solange seine Grenze ihre Libidobesetzung behält. Frustrierung oder Versagung sind negativ Nicht-Erfüllung und Nicht-Erlangung, positiv sind sie spezifische Reize der Libido der Ichgrenze, welche wir als ein spezifisches sensorisches Organ anzusehen haben. Aus dieser grundlegenden psychologischen Vorstellung können wir den Schluss ziehen, dass jede Libidobesetzung einer psychischen Funktion diese Funktion auch die Aufgabe eines sensorischen Organs sein lässt, das Lust oder Unlust als Qualitäts-Änderung der libidinösen Besetzung fühlt.

Die zweite Art von seelischem Schmerz hat keinen lustvollen Gegenpart. Dieser Schmerz wird von den destruktiven Kräften im Individuum selbst hervorgebracht, die sich als Feindseligkeit, Aggression und Zerstörung nach aussen und als Selbstzerstörung und Tendenz zum Sterben nach innen wenden. FREUD gelangte in schwerer Denkarbeit zur Überzeugung, dass alle diese Arten von Destruktion auf einem und demselben Prinzip, dem Todestrieb, beruhen. Ich schliesse mich seiner Ansicht an und nenne daher die vom Todestrieb hervorgebrachte Energie: Mortido. Dies gibt uns die Formel: ausser Lust und Unlust, entsprechend der Erfüllung oder Nicht-Erfüllung der Libido, existiert Schmerz, entsprechend der Erfüllung des Todestriebes. Die Nicht-Erfüllung des Todestriebes besitzt keinen Ausdruck. Der Todestrieb kann aufhören, aber er kann nicht, wie die Libido, frustriert werden.

Immerhin scheint sich die freie Entfaltung der Libidobesetzung und die Heiterkeit des Individuums nach dem Ende einer melancholischen Periode einleuchtend durch die Annahme erklären zu lassen, dass das Ich auf die aufhörende Mortidobesetzung mit freudiger Erleichterung und einem freudigen neuen Erfassen des Lebens reagiert.

Die manisch-melancholischen Zustände sind der Prüfstein für jede grundlegende Triebtheorie. Ich folgte hier FREUDS Zurückführung der vielen Triebe auf zwei Grundtriebe, nämlich Eros und Thanatos, d.h. Sexualtrieb und Todestrieb. Diese Theorie wurde freilich von vielen kritisiert und abgelehnt, auch von hervorragenden psychoanalytischen Forschern. Sie ziehen vor, an FREUDS erster Unterscheidung, der zwischen Sexualtrieben und Ichtrieben, festzuhalten. Nicht-Analytiker werden durch FREUDS tiefgründiges

Argument, dass es für die alte Einteilung in Selbsterhaltung und Arterhaltung, letztere durch die Sexualität ausgedrückt, als die Hauptbestandteile des Trieblebens keinen Beweis gebe, nicht überzeugt. FREUD führte aus, dass jeder lebenserhaltende Trieb an sich aus einigen Komponenten des Eros und einigen des Thanatos zusammengesetzt sei. Auf diesem biologischen Gebiet vereinigt und verknüpft Eros die lebendigen Elemente und erhält die lebendigen Strukturen, in dauerndem Widerstreit mit dem Todestrieb, der sich bemüht, diese Elemente und Strukturen zu trennen, sie zu töten und sie in die anorganische Phase des Todes zurückzubringen, aus welchem alles Leben sich entwickelte. Dieser Konzeption zufolge werden alle Ichtriebe durch ihre Lokalisierung charakterisiert; die Selbsterhaltung beruht dann auf der prästabilierten Ordnung des Wettkampfes zwischen dem Sexualtrieb und dem Todestrieb in jedem Organismus.

Auch wenn wir diese Theorie des Todestriebes akzeptieren, sind wir nicht gezwungen, uns der dualistischen Triebtheorie, so wie sie von FREUD präsentiert wurde, anzuschliessen. Die mannigfaltigen Lebensvorgänge vollziehen sich infolge von Regungen, die FREUDS Definition von Trieben entsprechen: sie haben spezifische Objekte, spezifische Ziele, spezifische Organe, und sie stellen einen Zustand des Seins wieder her, der durch irgendeine Reizung gestört worden ist. Obwohl es möglich ist, in einer jeden dieser Triebhandlungen ein erotisches und ein destruktives Element nachzuweisen, so ist es doch viel praktischer, sie als Selbsterhaltung zusammenzufassen. Der Sexualtrieb, welcher Libidobesetzung liefert, und der Todestrieb, welcher Mortidobesetzung liefert, sind an den spezifischen Erfüllungsprämien kenntlich, welche den Selbsterhaltungstrieben abgehen. Die Prämie für die Sexualität ist die Lust, für den Todestrieb ist es der Schmerz. FREUD definierte von Anfang an die Sexualität im neuen, weiteren Sinne als «Lusttrieb». In bezug auf den Todestrieb zog er nicht den Schluss, dass es für diesen charakteristisch sei, den *Schmerz* zum Ziel zu haben.

Zugleich mit dem Todestriebe nämlich führte FREUD seine Konzeption des Wiederholungszwanges ein, und zwar deshalb, weil er von einem bestimmten Thema ausging, das er «Jenseits des Lustprinzips» nannte. Dadurch, dass er gerade diesen Zusammenhang nachwies, verabsäumte er es, in seiner neuen Triebtheorie die Schlussfolgerung zu ziehen, dass der Todestrieb durch seine Erfüllung Schmerz erzeugt, geradeso wie die Sexualität durch ihre Erfüllung Lust erzeugt.

Es unterliegt keinem Zweifel, dass die biologischen Funktionen, die triebmässig gereizt werden, wie etwa das Essen (mit Einschluss des Kauens und Schluckens) sowie alle Ausscheidungsfunktionen, ebenfalls eine Lustprämie besitzen. Die psychoanalytische Triebtheorie erklärt diese Lustprämie durch die Libidokomponente, die sich an diese biologischen Funktionen anlehnt. Freilich akzeptierten viele nicht-analytische Autoren dies nicht und hoben das Vorhandensein von «Organlust» hervor, die sie für nicht-libidinös hielten (K. Bühler). Sorgfältige Selbstbeobachtung und Abwägung der Mitteilungen von Analysanden erweisen, dass es bei dieser biologischen Lust zwei Komponenten gibt, deren eine auf der organischen Funktion, deren andere auf der sich an diese anlehnenden Libido beruht. Auch in bezug auf den Schmerz können wir die durch die Nicht-Erfüllung dieser biologischen Funktionen erzeugte Unlust von dem destruktiven Schmerz bei traumatischen Graden von Frustrierung trennen. Ein zweiter Unterschied zwischen Sexual- und Todestrieb einerseits, den lebens-erhaltenden Trieben andererseits ist, dass die ersteren sich anhäufen und auf andere Funktionen und Ziele verschoben werden können, die biologischen Triebe im engeren Sinne hingegen an ihr Organ gebunden bleiben. Wenn zum Beispiel Hunger oder Durst so stark wird, dass der ganze Organismus in Mitleidenschaft gezogen und das Ich überwältigt wird, so ist es schon die destruktive und libidinöse Komponente, die alle Sektoren der Persönlichkeit irritiert und erregt.

Ein dritter Unterschied zwischen Todes- und Geschlechtstrieb einerseits, den biologischen Trieben im engeren Sinne andererseits ist, dass diese Triebe auf verschiedene Art gefühlt werden, die letzteren nämlich bloss als Bedürfnisse oder als Irritierungen von je nach der spezifischen Funktion spezifischer Färbung.

Libido und Mortido werden ganz anders gefühlt. Schon unserem Sprachgefühl widerstrebt es, das Wort «Trieb» oder «Triebregung» für organische Bedürfnisse wie Urinieren oder Defäkation zu gebrauchen. In dieser Funktion ist namentlich die gut kenntliche Libidokomponente dieser und ähnlicher Funktionen bei manchen Individuen sehr gross und bei anderen fast nicht vorhanden. Freud selbst hat alle hysterischen und organneurotischen Symptome durch die Doppelfunktion der Organe erklärt, die der Libidobesetzung oder dem organischen Bedürfnisse folgen.

Wir vermeiden also viele überflüssige Argumente und vermögen die Tatsachen deutlicher zu beschreiben, wenn wir eine dreifache Triebtheorie anwenden, ohne deshalb Freuds Dualismus von Liebes- und Todestrieb zu verlassen.

II.

In «Das Unbehagen in der Kultur» hatte Freud die Kühnheit, den Ursprung des manisch-depressiven Irreseins bis zu dem angenommenen «Urverbrechen», der Vatertötung, zurückzuverfolgen. Diese Annahme erklärt die Krankheit als die extreme Wiederholung einer «urgeschichtlich» erworbenen Reaktionsweise. Zu der Zeit, da diese erworben wurde, war sie durch die dem Verbrechen vorausgegangenen und die infolge des Verbrechens rege gewordenen Affekte – und, so dürfen wir wohl hinzusetzen, durch die vermutliche grössere Affektivität unserer mörderischen Urvorfahren und Ur-Brüder – gerechtfertigt. Der recht verblüffenden Theorie kommt grosse Wahrscheinlichkeit zu, weil psychoanalytisch bei Psychotikern dieser Krankheitsgruppe stets unbewusstes patrizides Material gefunden wird.

Die manische Phase beruht demnach – sowohl zu der Zeit, da die manischmelancholische Reaktionsweise erworben als auch später, wenn sie unbewusst wiederholt wird – auf triumphierender Genugtuung über den vollbrachten Vatermord; die Melancholie beruht auf den Qualen der Reue, die der unbewusste Mörder, unser Patient, leidet, nachdem er die Wertlosigkeit dieses Triumphes eingesehen hat – der seinen Hass endete, während seine Liebe durch seine zurückkehrenden Erinnerungen wiedererstarkte. Ist diese Reaktionsweise einmal erworben, so kann jeder schuldvolle Erfolg von genügender Intensität eine manische Phase mit darauffolgender Melancholie hervorrufen. Dies erklärt den Rhythmus derjenigen Fälle, die nach einer manischen Periode melancholisch werden; nach Frohlocken erleiden sie einen Rückschlag.

Der andere Rhythmus (bei dem die manische Periode der melancholischen folgt), welcher wahrscheinlich häufiger ist als der eben erwähnte, wurde von FREUD in seiner Arbeit über «Trauer und Melancholie» nach Analogie der pathologischen Trauer erklärt. Beide Rhythmen sind die unbewusste Wiederholung eines alten traumatischen Geschehnisses, als ein wichtiges Liebesobjekt durch den Tod verlorenging. Bei dem Rhythmus, bei dem die manische Phase der melancholischen vorangeht, wird der Tod als durch die Erfüllung eines Todeswunsches bedingt empfunden, der später bedauert wird. Beim melancholisch-manischen Rhythmus jedoch vermag der bedauerte Tod – der vorher gewünscht worden war – genossen zu werden, nachdem ein genügendes Ausmass von Trauerleid dem Verluste gewidmet worden ist. Bei beiden Formen der Krankheit sind die Todeswünsche unbewusst und haben durch Psychoanalyse zutage gefördert zu werden; die Heftigkeit der Krankheit hängt weitgehend vom Widerstande gegen dieses Eingeständnis ab.

FREUDS Anschauungen in bezug auf die Trauer, ihre Ähnlichkeit mit und ihre Verschiedenheit von der Melancholie sind nicht leicht zu verstehen. Drei Hauptgesichtspunkte – Narzissmus, Trauerarbeit, Ambivalenz – wurden von ihm in seiner bestechenden Erklärung vereinigt.

Bei der pathologischen Trauer stehen wir theoretisch nicht anders als bei der Melancholie am Anfang ihres Verständnisses. In der Praxis sind sowohl Arzt als Angehörige, wenn sie sich mit Deprimierten befassen, verzweifelt, dass sie infolge ihrer Unfähigkeit, solches Leid zu verstehen, nichts ausrichten. Der Unterschied gegenüber der Norm springt in die Augen. Ein normaler Mensch, der bekümmert ist, will von seinem Leiden befreit werden und will es nicht vergrössern; ein normaler Mensch ist froh, wenn er findet, dass er zu Unrecht glaubte, tatsächlich Grund zum Leiden zu haben. Wenn er findet, dass er selber schuld war oder schuldig war, so sucht er sich künftig zu bessern. Wenn er findet, dass die Ursachen seines Leidens ausserhalb seiner selbst liegen, so sucht er herauszufinden, wie sie beseitigt oder beendet werden können oder zumindest könnten. Deprimierte Individuen verhalten sich umgekehrt und zeigen darin ihre unlogische Beziehung zur eigenen Krankheit. Jeder Melancholiker schreibt Umstände, über die er offensichtlich keine Macht hat, sich selber zu. Er fühlt sich an allem Unglück schuld, fühlt sich schuldig, und macht es sich insbesondere zum Vorwurf, dass er versäumt habe, seine Krankheit gleich zu Beginn zu bekämpfen; andererseits «rationalisiert» er sein Leiden auf unvernünftige Art, indem er innere Ursachen in die Aussenwelt projiziert. Wie bei allen schweren Psychosen wird der Faktor der Zeit als der normalen tröstenden und lindernden Bringerin von Vergessen und Vergeben unwirksam, entweder darum, weil das Unbewusste zeitlos ist, oder darum, weil das Ich in jene Lebensperiode zurückfällt, in der ein Kind noch keine klare Unterscheidung von Vergangenheit, Gegenwart und Zukunft gewonnen hat. Ohne Logik grollt er längst vergangenen Katastrophen, als hätten sie sich jüngst zugetragen, und befürchtet gegen jede vernünftige Wahrscheinlichkeit ihre Wiederkehr oder er «frönt» der Erwartung neuer. Das Sprichwort *«Qui s'excuse s'accuse»* wird in sein Gegenteil verwandelt – damit, dass er sich anklagt, versucht der Kranke sowohl zu seiner Bestrafung zu kommen als auch vom Rätsel seiner Schuld befreit zu werden.

Bei der manischen Phase besteht die Irrationalität nicht nur im Fehlen rationaler Ursachen für die heiter erregte Zufriedenheit, sondern auch in der paradoxen Art, wie das Lust-Unlust-Prinzip über seine Wirksamkeit hinausgeführt wird. Das Normale ist, einen lustvollen Gemütszustand so lange aufrechtzuerhalten und sich ihm hinzugeben, bis volle Befriedigung oder Langeweile eine andere Ursache für die Lust verlangen oder das Bedürfnis nach Ruhe erzeugen. Der Manische dagegen verlässt andauernd sogar frohe Ideen, als bereiteten sie ihm Schmerz, und ungeachtet seiner heiteren Erregtheit fühlt er, dass sie etwas Schmerzendes enthalten, zeigt er seine schmerzvolle

Unruhe durch seinen glühenden Eifer im Vergleichen mit und Suchen nach immer noch mehr lustvollen Ideen und durch seine Angst davor, dass sie enden könnten.

Der manifeste manische Zustand steht auch mit der Psychologie des Süchtigen in Zusammenhang. Süchtigkeit umfasst mehr als gerade nur Rauschgiftsucht, wenngleich diese die Struktur der Süchtigkeit im vollen Ausmasse zeigt. Kein Süchtiger kann seiner Begierde nach Befriedigung auf die Dauer standhalten. Während der Manische seine Gier nach seelischer Lust auf ein anderes Objekt zu verschieben vermag, ist der Süchtige an seine spezifische Sucht gekettet. Wenn diese frustriert wird, so muss er alles tun, was er kann, um sich Befriedigung zu verschaffen, sonst erliegt er grösster Verzweiflung und einem zum Selbstmord treibenden Schreckzustand.

Für den Manischen und den Süchtigen ist ihre Begierde, die drohende Versagung zu vermeiden, d. h. ein Unvermögen dieselbe auszuhalten, bezeichnend, für den Deprimierten ist es sein Unvermögen, die erlebte Versagung auszuhalten. Darum ist die Charakterstruktur Deprimierter und Süchtiger im Grunde dieselbe. Viele Menschen werden süchtig, um die Depression zu vermeiden, und viele Süchtige werden ihrer frustrierten Sucht wegen deprimiert. Fälle von leichter Depression suchen häufig jeden beginnenden Depressionszustand durch irgendeine Sucht zu überwinden, hauptsächlich Alkohol und Nikotin, aber auch verschiedene Rauschgifte.

Passagere Süchtigkeitszustände liegen vermittelnd zwischen manischen und deprimierten Zuständen. Ein Manischer, der seinen Impuls, Lust zu fühlen, nicht durch seine Gedankenflucht befriedigen kann, geht häufig durch einen Zustand von Impulsivität, eine Art Süchtigkeit, hindurch, bevor er in die Depression zusammenbricht. Und Depressionszustände enden häufig mit irgendeiner Süchtigkeit oder Impulsivität, deren Abschluss eine manische Phase ist. Es wäre möglich, dass so manche chronische Süchtigkeit als eine solche Zwischenphase begann, die festgehalten wurde, um die manisch-depressive Krankheit zu vermeiden.

Der Süchtige erleidet einen allzu grossen Schmerz in seinem Ich; er fühlt nicht nur den Schmerz infolge der Versagung, sondern erleidet auch diese selbst als Schmerz; es findet ein Wettlauf zwischen dem Leiden infolge der Frustrierung in seiner Ichgrenze und der schmerzenden Frustrierung durch das Objekt statt. Der Süchtige leidet nicht an sich selbst, wie der Deprimierte, und nicht ausserhalb seiner selbst, wie der Manische, durch seine Begierde leidet sein Ich entsetzlich.

Alle drei Krankheitsgruppen können nur geheilt werden, wenn die vorhin beschriebene elementare Mangelhaftigkeit überwunden wird, d. h., ihre

Mangelhaftigkeit in bezug auf die Fähigkeit, seelischen Schmerz zu ertragen und zu erleiden.

Indem wir die Reaktion auf seelischen Schmerz als die Grundstörung des affektiven Gleichgewichts untersuchten, erfuhren wir auch, dass in der Norm das Gleichgewicht wiederhergestellt werden kann. Bei Besprechung der elementaren Fehlschläge der Wiederherstellung hatten wir die affektive Pathologie des Zustandes voll entwickelter Melancholie vorwegzunehmen. Diese Pathologie ist leichter zu verstehen, wenn wir Freuds Weg folgen, Melancholie und Depression durch die pathologische Trauer zu erklären, diese durch die normale Trauer und diese durch die Traurigkeit.

In der Norm hält die Traurigkeit einige Zeit an und wirken ihr Versuche des Individuums entgegen, diese Traurigkeit dadurch wettzumachen, dass es die Libido auf neue Art zuzuwenden trachtet. War das Liebesobjekt sehr wichtig, so ist die Folge des Verlustes sehr häufig die, dass die Liebe sich in Hass verwandelt, welcher der Liebe das Gleichgewicht halten oder mit ihr abwechseln kann. Dieser Hass kann sich auf andere Objekte ausdehnen und die ganze Haltungsweise des Menschen beeinflussen. Diese Reaktionen nehmen in der Kindheit ihren Anfang und unterliegen totaler oder partieller Verdrängung, infolge derer die Ambivalenz unbewusst entweder umgeformt oder intensiviert wird.

Traurigkeit ist der schmerzende Ichzustand, der dadurch erzeugt wird, dass man zu lieben aufhört, und in vielen Fällen dadurch, dass man Liebe in Hass verwandelt; dieser kann einige Befriedigung gewähren und die Traurigkeit durch das Vergnügen am Bestreben, Rache zu nehmen, vermindern. Es gibt viele individuelle Nuancen dieser Reaktion; manche Menschen fahren ohne jeden Hass fort, sich über ein verlorenes Liebesobjekt zu kränken, andere wenden sich sofort dem Hasse zu und haben das verlorene Objekt seelisch getötet. Die meisten Menschen sind ambivalent und schwanken zwischen diesen beiden Haltungen. Die Lyriker haben alle nur möglichen Nuancen dieser Affektschicksale ausgedrückt.

Die Traurigkeit als Reaktion auf Verlust eines Objekts wird am besten durch die Trauer nach dem Tode eines geliebten Menschen veranschaulicht. Wir erwarten, dass das Individuum einige Zeit brauchen wird, um einen solchen Verlust zu verwinden, und wir würden eher von Abnormität sprechen, wenn die affektive Wunde allzu rasch verheilt. Das Wort «verheilen» ist eine gut gewählte Metapher der gewöhnlichen Sprache. Genau so wie bei einer Wunde von den gesunden Teilen der Haut, wird bei der normalen Trauer das Individuum von der libidinösen Besetzung anderer, ihm verbliebener Beziehungen dazu angeregt, zum Leben zurückzukehren, während das

verlorene Objekt eine narbenartige Erinnerung an einen vor langer Zeit gefühlten, aber nicht mehr heute empfundenen Schmerz wird. Für dieses Verheilen fand FREUD den zugrunde liegenden Mechanismus und beschrieb ihn
als «Trauerarbeit».

In bezug auf die manifesten Symptome lässt sich dem wohlbekannten
klinischen Bilde des manisch-depressiven Irreseins nichts hinzufügen. Sie
sind derart typisch, dass es dabei nicht auf die präpsychotische Individualität
ankommt. Auf dem Höhepunkt beider Phasen ist der Unterschied zwischen
Genie und Durchschnittsmensch, Weiser und Narr, aufgehoben, Unterschiede des Milieus und der Bildung werden nivelliert. Vor dieser Art der
Psychose schwinden menschliche Werte dahin wie vor dem Tode selbst.
Ebenso wie die organisch belebte Materie sowohl durch Gefrieren als auch
durch Sieden gerinnt, verliert das Seelenleben sowohl durch die Melancholie
als auch durch die Manie alle seine Merkmale. Nur in Mittellagen sowohl des
Affekts als auch der Temperatur vermag es sich gedeihlich zu entwickeln.
    Die deutsche Psychiatrie betont, dass das Wesen der Schizophrenie in
1. spezifischer schizophrener Mentalität, 2. irgendeiner fortschreitenden
Destruktion der Persönlichkeit bestehe.
    Mit diesem Problem haben wir uns in vorhergehenden Kapiteln befasst.
Es gibt keinen Beweis für ein destruktives Prinzip in der Schizophrenie;
Verlust von Libidobesetzung und Regression erklären alle ihre Phasen. Persönlichkeit und seelische Kräfte können nicht zerstört sein, wenn sie nach
Schockbehandlung plötzlich wieder erscheinen können. Dass Endzustände
von Verblödung auf dem schizophrenen Prozess beruhen, ist nicht bewiesen.
    Vom psychoanalytischen Standpunkt aus sprechen wir nicht von De-
struktion, sondern von einer Prävalenz des Destruktionstriebes. Dieser nun
tritt sowohl in manischen als auch in melancholischen Phasen ganz deutlich
in Erscheinung. In der manischen Phase ist er nach aussen gerichtet, in der
melancholischen nach innen. FREUDS Theorie ist, dass Destruktions- und
Todestrieb ein und dasselbe sind. Die am tiefsten schürfende allgemeine
theoretische Annahme ist, dass diese Gruppe von Psychosen in abnormen
Kundgebungen des Todestriebes selbst besteht, während alle anderen Neurosen und Psychosen, einschliesslich der schizophrenen Gruppe, abnorme
Kundgebungen des Liebestriebes sind. Durch diese Annahme wird der Unterschied präzis definiert und die Möglichkeit der Vereinigung beider Gruppen in *einer* Person gut erklärt. Reaktiv sind natürlich bei beiden Krankheitsgruppen genau so wie im normalen Leben beide Triebe beteiligt.

In einer seiner letzten Arbeiten deutete FREUD an, dass Individuen sich wahrscheinlich in ihrer Triebkonstitution unterscheiden; das Stärkeverhältnis zwischen Todes- und Liebestrieb und die absolute Stärke beider Triebe charakterisieren die persönliche Konstitution vom Triebstandpunkt aus. Es ist nicht gesagt, dass manisch-depressiven Individuen konstitutionell mehr Todestrieb eigen ist als anderen. Die Krankheit selbst steigert den Todestrieb. Das erklärt, warum wir unter dem Eindruck der Tatsache stehen, dass unbeschadet des nivellierenden Einflusses der manisch-depressiven Zustände die Triebkonstitution des präpsychotischen Individuums sich in *einem* Merkmale zeigt, nämlich dem Ausmasse der Grausamkeit und Aggressivität, die sich in manischen Phasen auf die Aussenwelt und in melancholischen Phasen nach innen richten. Diese präpsychotische Verschiedenheit ist für die Gefahr eines Selbstmords beziehungsweise tätlicher Angriffe, für die Intensität der Selbstquälerei beziehungsweise des Quälens anderer massgebend; die Intensität der Krankheit selbst dürfte sich vor allem in der Tiefe und Länge der Phasen zeigen. Kranke, die präpsychotisch eine liebenswürdige und generöse Persönlichkeit zeigten, können etwas von dieser Eigenschaft auch unter dem Würgegriff der manisch-depressiven Anfälle behalten.

III. TEIL

NARZISSMUS

XV. KAPITEL

DAS ICH ALS SUBJEKT UND OBJEKT
IM NARZISSMUS [1]

« Natura non facit saltum! »

Die Verschiedenheit des Ichgefühls, bei Normalen sowohl als auch insbesondere bei Menschen mit Entfremdung der Aussenwelt, lässt den oder besser einen libidinösen Anteil des Ichs durch Selbstbeobachtung erkennen [2]. Das Ich ist als Dauererlebnis der Psyche und nicht etwa als gedankliche Abstraktion aufzufassen. Mitteilungen der Patienten über solche Selbstbeobachtungen sind wichtiges Material für das Studium der Ichfunktionen. Diese Untersuchungen rühren an eine der prinzipiellen Lehren der Psychoanalyse und sind nicht bloss Detailforschung über interessante Phänomene der Entfremdung. Durch sie ist ein unmittelbar empirischer Beweis für die Richtigkeit der FREUDschen Lehre vom Narzissmus gefunden. Dies lässt mich hoffen, dass sich in analoger Weise aus dem Studium der verschiedenen Arten von Depersonalisation Beweise für die Tatsächlichkeit von anderen psychoanalytisch erschlossenen Libidovorgängen ergeben werden. Ohne solche oder andere neue Beweise würde die «Libidotheorie» trotz ihrer fruchtbaren Ausgestaltung, vielleicht eben wegen der Widerstände, die diese erweckt, immer wieder von Gegnern und auch von Anhängern als glückliche «heuristische» Idee hingestellt werden und nicht als Wirklichkeitsbeschreibung gelten, so dass jeder nach seiner persönlichen Vorliebe und Wertung eine andere Theorie der psychischen Dynamik zu verwenden sich berechtigt hält. Nun erfordert diese Beobachtung von Libidovorgängen die einander ergänzende Arbeit vieler auch phänomenologisch interessierter Psychoanalytiker. Dazu müssen aber die Publikationen gegenseitig richtig verstanden werden, und das verlangt eine eindeutig gleiche Verwendung der Termini, die wir brauchen.

[1] Vortrag, gehalten in der Wiener Psychoanalytischen Vereinigung am 27. Juni 1928. – Zuerst veröffentlicht 1929 im 15. Band der Int. Ztschr. f. Psychoanalyse.
[2] siehe Kap. 1 und 2.

Meine früheren Mitteilungen verlangten vom Leser bloss, dass er Ich- und Objektlibido gedanklich trennt und auch bei der Verwendung des Wortes «Narzissmus» unterscheidet, ob es sich um eine Beziehung auf das Subjekt oder auf das Objekt handle. Das Hauptergebnis war – kurz zusammengefasst –, dass Entfremdungsgefühle bei der Wahrnehmung der Aussenwelt dann auftreten, wenn die Ich*grenze* von ihrer libidinösen Besetzung – subjektiv als Ichgefühl erkennbar – *verliert,* mögen auch die Objektbesetzungen – subjektiv als Wichtignahme des Objektes erkennbar – fortbestehen [1]. Mit dieser Feststellung widersprach ich den bisherigen Erklärungen der Entfremdung (und auch der sonstigen Depersonalisationszustände), welche vielmehr einen *gesteigerten* Narzissmus unter Herabsetzung der Objektbesetzungen annahmen. NUNBERG kam an der richtigen Erklärung nahe vorbei, wenn er von einer «Kränkung» des Narzissmus durch den Verlust der Objektlibido sprach. Nur der Nicht-Psychoanalytiker MINKOWSKI, der die Psychologie und Terminologie BERGSONS benützt, ist, soviel ich weiss, gleichzeitig mit mir zur gleichen Auffassung gekommen.

Da wir die «Besetzung des Ichs durch Libido» als Narzissmus bezeichnen, sagte ich kurz, die Entfremdung beruhe auf einer «Verarmung der Ichgrenzen an Narzissmus». Zu meiner Überraschung konnten gute Kenner der Libidolehre und der FREUDschen Metapsychologie meine Erklärung gar nicht aufnehmen, so dass Annahme oder Ablehnung nicht in Frage kamen. Wie ich bemerkte, lag das daran, dass für diese Leser das Wort «narzisstische Besetzung» immer eine libidinöse Beschäftigung *mit* dem Ich, eine Konzentration *auf* das Ich bedeutet. Da nun Entfremdete sich mit ihrem Zustand sehr beschäftigen, liege doch eine Konzentration der Libido auf das Ich des Kranken, also eine «Steigerung des Narzissmus» vor! Wie könne FEDERN da von einer «Verringerung des Narzissmus» sprechen?

Ein Grund des Missverstehens ist entfernter Natur. Ohne genaue Überlegung haben viele Leser und manche Autoren «Entfremdung» und «Verlust der Objekte» als gleichbedeutend angenommen und sie in gleicher Weise erklärt gewünscht. Während aber «Entfremdung» ein ganz spezifisches Vorkommen, eine besondere psychische Sensation ist, ist Objektverlust ein vieldeutiger Ausdruck.

Wichtiger erscheint mir, dass wir uns über die Verwendung des Wortes «Narzissmus» einigen müssen, insbesondere darüber, ob es richtig ist, wenn es in vager Weise gebraucht wird, um eine jede stärkere affektive Reaktion der Persönlichkeit hervorzuheben.

---

[1] Je nach dem Verlaufe der Erkrankung, deren Anfang die Entfremdung bildet, können auch die Objektvorstellungen ihre Besetzungen verlieren.

Tatsächlich haben wir bei jeder affektiven Reaktion auch ein stärkeres Ichgefühl, welches jene Ichgrenze, mit der wir das betreffende Objekt erfassen, auf die der betreffende Reiz trifft, stärker besetzt. Bei vermindertem Affekt der Reaktion ist auch diese Ichgrenze weniger mit Libido besetzt. Das scheint selbstverständlich, wird aber erst dadurch bewiesen, dass das Objekt auch überhaupt nicht mehr mit Affekt erfasst werden kann, wenn die Ichgrenze von Libido völlig entblösst ist und dadurch Entfremdung eingetreten ist.

Mehr als das Bestehen einer Selbstwahrnehmung, wie weit unser Ichgefühl jeweilig reiche, soll aber das Wort «Ichgrenze» nicht bezeichnen; unrichtigerweise wurde ich von manchen dahin verstanden, dass eine Grenze das Ich – bildlich gesprochen wie ein Gürtel – umgebe und dass diese Grenze starr sei. Das Gegenteil ist richtig. Diese Grenzen, d. h. das Ausmass von Funktionen des Ichs, die mit Ichgefühl erfüllt, also mit Libido besetzt, noch zum Ich gehören, sind wechselnd. Aber der Mensch fühlt, wo sein Ich aufhört, besonders wenn die Grenze eben wechselte. Einem zweiten Einwand, der auf einem naheliegenden Missverständnis beruhen würde, will ich vorbeugen. Indem meine Untersuchung von der Selbstwahrnehmung der Ich*grenze* ausgeht, hebt sie diese besonders hervor. Aber ich vertrete keinesfalls die Ansicht, dass das Ichgefühl nur peripher bestehe. Das Gefühl für die Ich*grenze* wird, weil sich diese fast fortwährend ändert, leichter wahrgenommen. Von Ichgefühl ist aber gleichzeitig alles Bewusste erfüllt. Und es besteht nach meiner Meinung von Anfang an, vage und inhaltsarm beginnend.

Es ist nicht nur ein Gleichnis, wenn ich an den starken Eindruck erinnere, den der Anblick des Wogens der sich furchenden Eizellen macht, oder die Veränderung im ganzen Leib der Amöbe, während sie ein Pseudopodium aussendet oder einzieht. Zu Beginn des Lebens reagiert die lebende Substanz als ein Ganzes. Dieser Eindruck wurde mir am deutlichsten, als ich vor vielen Jahren hochorganisierte Protozoen beobachtete. Im Augenblick, nachdem ein Stärkekörnchen den Schlund passiert hat, verliert der grosse Kern seinen Glanz, während gleichzeitig das ganze Protoplasma, Stränge und Waben, in Bewegung gerät und in einem Augenblicke die Nahrung sich im Protoplasma auflöst – ein ganz primordiales Bild des von RADÓ angenommenen alimentären Orgasmus [1].

Diese Einheit verschwindet im Körperlichen und Seelischen, weil mit der Anpassung die Arbeitsteilung als Bildung von Werkzeugeinheiten vor sich geht. Diese Organe müssen selbst in ihrer Leistung vor störenden Reizen geschützt werden, und sie müssen das *Ganze* durch ihre selbständige Ver-

---

[1] RADÓ: «Die psychischen Wirkungen der Rauschgifte», Int. Ztschr. f. Psychoanalyse, XII, 1926.

arbeitung der ihnen adäquaten Reize vor ständiger Störung schützen. Wenn aber FREUD dem Ich die Funktion zuschreibt, das vielfache Teilgeschehen zu vereinheitlichen, so wird durch diese Leistung die Restitution von etwas einst dauernd vorhanden Gewesenem angestrebt, in Übereinstimmung mit dem Letzten, was FREUD von allem Triebe zu sagen hatte, dass er nämlich einen früheren Zustand – direkt oder auf Umwegen – wieder herzustellen trachtet. Die Umwege machen die Gliederung und die Höherentwicklung aus.

Die Bezeichnung «Ichgrenze» soll also – gegensätzlich – gerade darauf aufmerksam machen, dass das Ichgefühl ein Ganzes ist. Demnach muss auch die libidinöse Besetzung, die das Ichgefühl ausmacht, gleichfalls zentral [1] zusammenhängen. Die Ichlibido entspricht tatsächlich der Amöbe, welche als Gleichnis von FREUD herangezogen wurde. Mit dem inneren Zusammenhang des Ichs steht das Bestehen einer vielgestalten und jeweilig in ihren Teilen verschieden stark besetzten Ichgrenze in keinerlei Widerspruch. Wir müssen sie so annehmen, weil es nicht nur Entfremdung für die Aussenwelt gibt, sondern auch für viele seelischen Vorgänge, als da sind alle gedanklichen Akte: Erinnern, Denken, Schliessen und Urteilen, affektbetonte Einstellungen, wie Hoffen, Fürchten, Wünschen, Sorgen, Trauern, Einwirkungen auf die gedachte oder wirkliche Aussenwelt, wie Entscheiden, Anfangen, Beenden, Befehlen und Folgen. Die mannigfachen Fälle von Entfremdung – selbstverständlich nur die, welche nicht durch eine tiefere psychotische oder neurotische Störung kompliziert sind – beweisen, dass diese in der Norm affektbetonten Strebungen und Erleidungen als gewusste Erlebnisse des Individuums fortdauern, auch ohne dass sie an die libidobesetzte Grenze des Ichs stossen, oder, genauer bezeichnet, ohne dass die Grenze der Libidobesetzung der Peripherie des Ichs an sie heranreiche. (Die nichtpsychoanalytische Psychologie drückt den Unterschied mit den Worten aus, die Gefühle würden zu Empfindungen.) Dass es sich nicht um einen *Verlust* des Affektes handelt, erkennen wir daran, dass erstens solch ein Kranker teilweise so handelt, wie wenn er die Affekte hätte, und zweitens, dass er dieselben vermisst und dabei angibt, er selbst, d. h. sein Ich, sei anders, er fühle eben deshalb seine Affekte nicht mehr.

Argumente dafür, dass das spezifische Ichgefühl auf libidinöser Besetzung, nicht etwa auf solcher mit anderer Triebenergie, beruhe, haben NUNBERG [2]

---

[1] Das Ich hat – bildlich gesprochen – eine seelische Mitte, mit der alle seelischen Ichfunktionen zusammenhängen; die Verbindung der Ichfunktion mit dem Es wird aber nicht über den Ichkern hergestellt, sondern erfolgt je nach den einzelnen Triebkomponenten des Es, die den Ichfunktionen psychische Energie zuführen.

[2] «Über Depersonalisationszustände im Lichte der Libidotheorie», Int. Ztschr. f. Psychoanalyse, X, 1924.

und ich ¹ angeführt; weitere Argumente will ich, um nicht den Zusammenhang zu stören, hier nicht vorbringen.

Tun wir nun recht daran, die libidinöse Besetzung der Ichgrenzen als «*narzisstisch*» zu bezeichnen? Als andere richtige Bezeichnung stünde uns «*Erogeneität* des Ichs» oder einfach Ichlibido zur Verfügung. Die erstere dieser Bezeichnungen scheint mir ganz konsequent, hat aber den Nachteil, den Gegensatz vom Ich und den «erogenen Zonen» zu verwischen. Auch verbinden wir mit «erogen» die Vorstellung von Organlust spezifischer Art, während die Erogeneität des Ichs, insoweit sie das Ichgefühl unterhält, besonders stark desexualisiert und allgemein erscheint. Wir heben den Ausdruck Erogeneität des Ichs besser für das Ich, das sexualisiert ist, im Gegensatz zum Ich in den Pausen der Sexualität auf. Sagt doch FREUD: «Jeder Veränderung der Erogeneität in den Organen könnte eine Veränderung der Libidobesetzung im Ich parallel gehen ².»

So richtig es ist, dass das Ich einer erogenen Besetzung bedarf, um als Ich gefühlt zu werden, und so sehr das Wort «Eros» zu dieser Verwendung verlockt, halte ich es doch für besser, das Wort *Ichlibido* zu verwenden. Diese Bezeichnung wird sonst gleichbedeutend mit Narzissmus gebraucht, ist es aber nicht völlig. Da es sich hier nicht nur um eine Frage der Benennung, sondern um sachliche Zweifel handelt, will ich einige Sätze FREUDS zitieren, durch die er an verschiedenen Stellen den Begriff *Narzissmus* charakterisiert oder definiert.

In seiner Arbeit «Triebe und Triebschicksale ³», in der FREUD die von ihm überhaupt erst erfassten allerschwierigsten Probleme klarstellt, heisst es: «Das Ich findet sich ursprünglich, zu allem Anfang des Seelenlebens, triebbesetzt und zum Teil fähig, seine Triebe an sich selbst zu befriedigen. Wir heissen diesen Zustand den des Narzissmus, die Befriedigungsmöglichkeit die autoerotische. Es fällt um diese Zeit das *Ich-Subjekt* mit dem Lustvollen ... zusammen.»

Bei dieser Charakteristik ist das Gewicht auf die Befriedigung am eigenen Ich (Seele und Körper, Individuum) im Gegensatz zur Aussenwelt verlegt. Der Zusammenhang begründet gerade diese Hervorhebung. Wenngleich daher die ersten Worte: «Das Ich ist vom Anfang an triebbesetzt» sehr wohl die libidinöse Besetzung, die das Ichgefühl unterhält, einschliessen, ist es doch nicht sicher, dass eine Definition des Ichgefühls schon die autoerotische Befriedigung, die nach den weiteren Worten zum Narzissmus gehört, decken würde. Wir kommen noch auf diesen Gegenstand zu sprechen. Jedenfalls

¹ Siehe Kap. 2.
² «Zur Einführung des Narzissmus», G.W., X, 150.
³ G.W., X, 227.

ist das gesunde Ichgefühl ein lustvolles Gefühl, es enthält aber nicht den Charakter besonderer Befriedigtheit, freilich auch nicht den besonderer Unbefriedigtheit. Im allgemeinen wird es erst bei Steigerung vom Es aus oder durch das Herantreten von bis zum aktuellen Momente nicht dem Ich angehörigen Libidobesetzungen zu einem wirklich lustvollen Gefühle. Immerhin *widerspricht* die zitierte Stelle *nicht* der Verwendung des Wortes Narzissmus für die uns beschäftigende Funktion der Ichlibido [1]. Ich sagte oben, für das Ichgefühl passe besonders gut das Gleichnis von der Amöbe, und dieses verwendete FREUD an mehreren Stellen, um den Narzissmus verständlich zu machen. Auch der Satz: «Narzissmus ist die libidinöse Ergänzung des Egoismus» stimmt für das Ichgefühl, dessen Mangel den Menschen unfähig zum Geniessen macht, so dass für ihn völlig die Worte gelten: «Und er weiss von allen Schätzen sich nicht in Besitz zu setzen.»

Völlige Übereinstimmung zwischen unserer Auffassung vom Ichgefühl und der zitierten Charakteristik des «Narzissmus» stellt sich aber her, wenn wir erkennen, dass das Ichgefühl eben von jenem Teile der Ichlibido unterhalten werde, welche den Narzissmus zwar ausmacht, aber *nicht* autoerotisch befriedigt wird; solche Unbefriedigtheit braucht nicht den Charakter der Unlust zu haben, sondern hat, weil es sich ökonomisch um durch Verteilung gering gewordene Quantitäten handelt, den einer *angenehmen Vorlust*. Diese Bezeichnung wird nämlich tatsächlich der Erlebnisqualität des gesunden Ichgefühls überaus gerecht.

Diese Erwägung war nötig, um zu zeigen, dass wir, ohne den vom Entdecker des Narzissmus gewollten Begriffsinhalt zu überschreiten, dieses Wort für die Besetzung mit Ichgefühl verwenden, obgleich die eigentlichen Definitionen immer auch die Beziehung auf das Ich als geliebtes *Objekt* enthalten, so am schärfsten der Satz: «Sich selbst lieben, was für uns die Charakteristik des Narzissmus ist [2].»

Ich war also berechtigt, das «Ichgefühl» [3] in die psychoanalytische Literatur unter dem Titel «Narzissmus im Ichgefüge» einzuführen, kann aber

---

[1] Ebenso rechtfertigen meine Verwendung der Bezeichnung «Narzissmus» folgende Stellen: «Man hiess die Libido der Selbsterhaltungstriebe narzisstische Libido», nicht aber die Fortsetzung: «und anerkannte ein hohes Mass von solcher Selbstliebe als den primären und normalen Zustand» («Libidotheorie», G.W., XII, 231). Und ebenso die Stelle: «... die Konzeption eines Zustandes, in dem die Libido das eigene Ich erfüllt», nicht aber die Fortsetzung: «dieses selbst zum Objekt genommen hat.» – Oder die Stelle: «Den Zustand, in welchem das Ich die Libido bei sich behält, heissen wir Narzissmus» («Eine Schwierigkeit der Psychoanalyse», G.W., XII, 6), ... aber im Nachsatz wird wieder die Objektbeziehung hervorgehoben.

[2] «Triebe und Triebschicksale», G.W., X, 226.

[3] Das Wort findet sich bei FREUD bereits in der Arbeit «Trauer und Melancholie»: «Der Melancholiker zeigt... eine ausserordentliche Herabsetzung seines Ichgefühls, eine grossartige Ichverarmung» (G.W., X, 431).

auch in diesem Zusammenhange von «Ichlibido» sprechen oder von «objekt-losem Narzissmus». Letztere Bezeichnung würde auch nach der eben ge-äusserten Erwägung, dass es sich um das Vorluststadium der Libido handelt, die Triebdynamik im Ichgefühl angeben.

Nun muss es aber überraschen, von «objektlosem Narzissmus» sprechen zu hören, weil alle so sehr gewohnt sind, Objektlibido und Narzissmus als absolute Gegensätze zu betrachten und zu bezeichnen. Sie sind aber gedank-lich keine Gegensätze, denn auch manche Art Narzissmus hat – wenn man das Ichgefühl ausnimmt – stets das eigene Ich oder Teile desselben als sein Objekt. Wirklich im Gegensatz zueinander stehen «Objektbesetzung» und «Ichbesetzung»; im ersten Wort ist das Ich, im zweiten das Objekt das libidinös besetzte, das mit lustvollem Begehren erlebte. Diesen Gegensatz zu beschreiben, wird auch die Aufgabe vorliegender Arbeit sein.

Wir kommen der, wie ich glaube, richtigen Auffassung des Beobachteten näher, wenn wir in bezug auf die Entstehung des Ichgefühls eine Annahme machen, welche von der Ansicht FREUDS etwas abweicht. Bei diesen psycho-analytisch noch nicht erforschten, vielleicht nie erforschbaren Fragen sind nicht psychoanalytisch erworbene Annahmen gestattet.

FREUD nimmt nämlich als *notwendig* an, «dass eine dem Ich vergleichbare Einheit nicht von Anfang an im Individuum enthalten ist; das Ich muss entwickelt werden...[1]». Diese Annahme geht von der Uneinheitlichkeit des «Es» aus. Ein Ichgefühl ist aber meiner Meinung nach von allem Anfang an vorhanden, früher als jeder andere Bewusstseinsinhalt. Diese Annahme ent-spricht der vieler Philosophen und Psychologen [2] und der von vielen Bio-logen geteilten Ansicht, das jedem, auch dem niedersten Protoplasma, dem-nach jedem Lebewesen, ein Bewusstseinskeim, ich möchte es ein rudimen-täres Ichgefühl nennen, zukommt.

Dafür, dass ein Ichgefühl von Anfang an existiere, möchte ich noch zwei Beobachtungen als entferntes Argument geltend machen. Es geschieht, dass man kurze Zeit ohne bewussten Vorstellungsinhalt verweilt; dabei fühlen wir unser Körper-Ich und deutlich auch ein seelisches Ichgefühl. Es ist leer von geistigen und emotionalen Funktionen. Da diese gewiss allmählich er-worben worden sind, ist es unwahrscheinlich, dass gerade das seelische Ich-gefühl erhalten bliebe, wenn es nicht, allerdings ungeschieden vom seelischen Inhalte, von Anfang an dagewesen wäre. Dass das seelische Ichgefühl das letzte ist, was verlorengeht, zeigt sich auch beim Einschlafen und Ohn-mächtigwerden. Dass es aber als letztes verlorengeht, spricht dafür, dass es

---

[1] «Zur Einführung des Narzissmus», G.W., X, 142.
[2] siehe OESTERREICH: «Die Phänomenologie des Ich in ihren Grundproblemen», 1910.

als erstes vorhanden war. Es war im Bewusstsein immer mit einem Inhalt an Sensationen, später an Vorstellungen verbunden; diese wechselten; ein psychisches Ichgefühl muss als Dauer im Wechsel dagewesen sein, welches dadurch, dass es auf alle Erlebnisse und Erlebnisspuren überging, erst das Ich sich bilden lässt und mit ihm dank der libidinösen Besetzung, die von den Trieben fortdauernd gespeist wird, zunimmt.

Schliesslich spricht noch ein der Biologie entnommenes Argument dafür, dass eine Erogeneität des Ichs von Anfang an besteht; wir wissen, dass jene chemischen Einwirkungen, welche als Hormone später die Libidofunktionen speisen, schon vor der Geburt auf den gesamten Organismus gestaltend einwirken; es ist kein Grund vorhanden, dass sie nicht auch der Psyche von ihrem Erwachen an den libidinösen Beitrag, der im Ichgefühl sich kundgibt, liefern.

Der allmähliche Aufbau des Ichs geschieht durch Neuerwerb ganzer Gruppen von vom Es aus mit Trieb besetzten Erlebnisrepräsentanzen und ihren Erinnerungsspuren aller Art; dieselben stammen von inneren oder äusseren Eindrücken oder aus Reaktionen auf dieselben, die teils vererbter-, teils erworbenermassen typisiert und vom Ich trotz ihrer Abhängigkeit von den Einzelmächten des Es geordnet, sich ein- und zugeordnet werden. Auf jeden solchen Neuerwerb erstreckt sich das Ichgefühl, die primäre Ichlibido. In dieser mit Ichgefühl erfolgenden Angliederung besteht die Erweiterung der Ichgrenzen, und wir haben uns nur der uns so vertrauten Regression zu erinnern, um die spätere Ermöglichung ihrer pathologischen Verkleinerung zu verstehen. Diese Zeit der Ichentwicklung ist die Periode, in der der primäre Narzissmus herrscht. Denn während die Einverleibung in das Ich vor sich geht, erfolgen ständig autoerotische Befriedigungen des jeweiligen Ichs an den neuerworbenen Funktionen und Repräsentanzen. Anders ausgedrückt, das Ich wird und wächst unter Lust an ichgefühlten Erlebnissen, von denen die eigentlich autoerotisch betonten, vor allem die des eigenen Körpers, aber auch die der Gesichts- und Gehörwahrnehmungen, dem Lustprinzip folgend, stärker mit Ichgefühl besetzt werden. Noch im Ichgefühl des Erwachsenen zeigen sich die erogenen Zonen besonders betont. Auch das ganze Ich ist aber Gegenstand dieser primären Selbstliebe, insofern der ganze Körper mit der ganzen Seele bei den vielen mit autoerotischer Lust ausgeführten Bewegungen, bei den früh beginnenden Berührungs- und Schaulüsten genossen wird. Schwerer fällt es, sich die primär narzisstische Besetzung der dem Erwachsenen libidoarm (trocken) erscheinenden geistigen Funktionen lebhaft vorzustellen. Aber die Beobachtung der Ichlust, mit der Kinder aus ihnen ein Spiel machen, und die Erfahrung, dass Neurotiker und Psychotiker sehr viel

Libido an diesen Funktionen unterbringen, lässt keinen Zweifel, dass auch sie sowohl mit Ichgefühl als mit primärem Narzissmus besetzt sind. Die erwähnten Depersonalisationszustände erhärten es.

Wir verstehen jetzt, dass der «primäre Narzissmus» zur Zeit seiner Blüte mit seiner starken, vom Es stammenden Trieb- und Lustenergie das einfache Ichgefühl sehr übertönt. Erst mit der Verdrängung der autoerotischen Erlebnisse und Erlebnisspuren, mit dem Vorwiegen der Objektinteressen, wird das eigene Ichgefühl als solches wahrnehmbar. Aber selbst für den Erwachsenen wird es so sehr von autoerotischen und noch mehr von objektlibidinösen Bewusstseinsinhalten verdeckt, dass es erst bei Variationen und Störungen die Aufmerksamkeit sowohl des sich selbst beachtenden Individuums als auch der Forschung auf sich ziehen konnte.

Soweit sich der «primäre Narzissmus» beim Kinde auf dessen eigenes Individuum erstreckt, können wir uns von demselben, einmal durch FREUDS Entdeckung darauf aufmerksam gemacht, durch die Beobachtung des Gehabens des Kleinkindes direkt überzeugen. Dass bei ihm der Narzissmus sogar deutlicher hervortritt als bei den Tieren und wahrscheinlich auch bei den Primitiven, liegt daran, dass dem Menschenkinde die Gefahr der Aussenwelt und die ständige Furcht vor derselben lange erspart bleiben, weil eben der Mensch von allen Geschöpfen am meisten zu den Nesthockern gehört. Wer aber ein verwöhntes Schosstier beobachtet, wird auch an ihm ein ebenso deutliches narzisstisches Gehaben erkennen.

Soweit sich aber der primäre Narzissmus auf die Aussenwelt erstreckt, können wir ihn nicht beobachten, sondern nur erschliessen. Deshalb ist dieser Teil der Libidolehre schwerer als Wirklichkeitsbeschreibung zu erfassen und wird meist für blosse Theorie gehalten. Beim Erwachsenen überwiegen nämlich in der Erfassung der Aussenwelt die Objektbesetzungen so sehr den primären Narzissmus, dass man ihn erst in den Zuständen von Hingegebenheit und Ergriffenheit, deren höchste Stufen wir als Ekstase und mystische Vereinigung bezeichnen, empfinden kann [1] – – dort, wo nach dem Ausdruck mancher Philosophen das «Reich der Freiheit beginnt» und das *principium individuationis* mit den Kausalgesetzen aufzuhören scheint.

Und doch hat die erste Arbeit über den von FREUD kurz vorher dargestellten Narzissmus, die von HANNS SACHS, sich gerade mit jenem Narzissmus beschäftigt, welcher sich auf die Objekte der Aussenwelt bezog und dessen Verdrängung und Projektion zu der animistischen Weltauffassung

---

[1] In ihrer Arbeit «Über Zufriedenheit, Glück und Ekstase» hat HELENE DEUTSCH auf die Wiederherstellung einer narzisstischen Einheit und auf die Erweiterung des Ichs und seiner Grenzen hingewiesen (Int. Ztschr. f. Psychoanalyse, XIII, 1927).

des Primitiven führt. Kind und Primitiver benehmen sich im Stadium des primären Narzissmus anders als später, nachdem die Ichgrenze alle Gegenstände der Aussenwelt ausserhalb des Individuums gelegen *fühlen* [1], nicht nur erkennen lässt. Erstens empfinden Kinder manche Veränderungen an äusseren Objekten, wie wenn sie ihnen selbst geschehen wären, reagieren deshalb mit Angst und Zorn, mit Lust und Leid, obgleich ihnen nach den Begriffen des Erwachsenen doch «gar nichts geschah». Zweitens aber sind sie andererseits wieder unabhängig von den Geschehnissen der Aussenwelt, weil ihre mit vollem Ichgefühl erlebten, ständig besetzten Vorstellungen der Aussenwelt diese selbst ihnen zu ersetzen vermögen. *In der Zeit des vorherrschenden primären Narzissmus fällt daher die Ichgrenze mit der gesamten Vorstellungswelt des Kindes zusammen,* aus der das aktuelle Bewusstsein einen kleinen, noch nicht der Realität entsprechend zusammenhängenden Teil hervorhebt. Wir können annehmen, dass in dieser Periode die geistigen Abläufe in Primärvorgängen vor sich gehen. Bei der individuellen Verwendung von Worten oder Wortneubildungen kann man nämlich noch lange Verschiebung, Verdichtung, Ersatz durch das Gegenteil genugsam nachweisen. Aber schon jetzt korrespondiert die Verteilung der Intensitäten der Libidobesetzung mit dem Interesse an der Aussenwelt. Denn alles, was das Kind stärker und öfter begehrt, bekommt früh eine und dieselbe richtige Bezeichnung. Diese werden durch jede neue Befriedigung eines Begehrens befestigt. Trotz der narzisstischen Besetzung der Aussenwelt kann daher – analog wie bei den Primitiven – eine Art Realeinfügung erfolgen, weil die narzisstische Besetzung nicht diffus für die ganze Vorstellungswelt dieselbe ist, sondern, je nachdem die autoerotische Befriedigung der erogenen Zonen durch ein Objekt stärker erfolgt, gerade auf dessen Vorstellungen eine stärkere narzisstische Besetzung sich konzentriert. Die Wiederholung und stärkere Besetzung der begehrten und der lebenswichtigen Objektrepräsentanzen folgt dabei noch ganz dem Lustprinzipe.

Das primäre Ichgefühl schliesst also von Anfang an auch die Aussenwelt in sich ein. Diese nimmt an Ausdehnung mit dem Erleben immer mehr zu; ihre Teile, d. h. die Vorstellungen von ihnen, werden dabei nicht gleichmässig mit Narzissmus besetzt, sondern ebenso wie die Teile des Körpers in verschiedener Intensität. Trotzdem sind die Objekte noch rein narzisstisch und noch nicht objektlibidinös besetzt. Nur durch die Verbindung der libidinösen Begehrung mit der Funktion der Selbsterhaltungstriebe erhalten die stärker narzisstisch besetzten Dinge einen Objektcharakter. Die Vorstellungen von ihnen werden aber als *zum Ich gehörig* gefühlt, obgleich die Objekte als Be-

[1] Vgl. Kap. 1.

friedigungsmittel von den Selbsterhaltungstrieben und von der Libido angestrebt werden. Erst, wenn das kleine Kind das *Ichferne des Gegenstandes* fühlt, hat der primäre Narzissmus für die betreffende Funktion die alleinige Geltung verloren. Solange z.B. die Vorstellung der Mutterbrust ebensosehr wie die Wonne des Saugens von *Ichgefühl besetzt* ist, wird wohl die Lust des Saugens und die Stillung des Hungers begehrt, die Mutterbrust als ihr Mittel gesucht, sie ist also bereits tatsächlich etwas Begehrtes, aber nichts, was ausser dem Ichgefühl steht. Wird sie bereits als fremd, dem *Ichgefühl entzogen*, erlebt, dann erst hat sie eine objektlibidinöse Besetzung. Die Konzeption des Ichgefühls lässt auf diese Weise den primären Narzissmus in seiner Verwendung für die Vorstellungen der Aussenwelt besser verstehen.

Beim primären Narzissmus existieren also keine vom Ichgefühl unbesetzten Objektbesetzungen. Alles, was befriedigt zu werden begehrt, und alles, was Befriedigung verschafft – das erste ist das Subjekt der Libido, das zweite ihr Objekt –, ist körperlich und in seiner Vorstellungsrepräsentanz von Ichgefühl, von der zusammenhängenden Ichlibido besetzt. Solange das Kind noch keine *Vorstellung* vom eigenen Ich hat, ist das Ich dabei nur als Subjekt vorhanden, nur als sich selbst in seinen Teilen erlebendes Subjekt. Deshalb ist der primäre Narzissmus als Subjektstufe des Ichs zu bezeichnen.

Das Entstehen der vom Ich *getrennten* Objektbesetzungen macht der Alleinherrschaft des primären Narzissmus ein Ende. Wir dürfen aber nicht – wie die Lehrbücher der Geschichte etwa das Altertum – diese Periode des Narzissmus mit einem bestimmten Ereignis enden lassen. Die Aussenwelt wird nicht plötzlich als etwas vom Ich Getrenntes und damit auch das Ich als etwas von der Aussenwelt Verschiedenes entdeckt. Für jede Einzelbeziehung muss die Objektstufe abgegrenzt werden. Mühsam wird anfangs Objekt auf Objekt als solches erworben, wobei die primäre narzisstische Besetzung bei stärkerer Trieberregung – z.B. im Affekte wegen einer Versagung noch lange Zeit – die Objektbesetzung quantitativ so übertönen kann, dass jede «Objektivität» aufhören muss!

Bevor ich die Rolle des Ichgefühls auf der Objektstufe des Individuums erörtere, will ich noch auf einen Unterschied zwischen der zum Ichgefühl gewordenen Ichlibido und dem primären Narzissmus aufmerksam machen, den man auch bei dem Erwachsenen deutlich beobachten kann. BREUER hat zuerst die Theorie aufgestellt, dass wir ruhende und bewegliche Besetzungen unterscheiden müssen. OTTO GROSS hat den gleichen Grundgedanken in seiner Lehre von der Primär- und Sekundärfunktion durchgeführt [1]. FREUD

---

[1] O. GROSS: «Die cerebrale Sekundärfunktion», 1902.

erkennt in seinen metapsychologischen Schriften[1] diese Anschauung BREUERS als tiefste Einsicht an. Nun haben wir im «primären Narzissmus» das Ichgefühl und die autoerotische Verstärkung desselben geschieden hervorgehoben. Es fragt sich nun, ob diese beiden Anteile nicht auch in bezug auf Ruhe und Beweglichkeit voneinander verschieden sind. Die Erfahrung am Erwachsenen lehrt, dass dort, wo Aufmerksamkeit oder Willen zugewendet wird, das Ichgefühl der betreffenden Ichgrenze stärker wird. Wenn wir dem Ichgefühl den Vorlustcharakter zuerkannt haben, so ist bei jeder solchen Steigerung die Beweglichkeit der Libidobesetzung sehr begreiflich, weil dann das Unbefriedigte der Vorlust sich steigert und als ungesättigt nach Sättigung (Endlust) sucht. Anderseits haben wir angenommen, dass gerade die autoerotische Befriedigung es ist, welche wichtigste Anteile des Ichs stärker mit Narzissmus besetzt. Ob nun vom Es aus eine Triebsteigerung oder von aussen ein Reiz mittelbar oder über verschiedene vorbewusste oder unbewusste Wege diese Befriedigtheit stört, in beiden Fällen wird der Vorlustcharakter im primären Narzissmus und damit das Ichgefühl der betreffenden Ichgrenze gesteigert werden. Wir können daher vermuten, dass bei jedem seelischen Akte die beweglichen Besetzungen von der Vorlustspannung der unbefriedigten Libido herrühren, die ruhenden den befriedigten Quanten Libido entsprechen.

Doch kann diese Unterscheidung nicht die richtige triebdynamische Erklärung für die Ansicht BREUERS sein. Denn die Libido muss ja mit ihrer Befriedigung auch ihre Energie verloren haben. Die Besetzungen sind wohl durch die Befriedigung zur Ruhe gekommen, aber nicht als ruhende weiter vorhanden. So sind es nur Ruhepunkte in der Libidobewegung, welche durch die autoerotische – ebenso später durch objektlibidinöse – Befriedigung entstanden sind. Doch haben sie als Ruhepunkte eine besondere Bedeutung: Da nämlich einmal erreichte Befriedigung an den gleichen Vorstellungen und Vorgängen wieder gesucht wird, so werden diese Ruhepunkte immer neu mit Libido, die Sättigung sucht, besetzt werden. – Die Libido wird daher nur insofern als ruhend erscheinen, als sie von dort nicht abströmt, sondern dort ihre Befriedigung findet. So können wir allgemein von *scheinbar* ruhender Besetzung dort sprechen, wo nicht mehr Libido von einem psychischen Element abströmt oder durch Befriedigung verschwindet, als dem Elemente zuströmt. (Element als allgemeiner Ausdruck für jede Art von mit Libido besetztem psychischem Einzelapparat oder Einzelvorgang.)

Zur Frage der ruhenden und beweglichen Besetzung lehrt die Beobachtung der Ichgrenze noch etwas anderes. Wir wissen, dass sie in ihrer ganzen

[1] «Das Unbewusste», G. W., X, 287.

Ausdehnung im allgemeinen während des Wachens konstant mit Ichgefühl besetzt bleibt. Daraus können wir ganz allgemein schliessen, dass überhaupt ein gewisses Mass auch ungesättigter Libido (solcher von Vorlustcharakter) trotz ihrer Ungesättigtheit an psychischen Elementen ruhend verbleibt. Das Mass derselben ist für verschiedene Individuen und im selben Individuum für die verschiedenen Elemente und Funktionen ganz verschieden. Erst wenn diese dauernde Besetzung eine Steigerung erfährt, wird sie die Tendenz abzufliessen haben: Dies ist eine allgemeine Lehre der Libidotheorie, die durch die Beobachtung des Ichgefühles neuerdings bestätigt wird.

Damit mehr als dieses Mass von Libido ruhend erhalten bleibe, muss ihr Abströmen und ihre Befriedigung gehindert werden. Die Beobachtung der Ichgrenze bei Depersonalisation belehrt uns, dass Objektlibido am Abströmen gehindert wird, wenn die Ichgrenze sich von den betreffenden Objekten oder libidinös besetzten Funktionen zurückzieht. Wir sehen daher: ein möglicher Weg, Libido ruhend zu erhalten, ist die Zurückziehung der entgegenkommenden Libidobesetzung, hier erkennbar an der Entblössung der Ichgrenze von Ichgefühl. Ich erinnere, dass FREUD den gleichen Mechanismus für das Entstehen der Verdrängung angenommen hat, insofern als bei ihr die Besetzung vom Vorbewussten aus zurückgezogen wird.

Es gibt nach FREUD noch andere Mechanismen, welche Libido am Abströmen hindern; doch gehören sie nicht zum vorliegenden Thema. Für dieses war die vorausgegangene Erörterung wichtig, weil sie zeigte, dass die Zurückziehung der Ichgrenze, genauer die Zurückziehung des Ichgefühles, die Libido der vom Ich verlassenen Vorstellungen am Abströmen hindert. Nun fand ich bei der Psychoanalyse der Entfremdungs- und Depersonalisationszustände, dass Schreck und Angsterlebnisse (REIK [1] und SADGER [2] fanden später dieselben Ursachen) das Entstehen der Entfremdungszustände, die Zurückziehung der Ichgrenze, bewirken. Wir können daher annehmen, dass die Primitiven nur unter dem Druck der furchtbaren Aussenwelt mühsam zur Loslösung ihres Ichs von der Aussenwelt, zum Verlassen des primären Narzissmus gezwungen wurden. Die gleiche Entwicklung, aber durch den mächtigen kulturellen Schutz von Vater und Mutter wesentlich erleichtert, nimmt das Kind.

Welche Rolle können wir der *Ichlibido* (dem *Ichgefühle*) und der *Ichgrenze* in der weiteren Entwicklung zuschreiben? Wir werden bei der Besprechung die Beziehung der einzelnen Objektbesetzungen zur Ichgrenze von der Ge-

---

[1] «Psychologie und Depersonalisation», in: «Wie man Psychologe wird», 1927.
[2] «Über Depersonalisation», Int. Ztschr. f. Psychoanalyse, XIV, 1928.

samtentwicklung der Ichgrenze trennen. Nach den Darlegungen FREUDS [1] handelt es sich um die Verwandlung des Lust-Ichs in das Real-Ich und wieder dessen Verwandlung in ein purifiziertes Lust-Ich als Reaktion auf das Eintreten des Objektes. Soweit ich diesen Teil der Metapsychologie durchdenken konnte, entspricht die Erwerbung der Objektbesetzungen dem ersten, das Verlassen der früheren Ichgrenzen dem zweiten Vorgange.

Dort, wo das Kind an den Objekten Enttäuschungen erlebt, dort, wo es immer neue Erfahrungen macht, dass sie seinen Wünschen nicht untertan sind, dort, wo es Schmerz, Leid, Angst und gar Schrecken durch die Objekte erfährt, dort zieht sich seine Ichgrenze von den Objekten zurück. Der Vorgang ist so stark durch Vererbung vorgebildet, dass ich nicht weiss, ob die genaueste Beobachtung beim Gesunden wird äussere Anlässe nachweisen können. Vielleicht genügt für die *allmähige* Änderung der Ichgrenze beim Gesunden die so gut beobachtbare Unterbrechung des Ichgefühls im allnächtlichen Schlafe. Bedeutungsvoll ist diese jedenfalls. In pathologischen Fällen, also für alle Arten vorübergehender oder dauernd verbleibender Entfremdung, ist die traumatische Entstehung nachweisbar, wobei die Entfremdung plötzlich bemerkt wird, ob sie nun an ein schreckendes oder an ein chronisch schwer kränkendes Erlebnis anschliesst. Ferner will ich etwas abweichend von FREUD bemerken, dass es sich – mit seinem Bilde gesprochen – bei der Entstehung der Objektbesetzungen nicht um blosse Pseudopodien handeln kann, die das narzisstische Libidoreservoir als Amöbe an die Objekte *aussendet*. Der Vorgang muss immer der sein, dass die zusammenhängende Ichlibido sich unter Zurücklassung von Objektbesetzungen von den Objekten *zurückzieht*, sowohl von denen, die sie früher schon narzisstisch besetzt hatte, als von denen, die erst später unter vorübergehender Berührung desselben erworben wurden, zu einer Zeit, da die Ichgrenze schon die Aussenwelt als Ganzes aussen liegen gelassen hat und nur Teile der Aussenwelt, allerdings grosse, narzisstisch besetzt zum Ich gehörig geblieben sind. *Objektbesetzungen entstehen dadurch, dass die Ichgrenze sich von den Objektvorstellungen, d.h. von den Erinnerungsspuren der Objekteindrücke, wieder zurückzieht.* Dann bleibt getrennt einerseits das Ich, von einer zusammenhängenden Ichlibido besetzt, im Gegensatz dazu andererseits die immer zahlreicher werdenden einzelnen Objektvorstellungen mit kleinen Libidoquanten, die aber dennoch vom Es aus mit starken Intensitäten besetzt sein können. Die gesamte psychoanalytische Erfahrung spricht dafür, dass diese vom Ich isolierten Objektbesetzungen ihre eigenen gesetzmässigen Libidoschicksale haben, dass z.B.

---

[1] «Triebe und Triebschicksale», G.W., X, 228.

an ihnen die Verdrängung, deren Misslingen zur Symptombildung führt, erfolgt.

Nun lehrt die Selbstbeobachtung – mit welcher viele Mitteilungen anderer Autoren übereinstimmen – einen Vorgang, der eine neue Annahme in der Libidotheorie nötig macht: Alle Beobachtung des Ichgefühles bestätigt, dass die *Libido der Ichgrenze* (als Ichgefühl erkennbar) *und die Libido der Objektvorstellungen* zumindest bei allen psychischen Akten, die voll erlebt werden, wieder aneinander gelangen und dadurch entweder zur Befriedigung (z. B. einfaches Wiedererkennen) kommen oder bei unvollkommener Befriedigung weitere bewusste und vorbewusste psychische Abläufe mit oder ohne Berührung der Ichgrenze (Mitwirkung der Ichlibido) veranlassen. Ob solche Vereinigungen von Ichlibido und Objektlibido auch ohne unser Bewusstsein erfolgen, hebe ich als ein wichtiges psychoanalytisches Problem hervor. Bei jedem solchen Einswerden der ichlibidinösen Grenze und der Objektvorstellung – selbstverständlich ist die einzelne Objektvorstellung nur das einfachste Beispiel und geschieht es zumeist in analoger Weise bei komplizierten Abläufen und Funktionen – tritt eine vorübergehende Erweiterung der Ichgrenze ein, so dass meine Darstellung in bezug auf die weitere Beziehung von Ich- und Objekt-Libido wieder zur Darstellung FREUDS vom Umfassen und Verlassen der Objekte zurückkehrt. Die Abweichung betrifft nur das Entstehen der Objektbesetzungen.

Bei allen bewussten Vereinigungen von Ichlibido und libidinöser Objektbesetzung haben wir nicht nur das Bewusstsein der Vorgänge, sondern fühlen die Lebendigkeit und Wirklichkeit, sei es der Wahrnehmung, sei es des Denkens und auch des Affektes. Da für die betreffende Ichgrenze, von dem lebhaftesten Ichgefühl (so im höchsten Grade bei Manie oder Enthusiasmus) bis zur Entblössung bei Entfremdung, verschiedene Intensitäten der ichlibidinösen (primär narzisstischen) Besetzung möglich sind, können auch die Befriedigung und das Gefühl des vollen Erlebens alle Grade haben. Was SCHILDER [1] mit Ichferne und Ichnähe eines Vorganges bezeichnet, findet nicht in einer grösseren Trennung vom Ich seine Erklärung, ein Vorgang kann auch nicht mehr oder weniger bewusst sein. Sondern die Intensität der Libido der Ichgrenze ist verschieden gross. In jeder dieser Vereinigungen von Ichlibido und Objektlibido ist das Bewusstwerden enthalten. Es ist aber mehr als blosses Bewusstwerden darin, weil ja Bewusstheit der Vorgänge auch bei voller Entfremdung erhalten bleibt. Da aber das Ichgefühl eine Dauerbewusstheit des Ichs ist, könnte der Unterschied zwischen Bewusstheit und voller Ichhaftigkeit eines Vorganges vielleicht doch ein nur quanti-

[1] «Der Ichkreis», Ztschr. f. d. ges. Neurologie und Psychiatrie, XCII, 1924.

tativer sein. Wahrscheinlich dürften aber zwei voneinander unterscheidbare Funktionen an der Ichgrenze erfolgen, von denen die eine auch den Ichkern betrifft und dadurch die Bewusstheit, die andere nur das Ichgrenzengefühl bedingt.

Wir haben so dargelegt, dass die narzisstische Besetzung von den Aussenobjekten zurückweicht und dass auch die Denkfunktionen und die affektiven Reaktionen mehr und mehr ausserhalb des Ichgefühls sich ausbilden und vorbewusst vor sich gehen, um allerdings in jedem aktuellen Erlebnis immer neu von den Ichgrenzen und vom Bewusstsein erfasst zu werden[1].

Was geschieht nun mit der alten narzisstischen Grenze des Ichs, während sich das Gebiet der jeweilig von der Ichgrenze erfassten Objektbesetzungen und damit die Ausdehnung der Ichgrenze selbst vergrössert? Das ist nicht theoretisch abzuleiten, sondern aus der Erfahrung zu beantworten. Eines ist gewiss: Es erfolgt keine sozusagen rationale Teilung zwischen der Besetzung des Ichs und den Objektvorstellungen, so dass Aussenwelt, Körperliches, Seelisches jeder das Seine erhielten. Ginge die Entwicklung so vor sich, so wären die uns beschäftigenden Probleme mit wenigen Sätzen zu erledigen; ja – es hätte die alte Assoziationspsychologie überhaupt nicht von der Psychoanalyse belehrt zu werden brauchen. Sie würde damit auskommen, Vorstellung, Empfindung, Wahrnehmung, Gefühl usw. zu unterscheiden und deren weitere Kombinationen und Verarbeitung; die Stabilisierung der Verarbeitungsresultate bedingte dann, dass diese auf wohl eingerichteten und physiologisch resp. experimentalpsychologisch erforschbaren Bahnen alles in Ordnung halten. Die so entstandenen «seelischen Ämter» wecken einander, halten einander in Atem, lassen einander schlafen, arbeiten auch einander entgegen (z. B. wenn widersprechende Aktenstücke kommen), können also auch hemmend wirken: Im ganzen erfüllen sie aber ordnungsgemäss die ihnen gestellten Aufgaben und werden auch mit dem *Trieb*gesindel fertig, es sei denn, dass irgendwo ein Beamter erkrankt oder die Postverbindung von Amt zu Amt versagt. Der Mikrokosmos der Seele, völlig nachgemalt dem Bilde, das man sich zur Zeit der Entstehung der Schulpsychologie von dereinst vom Staate gemacht hat!

Die Psychoanalyse hat von dieser Idylle nichts übriggelassen; es wäre in Verfolgung des Vergleiches interessant, zu untersuchen, wieweit auch das von ihr geschaffene Seelenbild der Gesellschaftsordnung zur Zeit ihrer

---

[1] Wie ein Vergleich mit späteren Arbeiten und persönlichen Mitteilungen zeigt, hatte FEDERN hier noch nicht die Auffassung formuliert, dass das Ichgefühl das Vorbewusste einschliesst. Freilich sind die einzelnen Inhalte des Vorbewussten nicht jeden Augenblick bewusst; aber dass die Verwendung des vorbewussten Materials bewusst gefühlt wird, entspricht FEDERNS späteren Formulierungen. – E. W.

Schöpfung entspricht. Von der neuen Gestaltungswiedergabe der Seele –
Bild dürfte ich es nicht nennen, weil der Dimensionen zu viele darin sind –
wollen wir hier nur zwei Neuerungen hervorheben: erstens, dass es sich,
weiter im Gleichnis gesprochen, um öffentliche, private und verborgene Vorgänge handelt, und zweitens, dass es von den Trieben aufwärts, vielleicht
schon unter den Trieben selbst, Schichten gibt, welche nicht gleichmässig
geordnet übereinander liegen oder so liegenbleiben.

Deutlich und offenkundig scheidet das Ichgefühl die Aussenwelt und das
Ich und hebt das seelische Ichgefühl den Körper von dem Psychischen ab.
Gleichsam nicht öffentlich dauern die narzisstischen Besetzungen vieler Vorstellungen der Aussenwelt mit Ichgefühl fort, ändern sich, entwickeln sich,
werden wieder aufgegeben und neu verliehen. Geheimst verborgen bleibt,
sogar für das eigene Bewusstsein aufgegeben, die gesamte Welt des primären
Narzissmus, wie Traum und Psychose uns lehren, fortbestehen; denn es wird
das primär narzisstische Ich (welches Aussenwelt und Individuum umfasste)
als *Ganzes* verdrängt, unbewusst: Weltbild und Ichgefühl der Kleinkinder
sind den Erwachsenen völlig unbewusst, beweisen aber ihr Vorhandensein
dadurch, dass sie in Psychosen wiederkommen können. Das ist, wie ich
glaube, eine hier neu vertretene Auffassung; neu, weil wir sonst nur von
Verdrängung der Objektvorstellungen und deren Verarbeitungen hören.

Es geschieht also bei der Etablierung der neuen Ichgrenze dreierlei:

1. Die Aussenwelt wird *egoistisch* durch die Objektbesetzungen erfasst:
Realanpassung des Ichs (des Real-Ichs) an die Welt.

2. Die Aussenwelt wird *egozentrisch* durch narzisstische Besetzung vom
Ich umfasst: Wunschgemässe Angliederung der Vorstellungen von der Welt
an das Ich.

3. Das bisherige Ich wird verdrängt: Unbewusste Fortdauer des *egokosmischen* Ichs.

Wir haben jetzt nebeneinander, nach den Worten Freuds, das Real-Ich
und das purifizierte Lust-Ich – und von Freud nicht erwähnt, im Unbewussten das Ur-Ich, das Welt und Ich narzisstisch umfasste, welches Trigant
Burrow als das «*Preconscious*» bezeichnet hat, fortbestehen. Vom letzteren
werden wir später bei der Untersuchung der Ichgefühle und der Ichgrenzen,
die das Über-Ich abgrenzen, sprechen. Jetzt soll uns das Verhältnis der bewussten Ichgrenzen zueinander und zu den Objektbesetzungen beschäftigen.

Wie wir früher auseinandersetzten, wird die Ichgrenze immer beweglicher und umfasst immer mehr Funktionen, immer mehr Vorstellungen. Das
Freigeben der Aussenwelt aus dem Ichgefühl hat ihre Eroberung und Beherrschung zum Ziel gehabt; dazu werden alle Erfahrungen und Künste des

Geistes und Körpers verwendet; soweit sie bewusst und nicht entfremdet sind, erstreckt sich auf sie das Ichgefühl. So wird die Ichgrenze zur Zeit des Real-Ichs und des purifizierten Lust-Ichs für das letztere vielgestaltet und reichgegliedert, viel mehr, als sie zur Zeit des Allnarzissmus gewesen war. Es wachsen sowohl körperliche als seelische Ichgrenze allmählich mit dem Reifwerden von Körper und Geist. Pathologische Fälle belehren uns, dass auch später noch ganze Ichgrenzen mit den jeweiligen narzisstischen Besetzungen verdrängt werden können, denn es gibt als Ausnahmen Fälle, wo sie festgehalten werden. Was wir Fixierung heissen, ist auch mit der festeren Formation einer bestimmten Grösse und Grenze des Ichs verbunden. Namentlich wenn ein bestimmter Partialtrieb eine bestimmte Ichgrenze betont, wie wir es vom Exhibitionismus und vom Masochismus wissen, so wird dadurch diese Ichgrenze stärker besetzt. Es gelingt dann nicht, sie in langsamer Entwicklung zu erweitern, und so bedarf es zur Überwindung eines solchen Stadiums der Verdrängung. FREUD hat in analoger Art vom Friedens- und Kriegs-Ich der Kriegsneurotiker gesprochen. Von einem individuell verschiedenen Alter an hören solche Verdrängungsschübe in bezug auf die Ichgrenze ganz auf und verändert sie sich weiter nur allmählich mit den neuerworbenen Funktionen: der Mensch bleibt derselbe. Die grundsätzliche Erfahrung, dass bestimmte Ereignisse eine amnestische Periode abschliessen, hängt daher nicht nur mit der Verdrängung von zusammenhängenden Objektvorstellungen, sondern vor allem mit der Verdrängung einer Triebkomponente und der von ihr in charakteristischer Art besetzten Ichgrenze, besonders für die seelischen Funktionen, aber auch mitunter für das Körperliche zusammen, wie ich schon früher dargelegt habe.

Die Verdrängung solcher stärker fixierter Ichgrenzen ist nicht immer Folge davon, dass die frühere Ichgrenze und ihre Besetzung unlustvoll wurde, ebensowenig als der primäre Allnarzissmus lustlos werden konnte; sondern die Unlust liegt daran, dass *zwei narzisstische Ichgrenzen nicht ohne Verwirrung miteinander bestehen* können. Wenigstens zeigen Erwachsene, welche rasch und oft auf ein früheres Ichstadium mit anderer Ichgrenze zurücksinken, eine sie sehr quälende Unsicherheit und Scham. Eigentlich wird die Verdrängung aus dem Bewusstsein darum nötig, weil eben das Individuum von der früheren Lustquelle nicht bewussterweise lassen konnte. Es ist wahrscheinlich, dass erst ein unlustbetontes äusseres Ereignis die Verdrängung der dasselbe betreffenden Objektvorstellungen und der dazugehörigen Periode des Ichs mit seiner Ichgrenze einleitet und sie ermöglicht. Dass Objekt- und Ichbesetzungen gleichzeitig verdrängt zu werden pflegen, entspricht unserer früher ausgesprochenen allgemeinen Beobachtung, dass bei jedem psychischen Geschehen Besetzung des Ichs an der «betreffenden Ichgrenze» und Objektbesetzung sich vereinen.

Wir können nun genauer sagen, welches die «betreffende Ichgrenze» ist: Im Erlebnis kommt die Objektvorstellung mit ihrer Libidobesetzung mit den dauernd zum Ich gehörigen narzisstisch besetzten Vorstellungen desselben Gegenstandes zusammen. Unsere früher gestellte Frage: «Was geschieht bei der Erwerbung von Objektbesetzungen mit der narzisstischen Ichgrenze?» haben wir dahin beantwortet, dass sie erhalten bleibt und sich weiter verändert. Die neuerworbene Objektbesetzung ist wohl dadurch entstanden, dass die narzisstisch besetzte Ichgrenze von den unbotmässigen oder peinlichen Objekten zurückwich oder nur ganz vorübergehend die neue Wahrnehmung mit Ichgefühl ergriff, so dass die Objektvorstellung mit neuer Objektbesetzung (vom Es aus) ohne Ichgefühl zurückbleiben kann. Aber – entsprechend aller Erfahrung der Psychoanalyse – verschwindet auch hier nichts einmal Erworbenes. Dass eine neue Erfahrung mit zurückgezogener oder sich sofort zurückziehender Ichgrenze gewonnen wurde, die als Objektvorstellung zurückbleibt, hindert nicht, dass die alten, bereits von früher bestandenen, mit Ichgefühl besetzten Vorstellungen in der Erinnerung fortbestehen, dass wir also zwei Niederschriften, wie FREUD in einem anderen Zusammenhang es nannte (Engramme im Sinne SEMONS), von demselben Objekt haben: die eine narzisstisch gefärbt, undeutlich und nicht der Wirklichkeit genau entsprechend – geniale Menschen ausgenommen, auch bei diesen immer vielfach mit kindlichen Elementen vermengt –, die andere möglichst richtig, spät erworben, der Korrektur durch neue Erfahrung sehr zugänglich. Dass beide beim Erlebnis zusammenkommen, liegt daran, dass beide aktuell durch eine zu beiden gehörige *Wahrnehmung* oder durch ein *Wortbild* in das Bewusstsein gerufen werden. *Je mehr die narzisstische Vorstellung oder Vorstellungsgruppe der objektlibidinösen inhaltlich entspricht, desto leichter gelingt die Befriedigung der Libido bei dem Aktuellwerden und Zusammenkommen beider.*

Ich weiss, dass diese ganze Darlegung schwer angenommen werden wird. Die Selbstbeobachtung lässt aber, leichter in den wunschbetonten als in den begrifflichen seelischen Vorgängen, weil erstere stärker mit Ichlibido besetzte Inhalte enthalten, diese Inhalte von den Objektvorstellungen im Auftauchen unterscheiden. An beiden hängen Libidoquanten, die sich im Erleben selbst vereinen. Hat man einmal diesen Vorgang an wunschbetonten Vorstellungsgruppen öfters beobachtet, so erkennt man den gleichen Vorgang auch beim gleichgültigeren Denken oder Tun. Das Wort «begreifen» besagt, dass mit Zuwendung von Ichlibido ein neues Vorstellungselement einer richtig geordneten bestehenden Gruppe zugeordnet wird. Dort, wo keine narzisstische stärkere Besetzung im Vorbewussten ist, wird beim Auftauchen einer Objektvorstellung nur das uns jetzt schon bekannte Ichgefühl (Libidobesetzung) der Ichgrenze der auftauchenden Vorstellung entgegenströmend gefühlt. Fehlt auch diese, so tritt, wie schon oft erklärt, Entfremdung ein. Die *narzisstisch besetzte* Vorstellung ist also *nicht dasselbe* wie die mit *Objektlibido besetzte* Vorstellung.

Wir können jetzt zusammenfassend sagen, die Ichlibido setzt sich im Ichgefühl und in den vom Autoerotismus stammenden, das Ichgefühl verstärkenden Besetzungen als Einheit durch das ganze Leben fort. Das ist aber nur möglich, weil die von ihnen besetzten Vorstellungen nicht mehr wie zur Zeit der Alleinherrschaft des primären Narzissmus den Charakter der Wirklichkeit haben. Den haben sie an die Objekteindrücke, die von *aussen* die Ichgrenze berühren, abgegeben. Die Erinnerungen an jene Zeit, da sie noch Wirklichkeitscharakter hatten, an das, wie ich es oben nannte, «*egokosmische* Ich», mussten zu diesem Zweck *verdrängt* werden. Triebökonomisch war diese komplizierte Entwicklung möglich, weil vom Es aus um so viel weniger Libido der alten narzisstischen Besetzung in ihrer Gesamtheit zugeführt wurde, als die wirklichen Objekte Libido für ihre Besetzungen in Anspruch nahmen.

In diesem ganzen Entwicklungskampfe der Realanpassung gegen die archaische, lustvoll narzisstische Ichform sehen wir daher sowohl die zentrale Ichlibido mit ihren wechselnden Grenzen als auch die isoliert sich bildenden Objektbesetzungen kontinuierlich sich entwickeln. Die Kontiguität der Libidobesetzungen wird durch Isolierung der Objektbesetzungen und durch Verdrängungsprozesse unterbrochen. Wir wissen aber, dass pathologische und physiologische (Schlaf, Traum, Psychoanalyse, Ekstase) Veränderungen in der Ökonomie die aufgehobene Kontiguität für kurz oder lang wieder herstellen können.

Unsere Darlegung hat aber auch gezeigt, dass jeder voll (nicht entfremdet) gefühlte seelische Vorgang vorübergehend die durch die dargestellte Entwicklung getrennten Besetzungen, nämlich die des Real-Ichs (dessen Grenze der Wirklichkeitserfassung, d. h. der Wahrnehmung und der Motilität, inklusive Sprache, zugewendet ist), die des purifizierten Lust-Ichs (dessen narzisstische Grenze wir oben beschrieben haben) und die der Objektvorstellungen aktuell vereinigt. Es hat also tatsächlich die Realanpassung an allen Stellen die ursprüngliche narzisstische libidinöse Alleinheit so zertrennen müssen, dass sie nur durch der Aussenwelt *angepasste Besetzungsverschiebungen* wieder sich herstellen lässt. Wiederum eine auf die Beobachtung der Ichgrenzen aufgebaute Erkenntnis, welche in überraschender Weise die FREUDsche Definition des Triebes, dass er einen früheren Zustand wieder herzustellen trachtet, an den komplizierten seelischen Akten als richtig erkennen lässt.

Bei diesem Wiederherstellen der narzisstischen Einheit ist, wie wir sahen, das verdrängte «egokosmische Ich» nicht eingeschlossen – und das aus ersichtlichem Grunde. Im «egokosmischen Ich» sind Wirklichkeit und Vorstellung *nicht* verschieden, und es würde daher durch dieses «Ich» die Anpassung der seelischen Inhalte an die Realität der aktuellen Geschehnisse der Aussenwelt, die die äusseren Wahrnehmungen vermitteln, eventuell durch andere spontane Vorstellungen, die vom «Ur-Ich» als wirklich aufgefasst werden, gestört. Würde dieses nicht dauernd verdrängt sein, so wäre die ganze Aufgabe der Entwicklung, nämlich die richtige Wiedergabe des dauernden und jeweiligen Geschehens *der Aussenwelt* durch die Bilder und Begriffe des *seelischen* Geschehens, ständig durch fremdartige archaische und frühinfantile, für wirklich gehaltene Vorstellungen wirr und gestört.

Wenn daher – im Traume und in Geisteskrankheiten – die Verdrängung des «ego-kosmischen» Ichs zum Teile nachlässt, dann treten tatsächlich Spukgestalten in das reife Ich, das sich später entwickelt hat; sie haben den Charakter der physiologischen Regression, wie einst in der Frühzeit des Ichs. So können wir wohl verstehen, dass manchem Geisteskranken Halluzinationen und Wahnideen über sich oder andere auftauchen und er dabei doch sich richtig mit seinen *normal gebliebenen Ichgrenzen* in der wirklichen Welt bewegt. Die Ichgrenzen im Traume und in den Psychosen sind aber noch nicht, gewiss nicht genug beachtet. Das Erwecken des «Ur-Ichs» im Traume ist in den metapsychologischen Darstellungen, in der Traumlehre und an anderen Stellen FREUDS nicht expressis verbis, aber implicite enthalten. Dort werden sie als Regression (historische und physiologische) beschrieben, so dass die hier vertretene Auffassung kaum von der FREUDS abweicht.

Auch hätte ich diese – auf den ersten Blick – phantastisch anmutende Erklärung nicht gebracht, wenn nicht die Mitwirkung des verdrängten «egokosmischen Ichs» an der Bildung einer der grossen Instanzen des Ichs, nämlich der des «Über-Ichs», uns beschäftigen müsste. Gerade im Über-Ich sind primärer und sekundärer Narzissmus und die Subjekt- und Objektrolle des Ichs tunlichst zu präzisieren.

Ich weiss, dass viele Psychoanalytiker solche Untersuchungen für mehr oder minder gute Gedankenakrobatik halten. Sie sehen in der FREUDschen Konzeption des Über-Ichs nur eine wohlgelungene Formel, welche früher einzeln untersuchte Reaktionen jetzt wegen ihrer gemeinsamen Richtung – Fordern und Hemmen – zusammenfassen soll. Andere wieder sprechen in gerade entgegengesetzter Stellungnahme vom «Über-Ich» wie von einer zweiten Person, die in der Seele als eine Art Dragonade Quartier genommen hat, und finden an der Entstehung eines solchen Fremdkörpers nichts zu verwundern; sie freuen sich vielmehr, dass sie im «Über-Ich» gleichsam einen Sündenbock ausgeliefert bekommen haben. Manche Autoren, vor allem ALEXANDER, FENICHEL, GLOVER, JONES, ODIER [1] haben sich hingegen um das Verständnis der Entstehung des Über-Ichs sehr bemüht; denn so klar und gewichtig auch die Darstellung FREUDS war, es gilt von geschenkten Erkenntnissen das gleiche wie von Erbgütern: man muss sie erwerben, um sie zu besitzen.

Soweit ich andere und mich selbst beobachten konnte, erkannte ich auch diese Konzeption FREUDS als Wirklichkeitsbeschreibung und sah darin nicht nur eine theoretische Formulierung.

Wir wollen nun aus der Selbstbeobachtung des Ichgefühls vorsichtig Schlüsse auf die subjektive Abgrenzung von Ich und Über-Ich ziehen. Jeder solche Schluss bedarf grosser Vorsicht, weil die Angaben anderer Personen und die eigene Selbstbeobachtung immer doch subjektiv sind. Wenn erst das Ichgefühl als Gegenstand der Eigenerfahrung ein grösseres psychologisches Interesse erweckt haben wird, werden wir grösseres Vergleichsmaterial gewinnen und auch die vorliegenden Mitteilungen richtiger benützen können; denn was in der Literatur jeglicher Richtung als Selbsterkenntnis, Selbsteinkehr und Selbsterziehung beschrieben wurde, bezieht sich auf das Verhältnis vom eigenen Über-Ich zum eigenen Ich. Denn eines ist gewiss: Das Über-Ich hat in seinem bewussten, wie in seinem unbewussten Wirken, sei dieses ein Fordern, ein Verbieten oder ein Gestatten, zunächst immer mit dem eigenen Ich zu tun. Beide empfinden dabei je nach der Befriedigung oder Nichtbefriedigung der vom Über-Ich dem Ich und vice versa zugewendeten Libido «moralisch» Lust oder Unlust. Ich meine, das Über-Ich verfügt selbst über keine Exekutive. Doch ist die libidinöse Bindung des Ichs an das Über-Ich so gross, dass die Lust eine Seligkeit und die Unlust eine Qual werden kann und unter dem Einfluss dieser Lust und Unlust das Ich die Exekutive vom Über-Ich nach dessen Libidobesetzungen sich vorschreiben lässt und dabei sein «soll» empfindet. Ob aber das «müssen» nicht eine Exekutive des Über-Ichs in sich schliesst, kann ich noch nicht entscheiden. Die Struktur des Über-Ichs ist bei den verschiedenen Charaktertypen wohl verschieden. Mit fremden Personen kann sich das Über-Ich wohl auch, aber erst über den Umweg einer Identifizierung des Ichs oder des Über-Ichs oder beider mit den fremden «Ichs» und «Über-Ichs» beschäftigen.

[1] Int. Ztschr. f. Psychoanalyse, XII, 1926, S. 334 ff., 309 ff., 286 ff., 253 ff., 275 ff.

Was fühlen wir in bezug auf die Ichgrenzen des Ichs gegen das Über-Ich? Sie sind durch eine besonders scharfe Grenze geschieden. Damit sind wir zu einer merkwürdigen und überaus wichtigen Bedeutung des Ichgefühls gekommen. Wir erleben deutlich, dass das Ichgefühl eine Grenze besetzen kann, die nicht die Aussenwelt berührt, sondern eine Innenwelt, klarer ausgedrückt eine andere Grenze des Ichs. Wir erinnern uns sofort, dass ja die Krankheitszustände der Depersonalisation uns viele Beispiele geliefert haben, in denen ein Innenvorgang des Ichs als entfremdet erlebt wird. Wir sehen also, dass Entfremdung besonderer Art dann entsteht, wenn sich das Ichgefühl (die ichlibidinöse Besetzung) von einer solchen Grenze zurückzieht, welche eine andere Grenze des Ichs (nicht die Aussenwelt) berührt. Dieser merkwürdige Befund, der nicht durch Spekulation, sondern durch Selbstbeobachtung der Entfremdeten gewonnen wurde, lässt uns aber etwas Neues über die Natur der Affekte aussagen. Bei der Entfremdung der Innenwelt, die eine Form der Depersonalisation ist, fühlt der Patient seine Affekte nicht mehr als sein Ich berührend. Nach unseren Ausführungen können wir daher schliessen, dass viele oder alle *Affekte sich zwischen zwei Ichgrenzen,* die einander berühren, abspielen. Eine Affektlehre wird deshalb die einzelnen Affekte auf diese Art von spezieller Lokalisation untersuchen müssen und im allgemeinen feststellen, welche Funktion die Affekte im Libidohaushalt, der, wie wir sahen, an den Ichgrenzen sich abspielt, haben.

Wir kehren nun zu dem Problem der Ichgrenzen zwischen Ich und Über-Ich zurück. Es gibt also bestimmte Funktionen (Beachten, Bedenken, Bejahen, Verneinen, Loben, Tadeln u.a.), die, mögen sie welches Objekt immer haben, beim Gesunden stark mit Ichgefühl besetzt sind. Haben diese Funktionen sich selbst zum Objekt, so fühlt sich auch das Ich als Objekt einer solchen Beschäftigung mit sich selbst. Die genannten Funktionen pflegt auch das Ich, nicht nur das Über-Ich, auszuüben, soweit fremde Personen ihr Objekt sind. In bezug auf die eigene Person als Objekt verhalten sich wahrscheinlich verschiedene Personen ganz verschieden. Das Ich des einfachen, naiven Menschen überlässt die Beschäftigung mit der eigenen Person mehr ausschliesslich dem Über-Ich, als es der kontemplative oder wissenschaftliche Selbstkenner tut.

Nun könnte man meinen, bei der Selbstüberwachung fühlt sich wohl das Ich als das vom Über-Ich Bewachte; bei den anderen Funktionen aber, deren Gegenstand das eigene Ich ist, handelt es sich nicht um das Ich selbst, sondern um die *Vorstellungen,* die vom Ich sich in Einem geformt haben. Es sind also Objektbesetzungen, d.h. Besetzung von Vorstellungen, die das Ich und die Eigenschaften des Ichs und die Urteile über das Ich repräsentieren. Das ist völlig richtig, ja selbstverständlich. In voller Kenntnis, dass ein guter Teil des sekundären Narzissmus die *Vorstellungen vom Ich,* die Gedanken über sein Ich *zum Gegenstand* hat, will ich aber gerade darauf aufmerksam machen, dass nicht nur die Besetzung solcher Objektvorstellungen, die sich auf die eigene Person beziehen, besonders intensiv ist, sondern dass dabei auch das Ich selbst (ähnlich wie es etwa ein Tier merkt oder fühlt, wenn man von ihm spricht) sich als Gegenstand der Funktionen [1] fühlt, dass also, wie ich in den letzten Absätzen auseinandergesetzt habe, Ichgrenzen dabei einander begegnen. Es ist eine besondere Aufgabe der Selbstdisziplinierung, das Gefühl, Gegenstand seiner Selbstbeobachtung zu sein, zu ignorieren oder zu eliminieren, wenn man sich selbst kennen oder lenken will.

Solche innere Berührung besteht aber durchaus nicht zwischen Ich und Über-Ich allein, sondern sie kommt an all den vielgestalteten Grenzen, die mit Ichgefühl besetzt sind, zustande, sobald das Ich oder etwas vom Ich zum Objekt einer seiner Funktionen wird. Es ist also abermals die Gliederung und Höherentwicklung der Psyche, welche es von selbst mit sich bringt, dass der Narzissmus aufhört, Autoerotismus zu sein, sondern deutlich zu einer libidinösen Beziehung von einem Subjekt zu einem Objekt wird; beide liegen innerhalb des Ichs, sind aber wohl meistens voneinander verschiedene Funktionen oder Teile des Ichs. Ich möchte aber, um nicht falsch dahin verstanden zu werden, als ob ich den Gegensatz von Ichlibido und Objektbesetzung nicht erkennen oder ihn theoretisch nicht anerkennen könnte, nochmals betonen, welch ein Unterschied zwischen der wirklichen Objektbesetzung und der Besetzung des Ichs als Gegenstand des Narzissmus besteht: Die Objektbesetzungen sind isolierte, an den Sachvorstellungen und an anderen Elementen mehr oder weniger labil resp. stabil haftende Libidoquanten, die narzisstische Besetzung ist eine stärkere Besetzung (einer Ichgrenze), welche aber stets mit der gesamten Ichlibido des ganzen Ichs zusammenhängt. In bezug auf die Ichlibido gilt die Theorie der Antike, dass das Auge mit seinen Lichtstrahlen die Gegenstände abfühle.

Wir erinnern uns, dass Freud die hier geschilderte Beziehung des Ichs auf sich selbst, sowohl für den Narzissmus als Ganzes, für das «Sich-selbst-Lieben», als auch für die Partialtriebe Sadismus und Schautrieb als die ursprüngliche dargestellt hat (siehe die früher zitierten Definitionen und Mit-

---

[1] Ich gebrauche absichtlich in dieser Arbeit das allgemeine Wort «Funktion», weil ich der Verständlichkeit halber alle Erörterung der nicht libidinösen Kräfte im Ich und ausserhalb des Ichs vermeide. Dafür habe ich zwei Gründe: erstens weiss ich noch nicht genug darüber, um bereits systematisch über das Verhältnis der Libido und der andern Triebkräfte zu schreiben, zweitens würde eine solche Systematik, solange die einzelnen neuen Befunde und Schlüsse noch nicht vom Leser akzeptiert wurden, ihm unverständlich sein, oder wenigstens nicht für ihn lebendige Wirklichkeit werden können.

teilungen), aus der die aktive und passive Richtung zum Objekt erst entstünden (das Lieben und Geliebtwerden, das lustvolle Quälen und Gequältwerden, das lustvolle Schauen und Sich-Zeigen). Wir weichen insofern von dieser Darstellung ab, als wir ein eigentliches «Sich-selbst-Lieben» erst mit der Höherentwicklung des Ichs uns vorstellen können, vorher im reinen psychischen Autoerotismus, als welcher der primäre Narzissmus ursprünglich sich darbietet, nur die Sensation des Lustverlangens und des Lustgewinnens an der eigenen Person erkennen, aber noch keine *Richtung* der Libido gegen sich selbst. Vom frühen autoerotischen Gesamterlebnis bleibt immer die libidinöse Einheit, auch die Wohligkeit im Ichgefühl fortbestehen; wenn wir die in der lateinischen Grammatik niedergelegte Psychologie benützen, so kann man es so ausdrücken, dass der primäre Narzissmus «*medial*» ist und dass er erst später zu einer «*reflexiven*» Form dadurch gelangt, dass das Ich sich immer wieder selbst in unzähligen Beziehungen begegnet. Noch genauer geben wir die Verhältnisse auf Grund der vielfachen Arten von Entfremdung damit wieder, dass das Ichgefühl unzählige ausser-ichliche (vorbewusste) Vorgänge von zwei Seiten her besetzt.

Das, was wir z.B. Selbstgefälligkeit nennen, verlangt immer eine solche Konzentration des Ichgefühls an eine Grenze, mit welcher das Individuum seine eigenen Eigenschaften, Funktionen, Leistungen erfasst. Die Unsicherheit des Selbstgefälligen entsteht dann, wenn eben die als Objekt fungierende Ichgrenze ebenso stark besetzt ist als die als Subjekt des Narzissmus fungierende. Denn, wie schon einmal gesagt, die dauernde gleichzeitige Besetzung mehrerer Ichgrenzen bedingt von einer gewissen Intensität und Ausdehnung an Verwirrtheit. Manche Fälle von *Befangenheitsneurose* und von *Erröten* haben diesen Mechanismus.

Wenn es mir gelungen ist, den Leser an die Vorstellung von einander berührenden Ichgrenzen zu gewöhnen, so kann ich die Frage nach der narzisstischen Besetzung des Über-Ichs zur Beantwortung bringen. Nach dem Gesagten braucht nur die Gliederung des Ichs die Funktionen des moralischen Wertens, Forderns und Verwerfens zu entwickeln, damit diese Funktionen auch zwischen zwei Ichgrenzen, also affektvoll und narzisstisch, vor sich gehen, so dass bei jedem Aktuellwerden des Über-Ichs diese Funktionen von zwei Grenzen aus mit Ichgefühl besetzbar werden. Wäre aber schon damit der Besetzungsvorgang erschöpfend beschrieben, so würde die besondere Hervorhebung des Über-Ichs nur eine besondere Aufgabe des Ichs treffend charakterisieren, aber nicht, was FREUD wirklich wollte, die besondere Doppelstruktur des Ichs (im weiteren Sinne) benennen. Eine solche Doppeltheit könnte auch nur vorgetäuscht sein dadurch, dass gerade zwischen den vom Über-Ich zusammengefassten Funktionen und dem Ich die Abgrenzung des Ichgefühls besonders scharf und deutlich jedem zum Bewusstsein käme.

So wäre das Über-Ich von allen Seiten gleichsam im Ich eingeschlossen wie in einer Scheide, aber doch nur eine besonders entwickelte Funktionsgruppe des Ichs, mit demselben Ichzentrum wie die anderen Peripherien des Ichs. Dieser Zusammenhang könnte so gering werden, dass, wie gesagt, eine Doppelstruktur vorgetäuscht würde. Wir kennen doch den grossen Antagonismus der beiden, den das Buch von ALEXANDER[1] uns zu einem gegenseitigen Übertrumpfen und Überlisten gestaltet hat und der den Dichter vom «Selbsthenker und Selbstrichter» sprechen liess. Es führt also bei stärkerer (vor allem sadistischer) Libidobesetzung die Grenze zwischen Ich und Über-Ich gerade zur Entzweiung im Ich, so dass man die uns fraglich erschienene Doppelstruktur in sich wahrnehmen kann.

Könnte solche Doppeltheit vielleicht schon dadurch zustande kommen, dass diese Funktionsgruppe überaus stark mit Libido besetzt ist? Dadurch wird die entsprechende Ichgrenze überempfindlich gegen Unbefriedigtheit, wobei gerade hier die Bedingungen zur Befriedigung besonders schwere sind, weil dazu alle *Ichideale* von der Selbsterkenntnis als durch das wirkliche Ich erfüllt befunden sein müssen. Wir benützen hier schon unsere frühere Auseinandersetzung, dass die Libidobefriedigung an die Bedingung geknüpft ist, dass die Inhalte der narzisstischen und der Objektbesetzungen einander gleichen. Die Enttäuschung, das Ausbleiben der Befriedigung liesse die beiden Grenzen dauernd mit Libido besetzt empfinden, bis zur Gereiztheit, bis zum Schmerzhaften und bis zur grausamen Verbissenheit auf der einen, zur Aufgewühltheit auf der anderen Seite. Die grossartigste Projektion dieser libidinösen Besetzungsspannung ist DANTES Höllendichtung!

Es gibt narzisstische Kränkungen anderer, nicht moralischer Art, bei denen das Ich der Kränkung nachhängt, sich schmerzhaft an sich selbst haftet; die Diskrepanz zwischen einem phantasierten Ich und der wirklichen Person kann tief den Narzissmus kränken, und doch geht – von Hysterien, also abnormen Bedingungen abgesehen – nicht das Gefühl der Icheinheit verloren. Das Ichgefühl erhält hier die Einheit aufrecht zwischen dem wirklichen egozentrischen Ich, seinen Phantasien und dem Real-Ich.

Nur das Über-Ich ist so tief vom Ich geschieden, dass solch ein Sadismus zwischen ihnen Platz greifen kann. Erst bei schweren Psychosen kann sich das Über-Ich im Ich auflösen. Von mangelhafter Anlage der Funktionen des Über-Ichs sprechen wir hier nicht. Beim normalen Menschen stellt sich eine

---

[1] F. ALEXANDER: «Psychoanalyse der Gesamtpersönlichkeit», 1927.

Harmonie durch ein gewisses gegenseitiges Masshalten und Nachgeben meist her; die neurotischen Umwege dazu zeigt uns die Zwangsneurose. Bei der Manie wird die Libidobesetzung des Ichs so gesteigert, dass daneben die des Über-Ichs relativ gering wurde und nichts mehr ausrichtet. In der Melancholie ist es umgekehrt. Bei pathologischer Seneszenz verliert das Über-Ich oft früher als das Ich die libidinöse Speisung seiner Libidobesetzung vom Es aus.

Mit den bisherigen Erörterungen habe ich den Eindruck, den ich vom Über-Ich habe, wiedergegeben. Ich schliesse aus ihnen, dass die strenge Bewachung auf der einen, die grosse Furcht vor dieser Bewachung auf der anderen Seite die Grenze zwischen beiden sehr verschärfen mussten, dass aber Ich und Über-Ich vom Anfang an geschieden waren, also die Doppelstruktur wirklich besteht. Die lateinische Grammatik als Lehrerin der Psychologie lässt mich eine vor bald fünfzig Jahren gelernte Regel erinnern. Es ist doch bemerkenswert, dass gerade Funktionen des Über-Ichs (*piget, pudet, paenitet, taedet atque miseret*) nicht in erster Person, sondern als aus der Tiefe des Unbewussten, unbekannten Ursprungs in dritter Person flektiert werden. (Dass *miseret* eine Ausnahme macht, hat selbst eine spezielle Bedeutung.)

Wer sich eigener Dissonanzen und Dispute zwischen Über-Ich und Ich erinnert, besonders die Qual der Selbstvorwürfe eines strebenden Menschen an eigenem Leibe erlebt hat, hat erfahren, dass in eigentümlicher, sonst nie zu erlebender Art das Ichgefühl zwischen Ich und Über-Ich pendelt und man nicht *gleichzeitig* Ich und Über-Ich – *sit venia verbo* – sein kann. Um aber von dem einen Ichgefühl zum anderen zu kommen, muss man wie durch eine Leere an Ichgefühl hindurch. Man hat das Gefühl seines Ichs verloren, bevor man das seines Über-Ichs wieder bekommt, und umgekehrt. Wie lässt sich das erklären?

Man muss annehmen, dass das Ich und das Über-Ich tatsächlich *zwei* – nur jedes in sich, aber nicht miteinander einheitlichen – Ichgefühlen entsprechen, also *zwei Einheiten von Ichlibido*; sie haben im *Bewusstsein* keinen zentralen Zusammenhang. Dass ein solcher weder bewusst ist noch bewusst werden kann (also auch nicht vorbewusst ist), schliesst nicht aus, dass Ich und Über-Ich peripher gemeinsame Inhalte, jedes für sich, mit Libido besetzen, dass sie beide die analoge Trennung vom und Verbindbarkeit mit den Objektbesetzungen und dem Real-Ich haben.

Freud hat das Rätsel des Gewissens dadurch gelöst, dass er das Über-Ich aufdeckte und das unbewusste Über-Ich aus der Identifizierung mit den gebietenden und verbietenden Personen der Kindheit erklärte. Wir müssen nun annehmen, dass diese Identifizierung besonders stark und besonders frühzeitig zustande kam, dass sie bis in die Zeit des primär narzisstischen einheitlichen Ichs zurückreicht. Da damals noch alles zum Ich gehörte, so waren auch die hemmenden und gebietenden (jedes Gebot ist eigentlich nur ein Verbieten des Anderstuns und des Unterlassens) Personen mit Ichgefühl besetzt. Als, wie wir früher auseinandersetzten, die primär narzisstische, wir benannten sie die «egokosmische», Ichformation verdrängt wurde, weil sie der Realanpassung widerstritt, blieb ein Teil von narzisstischer Ichbesetzung, nämlich der, welcher die Eltern, zunächst die Mutter betraf, unverdrängt, wie ich jetzt meiner früheren Darlegung ergänzend und einschränkend hinzufüge. Diese Verdrängung ist ganz im Sinne jener Verdrängung unterblieben, denn die Aufrechterhaltung der Elterninstanz im Ich widersprach nicht nur nicht, sondern entsprach gerade der Realanpassung. Es erfolgte aber eine Scheidung *des* Ichs, das die Eltern ausserhalb seines Ichgefühls liess, und *des* Ichs, das die Eltern in sich aufgenommen hatte. Letzteres wurde zum Über-Ich. Dadurch ist die besondere – sozusagen – Ichhaftigkeit des Über-Ichs erklärt. Diese Erklärung zeigt auch, dass die Funde verschiedener Psychoanalytiker (KLEIN, RANK, JONES, CLARK, BURROW) in bezug auf die Bildung des Über-Ichs in der Zeit *vor* der Ödipusperiode den FREUDschen Lehren nicht widersprechen. Die besondere Stärke des Über-Ichs wäre daher nicht nur den erbhaft und individuell gewonnenen Eindrücken vom Sadismus des Vaters zuzuschreiben, wohl aber der Macht beider Eltern *und* der Macht und Unwidersprochenheit, welche der primäre Narzissmus einst dem Kinde verlieh. Deshalb konnten die Philosophie und die Innenschau des braven Menschen dem kategorischen Imperativ und dem gestirnten Himmel die gleiche Wirklichkeit zuschreiben und die gleiche Andacht ihnen zollen. Beide waren einmal mit gleichem Ichgefühl erlebt. Während aber die Ichhaftigkeit der Aussenwelt, weil unbrauchbar, ins Unbewusste versank, blieb der Teil der Aussenwelt, welcher schon so frühzeitig das Ich zu beherrschen begann, weil brauchbar, mit Ichgefühl erhalten; er war aber nicht im egozentrischen Ich, sondern hatte ein anderes Zentrum. Um die Verwirrung zu vermeiden, wurde die Vorstellung von den ursprünglichen Personen verdrängt, die hemmende und richtungvorschreibende Macht blieb allein im Bewusstsein. Da dieser Kern nur die ersten Hemmungen psychisch repräsentierte, erweiterte er sich durch viele Identifizierungen, die erst ein brauchbares, oft ein übermässiges Über-Ich sich gestalten liessen.

Wir glauben, jetzt verständlich gemacht zu haben, weshalb das Ich und das Über-Ich zwei Ichgrenzen, die so scharf geschieden sind, haben. Davon, dass das Über-Ich nur eine abstrakte Formulierung für zusammengehörende Funktionen ist, davon ist keine Rede.

Während wir zwischen Ich und Über-Ich eine Ichgrenze für den Normalmenschen fanden, können wir merkwürdigerweise keine solche zwischen seelischem und körperlichem Ich feststellen. Selbstverständlich können die Wahrnehmungen des eigenen Körpers, wenn seine Teile Objekt des Sehens, Hörens usw. sind, entfremdet werden. Die eigene Stimme ist besonders häufig entfremdet. Bei Psychosen hypochondrischer Art kann allen möglichen Organen und Funktionen das Ichgefühl fehlen. Schizophrene Patienten wissen oft mehr über ihre Ichgrenzen anzugeben als normale, analog wie sie Symbole verstehen, für welche der Gesunde keine bewusste Deutung hat. So wissen sie oft, wie tief in den Körper ihr Ichgefühl reiche. Ein Fall begründete damit, dass er mit den Teilen, denen das Ichgefühl fehlt, nichts tun könne: «Er werde wieder gut atmen können, bis er bis hinunter sich spüren werde.» Er klagte aber nicht über Entfremdung! Ebensowenig hat der Gesunde ein Entfremdungsgefühl, wenn beim verlangsamten Einschlafen das Körper-Ich-Gefühl früher verschwindet als das seelische Ichgefühl. Das widerspricht nicht meinen früheren Erklärungen. Entfremdung entsteht ja nur, wenn ausser-ichliche (vorbewusste) Funktionen nicht mehr an das Ich herankommen. Verringerungen im Ichgefühl selber, nicht in den Grenzen, fallen aber nicht als solche auf, man muss speziell seine Aufmerksamkeit ihnen zuwenden.

Wir können an diesen Unterschieden jetzt den Unterschied, der zwischen Entfremdung und Depersonalisation besteht, genau erkennen. (Mitunter werden aber beide Bezeichnungen unterschiedslos verwendet.) Wenn aus dem Vorbewussten ein ausser-ichlicher Vorgang an das Ich herantritt (bewusst wird), ohne dass ein Ichgefühl dem Bewusstwerden entgegenkommt, so wird eine Entfremdung erlebt. Wenn dem bewussten Ich sonst ständig angehörige Vorstellungen, so besonders die vom Körper, das Ichgefühl verlieren, dann tritt Depersonalisation ein. So geschieht es bei der Spaltungserscheinung beim abnormen Erwachen und bei der Hysterie, von der ich in meinen früheren Mitteilungen gesprochen habe. Der Körper wird dabei rein der Aussenwelt zugehörig, ausser-ichlich, nur durch die Erinnerung an das eigene (historische) Ich gebunden, wirklich depersonalisiert, er wird aber nicht entfremdet, sondern als ein noch nie erlebtes neues Phänomen gefühlt. Dieser höchste Grad von Depersonalisation, den ich nur als ganz vorübergehendes Stadium des Erwachens beschrieben habe, war dadurch erreicht, dass auch das Real-Ich in diesem Momente noch nicht hergestellt war. Die genauere Untersuchung der eigentlichen Depersonalisation wird daher auch über das Real-Ich manche Schlüsse zulassen, so wie die Beobachtung der Entfremdung sie für das «egozentrische», so nannten wir das narzisstisch besetzte Ich, ermöglicht hat. Körperliches und seelisches Ichgefühl sind daher subjektiv eine Einheit, die erst durch Beobachtung der Zurückziehung des Ichgefühls vom Körper trennbar wird. So hat der Körper eine dreifache Stellung: er ist Teil des Ichs (nicht nur objektiv beurteilt, sondern auch subjektiv gefühlt), er liegt zwischen Ich und Aussenwelt, weil seine Organe die Eindrücke der Aussenwelt vermitteln, er ist Teil der Aussenwelt, weil durch die der Aussenwelt zugewendeten Organe auch Eindrücke des Körpers als Gegenstand (via Organe) das geistige Ich treffen. Diese dreifache psychologische Funktionsstellung des Körpers scheint für die Erklärung der Konversion wichtig. Nebenbei bemerkt, entsprechen ihnen drei Gruppen von Weltanschauungen, die idealistische, die monistische, die materialistische; sie sind Arten, sich selbst anzuschauen. Dass die idealistische den Menschen mehr beglückt, liegt daran, dass sie die primäre, narzisstische Auffassung wieder herstellt und dass sie auch einem der mächtigsten Wünsche des sekundären Narzissmus, nämlich dem, den eigenen Körper zu lieben und zu erhöhen, mehr entgegenkommt. Von diesem geliebten Objekte hat ja die ganze Ichlibido den Namen «Narzissmus» erhalten. Dieser Name war darum trefflich geeignet, die anfangs erschütternde Idee durchzusetzen, dass die antagonistischen Ichtriebe vom Sexualtriebe Libido erhalten. In einer Zeit, wo alles Partei wurde, sollten die Wissenschaftler es ertragen, dass der «Eros» für alles in der Menschenseele Energien spendet!

Ich habe die Zuwendung der Libido von aussen gegen den eigenen Körper als sekundären Narzissmus bezeichnet, annehmend, dass der schöne Griechenknabe mit dem Liebeserwachen zuerst Objekte gesucht und erst sekundär der Schönheit des eigenen Bildes zum Opfer wurde. Er dachte, endlich eine seiner würdige Schönheit umarmen zu können, und fand sich selbst und den Tod. Ist aber diese Art von Narzissmus als «sekundär» zu bezeichnen, wenn wir sie analysieren? Stellte er die in früher Kindheit erreichte Stufe, sich selbst zu lieben, wieder her? War nicht vielmehr der schöne Knabe auf der früheren Stufe verblieben? Sonst hätte ihm sein Eigenbild gar nicht besser gefallen als mancher Hirte und manche Hirtin! Das «sich selbst lieben» bezeichnet aber FREUD als die erste Stufe des Triebschicksals, also als gewiss «primär». Aus dem Gesagten ergibt sich, dass im FREUDschen Sinne «primär» und «sekundär» nur sich auf die Geschichte der Vorgänge beziehen, die zu einer bestimmten Besetzung führen, nicht auf die Art der Dynamik, mit der ich mich hier beschäftigt habe. Wir können wohl sagen, dass der primäre Narzissmus immer objektlos sei, dass er es ist, der das Ichgefühl als objektlose, aber stets objektbereite libidinöse Strebung speist, und dass alle Objektzuwendung im Narzissmus schon etwas Sekundäres sei. Mit den letzten Worten entferne ich mich von der Nomenklatur, nicht aber von der Ansicht FREUDS.

Die Leitlinien meines Vortrages [1] haben gelautet: 1. Der primäre Narzissmus ist ichlibidinöser, der *sekundäre* objektlibidinöser Natur. 3. Die Ichgrenzen sind nicht starr, aber jeweilig dadurch bestimmt, dass psychische Vorgänge an die einheitliche primär-narzisstische Besetzung herantreten; das einheitliche Ichgefühl ist durch eine zusammenhängende narzisstische Besetzung unterhalten.

Den ersten Satz muss ich nun nicht dem Inhalt nach, wohl aber der Nomenklatur nach modifizieren. Das Wort «sekundär» ist von FREUD festgelegt für die Rückwendung eines einem Objekte bereits zugewendeten Libidoquantums gegen das Ich oder gegen dem Ich zugehörige oder das Ich zum Inhalt habende Vorstellungsgruppen oder Funktionen. Es steht mir nicht zu und würde nur Verwirrung stiften, wenn ich das Wort sekundär im Sinne der Objektbeziehung im Narzissmus benützen würde, wenngleich die Tatsachen, welche von dem Worte «sekundär» im ersten und zweiten Sinne getroffen werden, sich zum grossen Teile decken; sie tun es nicht durchwegs.

Besser fasse ich aber den Gedanken des ersten Satzes heute folgendermassen:

Ia) Das Ichgefühl wird von objektloser Ichlibido unterhalten, die der Vorlust des Triebes entspricht. *Ib)* Der Narzissmus beginnt als *mediale* und wird zu *reflexiver* Libido. «Medialer» und «reflexiver» Narzissmus sind auch weiter bei der späteren Entwicklung zu unterscheiden.

Mit dieser Formulierung verwende ich neue Worte für neu hervorgehobene Qualitäten, und es bleibt das Wort «sekundär» als Bezeichnung für eine vorausgegangene andere Unterbringung einer narzisstischen Besetzung reserviert.

In welcher Weise wird nun eine *Objekt*besetzung zu einer sekundär narzisstischen? Das kann dadurch geschehen, dass das Ichgefühl sich auf Objektvorstellungen erweitert. Wie wir früher erörtert haben, geschieht das eigentlich vorübergehend bei jedwedem aktuellen psychischen Vorgang. Hat nun die libidinöse Befriedigung oder sonstige Erledigung stattgefunden, so brauchen nachher Objekt- und Ichbesetzung nicht dieselben geblieben zu sein, sondern es kann sich die Ichlibido auf mehr Elemente der Objektvorstellungen erstrecken und dauernd erstreckt bleiben als vorher, oder auch umgekehrt. Das wiederholt sich ungezählte Male. So kommt die Identifizierung zustande, wenn das Ichgefühl sich auf die ganze Vorstellungsgruppe von einer Person dauernd erweitert. Solche Umwandlungen gehen auch unbewusst vor sich. Es kann sich aber auch Ichlibido, wie ich schon darlegte,

[1] Int. Ztschr. f. Psychoanalyse, XIV, 1928, S. 572.

von Vorstellungen und Funktionen zurückziehen, so dass diese auch später-hin nicht gleich stark beim aktuellen Erleben besetzt werden. Identifizierun-gen können aufgegeben werden. Geschieht das aktuelle Erleben infolge äusserer Wahrnehmung oder wegen unbewusster Zuschüsse trotzdem wie-der und hat die ichlibidinöse Besetzung abgenommen, so bekommt das früher vertraute Objekt oder die betreffende Erinnerung den Charakter des «fremd geworden sein». Tatsächlich berührt uns der geliebte Mensch fremd, wenn er uns plötzlich «nichts mehr angeht», d.h. wenn wir die früher für ihn mit Ichlibido besetzte Vorstellung von Ichlibido entblösst haben. Dass die Objektbesetzung unabhängig davon noch lange fortbestehen kann, zeigt eben die Psychoanalyse, welche sich mit den unbewussten und vorbewussten Objektbesetzungen beschäftigt. In Fällen, in welchen die Objektbesetzungen verdrängt wurden oder durch Libidoverschiebung verblasst sind, kann die unscharfe narzisstische Imago noch lange fortdauern. Zwischen der jedem aus dem gesunden Erleben bekannten Erfahrung, dass eine bisher geliebte Person plötzlich einem wie fremd erscheinen kann, bis zur Entfremdung pathologischer Art besteht nur ein quantitativer Unterschied. Wenn FREUD in der Abhandlung über «Neurose und Psychose» [1] die Frage stellt: «welches der einer Verdrängung analoge Mechanismus sein mag, durch den das Ich sich von der Aussenwelt ablöst», so erweist sich die Entblössung der Ich-grenze von Ichlibido und die daraus resultierende Entfremdung als der ge-suchte Vorgang. Er spielt bei allen Loslösungen von nicht verdrängbaren Objekten tagtäglich seine Rolle.

Ein ganz anderer als der besprochene Weg, Objektbesetzungen zu sekun-där narzisstischen zu machen, ist der, welchen wir bei den narzisstischen Neuropsychosen und den Psychosen nicht sehen, aber erschliessen können. Hier wurde die Libido vom Es aus von den Objekten abgezogen, und wir finden eine verstärkte Ichlibido wieder, also eine auf *unbewussten* Wegen ge-gangene Umschaltung von Libidoquanten.

Der erste Vorgang ist gewiss leichter beeinflussbar. Dass die Ablösung und die Neuknüpfung von Objektbesetzungen durch Veränderung der Ich-grenze erfolgen kann, macht uns die heilende Wirkung des Wiedererlebens und Wiedererinnerns in der Psychoanalyse erklärbar. Dort, wo aber die Libido durch das Es der Aussenwelt entzogen wird, sind wir psychoana-lytisch machtlos, können eigentlich psychoanalytisch nur neuerliche An-knüpfung von Objektbesetzungen erzielen, wenn noch genügend Ichgrenze nach aussen genügend und genügend dauernd besetzt ist; daher nicht bei

[1] G.W., XIII, 391.

schwerer Melancholie oder Manie, auch nicht bei der ganz auf Innenvorgänge gerichteten Ichlibido des Katatonen.

Wenn es richtig ist, dass ausser den Objektbesetzungen von den gleichen Objekten vielfach narzisstische «Imagines» bestehen, dass das Ich und das Über-Ich getrennte Ichgrenzen haben, die aber gemeinsam manche dieser «Imagines» mit Ichgefühl und Narzissmus stärker besetzen, dann erhält die Komplexlehre JUNGS eine Stütze. Unbewusst hängen alle «Niederschriften» durch viele Assoziationen, durch die Erinnerungsspuren von Erlebnissen, durch verdrängte Erlebnisse aus früheren Ichstadien mit anderen Ichgrenzen, und auch vom Es aus durch die Erinnerungsspuren, die die Entwicklung der Libido und speziell der einzelnen Partialtriebe hinterlassen hat, zusammen. So bilden sie zusammen den *Komplex*, der, von der Ichseite aus gesehen, auf ganz verschiedene innere und äussere Ichgrenzen sich verteilt und, von der Objektwelt her betrachtet, ganz verschiedene Gegenstände und Personen der Aussenwelt repräsentiert. Im aktuellen Erleben kommen aber diese vielfachen Besetzungen auf dem Wege der Berührung der Objektvorstellungen mit der Ichgrenze zur Befriedigung oder zu einer sonstigen Entladung. Daher hat es einen guten Sinn, von Komplexbereitschaft, Komplexbefriedigung, Komplexwirkung usw. zu sprechen. Komplexe sind, weil zum grossen Teil unbewusst, nicht der Selbstbeobachtung zugänglich, deren wissenschaftliche Benützung das Thema dieser Arbeit verlangte. Die Komplexlehre gehört aber in diesen Zusammenhang, und wir sehen, dass sie eine die Wirklichkeit richtig wiedergebende Konstruktion ist.

Zum Schluss will ich hervorheben: Diese Darstellung ist, soweit sie sich mit den Ichgrenzen und mit der Dynamik des Narzissmus beschäftigt, Wirklichkeitsdarstellung. Die Annahme des Ausgleichs von Besetzungen der Ichgrenze und der Objektvorstellungen ist eine Hypothese. Sie führt die Theorie der getrennten Niederschriften FREUDS weiter. Ich glaube, dass neue Befunde auch theoretische Ergänzungen nötig machen. Ich habe aber dem Leser schon reichlich Neuartiges zugemutet.

Wen aber die mitgeteilten Befunde fremd anmuten sollten, dem möchte ich auch dafür eine theoretische Erklärung auf Grund des Mitgeteilten vorlegen: Damit wir einen psychischen Akt als befriedigend empfinden, müssen Besetzung der Objektvorstellungen und narzisstische Besetzung der für sie passenden Ichgrenze einander entsprechen. Für das Neue besteht noch keine narzisstische Besetzung, es sei denn, wie z. B. gegenüber einem gewinnenden Vortragenden, die aktuelle Identifizierung gelänge sofort. Sonst braucht das

Neue seine Zeit, um vom Ichgefühl des Aufnehmenden einerseits, als Objekt-besetzung andererseits Libido zu erhalten. Dann erst ist das Real-Ich im-stande, kritisch zu unterscheiden, ob die gegebene Wirklichkeitserfassung eine richtige war. Einfacher ausgedrückt: Dem Neuen gegenüber gibt es kein Verstehen ohne Einfühlung; sonst lässt es das Vorurteil eben beim alten!

XVI. KAPITEL

ZUR UNTERSCHEIDUNG DES GESUNDEN UND KRANKHAFTEN NARZISSMUS [1]

Ein neues Forschungsgebiet war für die Psychoanalyse eröffnet, als FREUD die Ichlibido entdeckte und für sie den Begriff Narzissmus einführte; dieses Neue brachte aber eine noch immer nicht überwundene Erschwerung des Verständnisses der Theorie und der Nomenklatur und verlangte von den Analytikern ein Umlernen, wenn sie es sich nicht an Wortwissen und Autoritätsglauben genügen lassen wollten. Vorher war es leicht, von der Unterscheidung der Ich- und der Sexualtriebe als Grundlage der dynamischen Auffassung, z. B. der Neurosen, auszugehen. Nun war das Ich selbst eine libidinös besetzte Instanz geworden, und der Begriff «Narzissmus» löste den bisher für alles Pathologische an Introversion und Objektabkehr gebrauchten BLEULERschen Begriff des «Autismus» ab. Diese beiden Begriffe haben aber nicht das gleiche an Vorgängen und Zuständen zum Inhalt: Mit «Autismus» wird festgestellt, dass das Ziel der Strebung oder der Beteiligtheit in der Innenwelt des Individuums, meist des kranken, liegt; hingegen bezieht sich das Wort «Narzissmus» auf Ziel *und* Ursprung der Besetzungen bei den autistischen und bei anderen Vorgängen und Zuständen und sagt aus, dass die Besetzung libidinöser Art ist und dass sie der Innenwelt nicht nur zugewendet ist, sondern von Anfang an dem Ich angehört und von ihm ausgeht. Infolge dieser Auffassung hat die Trieblehre FREUDs die nicht libidinösen Triebe nun nicht mehr durch ihr Ausgehen vom Ich von den libidinösen abgrenzen können, sondern durch ihr Ziel, welches genetisch und beobachtbar sich zum Teil sogar als die Zerstörung des Ichs, als Sterben darstellt. Konsequenterweise müsste man auch für die von diesem Trieb erfüllten Besetzungen einen Terminus, analog dem der Libido, einführen, wofür ich – in Anerkennung der Theorie vom Todestrieb – das Wort «Mortido»

---

[1] Nach Vorträgen, gehalten in Oxford (am 28. Juli 1929), Luzern (am 27. August 1934), Prag (am 23. November 1935). – Zuerst veröffentlicht 1936 im 22. Band der «Imago».

vorschlage, während EDOARDO WEISS, um nicht in bezug auf die Annahme des Todestriebes zu präjudizieren, das Wort «Destrudo» vorzog [1]. Freilich präjudiziert dieses Wort wieder in der Richtung der anderen Annahme, dass die nach aussen gerichteten Zerstörungstendenzen allein die ursprünglichen seien und dass sie es sind, die durch ihre Wendung gegen die Innenwelt diese zu zerstören trachten. Da die Entscheidung in dieser Alternative nicht der Psycho-, sondern der Bioanalyse oder sogar der reinen Biologie zustehen wird, braucht wegen dieser Terminologie kein Streit zu entstehen. Es ist kein Zeichen der Unangepasstheit unserer Termini, wenn oft mehrere für ein und dasselbe Phänomen anwendbar sind; das Seelische wird nur zur besseren begrifflichen Erfassung analytisch eingeteilt, die Phänomene selbst lassen sich nicht abteilen und danach etikettieren. Deshalb brauchte z.B., wer die Analyse missverstand, die ergänzende Synthese, wobei das Missverständnis darin lag, dass sich das Wort «Psychoanalyse» auf die Art der Denkarbeit des Analysanden und des Analytikers bezieht, aber nicht etwa darauf, dass die Seele des Analysanden in Teile zerlegt würde.

Wir werden daher auch bei unserem Thema nicht verlangen, dass die einander gegenüberstehenden Termini immer im gleichen Sinne gegensätzliche Bedeutung haben. Sie müssen nur jeweilig für die zu unterscheidenden Vorgänge die Unterschiede richtig erkennen lassen. Als FREUD z.B. den erotischen Menschentyp vom narzisstischen abgrenzte [2], war damit nicht die libidinöse Natur des Narzissmus aufgegeben, sondern das Wort «erotisch» hier im alltäglichen Sinne gebraucht. Die Charakterisierung dieses narzisstischen Typus stellt diesen weder als krankhaft noch als abnorm hin, allerdings mit der Einschränkung, dass er nie in reiner Ausprägung vorkommt. Das Beispiel, das FREUD in einer Diskussion über dieses Thema als reinst narzisstisches Exemplar angab, war FALSTAFF; dieser dürfte allerdings, weil beinahe zu normal, an der Grenze des Normalen stehen und im Leben keine Idealgestalt sein. In der Schilderung der Typen wird am «narzisstischen Typus» die Selbstsicherheit hervorgehoben, auf der die Aktivität beruht und insbesondere die Aggressionen unerschütterlich gegen aussen gerichtet werden können. So ist schon hier die starke narzisstische Besetzung als die normale, brauchbare und nötige Gegenbesetzung erkannt, vermöge welcher Objektbesetzungen mit aktiver Energie zur Geltung gebracht werden; die Ichlibido liefert demnach unsere normale Gegenbesetzung zu unseren normalen Objektbesetzungen; sie ist dabei zum Teil frei verschiebbar oder gebunden und zum Teil in der Charakterstruktur aufgegangen.

---

[1] Vgl. E.WEISS: «Todestrieb und Masochismus», Imago, XXI, 1935, S. 396.
[2] «Über libidinöse Typen», G.W., XIV, 507 ff

Hier und in anderen Beziehungen sind der Narzissmus und die Ichlibido gegensätzlich zum Eros und zur Objektlibido; ebenso ist es die narzisstische Kränkung zum Leiden an enttäuschter Objektlibido. Wenn man aber dann die Worte in ihrem grammatikalischen Sinne weiter starr verwenden wollte, dann wäre es gleichsam für den Narzissmus ausgeschlossen, mit einem Objekt in Beziehung zu sein, sei dieses ein «Etwas in der Aussenwelt», sei es die Objektrepräsentanz. In Wirklichkeit ist sehr viel Ichlibido an die Ichtriebe im alten Sinne angelehnt und so nicht nur mit dem Ich verbunden, sondern auch dem Objekt bzw. der Objektrepräsentanz zugewendet. Es ist damit mit Worten der Libidotheorie ausgedrückt, was die Psychologen und namentlich SCHILDER vom Enthaltensein des Ichs im Akte ausgesagt haben. Es gibt demnach Narzissmus, der nichts mit den Objekten zu tun hat, und solchen mit Objekt; oder, richtiger gesagt, man kann narzisstisch sowohl sein ohne Objektbesetzung als auch gerade bei der libidinösen Objektbesetzung (z. B. narzisstische Liebeswahl), ohne dass dabei der Narzissmus in Objektlibido umgewandelt würde. Damit verbleibt man völlig innerhalb des Normalen und Gesunden. Wie ich schon früher [1] genauer ausführte, hat aller sekundäre Narzissmus das Ich oder das dem Ich Einverleibte bzw. das von ihm Umschlossene zum Gegenstand. Hier liegt der Gegensatz zwischen Objektlibido und Narzissmus nicht mehr im Bezogensein auf ein Objekt, sondern nur in der Art des Objektes (ob Aussenwelt oder Ichanteil); die strenge Unterscheidung wird – ganz im Einklang mit dem tatsächlichen psychischen Geschehen – hinfällig, wenn und so weit das Ich Anteile der Aussenwelt umfasst. Haben wir aber einmal die Ichbesetzung von den Objektbesetzungen zu unterscheiden gelernt, so werden wir sogar das Wort Narzissmus gewöhnlich gerade für jene Ichbesetzung verwenden, welche mit der Aussenwelt und mit den Objektrepräsentanzen in Beziehung tritt; denn es ist eigentlich nur für diese Besetzungen wichtig, zu erkennen und hervorzuheben, dass sie ichlibidinöser Natur sind; denn dass das Ich, soweit ihm Libido zugehört, mit Ichlibido besetzt ist, ist selbstverständlich. Dort, wo der Narzissmus uns überrascht, ist uns auch die Aufgabe gestellt, das gesund Normale vom abnorm Krankhaften zu trennen.

Wenngleich der Narzissmus zuerst in seinem pathologischen Auftreten erkannt wurde, ist er zweifellos nicht ein pathologischer Rest der Vergangenheit, sondern das normale, wesentliche Mittel zum lebendigen seelischen Zusammenhalt des Ichs. Er wurde auch als *normales* Libidoreservoir von FREUD beschrieben. Später wurde von vielen Analytikern – zum Teil um die individualpsychologischen Befunde, soweit sie richtig sind, libidotheoretisch zu

[1] Siehe Kap. 15.

305

erklären – mehr das Pathologische am Narzissmus hervorgehoben. Alle narzisstische Einstellung, die narzisstischen Besetzungen, die narzisstische Kränkung, wurden, wieder im Sinne des «Autismus», als krankhaft hervorgehoben. Oft hörten wir, dass die narzisstische Besetzung das Interesse an der Behandlung und Heilung störe, jedes Interesse vereitle, oder dass der übergrosse Narzissmus die Übertragung erschwere oder unmöglich mache; den «narzisstischen Panzer» zu zerstören, war die technische Vorschrift REICHS. So richtig das alles war und ist, die Aussage war viel zu allgemein, um zu erklärenden Zusammenhängen zu führen. Auch dürfen wir nicht vergessen, dass jede Angst, jedes Schamgefühl, jedes Schuldgefühl ein narzisstischer Vorgang ist, dass in allem Sadomasochismus, Masochismus und Exhibitionismus eine Komponente Narzissmus inbegriffen ist und so die Bezeichnung «narzisstisch» meist bloss etwas Allgemeines an Stelle des bereits bekannten Besonderen setzte [1]. Es ist auch zu unterscheiden, ob es sich um normalen Narzissmus handelt oder um narzisstische Beziehungen, wie sie für die Psychose charakteristisch sind, bei denen die Rückkehr zur fixierten narzisstischen Stufe tatsächlich die Anwendung der Psychoanalyse, wie sie für die Übertragungsneurosen technisch ausgebildet wurde, illusorisch macht [2]. Bei Psychosen handelt es sich um eine andere Erfassung der Wirklichkeit seitens des Kranken, auch haben ihre unbewussten Konflikte die Entwicklung des Ichs aufgehalten, resp. sie betrafen ein aus endogenen Gründen fehlentwickeltes Ich. Der krankhafte Narzissmus des Psychotikers wird nicht

---

[1] Auch die schöne, lehr- und aufschlussreiche Arbeit von PFANDL («Der Narzissbegriff», Imago, XXI, 1935) ist unter diesem Eindruck geschrieben, den die psychoanalytische Literatur des letzten Jahrzehntes erweckt. Der Narzissmus wird als pathologisches Phänomen und sogar, weil er an Stelle der verdrängten normalen Erotik auftritt, als Neurose bezeichnet. Von dieser unrichtigen Auffassung aus lehnt der Autor manche von anderen Verfassern gegebene richtige Deutung oder gefundene Bedeutung als unwesentlich ab.

[2] FREUD selbst steht der analytischen Behandlung der Psychosen auch heute (1936 – E.W.) sehr skeptisch gegenüber und so auch meinen Mitteilungen über die guten Erfolge bei beginnender und bei vorgeschrittener Schizophrenie. Die Erfahrung bestätigt aber immer wieder, dass der Schizophrene ebenso schnell und nicht weniger verlässlich überträgt als der Neurotiker und mancher Gesunde. Allerdings wird seine Übertragung sofort gelöst, wenn man an der Technik der Neurosenanalyse festhält. Vermeidet man diese, so ist der Psychotiker vermöge seiner Übertragung – im Prinzip – analysierbar. Auch sein gesteigerter und andersartiger Narzissmus ist kein Hindernis, sondern zwingt nur zum Eingehen auf die andere Erfassung der Wirklichkeit. Es trifft die Steigerung nur einen Teil des Ichs oder, richtiger, das infantil eingeschränkte Ich, oft mehrere fakultativ gleichzeitig bestehende infantile Ichstadien, die man erkennen muss, um mit ihnen wie mit einem Kinde in Kontakt zu treten. Viele der jüngeren, d.h. später erworbenen Stadien und Inhalte haben sogar ihre narzisstische Besetzung ganz oder teilweise verloren und sind ein der Analyse zugängliches Material geworden, während das aufgelockerte Unbewusste viel, nicht mehr verdrängtes Material ohne Widerstand bekanntgibt. Übertragen wird sowohl objektlibidinöse als narzisstische Besetzung in wechselndem Verhältnis; letztere meist durch Erneuerung früherer Identifizierungen. Einen grösseren Wert gewinnt die Analyse der sekundär narzisstischen Selbstbeobachtung, welche die abnormen Mechanismen zum Gegenstand hat. Jedenfalls lässt jede Psychosenanalyse einen starken Eindruck von pathologischem Narzissmus zurück.

Gegenstand dieser Darstellung sein. Hier will ich nur einzelne Kriterien zur Unterscheidung des pathologischen und des normalen Narzissmus mitteilen. Ich halte das für nützlich, denn es soll der Begriff und das Wort «Narzissmus» nicht in ungerechtfertigter Art in das Bereich des Pathologischen abgleiten.

Während jeder psychoanalytischen Behandlung haben wir wohl immer einen sicheren und fein nuancierten Eindruck, wie weit der jeweils uns sich darbietende Narzissmus als normal oder als pathologisch zu gelten habe, und ob er im zweiten Fall pathologisch gesteigert oder pathologisch verwendet ist. Auch abnorme Verminderungen des beim normalen Individuum zu erwartenden Narzissmus fallen uns auf; hiezu gehören die Entfremdungszustände, bei denen allerdings der sekundäre Narzissmus der Selbstbeobachtung so oft kompensierend einsetzt, dass manche ihn noch immer – mit Unrecht – als den Grund der Entfremdung betrachten. Es gibt aber auch eine neurotische Nüchternheit und Kälte, die durch Mangel an Narzissmus entsteht; so bei beginnenden Psychosen, wenn nicht die Angst im Vordergrund ist, und auch bei Neurotikern mit Entfremdungszuständen geringsten Grades.

Die abnorme Steigerung oder abnorme Zuwendung von Narzissmus zeigt sich im Benehmen des Menschen, nicht nur des Analysanden, im allgemeinen wie im besonderen. Es liesse sich Genaues z. B. darüber schreiben, wie wenig Menschen imstande sind, einen Gruss oder Händedruck zum Willkomm oder Abschied mit blosser Objektbesetzung und nicht narzisstisch zu geben, wie es ein zu seinen Mitmenschen normal eingestelltes Individuum automatisch tut. Beim neurotischen Analysanden sind diese kleinen Symptommanieren in sehr charakterisierender Art vermehrt und gesteigert. Dasselbe sehen wir an vielen anderen Symptomzeichen, wir hören es in noch höherem Ausmass heraus aus dem Gefälle von Ton und Akzent bei allem Sprechen oder nur in komplexbedingter Weise bei einzelnen Sätzen oder Themen; die blosse Dehnung der Aussprache verrät oft das störende Hinzukommen einer zweiten, mehr narzisstisch besetzten Ichgrenze zu der zunächst in Aktion tretenden; man kann aus einer jeden gedehnten Silbe bei manchen Individuen eine zweite und eine dritte Innervation beim Artikulieren heraushören, die von dem ausgeht, was einer «vorstellen» will. Wir erkennen gesteigerten Narzissmus an der Art der Beurteilung von an sich unwichtigen Ereignissen, an der Art der Reaktion auf das auftauchende, namentlich das verdrängte Material, vor allem an der Auffassung der Einstellungen der Umwelt zum Patienten, besonders der der Liebesobjekte, und *vice versa*. Dass die Unfähigkeit, objektiv zu urteilen, fast immer auch narzisstische Gründe hat und dies ein objektives Kriterium ist, ist selbstverständlich für jedermann, nur nicht für den Betroffenen selbst. Sowohl die Individualpsychologen als auch REICH haben vielfach richtige allgemeine Gesichtspunkte für die Unterscheidung gefunden und viele Einzelheiten beobachtet.

Wenn wir – und wäre es auch nur eindrucksgemäss – den Narzissmus beurteilen wollen, müssen wir wie immer, wenn es sich um die Ökonomie der Libidobesetzung handelt, auch fragen, ob bei diesen Individuen nicht die Gesamtquantität der verfügbaren Libido eine andere sei. Tatsächlich hat man dies immer so angenommen. Mit dem Ausdruck «Natur, Vollnatur», bei vielen Autoren auch mit dem Ausdruck «Sinnlichkeit», hat die Laiensprache ein besonders grosses verfügbares Libidoquantum bezeichnet. Für den Analytiker kompliziert sich eine solche Feststellung durch sein Wissen, dass es auch gebundene, verdrängte und durch organische Verdrängung oder sonstige Strukturierung unerfasslich gewordene Libidoquanten gibt, dass gerade letztere Quanten die Stärke der Persönlichkeit und des Charakters bedingen, während es die sozusagen freien Überschüsse an Libido sind, welche für die Beobachtung und für die Selbstbeobachtung manifest werden. Auf diese grössten Libidoquanten kann aber nur indirekt auf Grund der Theorie geschlossen werden.

Die Psychoanalyse greift daher nur selten zur Annahme eines Mehr oder Weniger an Gesamtlibido; ihre Praxis und ihre Theorie beschäftigen sich mit dem Wechsel in Verwendung und Besetzung von Libido, mit der Dynamik und Ökonomie, nicht mit der Statik und Quantität. Auch als FREUD die Unterscheidung von narzisstischen und erotischen Individuen mitteilte, dürfte er nicht die Gesamtquantität, sondern die Verwendungsart und die verhältnismässige Steigerung in der einen oder der anderen Richtung gemeint haben. Immerhin ist es seine ausgesprochene Ansicht, dass das Verhältnis der Libidoverteilung auf das Ich, auf die Objektwelt und auf das Über-Ich gewiss nur in weiten Grenzen etwas für jedes Individuum Konstantes sei; in diesem Falle lägen für Individuen von verschiedenem Typus auch die Grenzen zwischen normaler und pathologischer Steigerung oder Verwendung verschieden. Es dürfte daher EIDELBERG auf richtigem Wege sein, wenn er den Typen auch bestimmte Dispositionen zu bestimmten Neurosen zuschreibt [1]. Auch ist begreiflich, dass das Interesse für die Quantität der Libido jüngere Analytiker veranlasst, die Möglichkeit von Messungsmethoden für die Libidoquanten experimentell (BERNFELD und FEITELBERG) [2] oder theoretisch (EIDELBERG) zu untersuchen. Wahrscheinlich zweifelt niemand von uns Analytikern, dass es sehr grosse Unterschiede des individuellen Libido-

---

[1] EIDELBERG: «Zur Theorie und Klinik der Perversion», Jahrbücher für Psychiatrie und Neurologie, L, 1933.
[2] BERNFELD und FEITELBERG: «Über psychische Energie, Libido und deren Messbarkeit», Imago, XVI, 1930.

quantums geben muss, die konstitutionell bedingt sind. Ob speziell auch das Quantum an Narzissmus konstitutionell verschieden ist, wissen wir nicht. Dass es narzisstische Psychosen gibt, beweist nur, wenn wir die Frage der Konstitution in dieser Richtung verfolgen, dass das gegebene Libidoquantum für den Narzissmus *und* die Objektlibido nicht ausreichte. Überschuss wie Defizit an Libido können die normale Verteilung und Verwendung erschweren und so beide das Überwiegen des Narzissmus bedingen. Auch mag es sein, dass die nötigen kompensatorischen Mechanismen der Gegenbesetzung beim konstitutionellen Übermass zu stark ausfallen, beim konstitutionellen Defizit versagen, und dass dadurch erst das Krankhafte und Abnorme der Libidoverteilung auffällig wird; auch die umgekehrte Folge könnte bei diesen komplizierten ökonomischen Relationen erklärbar sein. Auch erklärt der Faktor der konditionell bedingten Quantität die wohl nicht nur scheinbare Häufung der Neurosen und speziell der narzisstischen Neuropsychosen in den kritischen Lebensperioden aller Menschen und der Faktor der konstitutionell bedingten Quantität ihre Häufung bei bestimmten Völkern oder Menschentypen.

Wir kehren nach dieser, trotz des geringen Ergebnisses der Vollständigkeit wegen gegebenen Erörterung zurück zu dem immerhin psychoanalytisch besser zugänglichen Thema der theoretischen Klarstellung der Unterscheidung des normalen und abnormen Narzissmus nach seinen Erscheinungsformen. Hiefür haben mir meine früheren Untersuchungen einen Zugang zur unmittelbaren Beobachtung des Narzissmus verschafft, weil ich im «Ichgefühl» einen Index der normalen narzisstischen (medialen) Besetzung erkannt habe, und weil wir sowohl Steigerungen als Herabsetzungen des Ichgefühls, d.h. der narzisstischen Besetzung, bei den verschiedensten psychischen Vorgängen und Funktionen an bestimmten Symptomen und dadurch das Bestehen von verschiedenen «Ichgrenzen» erkennen lernten. Die Ichgrenzen sind topisch die Träger, man könnte sagen die psychischen Organe des Narzissmus, wenngleich die mit den narzisstisch libidinösen Vorgängen verbundenen Sensationen, Regungen und Erregungen den verschiedensten erogenen Zonen und Funktionen zugehören. Das lustvolle Ichgefühl ist demnach gleichsam der Identitätsnachweis für die narzisstische Besetzung einer körperlichen oder seelischen Ichgrenze; im ersten Fall ist der Narzissmus eigentlich verbreiteter Autoerotismus, von welchem er abstammt; die den Narzissmus ausmachenden Libidoquanten sind beim normalen Ichgefühl wahrscheinlich kleiner, als es die ursprünglichen autoerotischen, dauernden Besetzungen waren. Durch die Erfahrung bei Diskussionen belehrt, bitte ich den Leser, das Wort «Ichgrenze» ganz im Sinne des Wortes dahin zu verstehen, dass wir fühlen, wie weit das Ich reicht, oder, noch richtiger, bis wohin das Ich nicht mehr reicht. Für das körperliche Ichgefühl bedeutet das, dass die Ichgrenze nicht immer mit den Körpergrenzen übereinstimmt, diese nicht ausfüllt oder aber auch sich über sie hinaus erstreckt, – man denke z. B. an die Sicherheit, mit der ein Autolenker die Ausdehnung des von ihm geführten Wagens ständig und richtig innehat. Die psychischen Ichgefühlsgrenzen lassen es uns merken, dass Gefühle, Gedanken, Wahrnehmungen aller Art, Erinnerungen, das eigene Sprechen und Bewegen unserem Gefühl nach von aussen ins Ichbereich kommen, dem Ich angehören und ihm zugehörend verbleiben, bis sie wieder durch andere ersetzt werden. Wir würden damit nur das Eintreten ins Bewusstsein, das Darin-Verbleiben und Aus-ihm-Entschwinden mit einem anderen Worte beschreiben, wenn nicht, erstens, bei mangelnder Besetzung der Ichgrenzen mit Libido die psychischen Erlebnisse wohl wie sonst bewusst, aber entfremdet wären, und wenn nicht, zweitens, vieles, was bewusst wird, im Bewusstsein als Aussenwelt vom Ich weiter geschieden bliebe, während anderes als ichzugehörig durch das Bewusstwerden aufgenommen wird. Der Unterschied liegt daran, dass es vielerlei Ichgrenzen gibt, aber nur eine Grenze für das Bewusstwerden. Daher kann etwas nur an der gedanklichen Ichgrenze mit dem Ich zusammenhängen, aber an allen übrigen Ichgrenzen ausser Kontakt mit dem Ich verbleiben, und so wird es als zur Aussenwelt gehörig gedacht und erkannt, obgleich es die augenblickliche gedankliche Ichgrenze bildet. Ein dritter Grund, der uns zur Unterscheidung von Bewusstsein und Ichzugehörigkeitsgrenze nötigt, ist der, dass zahllose nicht bewusste verschiedene Ichzustände mit den verschiedensten Inhalten und Grenzen in uns sind, welche bewusst werden können und sonst auch vorbewusst oder unbewusst die Gefühle und Gedanken ständig mitbeeinflussen. Es gibt unbewusste und vorbewusste Ichgrenzen, und deshalb können wir nicht Bewusstsein und Ichgrenze als wesensgleich auffassen.

Die Einheitlichkeit eines Charakters beruht auf dem Bestehen einiger festgefügter, gleichbleibender Ichzustände, in denen die wichtigsten Grenzen dem Inhalt und Umfang nach unveränderlich sind, und auch auf der Art ihrer Libidobesetzung; sie treten bei den verschiedensten Eindrücken, namentlich bei Affektauslösungsanlässen analoger Art ins Bewusstsein. Die Individualität ist um so reicher, je mehr solche Ichzustände, die gleichbleiben, sich in ihm gestaltet und vorbereitet haben und je mehr diese Reaktionsgrundlagen des Ichs dabei doch einzelnen ihrer Ichsektoren und dazugehörigen Ichgrenzen neue Inhalte und Reaktionsrichtungen angliedern, auch je leichter einzelne, nicht zu den typisierten gehörige Ichzustände aus der Vergangenheit je nach dem Anlass in realitätsgemässer Auslese ins Bewusstsein treten.

In all diesen Ichzuständen, mit aktuell oder potentiell bereiten Einstellungen, Reaktionen, Inhalten und Grenzen, ist sehr viel narzisstisch verwendete Libido aufgespeichert; dies sind, wie schon früher erwähnt, die Gegenbesetzungen, die es dem Ich erlauben, mit zulänglicher Stabilität Objektbesetzungen vorzunehmen und Versagungen an ihnen zu ertragen. Was wir «auf sich beruhen, inneres Behagen und Gleichmut» nennen, beruht auf diesen narzisstisch befriedigenden inneren Besetzungen in den vergangenen, aber aufwachbereiten Ichzuständen. Die Widerstandsanalyse richtet sich besonders gegen diese Ichzustände, soweit sie nicht normale sind, und lässt sie in der Übertragungssituation Aktualität gewinnen. Die Psychoanalyse wendet sich methodisch diesen Ichzuständen zu, wenngleich sie anscheinend unbewusstes Material wahllos aufzurufen trachtet. Die den erwachenden Ichzuständen zugewandte Aufmerksamkeit entspricht daher der Wichtigkeit des Aufdeckens überhaupt und der Bedeutung des Aufgedeckten. Es kann daher die bei jeder neuen Schicht gezeigte narzisstische Beteiligtheit und Befriedigung eine beträchtliche sein und noch grösser erscheinen, ohne dass das krankhaft wäre. Allmählich stellt sich mehr und mehr Objektinteresse her, rein oder von wenig Narzissmus begleitet, und lässt dann einzelne übermässig narzisstische Besetzungsinseln deutlich hervortreten. Wo sich solcher Narzissmus zeigt, erkennt man ihn daran, dass bei ganz nebensächlich erscheinenden Gelegenheiten das Interesse für das aktuelle oder frühere eigene Ich sich getrennt vom direkten Objektinteresse zeigt, oft sogar zeitlich so sehr vorausgehend, dass die Erklärung für die besondere narzisstische Zuwendung erst später bekannt wird.

Wir sehen so eine ungewöhnliche narzisstische Zuwendung des Ichs zum Ich und auch einen besonderen Narzissmus in den Ichzuständen selbst; oft auch ist die Art der Zuwendung sehr affektvoll, voll Selbstbemitleidung, Rührung oder Selbstschmeichelei und deutlicher Selbsterhöhung – Affekten, die durch kompensierende Affekte entgegengesetzter Art verdeckt werden können, aber doch durchscheinen. In solchen Affekten ist der Narzissmus manifest, und dass er beim Affekte manifest wird, zeigt, dass er nicht mehr in normaler Art auftritt. Denn es ist bei den Affekten wie bei dem Objektinteresse: sie treten auf in der Beziehung des Ichs zu einem erregenden Etwas; bei den Objektinteressen tritt das Ich mit einem libidobesetzten Objekt in Beziehung, bei den Affekten mit einem libidobesetzten Vorgang des Ichs selber. Es kann nun das Objektinteresse einfach und unmittelbar mit stärkerer oder schwächerer Libidobesetzung und dementsprechendem Besetzungsverbrauch ablaufen oder dieser Ablauf selbst dabei Gegenstand des Ichinteresses sein; im letzten Falle ist ein narzisstischer Besetzungs- und Befriedigungs- resp. Enttäuschungsvorgang zum objektlibidinösen hinzugekommen. Wir werden nicht jeden solchen narzisstischen Begleitvorgang als abnorm oder gar als krankhaft bezeichnen, weil wir sonst die Norm in vielen Kreisen zu sehr zur Ausnahme stempeln würden. Aber die seelisch recht Gesunden und Normalen haben ihre narzisstische Freude, wenn überhaupt, so erst nach der Tat, und sie sind derart mit dem Objekt und der Besiegung der Schwierigkeiten beschäftigt, dass sie keine Libido für die Selbstbesehung übrig haben. «Sich selbst gefallen mögen» bedeutet für Faust schon das Ende; dass es so sehr von ihm abgelehnt wird, beweist jedoch, wie nahe die Versuchung dazu ist. Es ist fast unmöglich, das «Erkenne dich selbst» nur mit einwärts gerichtetem Objektinteresse und nicht auch mit interessierter Subjektliebe zu bewerkstelligen. Wir werden daher das Überwinden des Narzissmus bei objektlibidinösen Interessen und Kämpfen als ideales Ziel, aber nicht als Zeichen der Norm hinstellen. Anders verhält es sich mit der oben geschilderten Sentimentalität, als welche der Narzissmus auftritt, wenn er bei Affekten manifest wird.

Das Verhältnis der Affekte zu den Trieben ist noch nicht psychoanalytisch klargestellt. Die MACDOUGALLsche [1] Lehre, dass die Affekte spezifische Reaktionen der Seele auf die verschiedenen Triebe sind, ist an und für sich berechtigt; im einzelnen hängt die Richtigkeit ihrer Ausführung von der Richtigkeit der zugrunde gelegten Trieblehre ab. Nach FREUD sind die Affekte zentrifugale Vorgänge; das bedeutet nicht, dass FREUD die zentripetale, sensible Natur der Affekte etwa nicht kannte oder nicht anerkennt; die betreffenden Stellen sprechen deutlich von beiden Richtungen der Erregungsabläufe. Weil der zentrifugale damals und noch heute durchaus nicht selbstverständlich bekannt war und ist, wurde er der hervorgehobene Inhalt der Mitteilung. Die Affekte hat FREUD an anderer Stelle als normalen Parallelvorgang zu den hysterischen Anfällen bezeichnet. Analytisch wird oft von Affektbesetzungen wie von Libidobesetzungen, von Ökonomie, Verschiebung, Verwendung, Verdrängung gesprochen (zuerst von GRÜNINGER [2]). Die Erkenntnis, dass es wechselnde, mit Libido besetzte, und zwar mit verschiedener Art von Libido besetzte Ichgrenzen gibt, – wir müssen hinzufügen, dass Ichgrenzen auch gesamt oder zum Teil mit Mortido (*sive* Destrudo) besetzt sein können, – lässt uns die Natur der Affekte ökonomisch, topisch und dynamisch besser verstehen. *Affekte entstehen stets zwischen zwei aufeinander wirkenden Ichgrenzen* und sind *verschieden je nach der Art der Triebbesetztheit des Ichs an diesen Grenzen:*

---

[1] «Outline of Psychology», 1923.
[2] U. GRÜNINGER: «Zum Problem der Affektverschiebung», Zürich, 1917; vgl. Int. Ztschr. f. Psychoanalyse, VII, 1921, S. 497 ff

Libido verschiedener Art, aktiv oder passiv, Mortido (*sive* Destrudo) verschiedener Art, aktiv oder passiv, an den betreffenden Ichgrenzen, wobei die eine Ichgrenze einem ins Bewusstsein tretenden früheren Ichzustand zugehören kann, also dem mehr juvenilen oder infantilen Ich. Affekte sind daher die gegenseitig entstehende Sensation, welche die Triebbesetzung des Ichs im triebbesetzten Ich erweckt. So verstehen wir die vielfachen Nuancen der Affekte gleicher Art, ihre vielfache Vermengung, Abtönung, ihre Verschiebbarkeit, die gleichzeitig zentripetale und zentrifugale Natur ihres Erregungsablaufes. Wir müssen ihr Auftreten gerade an den Ichgrenzen annehmen, weil für Affekte besondere und sehr eigenartige Entfremdungssensationen sehr häufig vorkommen. Der Affekt der Scham z. B. entsteht, wenn auf eine mit Angst besetzte Ichgrenze eine sexuell, besonders eine exhibitionistisch besetzte Ichgrenze einwirkt. Die Trauer entsteht, wenn auf eine mit Objektlibido besetzte Ichgrenze eine mit Mortido (*sive* Destrudo) besetzte wirkt. Wir finden bei FREUD die Erklärung, dass der Hass die Relation des Ichs, und zwar des Gesamt-Ichs, zum Objekt sei, und die Bemerkung, dass nicht der Trieb selbst hassen könne [1]. Wir hätten daher für solche direkt der Aussenwelt zugekehrte Affekte unsere Definition dahin zu ergänzen, dass auch, wenn eine Ichgrenze unter der Wirkung einer Objektbesetzung steht, ein Affekt entstehen kann. Sehen wir aber genauer zu, so ist der Hass einer der Fälle, in welchen das den Affekt erregende Objekt die aktuelle mit Aggression, mit aktiver Mortido besetzte Ichgrenze mit früheren Ichzuständen in Beziehung bringt, in welchen die Ichgrenzen in gleicher Art besetzt sind; denn immer «steigt der Hass auf», er ist bereits vorbereitet und erneuert sich nur im aktuellen Ichzustande. Dabei können andere Ichgrenzen mit libidinösen Besetzungen für das betreffende Objekt das Hassgefühl komplizieren. Auch die Ambivalenz ist durch die verschiedenen Besetzungen zweier Ichgrenzen ermöglicht.

Obgleich Angst und Schrecken so viel mit Entfremdungsgefühlen zu tun haben – indem der Schrecken dieselben hervorruft, anderseits oft Entfremdung starken Angstgefühlen vorausgeht oder sie begleitet –, obgleich sie so oft von Autoren als Grund der Entfremdung herangezogen wurden, finde ich keine Angabe und erinnere mich keiner eigenen Erfahrung, dass für die Angst selber eine Entfremdung bestanden hat. Die Angst entsteht nämlich *im* Ich [2], nicht an der Ichgrenze. Das gilt nicht von der Furcht und gilt auch

---

[1] «Triebe und Triebschicksale», G. W., X, 229.
[2] Es ist gleichfalls auffallend, dass bei Entfremdeten nicht die Klage auftritt, dass ihr Wille entfremdet sei, obgleich sie über die Störung, Entziehung und Unbeeinflussbarkeit ihres Willens klagen, und dieser sich objektiv oft mehr gestört zeigt als die Affekte, über deren Entfremdung die Kranken so sehr und mannigfaltig klagen. Wenn diese Erfahrung nicht auf mangelhaftem

nicht von den körperlichen Sensationen, welche die volle Angst begleiten; für diese können auch Entfremdungsgefühle bestehen. Bemüht man sich, auch die Angst unter die einheitliche Erklärung der Affekte einzureihen, so könnte das wahrscheinlich auch mit Recht geschehen, weil man im seelischen Gesamt-Ich Angst dann entstehen sieht, wenn das Körper-Ich der Todesnähe oder dem vollen Todestrieb verfällt. Zwischen Körper-Ich und seelischem Ich gibt es aber keine peripheren Grenzen, an denen die Ichbesetzungen aufeinander wirken würden, wie an verschiedenen seelischen Ichgrenzen. Überall, wo es sich daher um Beziehungen zwischen Körper-Ich und seelischem Ich handelt, wie z. B. bei der Konversion und bei den somatischen Komponenten der Angst und anderer Affekte, hätte die Darstellung zuvor der komplizierten topischen Beziehung zwischen seelischem und Körper-Ich gerecht zu werden, was besondere Sorgfalt der Beobachtung verlangt und hier wenigstens nicht meine Aufgabe sein wird, wenngleich das Thema des Narzissmus, schon weil dieser mit dem Autoerotismus genetisch zusammenhängt und weil er sich als Perversion auf den Körper als Objekt bezieht, die vorherige Lösung dieses Problems verlangen würde.

Wir haben unser Thema dadurch nicht überschritten, dass wir den Angstaffekt hier besprochen haben, denn der Zusammenhang von Angst und Libido, und zwar sowohl mit narzisstischer Libido wie mit Objektlibido, ist klinisch und theoretisch gleich wichtig. Ohne narzisstische Besetzung wird die Reaktion auf plötzliche Gefahr zum apathischen Schrecken und Erstarren, nicht aber zur so merkwürdigen Sensation der Angst, in welcher das Ichgefühl sogar sehr gesteigert ist. Die Angst ist so das beste Beispiel dafür, wie die Libidobesetzung und die Mortidobesetzung zu der Einheit eines Affektes zusammenströmen. In ganz anderer Art wird dagegen der Affekt des Schuldgefühls, wo er rein auftritt, erlebt. Es kann daher nicht genügen, das Schuldgefühl – und oft auch das Schamgefühl – als soziale Angst zu bezeichnen, wobei das Schuldgefühl mehr Angst vor Strafe, die Scham mehr Angst vor Herabsetzung und Preisgabe ist. Dass wir hier «Angst vor etwas» sagen müssen, zeigt bereits, dass es sich eigentlich um dazugekommene Furcht handelt. Mit dem ganz andersartigen Affekt der Schuld ist durch die ererbten und erlebten Erfahrungsniederschläge die Furcht vor Strafe unbewusster- und auch bewussterweise verbunden. Auch echter Angstaffekt tritt aus un-

---

Beobachtungsmaterial beruht und nicht andere Erfahrungen anderes lehren, so würde das darauf hinweisen, dass die Willensfunktion, wie ich an anderer Stelle (siehe Kap. 3) ausgeführt habe, dem Gesamt-Ich und nicht den Ichgrenzen zugehört. Vom Willen – Funktion und Organ – ist die Motorik als Ausführungsorgan und -funktion wohl zu unterscheiden. Driesch ist entgegengesetzter Ansicht und lässt die Willensvorgänge so wie andere Denk- und Gefühlsvorgänge aus dem Unbewussten an das Ich herantreten.

bewussten Gründen – zu welchen wahrscheinlich, trotz dem Widerspruch der zünftigen Ethnologen, die in «Totem und Tabu» angenommenen gehören – bei stärkerem Schuldgefühl regelmässig auf. So wie das Ich die biologische Aufgabe hat, alles im Interesse des Individuums zu tun, geniesst es auch alle Erfolge und Genüsse, die das Individuum durch die Leistung des Ichs gewinnt, als seinen Erfolg und erleidet die Misserfolge als sein Unglück, die Gegenangriffe der anderen, soweit sie Vergeltung sind, als seine Strafe. Aber nicht jedes Schuldgefühl enthält eine Komponente von Angst und Strafe. Man kann z. B. Schuldgefühle haben, weil man einer Hassregung nicht nachgegeben hat, ohne jeden Anlass zu sozialer Angst oder Furcht.

Der Affekt des Schuldgefühls zeigt besonders deutlich, dass die Affekte als Spannungsgefühle zwischen zwei Ichzuständen entstehen. Tatsächlich habe ich an ihm zuerst diese Topik erkannt. In bezug auf eine Objektrepräsentanz treten zwei Ichzustände zusammen; zwei vergangene, wenn es sich um unbewusstes, der aktuelle und ein (auch mehrere) vergangener, wenn es sich um bewusstes Schuldgefühl handelt. Die triebhafte Besetzung des aktuellen Ichzustandes ist eine andere als die des vergangenen. Steigert sich der Unterschied bis zum Gegensatz, so wird das Gefühl des Bedauerns zu dem der Schuld, wenn es sich um eine wichtige Beziehung und um eine wichtige Reaktion handelt. Wir sind gewohnt, das Wort Schuldgefühl nur dort zu gebrauchen, wo die Gegensätze der Besetzungen eine ethische Beurteilung erfahren, also soziale Verurteilung und Strafangst die Gegensätze vergrössern. Wenn man aber scharf beobachtet, so entspringt jedem entgegengesetzten Verhalten – subjektive Wichtigkeit und Reaktion vorausgesetzt – etwas von gleicher Affektart, wenn auch geringerer Intensität. Sobald einem das eigene Verhalten in der Vergangenheit nicht mehr recht ist, ist ein leichtes Schuldgefühl neben der gedanklichen Selbstbeurteilung zu verspüren.

Handelt es sich, wie bei jedem Auftreten eines stärkeren Schuldgefühls, um moralisch stark betonte Gegensätze, ist insbesondere eine Liebes- oder Hasseinstellung des Ichs der entgegengesetzten gewichen, dann besteht ein starkes Gefühl der Unausgeglichenheit, der Unausgleichbarkeit, des Nichtlösenkönnens, des Gegensatzes der Besetzungen; den Spannungszustand, den diese Unvereinbarkeit erzeugt, empfinden wir in bezug auf die vergangene Reaktion als Schuldgefühl. Die gedankliche Arbeit, welche die Reaktion, sei es ein Tun oder ein Unterlassen – oft nur intendiert oder gedacht –, in ihren Einzelheiten, ihren Motiven, Rechtfertigungen, in ihrer Notwendigkeit oder Vermeidbarkeit, ihren guten und schlimmen Folgen zergliedert, bringt in jedem Denkakt den Gegenstand wieder in allen Einzelheiten mit beiden Ichzuständen in Zusammenhang. Der unausgeglichene Zustand ist quälend an und für sich, die Vorwürfe des Über-Ichs kommen dazu; beide führen zu dem uns bekannten Endzustand des Strafbedürfnisses, des Geständniszwanges, der Selbstverurteilung und Sühnebereitschaft – einem Zustande, welcher die Unausgeglichenheit nach aussen verlegt und so von der innerlichen Spaltung, die im Schuldgefühle liegt, befreit. Solche Gegensätze der Einstellung treten schon in früher Kindheit auf, und zwar regelmässig, wenn das Kind im aktuellen Ichzustand die Einstellung der Erzieher annimmt, später, wenn es sich mit ihnen identifiziert. Allmählich vereinen sich alle Ichzustände dieser Identifizierungen zum Über-Ich, welches scharfe Grenzen gegenüber dem nur teilweise durch Identifizierung beeinflussten «Ich» hat. EDOARDO WEISS teilt Beobachtungen mit, dass das Über-Ich traumatisch entstehe. Das kann nur bedeuten, dass die durch intensive Konflikte entstandenen Schuldgefühle eher erinnert werden als die mehr chronischen und geringen und dass die Stärkung des Über-Ichs als Einkehr erlebt wird. Nach dem Gesagten ist es wohl nur ein Scheinproblem, ob das Über-Ich schon vor der Ödipusperiode entstehe; Schuldgefühle sind viel früher vorhanden, das Über-Ich erhält aber nur allmählich und viel später seine mit gleicher Besetzung vorbereiteten, scharfen Grenzen gegenüber dem Ich. Von da an kommen Schuldgefühle in der Regel zwischen den aufeinander wirkenden Grenzen des Über-Ichs und des Ichs zustande.

Das Schuldgefühl ist ebensowenig wie die Angst bloss ein unausgeglichener Kampf aggressiver Tendenzen zwischen Über-Ich und Ich bzw. zwischen zwei Ichzuständen. Die Grenzen müssen immer auch teilweise mit Libido einander zugewendet sein. Ohne libidinöse Komponente sehen wir den Selbsthass der Melancholie an Stelle des normalen Schuldgefühles oder ein gleichgültiges, entfremdetes Schuldgefühl (bei der pathologischen Trauer). Insofern gehört auch das Schuldgefühl zu den narzisstischen Affekten.

Als ich früher bemerkte, dass die Topik der Affektentstehung zwischen zwei Ichgrenzen es gut verstehen lässt, dass zum Affekte zentripetale und zentrifugale Erregungsabläufe gehören, habe ich diese Bezeichnung nach dem Ich orientiert verwendet, während FREUD damit hervorheben wollte, dass die Affekte analog der Motorik Erregungen in das Somatische abführen, und zwar zu den Muskeln, Blutgefässen, Drüsen mit innerer und solchen mit äusserer Sekretion. Gerade diese typische Folge jeder Affektsteigerung, die allerdings auch ganz oder zum Teil beherrscht oder eingeschränkt werden kann (ersteres bei der Motorik, letzteres bei den Gefäss- und Drüseninnervationen), stimmt zu unserer Auffassung der Affekte. Wenn bei der Begegnung der Ichgrenzen Triebbesetzungen frei werden oder aus dem ruhenden Zustand zum Abströmen gebracht werden und ihre Energien nicht im psychischen Erlebnis aufgebraucht sind, so gehen sie ins Körperliche über. Deshalb hängt auch die Bereitschaft zu Affekterregung und Entladung vom libidinösen Spannungszustand, dem körperlichen wie dem seelischen, im ganzen oder speziell in bestimmten Triebgebieten ab. Auch dass die Affekte wie die Triebvorgänge zum Teil ruhend und gespannt sind, zum Teil bewegt sich steigern und entladen, ist gut verständlich. Denn mit der Begegnung des Ichs mit sich selbst an triebbesetzten Grenzen empfangen diese nicht nur wie Sinnesorgane den Eindrucksreiz der anderen Triebbesetzung, sondern es erfolgt dabei auch eine Art Libidobefriedigung – unter inadäquaten Bedingungen, wenn die Triebbesetzungen der Art nach voneinander verschieden sind, unter adäquaten, wenn sie gleicher Art sind. Im ersteren Fall ist der Affekt ein komplizierter, hat oft etwas Verwirrendes an sich und trotz der libidinösen Natur etwas peinlich Quälendes; im letzteren Falle ist er einfach, lust- oder unlustvoll, und sich selbst steigernd. Jeder Affektablauf hat eine Komponente lustvoller Befriedigung, weil eben Libidoquanten zur Vereinigung und Lösung kommen, und etwas Unlustvolles, soweit es sich nicht um zueinander passende Besetzungen handelt. Die Lösung der Triebbesetzungen im Affekte ist keine vollkommene, es entsteht etwas Neues an Sensation[1], verschieden von jeder der zusammentretenden Triebbesetzungen, eben der eigenartige Affekt, und dieser enthält stets noch Erregungsenergie, die sich dem gesamten Ich mitteilt, soweit dieses nicht seine Ausbreitung reguliert und eindämmt. Denn dass die Affekte an den Ichgrenzen ausgelöst werden, bedeutet nicht, dass die Triebbesetzungen – etwa wie elektrische Spannungen – nur periphere Erregungen sind. Es sind immer libidinöse Besetzungen des ganzen Ichs oder einzelner Funktionen, oder Anteile desselben; die Bezeichnung «Ichgrenze» sagt nur aus, dass die das Ich ausmachende Besetzungseinheit stets eine scharfe Begrenzung hat, bestimmte Funktionen und Inhalte erfasst, andere freilässt. Die Tatsache des exakten Ichgefühls

---

[1] Jeder Affekt ist, abgesehen von Topik, Dynamik und Ökonomie, eine charakteristische Sensation. Es ist die spezifische Art der Empfindung, wie an den Ichgrenzen der Ausgleich vor sich geht, misslingt oder gelingt, schnell oder verzögert, sich verbreiternd oder einschränkend, und zwar an den spezifischen, ganz verschiedenen Arten von Triebbesetzungen. Jeder Affekt hat seinen Verlauf. In diesem Verlauf ändern sich oft die Ichgrenzen, besonders wenn im Affekt ein Libidoausgleich zwischen den Ichgrenzen erfolgt. Bei den Affekten ist die Berechtigung der ersten ökonomischen Theorie von Lust und Unlust wieder zu finden; tatsächlich hat z.B. das Schuldgefühl mit seiner unausgeglichenen Spannung nur etwas Quälendes, nicht so die Angst bei geringeren Graden und gewiss nicht das Mitleid. Das Mitleid entsteht zwischen einer Ichgrenze, welche das bemitleidete Individuum miteinschliesst, und dem eigenen Ich. Die Spannung des Unlustgefühles löst sich in Rührung, Erbarmen oder Weltschmerz, je nachdem, ob das fremde Ich in das eigene einbezogen wird, ob sich das eigene an das andere verliert oder aber die Ichgrenzen sich zu einem allgemeinsten Umfang erweitern. Die Lust der Affekte ist von den die Ichgrenzen besetzenden Triebqualitäten abhängig, besonders deutlich beim Schamgefühl, dessen Lust unmittelbar der Sexualität entstammt.

spricht auch gegen die Theorie SCHILDERS [1] von der grösseren Ichnähe und Ichferne im normalen Seelenleben. Jedenfalls sind wir berechtigt, von Affektbesetzungen einer Ichgrenze zu sprechen, was der oben gegebenen Erklärung, dass der Affekt überhaupt erst durch die Begegnung triebbesetzter Ichgrenzen entsteht, zu widersprechen scheint. Jeder Affekt ist etwas dynamisch Entstandenes und enthält Besetzungsenergien, die das Ich innerhalb seiner Grenzen mit jeweilig spezifischer Gefühlsqualität erfüllen und erregen, an denselben oder an anderen Grenzen weiterwirken, so dass auch weitere Affekte durch neuerliche Begegnung mit einer anderen, mit Trieb oder auch mit Affekt besetzten Ichgrenze entstehen können – der Komplikation ist kein Ende gesetzt; die Überschüsse strömen ins Somatische ab. Wenn wir bedenken, dass die Affekte durch Sichselbstbegegnung des Ichs entstehen, so verstehen wir, dass das Studium des Narzissmus uns zu dieser Untersuchung der Affekte hinführen musste, und auch, dass in den nicht analytischen Beschreibungen viele Äusserungen des Narzissmus unter den affektiven Eigenschaften der Selbstgefälligkeit, Koketterie, Eitelkeit und des Stolzes beschrieben werden, wobei die Ubiquität und Bedeutung der im Ich verbleibenden Libido nicht erkannt wurde. Die Einteilung der Charaktere durch JUNG in introvertierte und extravertierte wurde der Bedeutung des Narzissmus gerecht.

Von der Untersuchung der Affekte in Beziehung zum Narzissmus kehren wir nun zum Verhalten beim Auftauchen früherer Ichzustände in der Analyse zurück. Normal ist es, dass dabei mehr oder weniger starke Affekte entstehen und manchmal Zeit brauchen, bis sie deutlich und stark werden, während sie in anderen Fällen so eruptiv aufbrechen, dass sie dann mehr oder weniger intensiv das übrige Ich gänzlich oder nur zum Teil ergreifen, um wieder abzuklingen oder sonst erledigt zu werden. An all diesem dramatischen Geschehen ist das Ich freudig oder leidend und sich wehrend mit Libidobesetzungen voll beteiligt, die entweder unbefriedigt fortdauern oder befriedigt werden und zur Ruhe kommen. Bei gesteigertem Narzissmus hingegen wendet sich das Ich dem Prozess der Affekterledigung noch besonders zu und ist narzisstisch daran beteiligt. In diesem Falle liegt es an unserer subjektiven Beurteilung, welcher Grad von narzisstischer Zuwendung schon als pathologisch zu gelten habe. Den Individuen ist diese Zuwendung so natürlich und selbstverständlich, dass sie erst durch Hinlenkung auf weniger narzisstisch besetzte Vorgänge im sonstigen Erleben oder auf das Gehaben anderer weniger narzisstischer Persönlichkeiten die Selbstwahrnehmung der Abnormität des Verhaltens erreichen. Gesteigerte narzisstische Zuwendung

[1] «Der Ichkreis», Ztschr. f. d. ges. Neurol. u. Psychiatrie, XCII, 1924.

ist ungesund in mehrfacher Richtung: sie steigert die Affektivität und damit auch die Subjektivität in diffuser, unnützer Art; sie fälscht die Auffassungen jeglicher Art; sie braucht Libido auf, die der Realitätsanpassung und den Objekten zugute kommen sollte; sie hindert die Beziehungnahme zu anderen Personen; sie verletzt diese Personen, ohne dass man auf beiden Seiten ohne Analyse die Anlässe versteht und die Gründe richtig kennt; sie lässt gleichsam alles zweifach erleben und schafft so einen abnormen Lebensrhythmus. Wir werden später bei der Unterscheidung der normalen und abnormen narzisstischen Phantasien darauf zurückkommen. Anderseits sind aber, wie wir schon früher im allgemeinen bemerkten, die starke Beteiligtheit am eigenen Erleben, die Bejahung der eigenen Affektreaktionen und die Zufriedenheit mit der eigenen Persönlichkeit – also Einstellungen, die wir als narzisstisch bezeichnen müssen – nützliche und gesunde Grundlagen für die Beziehungen zur Aussenwelt; sie sind im einzelnen die narzisstischen Gegenbesetzungen gegenüber den vielen objektlibidinösen Bindungen.

Wenn ich hier von der Beobachtung des narzisstischen Verhaltens während der Analyse ausgegangen bin, so geschah das, weil diese uns die Einzelheiten der Besetzungsvorgänge oft verstehen, prüfen und überhaupt bemerken lässt, während wir sonst nur durch Einfühlung oder nach unserer Erfahrung die Eindrücke beurteilen. Die Analyse zeigt aber hier kein anderes Verhalten, als das sonstige Leben – und auch unser eigenes, wenn wir uns genug objektiv beobachten oder analysieren, – es uns stets vor Augen führt. Dort, wo sich die narzisstische Reaktion übertrieben oder andersartig darbietet, als wir es beim normalen Verhalten erwarten, dürfen wir nicht gleich an konstitutionell oder sonst endogen bedingte unabänderliche Charakteranomalien denken, sondern an reaktiv entstandene Anomalien, deren besondere Entstehungsgründe wir aufzudecken haben; sie sind teils im Sinne Jungs komplexbedingt, teils typische Allgemeinreaktionen auf typische und allgemeine Einflüsse, die in früher Kindheit beginnen.

Dass ein Individuum übermässig narzisstisch mit seinen Erlebnissen mitagiert, kann eine Art Ichschwäche verraten, eigentlich in paradoxer Weise einen Mangel an normalen narzisstischen Gegenbesetzungen. Häufig ist es ferner die Fortsetzung des allgemeinen Verhaltens der Eltern gegenüber dem Kleinkind, das man nicht sich naiv entwickeln und seine Entwicklung naiv erleben liess. Man könnte sagen, dass ein Kind von guten Eltern sein müsse, um das Verhalten guter Eltern unbeschädigt zu vertragen. Nicht nur im Über-Ich, auch im Ich setzt sich das Verhalten der Umgebung nun als Selbstbeachtung fort. Ich erwähnte diesen bekannten und nicht einer psychoanalytischen Einsicht vorbehaltenen Zusammenhang nur, um daran anknüpfend darauf aufmerksam zu machen, dass wir den eine Zeitlang so häufig verwendeten Ausdruck «Ichschwäche» auch in bezug auf das Verhalten der Ichgrenzen, soweit dasselbe für das Individuum typisch ist, verwenden und dabei die Art der Ichschwäche näher beschreiben können. Ob man das dargestellte Übermass an narzisstischer Reaktion als Ichschwäche bezeichnen kann, lasse ich dahingestellt; es kann eine ständige Bereitschaft und eine übermässige Wichtigkeit des Ichs bedeuten, die nicht gerade reaktiv gegen die eigenen Schwächen nach dem typischen ADLERschen Mechanismus entstanden zu sein braucht. Auch eine grössere Affektivität, welche sich in starken Affektreaktionen kundgibt, wird nicht von jedermanns Standpunkt aus als Ichschwäche beurteilt werden. Nicht jeder teilt den Standpunkt NIETZSCHES, der jenes Gewissen als robust bezeichnet, welches nur schwer reagiert, so geistreich und weitdeutend auch dieses Paradoxon war. Wir können aber für die Ichgrenzen deren Labilität und Stabilität feststellen und sprechen dort von Ichschwäche, wo die erste über die andere allzusehr überwiegt. Man kann anderseits eine abnorme Ichstarrheit oder Ichschwere in der übergrossen Stabilität erkennen. Die ideale Ichform wird die sein, in welcher die Ichgrenzen rasch und leicht wechseln können, aber jederzeit stabil bleiben, wenn ein Standpunkt festgehalten oder verteidigt zu werden hat. Obgleich diese Unterschiede von den Charakterologien wiederholt beschrieben wurden, bespreche ich sie hier, weil man zu ihrem Verständnis den Ichgrenzen und der narzisstischen Gegenbesetzung Beachtung zuwenden muss.

Wir finden also in verschiedenen Zeiten und Bereitschaftszuständen bei demselben Individuum und dauernd bei verschiedenen Individuen eine andere Resistenz gegenüber inneren und äusseren Einflüssen auf das Ich. Von den inneren Einflüssen haben wir in anderem Zusammenhang, wenn auch nicht erschöpfend, gesprochen; die äusseren gehen meistens von fremden Individuen oder von fremden Ideen aus, was im Prinzip dasselbe ist, wie wir aus FREUDS Massenpsychologie gelernt haben. Es gibt Menschen, die ihre Ichgrenzen jederzeit auf jeden neuen Eindruck hin erweitern, also bereit sind, stets neue und andere Objekte ins Ich aufzunehmen, d. h. mit Ichgefühl, mit narzisstischer Libido zu besetzen und so stets neue Identifizierungen einzugehen. Solcher ungehemmten Erweiterung der Ichgrenze entspricht nicht immer deren ebenso schnelle und hemmungslose Zurückziehung. Individuen mit fester, solider Ichgrenze können solche mit weicher, leicht bewegter Ichgrenze überhaupt nicht begreifen. Dass es Berufe vom Henker abwärts und von ihm aufwärts bis zu Timur und seinesgleichen gibt, zeigt die Möglichkeit absoluter Resistenz der Ichgrenze. Die Zustimmung des Über-Ichs, also die moralische Frage, die uns hier nicht beschäftigt, wird durch die Teilung der Verantwortlichkeiten in der Gesellschaftsordnung ermöglicht. Im Gegensatz hiezu kann der mimosenhaft Mitleidige überhaupt nie sein Ich für sich bewahren. Ein sehr geschätzter Arzt und Analytiker hat solche Leute «Identifizierungsakrobaten» genannt. Die Resistenz der Ichgrenzen, die Härte des Ichs, sind Vorbedingung sowohl der Grausamkeit wie der Gerechtigkeit, der Unentwegtheit und des objektiven Verständnisses. Die widerstandsunfähige Ichgrenze ist hingegen die Bedingung des Mitleids, der Massen- und Menschheitsgefühle, der Einfühlung und der Versöhnlichkeit. Bis zu einer gemeinsamen Identifizierung erweiterte Ichgrenzen können, unbeschadet der gleichzeitigen Fortdauer der individuellen Ichgrenze, eine sehr starke narzisstische Besetzung erhalten – z. B. im Nationalismus, in religiösen oder politischen Verbänden, in militärischen Einheiten – und dann durch ihre Resistenz den Individuen einen starken und ihnen sehr erwünschten Halt geben. Weit komplizierter wird daher diese charakterologische Einteilung dadurch, dass bei demselben Individuum bestimmte Ichgrenzen sehr, andere wenig resistent sind. Personen mit sehr widerstandsfähigen Ichgrenzen gegen religiöse Einflüsse können sonst jedem stärkeren Einfluss nachgeben. Es handelt sich hier darum, dass gegenüber verschiedenen Objektgruppen oder Identifizierungsmöglichkeiten, und dabei auch gegenüber bewussten und unbewussten, die mitwirksam sind, die narzisstischen Gegenbesetzungen verschieden stark sind und mit den verschiedenen Ichgebieten auch nicht in gleicher Art verbunden sind.

Es scheint selbstverständlich, dass das Ich, dieses mächtige und immer bereite Besetzungszentrum, biologisch eine besondere Aufgabe haben muss, die es auch ausschliesst, dass das Ich nur das künstlich psychologisch isolierte Gemeinsame der Funktionen von Körper und Seele sei. Diese Aufgabe zu nennen, käme mir fast wie eine überflüssige Banalität vor, wenn ich mich nicht erinnern würde, dass ich vom Ergebnis selbst überrascht war, als ich mir die Frage klar machte, und dass ein so hervorragender Geist wie RUDOLF GOLDSCHEID es war, der mich antrieb, darüber zu schreiben. Das Ich hat die biologische Funktion, die Interessen des Lebewesens, dem es vorsteht, d. h. Verteidigung, Angriff, Nahrung, Hausung usw. bis zu den Sexual-, Liebes- und höchsten individuellen Kulturbedürfnissen zu vertreten, naturgemäss und unbedingt zu vertreten, in der kulturellen Gesellschaft allerdings gebändigt vom Über-Ich und gerichtet von allen in das Ich aufgenommenen Tendenzen. Aus biologischen Gründen gehören Nestbau und Brutpflege beim Tiere, die daraus entstandene Familienbindung beim Menschen mit zu den Interessen des Individuums und daher auch deren Wahrnehmung mit zu den gefühlsmässig akzeptierten Ichfunktionen. Wenn die oben genannte biologische Funktion des Ichs zweifellos den Egoismus als notwendige und berechtigte Grundlage alles individuellen Seins erkennen lässt, so entspricht das dem tatsächlich zu Sehenden und überhebt uns der Heuchelei, den Egoismus zu verleugnen und ihn doch ständig betätigen zu müssen. Diese Formel beseitigt aber auch die Unvereinbarkeit von Egoismus und Altruismus und lässt die oft zur Grübelei ausartenden Erörterungen, dass aller Altruismus dennoch eine Art Egoismus sei, erledigen. Für den Narzissmus, den FREUD als den libidinösen Parallelvorgang zum Egoismus bezeichnet hat, wird dadurch gleichfalls seine biologische Funktion deutlich erkennbar. Das Ich hat schwere Aufgaben zu erfüllen; dadurch, dass die Ichfunktionen mit Libido besetzt sind, erhält es bei allen seinen Funktionen narzisstische Lustprämien. Beim Tier, bei einfachen menschlichen Verhältnissen, reicht die Kraft und Fähigkeit des Individuums eben aus, um sich selbst biologisch durchzusetzen; dementsprechend hat das Ich nur die egoistischen biologischen Funktionen im engen Sinn mit Libido besetzt. Es erscheint auch für viele Menschen im Kultur- und Gesellschaftsleben eine genügend grosse und schwere Aufgabe, dies zu erfüllen. Die Härte, mit der sie ihre Ichgrenzen sich nicht erweitern lassen, ist daher für sie ganz selbstverständlich und ein normaler Akt des Selbstschutzes. Mit der Erweiterung der Leistungsmöglichkeit durch die kulturelle Entwicklung in allen Richtungen, die hier keiner Nennung bedürfen, hat auch das Individuum in Gemeinsamkeit mit anderen und als Teilfunktionär der Gemeinschaftsleistungen Fähigkeiten erworben, die weit über die des Einzelnen hinausgehen; dementsprechend konnten die Ichgrenzen sich erweitern und Funktionen, die das enge Eigeninteresse weit überschreiten, gleichfalls ihre narzisstische Besetzung erhalten und mit der narzisstischen Lustprämie erfüllt werden. Harmonisch erscheint daher das Individuum, bei dem Interessen, Fähigkeiten und narzisstische Besetzung im gleichen Rahmen und Ausmass bestehen. So wird die Lehre vom Narzissmus und ihre Anwendung für das Verständnis des Ichs, wenn auch nicht zu einem neuen Ausgangspunkt, so doch zu einer neuen Fundierung der sozialen Einordnung und Einordnungsfähigkeit. Für unser Thema erkennen wir, dass die Labilität der Ichgrenzen, wenn sie nicht mit besonderen Leistungen und Fähigkeiten des Individuums verbunden ist, Konflikte und Unzulänglichkeit mit sich bringen muss und so ebenso zu neurotischen Erkrankungen führt, wie sie anderseits als Folge neurotischer Konflikte und als Kompensation für objektlibidinöse Versagungen entsteht. Doch ist die Labilität der Ichgrenzen gewiss auch zum Teil konstitutionell vorbereitet; wir finden sie regelmässig bei besonders infantilen und besonders auch bei bisexuellen Individuen. Der vom Infantilismus und von der Bisexualität kausal und zweifellos auch konstitutionell bedingte Masochismus lässt die narzisstische Besetzung der Ichgrenzen mehr passiv und leichter zerstörbar, beweglicher werden. Die bisexuelle Anlage lässt schneller Identifizierungen mit gleichgeschlechtlichen Individuen entstehen, auch weil sie die heterosexuellen objektlibidinösen Beziehungen stört. Auch beim Weibe stört die verstärkte männliche Anlage die normale sexuelle Verwendung der weiblichen Passivität und disponiert so zur masochistischen Einstellung des Ichs und damit zur Labilität der Ichgrenzen.

Wie wir oben ausführten, ist die Bereitschaft zur Identifizierung eine Folge der Kulturentwicklung. Es ist keine Frage, dass die Kultur gegenüber den schweren Lebensnöten – Kälte, Hunger, Feinden, die mit Tod, Kastration und Sklaverei drohen, – einen relativ grossen Schutz bietet. Dadurch hat sie erlaubt und es erreicht, dass die Resistenz der Ichgrenzen gemildert wurde. Anderseits hat aber die weiter fortschreitende Kultur es erst erlaubt und auch bewirkt, dass die wohlbekannte phylogenetisch lange Zeitperioden hindurch bestandene, zum Gruppen-Ich erweiterte Ichgrenze sich auf das Einzel-Ich einschränken konnte. Dieses Gruppen-Ich bedeutete aber keine Weichheit der Ichgrenze, sondern einen ständig verbleibenden, sehr resistenten grösseren Umfang des Ichs, der das einheitliche seelische Ichgefühl, wahrscheinlich auch das körperliche Ichgefühl begrenzte. Wir können daher sagen, dass die Kultur zuerst die Resistenz der Ichgrenze im Gruppen-Ich, später die Resistenz der Ichgrenze im Einzel-Ich hat entstehen lassen und dann einzelnen, zum Teil weichen, gütigen, allmenschlichen, zum Teil nur schwachen Individuen die besondere Erweiterung des Ichs und eine besondere Labilität der Ichgrenzen gestattet hat; anderseits sehen wir immer wieder Regressionen zu den immer besonders resistent sich zeigenden Ichgrenzen eines, allerdings erweiterten, Gruppen-Ichs.

Von der Labilität der Ichgrenzen ist prinzipiell eine andere Art von Ichschwäche zu unterscheiden, auf die wir gleichfalls durch die Auffassung, die hier vertreten wird – Ichgefühl, Ichgrenzen, narzisstische Gegenbesetzung – besonders aufmerksam wurden. Es handelt sich um einen Vorgang, von dem auch die Stabilität oder Labilität der Ichhaltung abhängt. Wir können es in der Regel als den normalen Vorgang bezeichnen, dass das Gesamt-Ich im seelischen Gleichgewicht bleibt, d. h. seine narzisstischen Besetzungen nicht verliert, obgleich eine besondere Leistung, etwa eine starke affektive Inanspruchnahme, erfolgt. Es ist hingegen pathologisch, wenn fast das gesamte Ichgefühl, zuviel narzisstische Besetzung, gleichsam an diesen Grenzen konzentriert ist und das ganze Ich der betreffenden Inanspruchnahme widerspruchslos hingegeben ist. Selbstverständlich gilt das nicht für ungewöhnlich schwere Ereignisse. Aber auch bei solchen besteht ein Unterschied, ob das Ich nur mit ergriffen ist oder ob es sozusagen in seiner strukturierenden, das Ich gefühlsmässig erhaltenden Besetzung leidet. Wir können für Affekte gleicher Art, je nachdem, ob sie das Gesamt-Ich überwältigt haben oder ob dessen Stabilität intakt geblieben ist, im Sprachgebrauch je zwei Bezeichnungen finden. Angst und Furcht sind z. B. nicht, wie FREUD, ohne übrigens darauf zurückzukommen, einmal meinte, dadurch unterschieden, dass die Furcht ein Objekt habe, die Angst ein objektloser Seelenzustand sei. Der wichtigste Unterschied liegt darin, dass die Angst das Gesamt-Ich ergreift, die Furcht nur einen Teil des Ichs an der dem gefürchteten Objekt zugewendeten Ichgrenze. Nur an der Ichgrenze, welche die Gefahr bedroht, besteht beim Fürchtenden die Gefahrsempfindung. Das Erfasstwerden des Gesamt-Ichs von dem Gefühl der Gefahr oder, wie ich schon ausführte, von dem halluzinierten Schrecken lässt die Richtung des Objektes, von dem sie droht, nicht mehr beachten. Auch kann ein Furchtgefühl intensiv sein, ohne Angst zu werden, und ein Angstgefühl geringe Intensität haben; doch ist es Angst, weil eben das ganze Ich vom schwachen Gefahrgefühl erfasst wurde. Diesem Unterschied ist eine andere Unterscheidung von Furcht und Angst beigeordnet. Wenn man beide Gefühle vergleicht, so enthalten sie beide die Vorstellung des Schreckens; auch ADLER beschrieb die Angst als halluzinierte Gefahr. Die Angst ist aber das Gefühl eines durch die Vorstellung des Schreckens *gehemmten Fliehens,* die Furcht das Gefühl eines durch die Vorstellung des Schreckens *gehemmten Sichwehrens.* Der Angstvolle empfindet, «spürt» daher stets die Gefahrdrohung im Rücken, der Fürchtende hat die Gefahrdrohung vor seinen Augen, tatsächlich oder geistig. Es kann daher Angst zur Furcht oder auch Furcht zur Angst hinzutreten oder eine in die andere sich wandeln.

Den gleichen Gegensatz zwischen Erfasstheit des ganzen Ichs und nur eines Teiles des Ichs drücken ferner die Wortpaare «Wut und Zorn», «Pein und Schmerz», «Leid und Unglück», «Stimmung und Laune», vielleicht auch «Sühne und Busse», «Rache und Vergeltung», «Verliebtheit und Liebe» aus. Der Unterschied, ob das Ich ganz oder nur an einer Ichgrenze beteiligt ist, entscheidet, ob etwas dem Ich nur widerfährt oder ob etwas das Ich überwältigt. Im ersten Falle kann das Ich die auferlegte Affekterregung in sich mit Hilfe der anderen Ichgrenzen erledigen, im andern Fall muss erst die Überwältigung wieder ablaufen. Auch die Identifizierungen zeigen den gleichen Unterschied, sie können mit dem ganzen Ich oder nur mit einem Teil erfolgen. Wahrscheinlich ist der Mechanismus bei beiden Arten von Identifizierungen ein anderer. Nur die Identifizierung des ganzen Ichs verdient den

Namen Introjektion des Objekts, der von FERENCZI [1] herrührt; diese Art von Identifizierung geht auf unbewusste orale oder intestinale Einverleibung zurück oder auf unbewusste Rückkehr in den Mutterleib; es sind tief und weit zurückgreifende Icherweiterungen. Die meistens später eintretenden Icherweiterungen durch Identifizierung beruhen unmittelbar auf der Ausdehnung der Ichgrenzen, der seelischen und der körperlichen, so dass sie nun die andere Person in sich einschliessen. Das geschieht wohl auch bei jeder Objektbeziehung, bei jedem Objektinteresse, aber hier immer nur vorübergehend an der jeweilig vorhandenen Ichgrenze. Bei der Identifizierung dauert die Ausweitung der Ichgrenze an und erfolgt an immer mehr und mehr Ichgrenzen. Es ist dies ein langsamer Prozess allmählicher Vereinigung, die immer wieder, aber im einzelnen stets nur partiell, verläuft. In der kindlichen Entwicklung und im Unbewussten verbleibend, wiederholt sich bei diesen Identifizierungsvorgängen die seelische Zugehörigkeit zu den geliebten Personen, welche immer eine Ausdehnung des Ichgefühls, d. h. der narzisstischen Besetzung des Ichs, auf sie bedeutet; es wiederholt sich auch die Ausdehnung des körperlichen Ichgefühls des Kindes, das sich an die schützende Person anschmiegte oder von ihr gehalten und getragen wurde. Das Einswerden durch Festhalten und Umarmen geschieht mit starker libidinöser Besetzung, die genitale, sinnliche und Zärtlichkeitstriebe, taktile und muskuläre Libido (z.B. vom Anklammerungstrieb nach HERMANN [2]) und andere Komponenten enthält. Jedenfalls fühlt sich das Kleinkind durch die Einschliessung seiner Person in das Ich der geliebten Person, mit der es sich dadurch eins fühlt, mit ihr identifiziert, nicht nur angstlos und geschützt, sondern auch körperlich grösser und von dem Gefühl der Schwäche seines Ichs befreit. Und doch sind solche Identifizierungen bereits zweckbedingt und partiell, nicht wie die ersten, die mit dem ganzen Ich erfolgen. Hingegen liegt wahrscheinlich jeder totalen Identifizierung die phylogenetisch fixierte Einheit des Individuums mit allem, also die primär-narzisstische Besetzungseinheit zugrunde, die, wie wir früher schon ausführten, bei der Erweiterung der Ichgrenzen zum Gruppen-Ich erneuert werden kann. Dass die Bildung eines starken Über-Ichs zum Teil phylogenetisch vorbereitet ist, ist anzunehmen; doch lassen die ungemein grossen Unterschiede zwischen den Individuen in bezug auf die Stärke und Totalität des Über-Ichs gegenüber dem Ich uns vermuten, dass auch in der Ontogenese die Tiefe des Mechanis-

---

[1] In späteren Diskussionen mit dem Herausgeber hat FEDERN FERENCZIS Ausdruck «Introjektion» abgelehnt, da bei der Identifizierung nichts in das Ich «geworfen» werde. Er zog es vor, diesen Vorgang «Verinnerlichung eines Objekts» zu nennen. Die Ausdehnung der Ich-Besetzung auf ein Objekt nannte FEDERN «Verichung» oder «Einichung». – E. W.

[2] «Sich-Anklammern – Auf-Suche-Gehen», Int. Ztschr. f. Psychoanalyse, XXII, 1936.

mus und die Besetzungsstärke bei den das Über-Ich aufbauenden Identifizierungen sehr verschieden sind.

Wir haben wiederholt unbedenklich von befriedigtem und von unbefriedigtem Narzissmus gesprochen, eine Unterscheidung, die bei FREUD weder in der ersten Schrift «Zur Einführung des Narzissmus» noch später vorkommt, die vorzunehmen uns aber die Beobachtung des narzisstischen Verhaltens nötigt; in Diskussionen höre ich in den letzten zwei Jahren öfters diesen Unterschied erwähnen, so dass ich nicht mehr allein darauf aufmerksam geworden bin und darauf aufmerksam zu machen brauche. Zur Unterscheidung, ob gesund oder krankhaft, ist das Wissen von der Möglichkeit einer Befriedigung des Narzissmus, von der Art, wie sie erfolgt, dann im Einzelfalle die Feststellung des Gelingens derselben, und woran das Gelingen im Einzelfalle geknüpft ist, sozusagen die Kenntnis der Liebeserfolgsbedingungen bei narzisstischen Besetzungen zweifellos das Wichtigste. Es wehrt sich aber etwas in uns, das gleiche Wort für die Erfüllung von objektlibidinösem Verlangen und von narzisstischer Gespanntheit zu gebrauchen. Es ist auch beachtenswert, dass schon lange, bevor uns die Befriedigungsmöglichkeit für das narzisstische Bedürfnis interessierte, der Mangel an Befriedigung, die Enttäuschung und das Versagen von narzisstischer Freude jedem bekannt war, sogar als Erklärung einige Zeit hindurch beinahe psychoanalytische Mode zu sein schien; jedermann war froh, wenn er eine «narzisstische Kränkung» als Erklärung angeben konnte; die Folgen der Nichtbefriedigtheit waren eben früher aufgefallen als der ordnungsmässige Zustand der Befriedigung, wie ja meistens erst der Mangel etwas völlig Gewohntes überhaupt bemerken lässt.

Die Schwierigkeit liegt zum geringen Teil an einer Unklarheit der Nomenklatur, nur sehr entfernt an einer Schwierigkeit im libidotheoretischen Verständnis, wesentlich aber an dem Wesen der narzisstischen Besetzungen, an der Ichlibido selbst. Die Schwierigkeit in der Nomenklatur habe ich schon früher erwähnt; man verbindet mit dem Begriff des Narzissmus den Mangel eines Objektes, mit libidinöser Befriedigung aber die Vereinigung, das Erreichen eines Objektes oder aber beim Autoerotismus die Steigerung der Vorlust bis zur Endlust, wenn auch ohne dass ein Objekt da wäre, so doch an einer erogenen Zone durch einen erotischen oder sexuellen Vorgang, bei dem das sexuelle Triebziel erreicht wird. Nun ist aber der Narzissmus ein ins Psychische erhobener Autoerotismus; sein Subjekt – und beim sekundären Narzissmus auch sein Objekt – ist das Ich, resp. ein Teil, eine Funktion des Ichs; wie wir früher zeigten, sind dabei die Ichgrenzen den erogenen Zonen bei körperlichen Libidovorgängen analog. An dieser Stelle der libidotheoretischen Auffassung sind wir, wie immer beim Sprung zwischen Körperlichem und Seelischem, bei der nie zu überwindenden Schwierigkeit angelangt, dass wir entweder für das Somatische geeignete Begriffe auf das Seelische anwenden müssen oder umgekehrt, sobald wir die allgemeinsten, fast nur im Gleichnis veranschaulichenden Ausdrücke durch Einzelbenennungen ersetzen wollen. Die Verwendung des Wortes «erogene Zone» für die als seelisches Erlebnis zu unserer Kenntnis kommenden Ichgrenzen [1] darf nicht dazu verleiten, meine Darstellung so zu verstehen, als würden somatisch-libidinöse Vorgänge an den Ichgrenzen in gleicher Weise geschehen wie an erogenen Zonen. Aber wir kennen Vorgänge und Zustände im seelischen Ich, Steigerungs- und Befriedigungssensationen im Seelischen, deren Analogie mit dem Erotischen und Sexuellen die Sprache, die Dichtung, die Musik und die Philosophie immer wieder zeigten, und bei denen die Psychoanalyse – deskriptiv und genetisch, klinisch und normalpsychologisch – den tatsächlichen Zusammenhang mit der Sexualität in der Libidolehre aufgestellt und bewiesen hat. Wie weit ins Einzelne die seelischen Vorgänge gleich den körperlichen verlaufen, wieviel vom Somatischen auf das Psychische transponiert werden darf und muss, wie weit wir eigentlich kommen, wenn wir *mit der Libidotheorie Ernst machen,* das zu finden, wird weitere Aufgabe der Psychoanalyse und Biologie sein. Es ist heuristisch verlockend, die Transponierung weit zu treiben; dies ist aber nur so weit von wissenschaftlichem Werte, als Tatsachen bekannt wurden, die derzeit keine bessere Erklärung finden können.

Eine solche Tatsache ist die Existenz einer Ichlibido, welche uns wie Narkissos am eigenen Ich Freude finden, an uns selbst uns kränken oder aber auch, wenn objektlibidinöse Versagung oder Enttäuschung eintritt, in deren Gefolge auch narzisstisch leiden lässt, welche andauernd das Ich erfüllt, deren Mangel deutlich den Eindruck erweckt, dass das Individuum keine rechte Befriedigung an sich und auch nicht an Objekten findet, deren Steigerung das Individuum bis zur Überempfindlichkeit erregbar und freudig gespannt macht, für welche wir annehmen müssen, dass es eine Befriedigung durch Erfüllung der Ansprüche an das eigene Ich, also durch Annäherung an das Ichideal gibt, und eine Kränkung bis zum Verluste der ichlibidinösen Besetzung, wenn solche Befriedigungen immer und immer wieder ausbleiben,

---

[1] Dass auch der Ausdruck «Ichgrenze» allzu geographisch und körperlich seinen Sinn anzeigt, ist mir wohl bekannt; das hat die Annahme meiner Ergebnisse sehr behindert. Wir sprechen aber nicht als Geist zu Geist, sondern als mit den Sinnen orientierte Wesen, und müssen uns mit den dreidimensional orientierenden Benennungen begnügen. Bei gutem Willen und überwundenem Widerstand gelingt dem Leser stets die richtige Rückübertragung des Wortes auf das entsprechende vom Autor gemeinte seelische Erleben, und so kann er dem dadurch gegebenen Fortschritt unseres Verständnisses folgen.

bei welcher wir aber eine Befriedigung wie bei der Objekterotik nicht annehmen können, weil wir keinen Vorgang kennen, der einer sexuellen Vereinigung mit dem Objekte entspricht; für alle diese Erscheinungen scheint mir die naheliegende, aber, soweit mir bekannt, noch nicht ausdrücklich formulierte Erklärung die zu sein, dass die Ichlibido, vom einfachen Ichgefühl bis zur stärksten narzisstischen Spannung und Selbsterfülltheit, immer den Charakter der *Vorlust* behält. Dies entspricht dem Wesen des Autoerotismus, dem der Narzissmus entstammt und analog ist. Der Autoerotismus kann aber immerhin in Nachahmung der normalen Sexualität zur Endlust kommen. Dem seelischen Ich fehlen dazu die adäquaten Organe. Sobald man uns von einer ekstatischen, mystischen oder künstlerischen Erhöhung der libidinösen Befriedigung bis zu einem orgasmusartigen Zustand etwas mitteilt, erfahren wir meist, dass es dabei auch zu autoerotischer Endlust kommt. Freilich ist es nicht ausgeschlossen, dass auch im Psychischen endlust- und orgasmusartige Vorgänge existieren (vgl. RADÓS [1] «alimentären Orgasmus», REICHS [2] Erklärung epileptischer Anfälle). Wir selbst neigen zur Annahme, dass bei allen Wunscherfüllungen zellulare Vorgänge erfolgen, die mit der Vereinigung weiblicher und männlicher Elemente und Energien den sexuellen zugehören. Aber dies ist ein Ernstmachen mit der Libidotheorie, das nicht beweisbar ist, im Sinne von PLATO nur eine $\dot\alpha\lambda\eta\vartheta\dot\eta\varsigma$ $\delta\acute\delta\xi\alpha$ (richtige Meinung) und keine $\dot\epsilon\pi\iota\sigma\tau\acute\eta\mu\eta$ (Wissen). Bleiben wir bei diesem begründeten und belegbaren Wissen, so verbleibt es bei der narzisstischen Besetzung immer bei der Vorlust, und dies ist eigentlich keine volle Befriedigung. Wir billigen daher und begründen gleichzeitig, dass FREUD und spätere Autoren es nicht richtig fanden, von der Befriedigung des Narzissmus zu sprechen. Wir tun das aber nach dieser Erläuterung mit Recht, wenn wir, wissend, dass es sich um Vorlust handelt, berücksichtigen, dass auch diese eine gewisse Befriedigung gibt. Die kulturelle Einschränkung der Sexualitätsbefriedigung, die schon einfach dadurch erfolgte, dass die Brunstperioden der Tierwelt einem perennierenden Andauern des sexuellen Triebes wichen, lässt ja auch in somatischer Hinsicht die kultivierte Menschheit in einem ausserordentlichen Grade in Vorlustspannung leben; die Menschen finden darin sehr viel und sehr intensive Befriedigung oder – weil dieses Wort nicht richtig ist – sehr viel Lust. Nun kann die Vorlust, welche sich beim normalen Sexualakt allmählich immer mehr bis zur Endlust steigert, eigentlich auf jeder Stufe kurz oder lang dauern. Daher kann man auch bei der Vorlust von geringer oder grösserer Lustbefriedigung sprechen. Dasselbe gilt vom Narzissmus.

---

[1] «Die psychischen Wirkungen der Rauschgifte», Int. Ztschr. f. Psychoanalyse, XII, 1926.
[2] «Über den epileptischen Anfall», Int. Ztschr. f. Psychoanalyse, XVII, 1931.

Das Niveau in der Lustskala, das er gibt, ist bei manchen Menschen und bei verschiedenem affektivem Erleben und, wie wir wissen, an verschiedenen Ichgrenzen ein wechselnd oder andauernd verschieden hohes. Das Behagen, mit dem Menschen in ganz uninteressanten Lebensberufen leben, beruht auf gutem Narzissmus. Auch die Sublimierung beruht im wesentlichen auf Ersetzen des Autoerotismus durch Ichlibido, darauf folgender Einschliessung der zu sublimierenden Triebrichtung ausser in das Körper-Ich auch in das seelische Ich und auf Besetzung der durch Sublimierung wertvoll werdenden Leistungen mit seelischem Ichgefühl, welches auch die vom sublimierten Triebe kommende libidinöse Komponente der Funktion einverleibt. So verstehen wir, dass die im Narzissmus enthaltene Vorlustspannung für alle Sublimierung förderlich sein muss; die Sublimierung ist ihre kulturgemässe Unterbringung, Erledigung und Zurückführung zum Objekte.

Wir sehen, dass wir beim Narzissmus nicht von direkter Befriedigung sprechen sollen, wenn die Erfüllung narzisstisch besetzter Wünsche, die Realisierung narzisstischer Einstellungen, die Bestätigung einer narzisstischen Selbsterhöhung durch andere erfolgt. Vielmehr liegt an all diesen und anderen solchen Möglichkeiten und Erfüllungen nur die Bedingung, unter der jeweilig das Vorlustniveau ein hohes werden und bleiben kann. Und nun können wir auch zu dem eingangs erwähnten Eindruck, dass wir in der praktischen Begegnung die normalen und die nicht normalen Äusserungen des Narzissmus, ohne nachzudenken, richtig erkennen, die theoretische Erklärung beifügen. Je höher das Niveau der Vorlustbesetzung erreicht und beibehalten werden soll, desto mehr Bedingungen sind zu erfüllen, desto grösser wird die Gefahr ihres Misslingens. Dadurch muss Unruhe, Bewegung und Ausschau nach Ersatz der entbehrten Vorlustgefühle entstehen. Das Absinken des Libidoniveaus wird unangenehm empfunden, es ist begreiflich, dass andere Gelegenheiten zur libidinösen Besetzung durch weitere libidinöse Erregung gesucht werden, die Ichgrenzen werden labil, auch breitet sich die libidinöse Besetzung in ihrer Unbefriedigtheit leichter auf das ganze Ich aus. Wir wissen nicht, wie sich die autoerotische Libido in Ichlibido umsetzt, wir wissen nicht, woran es liegt, dass die Ichlibido einen höheren oder niedrigeren dauernden Grad von Vorlust in Form der narzisstischen Besetzungen einhalten kann. Wir können nur annehmen, dass – wie bei somatischen autoerotischen Vorgängen – auch für diese Art der Vorlust libidinöse Erregung, demnach libidinöse Energie verbraucht wird und dass das Besetzungsniveau immer neu vom Körper her – durch Drüsenhormone und Sexualreize – und auch vom Psychischen her durch objektlibidinöse Reize, durch objektlibidinöse Besetzungen, welche Erfüllung suchen und solche finden, wiederher-

gestellt wird und sich so ein gewisser Grad von Vorlust immer wiederher-
stellt. Zu diesem Zwecke steuert auch der Narzissmus die Verwendung der
Objektlibido. Wir verstehen auch, dass dort, wo gesteigerte Vorlust als ständiges Niveau festgehalten werden soll, die Bereitschaft zur Angst grösser
wird; tatsächlich können wir dies bei dem pathologisch gesteigerten Narzissmus beobachten; dabei besteht hier ein *circulus vitiosus,* da die Angst wahrscheinlich Libido in Anspruch nimmt und selbst auch die Ichgrenzen labiler
werden lässt. Wahrscheinlich steigert auch die Angst ihrerseits die libidinöse
Besetzung. Wir können den Unterschied des gesunden und des krankhaften
Narzissmus auch darin sehen, dass es bei jenem bereits genügt, ein niedrigeres
Vorlustniveau herzustellen und festzuhalten, und dass die Bedingungen,
unter denen jeweils das Niveau sich erhöhen kann, erfüllt werden; man kann
vermutungsweise hinzufügen: auch ohne dass allzu beträchtliche Libidover-
schiebungen nötig werden, vielleicht auch, ohne dass unerwünschte Libidobesetzungen nötig sind, etwa allzu perverse oder dem Objekt nach konflikt-
volle. Eine Bedingung dürfte auch die sein, dass genügend Gegenbesetzungen
narzisstischer und objektlibidinöser Art gegenüber den Verschiebungen und
Erhöhungen andauern. Wahrscheinlich ist das dauernd vorhandene, im Ichgefühl als Behagen gefühlte narzisstische Niveau in der Norm ein relativ hohes.

So haben wir in der komplizierten Sprache der Libidotheorie ausgesprochen, was die Romanschriftsteller durch die Beschreibung des unruhigen,
sich selbst suchenden und gereizten Sprechens und Gehabens weit anschau-
licher wiederzugeben vermögen, und was in psychologischen und medizinischen Büchern in wenigen Sätzen bei der Schilderung mancher Psychopathen mitgeteilt wird. Es soll auch der Psychoanalytiker nicht in der Beobachtung und Beschreibung dieser Verhaltensweisen seine Aufgabe sehen,
sondern im Verständnis der Dynamik und der Zusammenhänge mit dem
sonstigen Libidohaushalte. Deshalb schien es mir auch praktisch wichtig,
den Vorlustcharakter des Narzissmus hervorzuheben und sich klarzumachen,
dass solche narzisstische Vorlust verschieden auf der Skala zwischen Er-
regungsbeginn und Endlust liegen kann und dass davon der Grad der Befriedigung ebenso abhängt wie von der Intensität und Ausdehnung der
Libidobesetzungen. Das Gesagte geht nicht über die Lehre FREUDS von den
zielgehemmten Trieben hinaus. Wir begreifen, dass zielgehemmte Triebe an
Zwischenzielen im Ich haften und erst mittelbar dem Objekt näherkommen,
oder aber an äusseren Objekten haften und sich dadurch mittelbar einer Zielsetzung im Ich nähern. Alles, was als Widerstand das Erreichen des Zieles
hemmt, kann durch diese Zielhemmung selber zum libidobesetzten Zwischen-
ziel werden; häufig ist dies der Weg der Sublimierung.

Das ursprüngliche Ziel bleibt aufgegeben, das neue Ziel erscheint schöner und begehrenswerter, ist aber unerreichbar. Wie dem schönen Hirtenknaben kein anderes Objekt zum Lieben genügte und er daran zugrunde ging, dass er an sich selbst das Objekt fand, so wiederholt sich gemindert diese Tragik an jeder narzisstischen Liebe; zwischen zwei Ichgrenzen bestehend, sucht sie im Schein des Spiegels vergebens die Erfüllung. Mit der Abkehr vom ursprünglichen Ziel hat sie die *Möglichkeit voller Befriedigung verloren*. Gerade darum leistet sie aber soviel für kulturelle und individuelle Ziele und findet dabei, indem sie sich anderen Triebzielen anlehnt, mit diesen eine Art von Befriedigtheit und Endlust, deren bis nun theoretisch und allgemein besprochene Bedingungen wir nun genauer kennenlernen wollen.

Als FREUD im Jahre 1908 einen Vortrag über «Der Dichter und das Phantasieren» hielt, hat er noch nicht über seine Konzeption vom «Narzissmus» verfügt. Die Tatsachen, die dieser Konzeption zugrunde liegen, waren aber von ihm bereits in ihrer Wichtigkeit erkannt worden. Er beschreibt, wie sich Objektinteressen und Icherhöhung als Ziele des Tagträumens mit unbewussten kindlichen Wünschen verbinden. Als sich vorbereitende Idee ist bereits der Narzissmus angekündigt, wenn es heisst: «Ich meine aber, an diesem verräterischen Merkmal der Unverletzlichkeit erkennt man ohne Mühe Seine Majestät das Ich, den Helden aller Tagträume wie aller Romane [1].» Die Ansicht FREUDS, dass der ästhetische Lustgewinn beim Aufnehmen von Dichtungen als *Vorlustprämie* wirkt, erhält durch das hier vorgebrachte Ergebnis, dass aller Narzissmus bei der Vorlust verbleibt, eine weitere Bedeutung für das Verständnis der Dynamik, welche die Wirkung von Dichtungen vermittelt; die Vorlustverlockung bringt den Leser in die gleiche narzisstische Stimmung, welche den Dichter zum Phantasieren veranlasst und zum Dichten treibt.

Wir können die Frage der Befriedigungsbedingungen, mehr abgelöst von der Theorie, an Liebes-, Grössen- und Ehrgeizphantasien untersuchen, die immer deutlich narzisstische und auf das Objekt gerichtete Inhalte und Ziele in sich vereinen. Was sich an den bewussten Phantasien erkennen lässt, muss auch für alle narzisstischen Besetzungen gelten, denn wir können annehmen, dass immer ein unbewusster Inhalt mit ihnen verbunden ist, dem die Trieb-, Libido- und Affektbefriedigung bei den betreffenden Besetzungen entspricht.

Bei allen bewussten Phantasien ist die schon besprochene Vorluststimmung deutlich erkennbar; sie ist der *erste* anlockende Lustreiz, der in die Phantasierstimmung verfallen lässt. Es ist das der direkte Abkömmling der autoerotischen Vergnügungen, mit denen das Kleinkind, wahrscheinlich

[1] G.W., VII, 220.

schon der Säugling, sein Phantasieren schuldlos vereinigt. Je mehr diese Unschuld gestört wird, durch die Einflüsse von aussen, – die teils Erziehungseinflüsse, teils die Erfahrungen bei der Wiederkehr zur Objektwelt sind – und später vom Über-Ich aus, um so mehr müssen andere Bedingungen hinzukommen, damit das narzisstische Phantasieren genügend und ungestört lustvoll und insofern befriedigend verlaufe.

Immer mehr lehnt sich die narzisstische Phantasie [1] an reale Aufgaben, Interessen, Beziehungen, Wünsche, Tätigkeiten an. Diese Interessen haben ein Ziel und erfinden mehr und mehr komplizierte, Geistesarbeit verlangende Wege und Umwege, um das Ziel zu erreichen. Es sind Ziele der Selbsterhaltung, der Bereicherung, der Selbstbehauptung, der sozialen Leistung für andere, des Gewinnens von Freunden und Anhang bis zur Phantasie vom Führertum oder Jüngertum. Je mehr wirkliche Denkarbeit dabei geleistet wird, je mehr die Vorgänge und Schwierigkeiten der Wirklichkeit entsprechend auch mühevoll kombiniert und die Wege zum Ziel am Bilde der Wirklichkeit kritisch, ja gewissenhaft geprüft werden, um so mehr geht das Phantasieren in nützliches Planen und Sinnen mit einer normalen narzisstischen Komponente über. Immer ist aber das Vorstellen und Planen als eine narzisstische Phantasie zu bezeichnen, wenn die Gedankenarbeit von einer irrealen, aber als wirklich angenommenen Prämisse in bezug auf die Lage und Möglichkeit des Tagträumers ausgeht, mag die Fortführung dann noch so exakt und sogar produktiv sein. Bei dieser Art von Phantasietätigkeit kann die narzisstische Befriedigung so gross werden, dass die Vorlust an Intensität der Endlust nahekommt; sie ist dabei immer an das phantasierte Erreichen des Zieles, an welches sie das narzisstische Luststreben angeschlossen hat, geknüpft. Wir erfahren wieder, wie narzisstisches und objektlibidinöses Streben sich vereinen. Dieses Zusammengehen von narzisstischen und objektlibidinösen Strebungen nach einem beide befriedigenden Ziel findet sich auch bei allen oder wenigstens den meisten Menschen, bei ihrem Tun, ihrem

---

[1] Narzisstische Phantasien im engsten Sinne sind solche, in denen nicht nur narzisstisch betonte Erlebnisse ausgemalt werden, sondern die Person des Träumers in diesen Situationen erlebt wird. Diese Art zu phantasieren ist für die Hysterie so charakteristisch, dass mancher Hysteriker überhaupt im Leben alles erst mittelbar mit einem phantasierten Ich erlebt. Er täuscht die Objektlibido eigentlich nur vor; er hat sie nicht in eigener Person, sondern erst dadurch, dass er sie der Phantasiegestalt, die er sein Leben leben lässt, zuteilt. FREUD hat darauf aufmerksam gemacht, dass die hysterische Identifizierung auf gemeinsamen Ansprüchen beruht. Man kann *vice versa* auch – ich vermute: immer – finden, dass die Ichgestalt dieser Phantasien durch Identifizierung mit Personen, in denen die Wunschansprüche erfüllt sind, entstanden ist. Diese Art von Phantasien ist zum grossen Teil unbewusst und wird erst durch die Psychoanalyse aufgedeckt. Diese Phantasien lassen es ökonomisch gut verstehen, wieso objektlibidinöse Befriedigung den Narzissmus befriedigen kann; denn erst durch sie erreicht die Identifizierung das Ziel, dass die Wünsche und Ansprüche erfüllt werden, so dass erst die phantasierte objektlibidinöse Befriedigung die phantasierte Ichperson zu dem Ichideal macht, das narzisstisch gewünscht wird.

Leisten und Schaffen. Die Besetzungsintensität überwiegt beim Handeln, im Vergleich mit dem Phantasieren und Denken, auf der Seite der objektlibidinösen Strebung; die Befriedigung der Objektlibido ist aber dabei oft an die Bedingung der gleichzeitigen Befriedigung der vorgebildeten narzisstischen Phantasien geknüpft (ADLERS «Leitlinie» und «Rollespielen»). Diese Phantasien sind zum Teil unbewusste, wie FREUD in der analytischen Darstellung jener, die am Erfolge scheitern, bis in überraschende Tiefen verfolgt hat. Wir wollen noch darauf hinweisen, dass die narzisstische Prämie bei vielem objektlibidinös besetztem Handeln deshalb nicht bewusst ist, weil die narzisstische Besetzung den Umweg über die Identifizierung durch die Erweiterung des Ichs genommen hat; in anderem Zusammenhang sind diese Libidoschicksale oft zur Sprache gekommen. Gerade bei dem praktischen Tun zeigt sich der Mangel an narzisstischen Komponenten in Nüchternheit und jener Sachlichkeit, die oft mehr Not als Tugend ist, denn es fehlt dabei mit dem Narzissmus auch die ausreichende Objektlibido [1].

An eine dritte Möglichkeit, die narzisstische Phantasie [2] zu einer befriedigenden Höhe zu treiben, wird gewöhnlich sofort als einzige gedacht, wenn von Narzissmus die Rede ist. Unbewusst dürfte sie immer bei dem Phantasieren mitschwingen. Bewusst ist sie eigentlich lächerlich und hat am meisten von der infantilen Selbstverliebtheit behalten. Die ganze Phantasie besteht dann aus dem, was wir früher als die Prämisse bezeichnet haben. Ohne jede Rücksicht auf die Möglichkeit, geschweige denn reale Erfüllbarkeit, lebt sich die Träumerei in zeitlosem, eigentlich die Gegenwart ersetzendem Truggeschehen aus. Das Moment der Zeit unterscheidet besonders die oben beschriebene mässige Art zu phantasieren von der sinnlosen, bloss die Annehmlichkeit und Selbstschmeichelei in den Schicksalsbildern suchenden, nahezu rein narzisstischen Art; bei der ersten Art wird infolge der Anlehnung an die Realität immerhin auch die zum Erreichen nötige Zeit richtig eingestellt. Die krasseste Trost- und Grössenphantasie der zweiten Art hörte ich einmal von einem jungen, sonst besonders gut begabten Amerikaner: mit Überspringung aller Zwischenglieder wurde immer wieder phantasiert, dass ihm als grösstem Expräsidenten der U. S. A. auf einer eigens hiefür entvölkerten Insel eine Kolossalstatue bei Lebzeiten errichtet wurde. Je mehr die Phantasie unbekümmert Selbstschmeichelei treibt, desto mehr lehnt sie sich an

---

[1] Die entgegengesetzte Libidokonstellation hat ein geistreicher Kollege einmal in einem Witzwort lobend getadelt: Er hat die Ärzte in gemeine, in Raub- und Lustmörder eingeteilt, je nachdem, ob sie einfach den ärztlichen Beruf des geringen oder hohen Honorars wegen oder sich zur Freude ausüben. Auch hiezu sind die narzisstische und die objektlibidinöse Komponente erforderlich.
[2] Vgl. auch Anm. 1, S. 332.

exhibitionistische statt an normale Objektlibido an, so dass wahrscheinlich immer exhibitionistische unbewusste Phantasien mitspielen dürften, die als Rest früherer exhibitionistischer Onanie teils verdrängt wurden, teils eine mangelhaft sublimierende psychische Verarbeitung erfahren haben.

Die Gefahr solcher Phantasietätigkeit, also eines ungesunden Narzissmus, besteht darin, dass solche Individuen derart durch die bequeme Gewinnung hoher Vorlust verwöhnt werden, dass sie keiner realen Volleistung mehr fähig bleiben. Bei jedem Versuch weichen sie bereits bei dem Vorbereiten wieder in die narzisstische Vorlustgewinnung ab. Dass spielerisch wohl alle Menschen ein Stück «Naturschutzpark für das Lustprinzip» reservieren dürften und das ungestraft dürfen, wissen wir von FREUD.

Wir können nun die gewonnenen Unterscheidungsmerkmale des gesunden Narzissmus gegenüber dem krankhaften – man möchte statt krankhaft eher «ungehörig» sagen – zusammenfassen:

1. Der gesunde Narzissmus wird als Gegenbesetzung gegenüber den Objektstrebungen und zu deren Unterstützung (z.B. Hoffnung, Ehrgeiz) verwendet, aber nicht als deren Ersatz; er wird um so pathologischer, je mehr er letzteres tut.

2. Die Ichgrenzen sind beim normalen Narzissmus resistent, die Stabilität des Ichs ist (dank den zulänglichen narzisstischen Gegenbesetzungen) ausreichend.

3. Die Affekte werden, wenn auch intensiv, so doch ohne Sentimentalität, d.h. ohne erneute Zuwendung von Narzissmus, erledigt.

4. Das Niveau der durch die narzisstischen Besetzungen erfolgenden Vorlustbefriedigung ist kein zu hohes; das Niveau der im dauernden Ichgefühl gegebenen solchen Vorlust ist im allgemeinen ein möglichst hohes.

5. Die Befriedigung bei bewussten und unbewussten narzisstischen Phantasien ist an die Bedingung richtiger objektlibidinöser Abläufe geknüpft, wenngleich die Bedingtheit *vice versa* nicht fehlt. Beim pathologischen Narzissmus überwiegt diese (hängt mit Punkt 1 zusammen).

6. Die Inhalte bewusster und unbewusster narzisstischer Phantasien sind mehr realitätsgemäss, weniger infantil, von weniger perversen, infantilen Sexualkomponenten besetzt.

7. Das zeigt sich auch darin, dass in den Phantasien die magisch hergestellte Prämisse um so grösser und unmöglicher wird, je weniger normal die dabei mitwirkende narzisstische Einstellung ist.

Ich glaube, wir staunen zu wenig darüber, dass ohne Disposition zur Geisteskrankheit, ohne Dämmer- oder sonst abnormen Bewusstseinszustand, es überhaupt gelingt, völlig Unmögliches als wirklich zu erleben und zu geniessen. Letzteres – dass Lust dabei gewonnen wird – ist durch den bewussten oder unbewussten Zusammenhang mit autoerotischen Libidovorgängen zureichend erklärt. Dass aber für das Bewusstsein der Wirklichkeitscharakter nicht nahezu, sondern ganz erreicht wird – allerdings eingeschränkt auf die eigene Subjektivität, also ausschliesslich für das eigene Ich geltend –, ist ein Problem. Es wird gelöst durch meine Annahme, dass das als wirklich gefühlt wird, was von aussen an eine Ichgrenze herankommt – als psychisch real, wenn es nur eine psychische Ichgrenze ist, als völlig real, wenn auch eine körperliche dabei von aussen getroffen ist. Die Phantasie begnügt sich mit der psychischen Wirklichkeit und kann das tun, weil in der Tagträumerei alles Objektive ausgeschaltet bleibt.

Die Ausschaltung der objektiven Geltung bei den Phantasien besagt aber nicht, wie seinerzeit schon in der Polemik gegen JUNG von FREUD ausgeführt wurde, dass keine Objektlibido die Wunschphantasien speisen würde. Obgleich wir eingangs dieser Arbeit begründeten, weshalb keine starren Gegensätze zwischen den beiden Verwendungsformen der Libido bestehen, wollen wir dennoch versuchen, die Gegensatzlosigkeit im Wesen, die Gegensätzlichkeit in der Verwendung von Ich- und von Objektlibido hervorzuheben.

Der von uns gezeigte Vorlustcharakter hebt eine wichtige Unterscheidung hervor, bedeutet aber keinen absoluten Unterschied; die Objektlibido bringt gleichfalls reichliche Vorlust, und anderseits erreicht auch der Narzissmus, wenn er zur körperlichen Perversion oder zur seelischen Selbsterfüllung wird, eine Endlustbefriedigung [1]. Dass auch die Sprache im Erreichen der Endlust resp. der vollen Wunscherfüllung, wo es sich um nicht mehr sexuelle oder sexualisierte Ziele handelt, das Wesen der Objektlibido erkennt, zeigt die deutsche Übersetzung des Wortes Egoismus, nämlich «Selbstsucht». Denn jede Sucht drängt nach Endlust und Erfüllung. Vom «Egoisten» erwarten wir, dass er nicht beim Phantasieren stehenbleibt, auch nicht bei der Selbsterhöhung und Ichliebe, wie der narzisstisch Eingestellte es tut. Nach der heutigen dualistischen Trieblehre sind der «Egoismus» und der «Narzissmus» einander entgegengesetzte Libidoverwendungen, wenngleich sie einander im Ziele oft gleichgerichtet sind. Nur solange FREUD noch die Ichtriebe als besondere Triebgruppe anerkannte, konnte sein Ausspruch Geltung haben, dass der Narzissmus die libidinöse Ergänzung, der Parallelvorgang des Egois-

---

[1] Die eigentümlichen Arten von Selbsterfülltheit der religiösen, speziell der buddhistischen Versenkung heben den Unterschied zwischen den beiden Libidoformen geradezu auf, indem der Gegensatz von Ich und Objekt teils überwunden, teils ignoriert wird. Mittels der entgegengesetzten Methode wird der Gegensatz maximal gesteigert, bei STIRNER z.B. so sehr, dass die narzisstische Besetzung des Ichs als undifferenziertes Ganzes der alles beherrschenden Objektlibido dauernd gegenübertritt.

mus sei. Innerhalb der Libidoverteilung ist der Narzissmus die am Ich orientierte Ichlibido, Egoismus die am Ich orientierte Objektlibido. Ökonomisch haben wir den Unterschied, allerdings nur einen relativen, im Verbleiben bei den Vorluststadien formuliert, dynamisch sind beide libidinöse Kräfte; die Mortido tritt in beider Dienst resp. tritt beiden entgegen. Eine wirkliche Unterscheidung ist nur in topischer Hinsicht zu finden. Erstens gibt es getrennte Objektrepräsentanzen, welche mit Objektlibido besetzt sind, im Gegensatz zum einheitlichen, wenngleich ständig variierenden Ich, das mit Ichlibido besetzt ist, von dem aber auch die Objektlibido den Objekten resp. ihrer Repräsentanz zugewendet wird – Egoismus –, von dem Ichlibido dem Ich oder Anteilen des Ichs zugewendet wird – Narzissmus. Bei allen egoistischen Wünschen und Handlungen treten nun Ich und Objekt (bzw. Objektrepräsentanz) unmittelbar an der Ichbegrenzung zueinander. Bei narzisstischen Wünschen ist zwischen Ich und Objekt das Ich als Objekt des Narzissmus und gleichzeitig als Subjekt des Egoismus nochmals eingeschaltet. Es hat daher auch die Objektlibido [1] mit dem Ich zu tun, aber unmittelbar; die narzisstische Libido hat ebenfalls mit dem Objekt zu tun, aber nur mittelbar. In genetischer Hinsicht, wobei alle drei Gesichtspunkte, der dynamische, ökonomische und topische, in Betracht kommen, lässt sich keine Objektlibido denken, welche nicht vom Ich nach bewussten und unbewussten Bedürfnissen und Erfahrungen, d.h. auf Grund zahlreicher (darunter erberinnerter) Ichsituationen einem Objekte zugewendet würde; auf Grund anderer Bedürfnisse, Erfahrungen, Ichsituationen wird die Zuwendung und noch mehr die Befriedigung vom Ich und Über-Ich aus gehemmt. Dasselbe gilt auch für die Zuwendung von narzisstischer Libido.

Wir sehen daher, dass nicht der Narzissmus es ist, der die Ichstruktur bestimmt, sondern die Ichstruktur entscheidet darüber, was als Ichlibido und was als Objektlibido zu bezeichnen ist. Den Narzissmus überwinden, bedeutet daher nicht vom Es aus zu begehren und zu handeln, sondern nur die mehrfache Beteiligtheit, zum mindesten die Zwischenschaltung der Ichbeteiligtheit aufzugeben. Das Kind erneuert durch viele Jahre einfach frühere Ichsituationen bei den Begegnungen mit dem gleichen oder einem ähnlichen Objekt, mit allen narzisstischen und objektlibidinösen Reaktionen. Die Ent-

---

[1] Es ist auch unrichtig, den Wunsch, geliebt zu werden, als narzisstisch zu bezeichnen. Er entspricht reiner Objektlibido passiver Art. Nur wenn er sich nicht unmittelbar dem Objekt zuwendet, sei es im Erleben oder in der Phantasie, sondern sich als Liebesphantasie zwischen Ich und Objekt schiebt, ist er narzisstisch. FREUD sieht mit Recht eine Verarmung des Ichs beim Verliebten darin, dass die Objektlibido aufs höchste gesteigert wird; dies ist aber nur soweit richtig, als es sich um unmittelbare Objektlibido handelt, welche die eine Ichgrenze über alle andern besetzt. Meistens wird durch die Verliebtheit auch das ganze Ich des Verliebten narzisstisch stärker besetzt, was als normale Gegenbesetzung aufzufassen ist.

wicklung und auch Traumen und Erziehung erreichen es, dass die narzisstischen Besetzungen geringer werden und möglichst unmittelbar Objektlibido den Objekten zugewendet wird, dass demnach nicht die volle frühere Ichsituation und auch nicht jede sich erneuert. Dieselbe Entwicklung nehmen die Objektrepräsentanzen.

Damit lehrt uns diese Untersuchung, die Arbeit des *Bewusstseins* in einer ganz bestimmten Richtung zu verstehen und zu schätzen.

Wir haben für das ganze Ich, für seine Teile, für die Phantasien immer den gleichen Unterschied zwischen dem normalen und abnormen Vorgang gefunden: dass nämlich in der Norm die Ichlibido als Gegenbesetzung gegenüber der Objektlibido verwendet wird. Je weniger eng die Verknüpfung der Ichlibido mit der Objektlibido ist, desto normaler wird die Verwendung beider. Dass diese Trennung nie rein gelingt, haben wir gezeigt. Wir können nun diesen Unterschied weiter verfolgen bis zu den einzelnen Vorstellungen und Erinnerungen, die wir von der Aussenwelt haben. Wie ich, von ganz anderem Ausgang kommend, schon zeigen konnte [1], sind in unserem vorbewussten und unbewussten Erinnerungsvermögen zweierlei Erlebnisspuren von den Objekten erhalten, die einen im Zusammenhang mit der Erlebnissituation, richtiger mit den Situationen, in denen wir dem Objekt begegnet sind, und die anderen, welche nur das Objekt enthalten; die ersteren sind demnach ichhaft *und* gegenständlich, bei ihnen bleibt die Objektrepräsentanz in die Ichgrenze einbezogen, vielmehr es bleibt die Ichgrenze um den Gegenstand erweitert. Unser Denken wird um so mehr objektiv und frei vom Subjektiven, Ichhaften, je reiner wir die Objektrepräsentanzen haben; die reine Objektrepräsentanz ist auch von der narzisstischen Komponente, welche von der Einschliessung in die Ichgrenze her ihr geblieben war, wieder befreit. Wir wissen, dass diese Befreiung durch die Einführung des Zeitmomentes und durch das Vergleichen mehrerer zeitlich auseinanderliegender, das Objekt in sich schliessender Ichsituationserinnerungen erfolgt. Diese Arbeit geschieht nun ausschliesslich durch das *bewusste* Denken; sonst bleibt es bei ichhaft verbundenen und ichhaft verfälschten, stets narzisstisch besetzten Objekterinnerungen. Bewusstes Denken, worüber immer, besonders aber über alles, was narzisstisch besetzt war, macht daher objektiv und lässt die Realität richtig erkennen, weil es reine Objektrepräsentanzen zurücklässt.

Diese Funktion des Bewusstseins erklärt auch die Wirkung des Durcharbeitens in der Psychoanalyse. Sie befreit den Menschen von dem die Realität verfälschenden, ungesund verwendeten Narzissmus.

[1] «Die Ichbesetzung bei den Fehlleistungen», Imago, XIX, 1933.

ZWEITE REIHE DER «BÜCHER DES WERDENDEN»

Von 1924–1939 haben *Paul Federn* und *Heinrich Meng* die erste Reihe der «Bücher des Werdenden» in 12 Bänden herausgegeben. Die Vorarbeiten hatten bald nach dem ersten Weltkrieg begonnen, vor allem angeregt durch die kulturellen Probleme der damaligen Nachkriegsgeneration. Die Sammlung wurde mit einem Werk begonnen, das als vorbildlich für eine natürlichere und gesündere Stellungnahme in der sexuellen Frage – gegenüber der im viktorianischen Zeitalter üblichen – gelten durfte: *Edward Carpenter:* «Wenn die Menschen reif zur Liebe werden». Im Vorwort des Übersetzers heisst es: « Jede Lehre wird missverstanden, eine neue Freiheit leicht missbraucht und mit jener Zügellosigkeit verwechselt, vor der *Carpenter* warnt; die schweren und zerstörenden Ereignisse, die hinter uns liegen, haben vielfach in diesem Sinne gewirkt. Heute und immer kann auf diesem wie auf jedem Gebiet das Wort *Goethes* nicht genug bedacht werden: dass «alles, was unsern Geist befreit, ohne uns die Herrschaft über uns selbst zu geben, verderblich ist. Allzusehr braucht uns dabei nicht bange zu werden: Jede Entwicklung bringt Erschütterungen mit sich, jede Bewegung Ausartungen und Rückschläge.»

Auf *Carpenters* Werk folgten die Bände: *Federn-Meng* (mit Mitarbeitern) «Das Psychoanalytische Volksbuch» (in späteren Auflagen als Doppelband); *Fritz Wittels* (Wien) «Die Befreiung des Kindes»; *István Hollós* (Budapest) «Hinter der gelben Mauer»; *Fritz Wittels* (Wien) «Die Welt ohne Zuchthaus»; *Paul Paschen* (Hannover) «Die Befreiung der menschlichen Stimme»; *René Allendy* (Paris) «Wille oder Bestimmung»; *Anna Freud* (Wien und London) «Einführung in die Psychoanalyse für Pädagogen»; *Heinrich Meng* (Basel) «Strafen und Erziehen»; *Hans Zulliger* (Bern) «Der schwierige Schüler»; *Adrien Turel* (Zürich) «Bachofen-Freud».

Die Bücher von *Allendy, Carpenter, Hollós, Meng, Paschen* und *Wittels* sind vergriffen. (Sie sind zum Teil noch in Antiquariaten vorhanden.) Die andern *(Federn-Meng, Anna Freud, Turel, Zulliger)* sind zum Teil in neuen Auflagen erschienen, einzelne auch in anderen Sprachen (Spanisch, Schwedisch, Hebräisch).

Es erschien uns wichtig – und diese Fragen kamen in unserer Einführung zu den einzelnen Bänden zum Ausdruck –, vor allem auf folgendes hinzuweisen: Während die Seelenkunde vor *Freud* eingehend sich mit der bewussten Verstandestätigkeit beschäftigte, hat die Psychologie der Gegenwart als Menschenkunde das bewusste und das unbewusste Seelenleben im Ganzen und Einzelnen erfasst. Insbesondere hat sie den Bereich der Gefühle und Stimmungen erschlossen. Liebe und Hass, Wille und Trägheit, die Einheit des Ich und die Gegensätzlichkeit seiner Teile, Zweifel und Trauer wurden allmählich zum Gegenstand gründlicher Forschung, die bis in die Tiefe des Trieblebens eingedrungen ist. Es ergab sich, dass die individuelle und soziale Entwicklung auf der Veredlung stark gebliebener Triebe beruht; je nach der ihnen gegebenen Richtung trennen oder einen sie die Menschen. Die Erziehung hat die von der Menschheit schon erreichte Triebveredlung in jedem «Werdenden» zu erneuern und weiterzuführen. Unterdrückung des Trieblebens kann ebenso zu verderblichen Durchbrüchen führen wie zügellose Freigabe. Deshalb ist es notwendig, dass die wohlbeherrschte Kraft frei verwendbarer Triebe als Grundlage und als Ziel der persönlichen, der Gemeinschafts- und der Menschheitskultur erkannt wird.

Während des zweiten Weltkrieges war die gemeinsame Arbeit äusserst erschwert. Die persönlichen Aussprachen zwischen uns Herausgebern – der eine war in New York, der andere in Basel – waren unmöglich, auch die mangelnde wissenschaftliche Kontaktnahme zwischen Europa und Amerika verhinderte die gründliche Vorbereitung der geplanten «Neuen Reihe der Bücher des Werdenden». So erschien 1944 lediglich als Band I «Zwang und Freiheit in der Erziehung». Von 1945 ab liess sich das Teamwork der Herausgeber fortsetzen. Es erschienen ferner: Band II: «Die Psychohygiene», Grundlagen und Ziele, ein Sammelwerk von 48 Autoren, redigiert von *Maria Pfister,* Zürich; Band III: eine neue (3.) erweiterte Auflage von *August Aichhorn* «Verwahrloste Jugend» und Band IV: «Praxis der Kinder- und Jugend-Psychologie» von *Meng, Schjelderup, Schneider, Siegrist, Wolffheim* und *Zulliger.* In diesem Band erfüllte sich auch unser alter Wunsch, dass alle Äusserungen von *Sigmund Freud* über Kinder- und Jugend-Psychologie als Ganzes publiziert wurden. *N. Wolffheim* hatte diese Aufgabe übernommen.

1956 erscheinen als Band V: *Einführung in die Psychoanalyse für Pädagogen* (III. Auflage) von *Anna Freud.* Als Band VI vorliegender Band von *Paul Federn.* Als Band VII: *Das psychoanalytische Volksbuch,* 5. neubearbeitete Auflage, Paul Federn und Heinrich Meng, unter Mitarbeit zahlreicher Fachvertreter. Die Buchreihe wird fortgesetzt.

Der nach dem Weltkrieg von 1914–1918 geprägte Leitspruch enthielt für unsere beiden Reihen der «Bücher des Werdenden» das Kernproblem, das sich als ungelöst auch nach dem zweiten Weltkrieg stellte:

Verkünden, Lehren, Anspornen
Miteinander statt Durcheinander
Freiheit statt Zwang
Beherrschung statt Zügellosigkeit
Menschheitseinheit statt Völkermehrheit
in Wirtschaft und Gesellschaft

Es erschien uns Herausgebern notwendig, 1945 kurz zusammenzufassen, um was es geht:

Das Kriegsgeschehen hat die Notwendigkeit und die Macht mechanistischer und organisatorischer Überlegenheit vielen vor Augen geführt.

Die Mehrheit unterwirft sich überall dem Zwang, aber der dauernde Einfluss auf geschichtliches Werden liegt nicht bei Zwang und Macht, sondern im geistigen Gehalt und in der Überzeugungskraft von Idee und Lehre. Es gelten gerade heute die Worte aus *Wilhelm Meisters Wanderjahren:* «Wenn einmal jemand weiss, worauf alles ankommt, hört man auf, gesprächig zu sein. ‚Das ist bald gesagt‘, versetzte jener, ‚Denken und Tun, Tun und Denken‘, das ist die Summe aller Weisheit, von jeher anerkannt, von jeher geübt, nicht eingesehen von einem jeden. Beides muss wie Aus- und Einatmen sich im Leben ewig fort hin und wider bewegen; wie Frage und Antwort sollte eines ohne das andere nicht stattfinden. Wer sich zum Gesetz macht, was einem jeden Neugeborenen der Genius des Menschenverstandes heimlich ins Ohr flüstert, das Tun im Denken, das Denken im Tun zu prüfen, der kann nicht irren, und irrt er, so wird er sich bald auf den rechten Weg zurückfinden.»

Am 4. Mai 1950 starb im 78. Lebensjahr mein Lehrer und Freund *Paul Federn.* Er ist auch als Mitherausgeber unersetzlich. Ich bin ihm in tiefstem Dank verbunden. Aus dem Reichtum seiner Erfahrungen und seines Wissens verschenkte er an seine Freunde eine Fülle von Ideen zu selbständiger Bearbeitung. Der Dank an *Paul Federn* ruht im Weiterschaffen in seinem Geiste.

Was er als Autor und Mitherausgeber schuf, wird ein Baustein sein im Neuaufbau einer Welt der Menschlichkeit und der geistigen Besinnung. *Paul Federn* glaubte an die Verwirklichung der Menschlichkeit, obwohl die Zeit, von der er Abschied nahm, von Wahnideen durchflutet war.

HEINRICH MENG

PAUL FEDERN

1871–1950

I.

Die wissenschaftliche und menschliche Verwurzelung von PAUL FEDERN in Medizin und Biologie war gegeben durch die Tradition des Vaters SALOMON FEDERN (1831–1920) und den nie versiegenden Altruismus PAUL FEDERNS. SALOMON FEDERN praktizierte bis zum 88. Lebensjahr. Er hatte als erster die Blutdruckmessung am Krankenbett eingeführt. Er galt als bedeutender und erfolgreicher Arzt Wiens. Von Vater und Sohn hiess es mit Recht: «Beide haben sich um die Meinung der Menge und der herrschenden Lehre nicht gekümmert.»

Als PAUL FEDERN und ich uns einige Wochen nach dem Tode seines Vaters (1920) kennenlernten, sprach PAUL FEDERN des öftern von dem Ideal des Haus- und Familienarztes, wie er ihn im Vater erlebt hatte. Dieser stand in dauernder Verbindung mit den Fortschritten der medizinischen und biologischen Wissenschaft. Er war in engstem Kontakt mit seinen Freunden ROKITANSKY (1804–1878), dessen Hausarzt er wurde, und mit STRICKER (1834–1898). Die lebendige Kommunikation mit der klassischen naturwissenschaftlich-kritischen Wiener Schule hatte PAUL FEDERN die Verehrung für die Naturwissenschaft eingeflösst, die haus- und familienärztliche Welt des Vaters in ihm jenes Sicherheitsgefühl erweckt, das der souveräne Hausarzt mehrerer Generationen in sich und für andere haben muss.

Der Kontakt mit der Biologie, vor allem mit EUGEN STEINACH und ERNST FREUND, liess PAUL FEDERN in lebenslanger Fühlung bleiben mit der experimentellen Seite der Medizin, speziell mit der Physiologie. Seine Stellung zur Biologie hatte drei Aspekte. 1. Erstes wissenschaftliches Arbeitsgebiet war: Biologie der Protozoen sowie Kreislauf und Blutgefässe (u. a. um die Lehren seines Vaters zu prüfen). Eine schöne Photographie aus jener Zeit zeigt ihn im Laboratorium am Mikroskop. 2. Als er nach dem Kriege die internistische Praxis aufgab, liess ihn sein nie erlahmtes biologisches Interesse mit EUGEN STEINACH in Verbindung treten. Er begann, Psychoanalyse mit Hormon-Therapie zu kombinieren. Über die Resultate der ersten systematischen Versuche berichtete er 1922 in dem kurzen, aber sehr gehaltvollen Autoreferat: «Schema der Libidoaufnahme zur Begutachtung und Indikationsstellung»

(Int. Zeitschr. f. Psychoanalyse, VIII, 486/87). Damals machte er auch zusammen mit seinem alten Freunde, dem hervorragenden Röntgenologen HOLZKNECHT, Versuche mit Bestrahlungstherapie. Es war seine Überzeugung, dass Psychosen nur auf somatischem Wege geheilt werden können, freilich stets bei gleichzeitiger psychischer Behandlung. 3. Der Ich-Begriff erwuchs aus seiner biologisch-psychoanalytischen Forscherarbeit. Die erste («descriptive») Definition des Ichs lautet «Kontinuität von Körper und Seele des *Lebewesens*». (Int. Zeitschr. f. Psychoanalyse, XX, 111, S. 87). Auch dass er seine ich-psychologischen Beobachtungen zunächst als experimentelle Bestätigung der Libidotheorie auffasste, mag hierher gehören.

Die Gelehrsamkeit wurde bei den Vorfahren – sie waren vorwiegend Gelehrte – stets gepflegt. Die enge Fühlung mit der Welt der Soziologie, der Politik auf demokratischer Basis und der Philosophie war gegeben durch den Verkehr geistig bedeutender und fortschrittlich gesinnter Männer im Elternhaus. Unter ihnen war es vor allem VIKTOR ADLER, dessen hervorragende und einzigartige Persönlichkeit und Gesinnung einen tiefen Einfluss auf den jungen PAUL FEDERN ausübte.

II.

Ich erfuhr bald nach unserer ersten Begegnung – sie war durch SIGMUND FREUD vermittelt, der mir diesen vielseitig begabten Mitarbeiter als Analytiker vorschlug – einiges über seinen Werdegang. PAUL FEDERN hatte sich 1902 als praktischer Arzt in Wien niedergelassen. Kurze Zeit später entschloss er sich, um eine Einführung bei FREUD zu ersuchen, dessen Werk er gelesen und sogleich in seiner Bedeutung erkannt hatte. Das war die Zeit, als FREUD noch bekämpft und lächerlich gemacht wurde. Seit 1903 gehörte FEDERN dem kleinen Kreis von – zuerst acht – Anhängern an, die im Hause FREUDS unter seinem Vorsitze jede Woche wissenschaftliche Sitzungen abhielten. PAUL FEDERN erlernte die Technik der Psychoanalyse durch FREUDS persönliche Unterweisung. Auf Grund von FEDERNS erstem Vortrag: «Der Zusammenhang zwischen Psychoanalyse und Vererbungslehre» wurde er Mitglied des privaten Vereins, aus dem später die «Psychoanalytische Vereinigung» hervorging.

Die ersten wichtigen Arbeiten FEDERNS (1913–1914) hatten die Trieblehre, namentlich die Klärung der Genese des Sadismus und des Masochismus und die Äusserungen von Triebregungen im Traume, zum Gegenstand.

III.

Die psychoanalytische und internistische Praxis führte ihn zur Behandlung besonders schwieriger Patienten, deshalb besonders schwierig, weil es sich zunächst um undiagnostizierte Psychotiker handelte.

Nach einer Aufzeichnung von PAUL FEDERN entwickelten sich diese später zu Psychosen-Kranken. Ferner notierte er in bezug auf die erste Patientin: «Sie wurde von mir vorsichtig und mit dem Interesse an der ersten Gelegenheit, FREUDS Methode selbst zu prüfen, psychoanalysiert. Der Erfolg war glänzend, der junge Analytiker war siegessicher und die Familie der Patientin voll des Preises. Heutzutage wäre es technischer Fehler, die hausärztliche Tätigkeit in eine psychoanalytische übergehen zu lassen. Alles das musste aber erst erfahren und erlernt werden.» Der Zustand der jungen Frau besserte sich von Jahr zu Jahr. Sie hat später geheiratet und wurde mit ihren Lebensproblemen, ohne wieder zu erkranken, fertig. Es scheint mir bemerkenswert, dass es PAUL FEDERN, schon bevor Andere später in grösserem Ausmass versuchten, Geisteskranke psychoanalytisch zu behandeln, gelang, an 5 Psychotikern (s. 6. Kap.) die Brauchbarkeit einer psychologisch fundierten Therapie zu erweisen.

Er konnte manche Patienten 30 Jahre hindurch beobachten. Allmählich gelangte er dazu, für die psychotischen Prozesse (Ichstörung) neue genetische und therapeutische Gesichtspunkte aufzuzeigen. Er sah in dieser Arbeit eine wesentliche Fortsetzung der Forschungen FREUDS, der selbst äusserst skeptisch der psychoanalytischen Therapie von Psychosen gegenüberstand.

1919 gab er die internistische Praxis gänzlich auf und widmete seine Zeit ausschliesslich der Psychoanalyse in Lehrtätigkeit, Forschung und Praxis.

IV.

Es war kein Zufall, dass PAUL FEDERN 1920 unter dem Eindruck des ersten Weltkrieges, der russischen Revolution, des Umsturzes in Österreich-Ungarn und den internationalen Versuchen eines geistigen und materiellen Neuaufbaues sein wissenschaftliches und menschliches Interesse der Erforschung des Ichs auch in der Masse zuwandte.

Seine enge Verbindung mit SIGMUND FREUD, der während des ersten Weltkrieges das Problem des Narzissmus von einem neuen Aspekt aus ange-

gangen hatte, war ebenfalls für die nun einsetzende Ich- und Gesellschafts-
forschung FEDERNS von hoher Bedeutung. Kurz nach dem ersten Weltkrieg
veröffentlichte er eine Abhandlung mit dem Titel «Die vaterlose Gesellschaft» (1919), worin er die Revolution in Österreich mit Motiven des
unbewussten Vaterkonfliktes und Vatermordes in Beziehung setzte und den
notwendigen gesellschaftlichen Aufbau als Versuch einer Brudergesellschaft
interpretierte. Obgleich auf FREUDS «Totem und Tabu» begründet, war es
die erste Bezugnahme der Psychoanalyse zur Geschichte. Es ist verständlich,
dass FREUD dadurch – wie er es selbst betont hat – zur Niederschrift von
«Massenpsychologie und Ich-analyse» angeregt wurde. Während der folgenden Jahre schrieb PAUL FEDERN eine ganze Anzahl von Arbeiten über die
Anwendung der Psychoanalyse auf soziale Probleme, von denen einige
schon vor seiner Emigration in Amerika gedruckt worden sind. Darunter
ist eine kurze Abhandlung «Nationalismus», worin er zum ersten Mal
zwischen gesundem und ungesundem Nationalismus Vergleiche zieht, indem
er sie mit gesundem und ungesundem Narzissmus vergleicht.

V.

Es ergab sich als selbstverständlich, dass PAUL FEDERN, der nun die
Hauptfundamente seiner ausreifenden Ich- und Psychosenforschung geschaffen hatte, sein Hauptaugenmerk auf die Konfliktkonstellation zwischen
Ich und Über-Ich einerseits und zwischen Ich- und Aussenwelt andererseits,
richtete. Das waren typische Konstellationen des präpsychotischen und
psychotischen Individuums als Persönlichkeit und als Glied der Masse. Der
enge Kontakt mit der psychiatrischen Klinik Wiens, nicht nur mit deren
Ärzten, sondern auch mit den Hilfs- und Pflegepersonen, erleichterte ihm
die Lösung der sich gestellten Aufgabe. In Aussprachen in der Zeit nach
1920 betonte PAUL FEDERN des öftern die Wichtigkeit der Tatsache: Das
Individuum identifiziert sich nicht nur mit dem Führer, sondern auch mit
einzelnen Personen der Masse. Dies auf Grund von mnemischen Spuren der
Frühkindheit, speziell verdrängter Ichzustände.

Die Beobachtungen FEDERNS an sich selbst, an Gesunden und Kranken –
z. B. im Verhalten des Ichs beim Einschlafen und des Ichgefühls-Erleb-
nisses im Traum – wurden zur Basis seiner neuen Ich-Lehre. Diese neu-
artige Auffassung bildete auch die Grundlage des Versuchs einer seelischen Prophylaxe von Ich-Störungen. Von hier aus kam die Anregung, die

Frage neu zu prüfen, inwieweit bei Psychotikern die verdrängten Ich-Zustände der Kindheit geschont oder therapeutisch durchgearbeitet werden müssen. Hier wurden die Grundlagen gelegt für unsere gemeinsame Arbeit, der Psychoanalyse und speziell der psychoanalytischen Pädagogik den ersten Platz einzuräumen in der wissenschaftlichen und gemeinverständlichen Psychohygiene. Wir kommen darauf nachher noch zurück.

Es ergab sich von selbst die Notwendigkeit, den Kranken einer neuen «Familie» anzuvertrauen. Dafür wurde ein Team geschaffen, in dem schwesterlich und mütterlich gesinnte Hilfspersonen mit dem Arzt und den Patienten zusammenarbeiteten. Es ist die Zeit, in der GERTRUD SCHWING in der psychiatrischen Klinik entscheidende Versuche unter Leitung von PAUL FEDERN durchführte.

VI.

Ohne das, was wir vorhin den Altruismus FEDERNS nannten, wäre die Lösung dieser Aufgabe nicht gelungen.

Die hohe Bedeutung als Lehrer zeigte sich schon damals beim Abhalten von Kursen und Seminaren. Es war eine grosse Befriedigung für PAUL FEDERN, dass SIGMUND FREUD, als er sich aus der Öffentlichkeit zurückzog, ihn 1924 mit der Führung der Geschäfte der Wiener Psychoanalytischen Vereinigung betraute, auch ersuchte, ihn in der Praxis zu vertreten.

Ein schwerer Schlag war es für den Forscher, Lehrer und Therapeuten, im Jahre 1938 zur Emigration – zunächst in die Schweiz und dann nach Amerika – gezwungen zu sein. PAUL FEDERN fand in Amerika nach Jahren des nicht leichten Einlebens einen neuen Arbeitskreis. Er bekam Kontakt mit seinen engeren Berufsgenossen, mit amerikanischen Ärzten und Studenten, Patienten und Freunden.

Die amerikanischen Jahre waren ein Triumph für das Ergebnis seines Schaffens und für seine Persönlichkeit. Seine Menschenfreundlichkeit und seine erstaunliche Jugendlichkeit erwarben ihm rasch seinen sehr grossen Freundeskreis. Es war eine selbst für Amerika ausserordentliche «Success-Story», dass er, der mit 67 Jahren als ausserhalb des engsten psychoanalytischen Kreises Unbekannter hergekommen war, 5 Jahre später als ein führender amerikanischer Psychiater galt. Dieser Erfolg kam ganz plötzlich durch seine Aufsatzreihe über Psychosenanalyse (Kap. 6). Einmal hat er sich geäussert, eigentlich verdanke er es einem seiner früheren Wiener Analysanden, dass er sich in Amerika durchgesetzt habe; denn von ihm sei er zum Publizieren veranlasst worden. Seine grösste Auszeichnung war die Einladung nach Topeka im Juni 1949.

VII.

EDOARDO WEISS hat in seiner Einleitung deutlich machen können, welche wissenschaftliche Leistung PAUL FEDERN, basierend auf den Wiener Vorarbeiten, in Amerika vollbrachte.

Es war auch in Amerika so, dass er, wie in Wien, arme und ärmste Kranke unentgeltlich oder fast unentgeltlich in Behandlung nahm, auch noch in seiner eigenen schweren Leidenszeit. Es ist bezeichnend für den Charakter FEDERNS, dass, als seine Familie während seiner Erkrankung (Krebs) ihn bat, auf diese Art privater poliklinischer Tätigkeit zu verzichten, er antwortete: «Ich möchte nur solange leben, als ich einem jeden, der meine Hilfe benötigt, helfen kann.»

Neben der angedeuteten Forschungsrichtung FEDERNs galt gerade in den letzten Jahren seines Lebens sein Interesse der Klärung der Frage nach der Bedeutung der Mutterliebe für das heranwachsende Kind.

Ich entnehme der Mitteilung seiner Söhne, dass es seine Überzeugung war, in der Behandlung psychotischer Patienten sei die Mutter die wichtigste Person. So entscheidend beurteilte er die Mutter-Kind-Beziehung, dass er die letzten Jahre seines Lebens der Niederschrift eines Buches hierüber widmete. Es ist unveröffentlicht. Er nannte es «Bill of Rights of the Child», in dem er das angeborene Recht jedes Kindes für absolute Betreuung in ihrem weitesten Sinne postulierte. Es ist ein utopisches Stück Arbeit, aber es entsprang dem Kern seiner Persönlichkeit, welche ein wissenschaftliches Verständnis für das Kind mit einem Reichtum von überraschender mütterlicher Güte verband.

VIII.

Der so knapp gehaltene Überblick wäre zu unvollständig, wenn nicht noch Folgendes erwähnt würde: PAUL FEDERN hat viele Lebensjahre auf zwei ineinander verflochtene Aufgaben verwendet: 1. der Anwendung der

Psychoanalyse in Wort und Tat für die Verbesserung des Lebens der arbeitenden Klasse, und 2. der Dienstbarmachung der gesicherten psychoanalytischen Funde für die Psychohygiene. Das letzte Ziel dieser Bestrebungen war, das Leben der Gesellschaft in Übereinstimmung mit FREUDS Ziel der individuellen Psychoanalyse zu verbessern: «Wo *Es* war, soll *Ich* werden.» Bis zuletzt glaubte PAUL FEDERN an die Psychoanalyse als lebendiges Werkzeug zur Besserung der Menschheit. Diese Überzeugung wurde die Grundlage aller seiner Publikationen über Psychohygiene und Soziologie. In einer noch nicht publizierten Schrift sprach er sich gegen die stark pessimistische Einstellung FREUDS in der Frage einer fortschrittlichen Entwicklung der Menschheit aus. PAUL FEDERN verleugnete die Existenz der gewaltigen Triebkräfte nicht, die FREUD entdeckt hatte und welche den Fortschritt der Menschheit zu begrenzen scheinen. Aber er war überzeugt, dass sogar Aggression und Todestrieb in schöpferische Kanäle geleitet werden können. Klar kommt PAUL FEDERNs Stellung zu FREUD zum Ausdruck in seinem Vorwort zu seiner «Trieblehre in ihrer Beziehung zum Erleben von Lust und Unlust»: «Wenn wir eine Erklärung mittels theoretisch erschlossener Grundtriebe geben, so müssen wir es selbst wissen und unserem Leser es sagen, dass wir die FREUDsche Anschauung verwerten und die blosse Verwendung unserer Beobachtungsergebnisse überschreiten. Wir tun das heuristisch mit gutem Gewissen: FREUD nannte seine Triebtheorie eine Spekulation; – das bedeutet bei FREUD ein Tagträumen auf exakten wissenschaftlichen Wegen. Wir haben solches Zutrauen zum Instrument ‚Freud‘ auf allem Gebiete menschlicher Erkenntnis, dass wir das Dichterwort auf ihn anwenden: ‚was er träumt, ist mehr, als was ihr denkt‘. Ich bin überzeugt, dass *alle* Theorien FREUDS neue Wahrheit enthalten müssen, weil er so war, wie er war. Ich weiss mich bestätigt, wenn ich eine Beobachtung, Schluss und Theorie schon bei FREUD finde. Wenn ich mich von FREUD entfernt habe, oder in Gegensatz zu ihm kam, so habe ich immer 10 bis 20 Jahre gewartet und mein Ergebnis wieder geprüft. Auch in diesem Buche verfolge ich nur FREUDS Erkenntnisse und Methoden und füge neue Erkenntnisse hinzu.» PAUL FEDERN behauptete, dass das Streben nach Fortschritt und Sublimierung asozialer Triebe dem Menschen angeboren sei. Er war ferner davon überzeugt, dass Gegner der Psychoanalyse und einige, die FREUD sogar verlassen hatten, in *dem* Sinn die Entwicklung der Psychoanalyse fördern halfen, dass sie den wissenschaftlichen Streit lebendig erhielten. Sie brachten unbewusste Widerstände zum bewussten Ausdruck und halfen so mit, sie zu bewältigen und zu überwinden. Mancher wurde ein Anhänger FREUDS, erst nachdem er sich durch die Einwände seiner

347

Gegner durchgearbeitet hatte. Ich erinnere an GEORG GRODDECK und Madame SECHEHAYE. Es ist bedauerlich, dass ein grosser Teil seiner Arbeiten unveröffentlicht geblieben ist, sowohl in der Wiener wie in der amerikanischen Zeit, oder nur stark gekürzt veröffentlicht wurde (Kap. 5 z.B. ist nur ein Viertel des ursprünglichen Manuskripts).

IX.

Aus seiner altruistischen Einstellung und nach seiner Erfahrung als Arzt und Lehrer ergab sich unser gemeinsamer Versuch, die gesicherten Funde der Psychoanalyse gemeinverständlich darzustellen. So entstanden eine grosse Anzahl von gemeinsamen Zeitschriften- und Buchpublikationen. Wir arbeiteten zusammen an der von ERNST SCHNEIDER und mir begründeten «Zeitschrift für Psychoanalytische Pädagogik». Wir veröffentlichten «Das Ärztliche Volksbuch» und «Das Psychoanalytische Volksbuch». Wir schufen die Sammlung «Bücher des Werdenden» und die «Neue (II.) Reihe der Bücher des Werdenden» (in den Verlagen Hippokrates, Stuttgart, Internationaler Psychoanalystischer Verlag, Wien, und Hans Huber, Bern).

X.

Aus den vielen Äusserungen Federns im Briefwechsel mit Familiengliedern, Freunden und Mitarbeitern sei zum Schluss eine charakteristische Stelle erwähnt. An seine Frau – der Brief wurde freundlicherweise von den Söhnen WALTER und ERNST FEDERN zur Verfügung gestellt, findet sich u.a. Folgendes: «... Soll ich Dir von dem Eindruck erzählen, den noch immer der Wahnsinn auf mich macht – die Unbegreiflichkeit, dass man nicht helfen kann, – obgleich ich ihn so gut verstehe...», – «nur die Wirklichkeit ist die Probe auf Wahnsinn – oder bloss Tiefsinn! – Die Wirklichkeitsprüfung, das ist die Erfahrung, die im Organismus vererbt niedergelegt ist, und die versagt beim Wahnsinnigen gegenüber dem Wunsch, der nicht in der Wirklichkeit erfüllt wurde – und doch erfüllt sein soll! – Also ist doch eine organische Reparatur nötig! Welche aber? Oder eine seelische Schonung, oder eine eugenische Auslese?»

Es ist charakteristisch für Wesen und Werk, dass PAUL FEDERN für seinen Grabstein folgende Inschrift wünschte:

> «Er hatte den Sinn geliebt und den Wahn begriffen,
> Und so manche Seele dem Wahnsinn entrissen.»

Seine Güte, Vitalität, Liebesfähigkeit und Universalität als Forscher, Lehrer, Helfer und Mensch haben auf nicht wenige Patienten, Kollegen und Freunde so gewirkt, dass sie eine innere Verpflichtung fühlen, sein Werk fortzusetzen, ja, wir meinen, die Prophetie von RAINER MARIA RILKE darf uns die Hoffnung geben, dass FEDERNS Geist weiterlebt:

> «Was unser Geist der Wirrnis abgewinnt,
> Kommt irgendwann Lebendigem zugute,
> Wenn es auch manchmal nur Gedanken sind,
> Sie lösen sich in jenem grossen Blute,
> Das weiterrinnt...»

HEINRICH MENG

I. NAMENREGISTER[1]

[1] Der Inhalt der vier Register erstreckt sich auf den Text von S. 9–337.

II. SIGMUND FREUD-REGISTER

III. AUTORENREGISTER

IV. SACHREGISTER

SCHRIFTEN VON PAUL FEDERN

1901   Zur Reform des ärztlichen Spitalsdienstes: Wiener klinische Rundschau, XV, 276–278, 293–294.

1912   Beitrag zu: «Die Onanie». Vierzehn Beiträge zu einer Diskussion der «Wiener Psychoanalytischen Vereinigung». Verlag J. F. Bergmann, Wiesbaden, 68–82.

1913   Beispiel von Libidoverschiebung während der Kur: Internationale Zeitschrift für ärztliche Psychoanalyse, I, 303–306.

1913   Ein Fall von Pavor nocturnus mit subjektiven Lichterscheinungen: Internationale Zeitschrift für ärztliche Psychoanalyse, I, 556–559.

1913   Beiträge zur Analyse des Sadismus und Masochismus.
I. Die Quellen des männlichen Sadismus: Internationale Zeitschrift für ärztliche Psychoanalyse, I, 29–49.

1914   II. Die libidinösen Quellen des Masochismus: Internationale Zeitschrift für ärztliche Psychoanalyse, II, 105–130.

1914   Über zwei typische Traumsensationen (1. Vorbemerkung. 2. Über den Hemmungstraum. 3. Über den Flugtraum): Jahrbuch der Psychoanalyse, VI, 89–134.

1914   Lust-Unlustprinzip und Realitätsprinzip: Internationale Zeitschrift für ärztliche Psychoanalyse, II, 492–505.

1914   The Infantile Roots of Masochism: New York Medical Journal, C, 351–355.

1915   Some General Remarks on the Principles of Pain-Pleasure and of Reality: The Psychoanalytic Review, II, 1–11.

1919   Zur Psychologie der Revolution: Die vaterlose Gesellschaft: Der Österreichische Volkswirt, XI, 571–574, 595–598.
Zur Psychologie der Revolution: Die vaterlose Gesellschaft. 29 S. Anzengruber-Verlag, Wien (erweiterter Sonderdruck).

1919   Einschlafen und Einschläfern: Wiener klinische Wochenschrift, XXXII, 1243–1244.

1919   Rezension von: ALFRED ADLER, Das Problem der Homosexualität. München 1917: Internationale Zeitschrift für ärztliche Psychoanalyse, V, 220–221.

1920   Zur Frage des Hemmungstraumes: Internationale Zeitschrift für Psychoanalyse, VI, 73–75.

1920   Rezension von: BERNHARD ASCHNER, Die Blutdrüsenerkrankungen des Weibes. Wiesbaden 1915: Internationale Zeitschrift für Psychoanalyse, VI, 89–90.

1921   Rezension von: ULRICH GRÜNINGER, Zum Problem der Affektverschiebung. Zürich 1917: Internationale Zeitschrift für Psychoanalyse, VII, 497–500.

1922   Schema der Libidoaufnahme zur Begutachtung und Indikationsstellung: Internationale Zeitschrift für Psychoanalyse, VIII, 486–487.

1922   Rezension von: ALBERT MOLL, Behandlung der Homosexualität: biochemisch oder psychisch?: Internationale Zeitschrift für Psychoanalyse, IX, 201–206.

1923   Die Geschichte einer Melancholie: Internationale Zeitschrift für Psychoanalyse, IX, 201–206.

1924 Varendonck †: Internationale Zeitschrift für Psychoanalyse, X, 203–204.

1924 Masturbation: Journal of Sexology and Psychoanalysis, II, 251–266.

1926 Einige Variationen des Ichgefühls: Internationale Zeitschrift für Psychoanalyse, XII, 263–274.

1926 Beiträge zu: «Das Ärztliche Volksbuch», herausgegeben von H. MENG; 3 Auflagen 1924–1929:
Der Arzt im Dienste der Gesundheitspflege.
(Andere sind ins «Psychoanalytische Volksbuch» aufgenommen.)

1926 Beiträge zu: «Das Psychoanalytische Volksbuch», herausgegeben von P. FEDERN und H. MENG (1.Auflage 1926. – 2. erweiterte Auflage 1928. – 3. erweiterte und umgearbeitete Auflage 1939):
Stellung der Psychoanalyse zur übrigen Psychotherapie (mit H. MENG).
Die psychoanalytische Heilmethode.
Schutz vor Nerven- und Geisteskrankheiten.
Körperliche Hygiene des Geschlechtslebens.
Seelische Hygiene des Geschlechtslebens.
Hysterie und ihre Behandlung (1939: Die Hysterie).
Funktionelle Störungen des Geschlechtsaktes (mit H. MENG).
Psychoanalyse und Medizin.
Märchen – Mythus – Urgeschichte.

1929 Über einige Fortschritte der psychoanalytischen Forschung (mit E.WEISS).

1927 Narzissmus im Ichgefüge: Internationale Zeitschrift für Psychoanalyse, XIII, 420–438.

1927 Die Wiener Diskussion (über Onanie) aus dem Jahre 1912: Zeitschrift für psychoanalytische Pädagogik, II, 106–112.

1928 Psychoanalyse. In: Reclam. Praktisches Wissen. 3. erweiterte Auflage, Leipzig 1928.

1929 Über einen alltäglichen Zwang: Internationale Zeitschrift für Psychoanalyse, XV, 214–221.

1929 Das Ich als Subjekt und Objekt im Narzissmus: Internationale Zeitschrift für Psychoanalyse, XV, 393–425.

1929 Die Diskussion über «Selbstmord», insbesondere «Schülerselbstmord», im Wiener Psychoanalytischen Verein im Jahre 1918: Zeitschrift für psychoanalytische Pädagogik, III, 333–344.

1929 Selbstmordprophylaxe in der Analyse: Zeitschrift für psychoanalytische Pädagogik, III, 379–389.

1930 Der neurotische Stil: Abhandlungen aus der Neurologie, Psychiatrie, Psychologie und ihren Grenzgebieten, Heft 61, 194–201. – Wiederabgedruckt in: Almanach der Psychoanalyse 1932, 15–26.

1930 Psychoanalytische Auffassung der «intellektuellen Hemmung»: Zeitschrift für psychoanalytische Pädagogik, IV, 393–408.

1930 Neurasthenic Core of Hysteria: Medical Review of Reviews, XXXVI, 140–147.

1930 Die Wirklichkeit des Todestriebes. Zu FREUDS «Unbehagen in der Kultur»: Hippokrates, III, 341–366. – Wiederabgedruckt in: Almanach der Psychoanalyse 1931, 68–97.

1931 Zum 6. Mai 1931: Zeitschrift für psychoanalytische Pädagogik, V, 233–240.

1931 Über die Wirkung sexueller Kräfte in der Seele. In: «Sexualnot und Sexualreform». Verhandlungen des IV.Kongresses der Weltliga für Sexualreform, 123–134.

1931 Eduard Hitschmann zum 60.Geburtstag (28.Juli 1931): Internationale Zeitschrift für Psychoanalyse, XVII, 420–423.

1931 Vom Nationalgefühl. In: Almanach der Psychoanalyse 1931, 97–101. – Vorher abgedruckt in: S. PELLER, Fehlgeburt und Bevölkerungsfrage. Hippokrates-Verlag, 267–269, 1930.

1931 Der Lebensmüde im Krankenhaus: Österreichische Blätter für Krankenpflege und Fürsorge, VII, 77–86.

1931 Psychologie der Familienfürsorge. In: Jahresbericht des Wiener Vereins Settlement.

1932 Das Ichgefühl im Traume: Internationale Zeitschrift für Psychoanalyse, XVIII, 145–170.

364

1932   Ego Feeling in Dreams: The Psychoanalytic Quarterly, I, 511–542.

1932   La depressione quale perturbamento psichico: Rivista Italiana di Psicoanalisi, I, 277–296.

1933   Die Psychosenanalyse. Zur Indikation: Internationale Zeitschrift für Psychoanalyse, XIX, 207–210.

1933   Die Psychosen-Analyse. Zur Technik: Internationale Zeitschrift für Psychoanalyse, XIX, 444–449.

1933   Sándor Ferenczi: Internationale Zeitschrift für Psychoanalyse, XIX, 305–321.

1933   Die vier Frongesetze der Zwangsneurose: Internationale Zeitschrift für Psychoanalyse, XIX, 616–620.

1933   Die Ichbesetzung bei den Fehlleistungen: Imago, XIX, 312–338, 433–453.

1933   Zunahme der Süchtigkeit: «Die Bereitschaft», XIII, 77–79. – Wiederabgedruckt in: Almanach der Psychoanalyse 1935, 54–60.

1933   Zunahme der Süchtigkeit: Sozialärztliche Rundschau.

1933   Frigidität: Wiener klinische Wochenschrift, XLVI, 671.

1933   Verhalten des Hausarztes gegenüber den Neurosen: Wiener klinische Wochenschrift, XLVI, 1462–1463.

1933   Zirkuläre Freundschaftsbeziehungen: Wiener medizinische Wochenschrift, LXXXIII, 470–472.

1933   Nachbarhilfe für Arbeitslose: Blätter für das Wohlfahrtswesen der Stadt Wien, XXXII, 21–23, 41–43, 49–51.

1934   Das Erwachen des Ichs im Traume. I. Die Orthriogenese. II. Thesen zur Ich-Psychologie: Internationale Zeitschrift für Psychoanalyse, XX, 109–112.

1934   Mental Factors in the World Depression: The Journal of Nervous and Mental Disease, LXXIX, 43–58.

1936   Zur Unterscheidung des gesunden und krankhaften Narzissmus: Imago, XXII, 5–39.

1937   Die leitungslose Funktion im Zentralnervensystem. Eine Frage der Psychologie an die Physiologie: Internationale Zeitschrift für Psychoanalyse, XXIII, 250–274.

1940   Hysterie und Zwang in der Neurosenwahl: Internationale Zeitschrift für Psychoanalyse und Imago, XXV, 245–263.

1940   The Determination of Hysteria Versus Obsessional Neurosis: The Psychoanalytic Review, XXVII, 265–276.

1940   Psychoanalysis as a Therapy of Society: The American Imago, I, 65–80.

1942   Some Suggestions on the Mental Hygiene of Soldiers: Mental Hygiene, XXVI, 554–559.

1943   Psychoanalysis of Psychoses. I. Errors and how to avoid them. II. Transference. III. The Psychoanalytic Process: The Psychiatric Quarterly, XVII, 3–19, 246–257, 470–487.

1944   A Dream Under General Anesthesia. Studies in Ego-Cathexis: The Psychiatric Quarterly, XVIII, 422–435.

1945   The Psychiatric Social Worker's Concern with Shock Treatment: The Newsletter of the American Association of Psychiatric Social Workers, XV, 13–17.

1946   Employment of Neurotics: Journal of Clinical Psychopathology, VII, 803–813.

1947   Principles of Psychotherapy in Latent Schizophrenia: American Journal of Psychotherapy, I, 129–144.

1947   Professor Freud: The Beginning of a Case History: Samikṣā, I, 305–311.

1948   Freud amongst us: The Psychiatric Quarterly Supplement, XX, 1–6.

1949   Mental Hygiene of the Psychotic Ego: American Journal of Psychotherapy, III, 356–371.

1949   Zur seelischen Hygiene des Ichs. In: Die Psychohygiene. Grundlagen und Ziele. Verlag H. Huber, Bern. 17–24.

1952   Psychoanalytische Prävention contra therapeutische Analyse (mit H. MENG): Monatsschrift für Psychiatrie und Neurologie, CXXIII, 1–12.

1952   Ego Psychology and the Psychoses. Herausgegeben von E. WEISS. 375 S. Basic Books, New York.